Kurze Vokale – doppelte Konsonanten

Nach einem kurzen Vokal folgen fast immer zwei Konsonanten, z. B. *die Suppe, rennen.*

▶ S. 277, 339

Lange Vokale (a, e, i, o, u)

Lange Vokale werden meist nicht gekennzeichnet z. B. *die Hose, lesen.*

Manchmal folgt auf den langen Vokal ein *h*, z. B.: *das Mehl, lahm.*

▶ S. 278–280, 339

Groß- oder Kleinschreibung?

Nomen und nominalisierte Wörter schreibst du groß.

▶ S. 272–276, 340–341

Verben, Adjektive, Pronomen, schreibst du klein

▶ S. 341

s, ss oder ß?

Nach einem kurzen

W0359632

der Kloß, heiß.

▶ S. 281–282, 340

Satzglieder erkennen

Satzglieder sind Bausteine in einem Satz, z. B.:

- Prädikat ▶ S. 248–249, 333
- Subjekt ▶ S. 248–249, 333
- Objekte ▶ S. 248–252, 333–334
- adverbiale Bestimmungen (Adverbiale) ▶ S. 253–255, 334
- Attribut (Teil eines Satzglieds) ▶ S. 263–268, 335

Wortarten bestimmen

Einzelne Wörter kann man nach ihrer Wortart bestimmen, z. B.:

- Nomen (Hauptwort, Substantiv) ▶ S. 222, 327
- Pronomen (Fürwort) ▶ S. 227–229, 328
- Adjektiv (Eigenschaftswort) ▶ S. 222–223, 329
- Präposition (Verhältniswort) ▶ S. 222–223, 329
- Verb (Tätigkeitswort) ▶ S. 224–226, 330–332
- Adverb (Umstandswort) ▶ S. 230, 332
- Konjunktion (Bindewort) ▶ S. 258–260, 329

?

Satzreihe und Satzgefüge

Satzreihe:
Hauptsatz + Hauptsatz

▶ S. 258, 336

Satzgefüge:
Hauptsatz + Nebensatz

▶ S. 259–261, 330, 336

Zeichensetzung

Das Komma zwischen Sätzen

▶ S. 258–260, 290–291, 337

Das Komma bei Aufzählungen

▶ S. 289, 337

Zeichensetzung bei der wörtlichen Rede

▶ S. 287–288, 337

Euer Deutschbuch auf einen Blick

Das Buch ist in **vier Kompetenzbereiche** aufgeteilt.
Ihr erkennt sie an den Farben:

- Sprechen – Zuhören – Schreiben
- Lesen – Umgang mit Texten und Medien
- Nachdenken über Sprache
- Arbeitstechniken

Jedes **Kapitel** besteht aus **drei Teilen** (Dreischritt):

1 Hauptkompetenzbereich
Hier wird das Thema des Kapitels erarbeitet, z. B. in Kapitel 1 „Erzählen".

1.1 Mutig sein – Von Freundschaften erzählen

2 Verknüpfung mit einem zweiten Kompetenzbereich
Das Kapitelthema wird mit einem anderen Kompetenzbereich verbunden und vertiefend geübt.

1.2 Mutproben meistern – Zu Freundschaftsgeschichten schreiben

3 Klassenarbeitstraining oder Projekt
Hier trainiert ihr für eine mögliche Klassenarbeit oder einen Test (Fit in ...).
Oder ihr erhaltet Anregungen für ein Projekt.

1.3 Fit in ...? – Einen Erzählkern ausgestalten

Das **Orientierungswissen** findet ihr in den blauen Kästen mit den Bezeichnungen **Information** und **Methode**.

Auf den blauen Seiten am Ende des Buches (► S. 313–349) könnt ihr das gesamte Orientierungswissen aus allen Kapiteln noch einmal nachschlagen.

Die Piktogramme neben den Aufgaben bedeuten:

- Partnerarbeit
- Gruppenarbeit
- Arbeiten mit dem Computer
- 2 Zusatzaufgabe

Die Punkte sagen etwas über die Schwierigkeit einer Aufgabe:

- ●○○ Diese Aufgabe ist eher leicht.
- ●●○ Diese Aufgabe ist schon etwas kniffliger.
- ●●● Diese Aufgabe ist etwas für Profis.

Gymnasium Hessen

Deutschbuch

Sprach- und Lesebuch

6

Herausgegeben von
Bernd Schurf und Andrea Wagener

Erarbeitet von
Gerd Brenner, Ulrich Campe,
Dietrich Erlach, Ute Fenske,
Heinz Gierlich, Cordula Grunow,
Alexander Joist, Markus Langner,
Angela Mielke, Deborah Mohr,
Norbert Pabelick, Christoph Schappert,
Klaus Tetling und Heike Wehren-Zessin

unter Beratung von
Markus Bente und
Sabine Menzel

Cornelsen

Redaktion: Kirsten Krause
Bildrecherche: Eireen Junge

Illustrationen:
Uta Bettzieche, Leipzig: S. 56–57, 60–63, 71–72, 181, 184, 186, 221–226, 228, 230–236, 238–245, 303–307, 310
Maja Bohn, Berlin: S. 93–94, 96–97, 99, 103–109
Nils Fliegner, Hamburg: S. 36, 38, 42–43, 45, 47, 49, 51, 117, 120, 125, 135, 165, 247–251, 253–263, 265–266, 268–269
Christiane Grauert; Milwaukee (USA): S. 74, 78–80, 82–83, 85, 88
Sylvia Graupner, Annaberg: S. 15–16, 18–24, 27, 29, 31, 33
Christine Henkel, Dahmen: S. 187–188, 190, 193
Bianca Schaalburg, Berlin: S. 272, 274–281, 283–285, 287–292, 294–295, 297–302
Barbara Schumann, Berlin: S. 137–140, 142, 144–145, 147–151, 204, 206, 208, 210–214
Juliane Steinbach, Wuppertal: S. 114, 116, 118, 121–123, 126–128, 131–134, 168–169

Umschlagfoto: Tom Chance © Westend 61/Photoshot
Gesamtgestaltung und technische Umsetzung: werkstatt für gebrauchsgrafik, Berlin

www.cornelsen.de

1. Auflage, 4. Druck 2015

Alle Drucke dieser Auflage sind inhaltlich unverändert
und können im Unterricht nebeneinander verwendet werden.

Druck: Firmengruppe APPL, aprinta Druck, Wemding

ISBN 978-3-06-062409-6

PEFC zertifiziert

Dieses Produkt stammt aus nachhaltig bewirtschafteten Wäldern und kontrollierten Quellen

PEFC/04-32-0928

www.pefc.de

Inhaltsverzeichnis

Sprechen – Zuhören – Schreiben | Kompetenzschwerpunkt

1 Freundschaften – Erzählen und gestalten 13

1.1 Mutig sein – Von Freundschaften erzählen 14
Zusammenhalten –
Ein Erlebnis mündlich erzählen 14
Mutig einem Freund helfen – Den Aufbau
einer Erzählung untersuchen 16
Spannung erzeugen –
Nach Bildern schriftlich erzählen 18
Einen Erzählkern ausgestalten –
Äußere und innere Handlung unterscheiden .. 21
Testet euch! – Erzählen 23

1.2 Mutproben meistern –
Zu Freundschaftsgeschichten schreiben 24
Jutta Richter:
Der Tag, als ich lernte die Spinnen zu zähmen .. 24
Katja Reider: Ferienfreunde 27
Fordern und fördern – Gestaltend schreiben ... 31

1.3 Fit in ... – Einen Erzählkern ausgestalten 33

- **Redebeiträge leisten**
  Erlebtes in Worte fassen; zusammenhängend, lebendig und in logischer Abfolge sprechen
- **Texte planen, schreiben, überarbeiten**
  Erzählen/fiktionales Erzählen: Texte zu realen und fiktiven Ereignissen aufbauen und mit Hilfe sprachlicher Mittel gestalten; Textsortenmerkmale beachten
- **Das Schreiben für den Lernprozess nutzen**
  Notizen verfassen und strukturieren
- **Texte rezipieren**
  erzählende Texte erschließen

Sprechen – Zuhören – Schreiben | Kompetenzschwerpunkt

2 Strittige Themen in der Diskussion – Argumentieren und überzeugen 35

2.1 Wir einigen uns – Strittige Fragen diskutieren .. 36
Wir planen eine Klassenparty –
Meinungen begründen 36
Die Klassensprecherwahl –
Eine Fishbowl-Diskussion durchführen 38
Aktive Pause –
Einen Vorschlag schriftlich begründen 40
Testet euch! –
Argumentieren und überzeugen 42

2.2 Da gibt's (k)eine Diskussion? –
Streitgespräche in Geschichten 43
Christine Nöstlinger: Das Austauschkind 43
Michael Gerard Bauer: Nennt mich nicht Ismael! 46
Fordern und fördern –
Die eigene Meinung begründen 49

2.3 Fit in ... – Einen Vorschlag begründen 51

- **Gespräche führen, Zuhören, Redebeiträge leisten**
  Gesprächsregeln entwickeln und beachten; aufmerksam zuhören; Gruppengespräche und Diskussionen führen; Gesprächsverhalten anderer beobachten, Rückmeldungen geben; eigene Standpunkte begründen
- **Texte rezipieren**
  Konflikte in literarischen Texten aufzeigen; zu Aussagen eines Textes Stellung beziehen
- **Texte planen, schreiben, überarbeiten**
  Informationen und Argumente zu einem eigenen Text verarbeiten; eine Stellungnahme schreiben

Sprechen – Zuhören – Schreiben

Kompetenzschwerpunkt

3 Was ist passiert? – Berichten 53

3.1 Rund um den Sport – Von Ereignissen berichten 54

Ein Ereignis, zwei Texte – Erzählen und Berichten unterscheiden ... 54

Halbmarathon durchgehalten! ... 54

Schülerstaffel belegt ersten Platz ... 55

Sportliche Talente auf der Bühne – Einen Bericht verfassen ... 56

Genau informieren – Einen Bericht überarbeiten 59

„Hals- und Beinbruch" – Von Unfällen berichten 62

Ich trag' Helm! – Öffentlich appellieren ... 64

Testet euch! – Sachlich und genau berichten 65

3.2 Hunde im Einsatz – Berichte und Reportagen .. 66

Richtiges Schnüffeln will gelernt sein ... 66

Hund rettet Familie vor Rauchvergiftung ... 68

Fordern und fördern – Einen Bericht schreiben 69

Spürnase im Schnee ... 69

3.3 Fit in ... – Berichten ... 71

► **Texte planen, schreiben, überarbeiten**
Berichte verfassen; Texte zweckmäßig und mit Hilfe sprachlicher Mittel gestalten; Schreibabsicht und Adressaten klären; Textsortenmerkmale beachten; Texte kriterienorientiert überprüfen und verändern (Schreibkonferenz)

► **Das Schreiben für den Lernprozess nutzen**
Notizen verfassen und strukturieren

► **Texte rezipieren**
berichtende Texte erschließen

Sprechen – Zuhören – Schreiben

Kompetenzschwerpunkt

4 In Bewegung – Beschreiben 73

4.1 Auf Touren kommen – Gegenstände und Vorgänge beschreiben ... 74

Gegenstände beschreiben – Ober- und Unterbegriffe unterscheiden ... 74

Sneakers verloren – Die Merkmale eines Gegenstandes beschreiben ... 75

Intelligente Kleidung – Die Funktionen eines Gegenstandes erklären ... 77

Salto vorwärts – Einen Vorgang beschreiben .. 80

Ein Mannschaftsspiel beschreiben – Aktiv und Passiv verwenden ... 82

Testet euch! – Einen Vorgang beschreiben 84

4.2 „Sobald ich meine Augen schließe, sehe ich ihn genau vor mir" – Personen beschreiben ... 85

Karen-Susan Fessel: Und wenn schon! ... 85

Kevin Brooks: Lucas ... 88

Fordern und fördern – Personen beschreiben .. 90

4.3 Fit in ... – Einen Gegenstand beschreiben ... 91

► **Texte planen, schreiben, überarbeiten**
Gegenstände, Vorgänge und Personen beschreiben; Texte zweckmäßig und mit Hilfe sprachlicher Mittel gestalten; Schreibabsicht und Adressaten klären; Textsortenmerkmale beachten

► **Das Schreiben für den Lernprozess nutzen**
Notizen verfassen und strukturieren

► **Texte rezipieren**
beschreibende Texte erschließen

5 Lesen – Umgang mit Texten und Medien — Kompetenzschwerpunkt

Kaum zu glauben! – Lügengeschichten lesen und verstehen 93

5.1. Die Meisterlügner – Lügengeschichten untersuchen und vorlesen **94**
Erich Kästner: Das Pferd auf dem Kirchturm 94
Sid Fleischman: McBroom und die Stechmücken 97
Paul Maar: Eine gemütliche Wohnung 98
Rufus Beck: Gutes Vorlesen ist eben, wenn sich keiner langweilt 101
Testet euch! – Eine Lügengeschichte untersuchen 103
Erich Kästner: Münchhausens Ritt auf der Kanonenkugel 103

5.2 Flunkern und fabulieren – Eigene Schreibversuche **104**
Von den Meisterlügnern lernen 104
Franz Hohler: Die runde Insel 104
Lügengeschichten überarbeiten – Texte unter der Lupe 106
Fordern und fördern – Lügengeschichten schreiben 107

5.3 Fit in ... – Eine Lügengeschichte untersuchen ... **109**
Sid Fleischman: Ein Wirbelsturm und seine Folgen 109

- **Literarische Texte rezipieren; Leseerwartungen klären**
  erzählende Texte lesen und zentrale Inhalte erschließen; Handlungszusammenhänge, Konflikte, Eigenschaften von Figuren beschreiben und hinterfragen; Aussagen mit Textstellen belegen; Textsorten begründet unterscheiden
- **Redebeiträge leisten**
  Texte gestaltend vorlesen/vortragen
- **Texte planen, schreiben, überarbeiten**
  Lügengeschichten schreiben; Textsortenmerkmale beachten

6 Lesen – Umgang mit Texten und Medien — Kompetenzschwerpunkt

Helden, Zauberinnen, Ungeheuer – Sagen untersuchen und erzählen 113

6.1 Heldensagen der Antike – Lesen und verstehen **114**
Odysseus – Einen Sagenhelden kennen lernen 114
Homer: Odysseus in der Höhle des Kyklopen Polyphem 114
Die Handlung einer Sage in den Blick nehmen .. 118
Homer: Odysseus und die Zauberin Kirke 118
Die Merkmale einer Sage kennen lernen 122
Homer: Odysseus und der Bogenwettkampf 122
Odysseus' zehnjährige Irrfahrt 124
Testet euch! – Ein Quiz rund um die Abenteuer des Odysseus 126

- **Literarische Texte rezipieren; Leseerwartungen klären**
  Sagen lesen und zentrale Inhalte erschließen; Handlungszusammenhänge, Konflikte, Eigenschaften von Figuren beschreiben und hinterfragen; zentrale Aussagen eines Textes wiedergeben; Textsorten begründet unterscheiden
- **Redebeiträge leisten**
  Texte gestaltend vorlesen
- **Mit Texten produktiv umgehen**
  eine Sage in eine andere Darstellungsform (Hörspiel) übertragen

6.2 **Die Sage von Beowulf – Nacherzählen und ausgestalten** **127**
Beowulf und Grendel 127
Beowulf und der Drache 131
Fordern und fördern – Eine Textstelle ausgestalten 133

6.3 **Sagenhafte Orte – Ein Hörspiel gestalten** **134**
Der Rattenfänger von Hameln 134

7 Lesen – Umgang mit Texten und Medien — Kompetenzschwerpunkt
Tiere, die wie Menschen handeln – Fabeln lesen und verfassen 137

7.1 **Verkleidete Wahrheiten – Fabeln untersuchen** **138**
Rund um Äsop – Merkmale von Fabeln kennen lernen 138
Äsop: Der Rabe und der Fuchs 138
Äsop: Der Löwe und die Maus 139
Äsop: Der Wolf und der Kranich 140
Äsop, der Fabeldichter 141
Rabe und Fuchs – Fabeln aus verschiedenen Zeiten vergleichen 142
Gotthold Ephraim Lessing: Der Rabe und der Fuchs 142
James Thurber: Der Fuchs und der Rabe 143
Helmut Arntzen: Zwei junge Gänse 144
Testet euch! – Fabeln verstehen 145
Äsop: Der Frosch und der Ochse 145

7.2 **Schreibwerkstatt – Fabeln umgestalten und erfinden** **146**
Eine Fabel zu Bildern schreiben 146
Wilhelm Busch: Fink und Frosch 146
Einen Erzählkern zu einer Fabel ausgestalten 147
Ziegenbock aus Brunnen gerettet 147
Fordern und fördern – Eine Fabel schreiben 148
Projekt: Ein Fabelbuch gestalten 150

7.3 **Fit in ... – Eine Fabel zu Bildern schreiben** **151**

▶ **Literarische Texte rezipieren; Leseerwartungen klären**
Fabeln erschließen; Handlungszusammenhänge, Konflikte, Eigenschaften von Figuren beschreiben und hinterfragen; zentrale Aussagen eines Textes wiedergeben; Unterschiede und Gemeinsamkeiten von Fabeln beschreiben

▶ **Texte planen, schreiben und überarbeiten**
Fabeln schreiben und Textsortenmerkmale beachten

Kompetenzschwerpunkt

8 Naturbilder – Gedichte verstehen und gestalten 153

8.1 **Feuer, Wasser, Erde, Luft – Merkmale von Gedichten untersuchen** **154**
Regengedichte – Inhalt und Form von Gedichten vergleichen ... 154
Mascha Kaléko: Es regnet 154
Sarah Kirsch: Ausschnitt 155
Paul Maar: Regen 156
Feuergedichte – Das Metrum bestimmen, den Gedichtvortrag üben 157
James Krüss: Das Feuer 157
Wind- und Sturmgedichte – Gedichte hörbar machen und selbst schreiben 159
Justus Georg Schottelius: Donnerlied 159
Miura Chora: Ein starker Sturm 160
Matsuo Bashō: So rot 160
Kobayashi Issa: Sogar mein Schatten 160
Testet euch! – Gedichte verstehen 161
Heinrich Heine: Der Wind zieht seine Hosen an .. 161

8.2 **Träume und Traumlandschaften – Sprachliche Bilder in Gedichten** **162**
Vergleiche veranschaulichen 162
Joseph von Eichendorff: Meeresstille 162
Humberto Ak'abal: Zeichen 163
Metaphern lassen Bilder entstehen 164
Hans Manz: In die Wolken gucken 164
Personifikationen machen die Natur lebendig ... 166
Joseph von Eichendorff: Winternacht 166
Fordern und fördern – Bildhafte Gedichte schreiben 167

8.3 **Monat für Monat – Einen lyrischen Kalender gestalten** **168**
Peter Hacks: Der Winter 168
Johann Wolfgang Goethe: Frühling übers Jahr .. 168
Paula Dehmel: Ich bin der Juli 169
Friedrich Hebbel: Herbstbild 169
Eduard Mörike: Septembermorgen 169
Christine Nöstlinger: Abendgebet zum Nikolaus 169

▶ **Literarische Texte rezipieren; Leseerwartungen klären**
lyrische Kleinformen formal und sprachlich erschließen; Gedichte sinnverstehend lesen; Vorstellungen und Empfindungen, die beim Rezipieren entstehen, zum Ausdruck bringen; Unterschiede und Gemeinsamkeiten von Gedichten beschreiben

▶ **Redebeiträge leisten**
Gedichte gestaltend vorlesen/vortragen

▶ **Mit Texten produktiv umgehen**
Reimen: Gedichte (auch mit Hilfe vorgegebener Textteile) schreiben

Lesen – Umgang mit Texten und Medien

Kompetenzschwerpunkt

9 Konrad oder ... – Wir spielen Theater 171

9.1 Noch ein Paket für Frau Bartolotti – Figuren und Handlung auf der Bühne 172
Christine Nöstlinger: Konrad oder Das Kind aus der Konservenbüchse 172
Testet euer Können! 179

9.2 Und was wird aus Konrad? – Szenen ausgestalten und spielen 180
Eine Szene weiterschreiben 180
Fordern und fördern – Den Schluss gestalten 182

9.3 Das Stück inszenieren – Tipps und Übungen 184
Richtig atmen, deutlich sprechen 184
Das Theaterstück aufführen 185

- **Literarische Texte rezipieren**
  Szenen aus einem Jugendtheater durch szenisches Spiel erfassen
- **Redebeiträge leisten**
  Texte gestaltend vortragen
- **Mit Texten produktiv umgehen**
  Szenen verfassen; eine Rolle einnehmen und szenisch umsetzen

Lesen – Umgang mit Texten und Medien

Kompetenzschwerpunkt

10 Alte und neue Weltwunder – Sachtexte untersuchen 187

10.1 Antike Weltwunder – Informationen entnehmen 188
Einen Sachtext lesen und verstehen 188
Hans Reichardt: Der Koloss von Rhodos 188
Grafiken entschlüsseln 190
Kai Hirschmann: Die Hängenden Gärten der Semiramis in Babylon 190
Informationen übersichtlich festhalten 192
Die Pyramiden von Gizeh 192
Testet euch! – Sachtexte lesen 194
Babylon 194

10.2 Vergessene und neue Weltwunder – Informationen auswerten und präsentieren 195
Neue und vergessene Weltwunder 195
Informationen sammeln und auswerten 196
Kai Hirschmann: Das Taj Mahal 196
Das Taj Mahal im Überblick 197
Taj Mahal wird gelb 197
Fordern und fördern – Informationen auswerten 198
Einen Kurzvortrag gliedern und halten 199

10.3 Fit in ... – Einen Sachtext untersuchen 200
Der CN Tower in Toronto 200

- **Texte lesen und rezipieren**
  Strategien für die Erschließung informierender Texte anwenden (Fünf-Schritt-Lesemethode); Schlüsselinformationen feststellen und Informationen einprägen; zentrale Textinformationen dokumentieren und zusammenfassen; sich mit Hilfe verschiedener Quellen sachorientiert informieren
- **Rede- und Gesprächsstrategien**
  Informationsmaterial zu einem Sachthema sammeln und die Ergebnisse mediengestützt vortragen (Stichwortzettel, Kurzvortrag)

Lesen – Umgang mit Texten und Medien

Kompetenzschwerpunkt

11 „Emil und die Detektive“ – Medien vergleichen 203

11.1 Dem Dieb auf der Spur – Einen Jugendroman untersuchen ... 204

Emil und der Herr im steifen Hut – Wichtige Figuren beschreiben ... 204

Erich Kästner: Emil und die Detektive (1) ... 204

Die Jagd nach dem Dieb – Die Handlung untersuchen ... 208

Erich Kästner: Emil und die Detektive (3) ... 208

Den ganzen Roman lesen – Ein Lesetagebuch führen ... 212

Testet euch! – Rund um „Emil und die Detektive“ ... 214

11.2 Der Film und seine Wirkung – Filmsprache verstehen ... 215

Der Inhalt – Roman und Film vergleichen ... 215

Der Film „Emil und die Detektive“ ... 216

Die Kamera erzählt – Einstellungsgrößen und Perspektiven ... 217

11.3 Jugendbücher und Verfilmungen vorstellen ... 219

Projekt: Eine Klassenbücherei einrichten ... 220

- **Texte und Medien lesen und rezipieren**
  Jugendliteratur lesen und zentrale Inhalte erschließen; Handlungszusammenhänge, Konflikte, Eigenschaften von Figuren beschreiben und hinterfragen; Literaturverfilmung untersuchen (Handlungsaufbau, Figuren, Kameraeinstellungen und -perspektiven); Bücher und Filme besprechen und vorstellen
- **Mit Texten und Medien produktiv umgehen**
  verschiedene mediale Darstellungen eines Textes oder Themas vergleichen und beurteilen
- **Das Schreiben für Lernprozesse nutzen**
  eigene Lern- und Arbeitsprozesse dokumentieren (Lesetagebuch)

Nachdenken über Sprache

Kompetenzschwerpunkt

12 Grammatiktraining – Wortarten, Wortbildung und Wortbedeutung 221

12.1 Fantasiewelten – Wortarten wiederholen und Wörter bilden ... 222

Wortarten wiederholen ... 222

Nomen, Adjektive und Präpositionen ... 222

Fordern und fördern – Adjektive, Präpositionen ... 223

Mit Verben Zeitformen bilden:

– Präteritum und Plusquamperfekt ... 224

– Präsens und Futur ... 225

– Perfekt ... 226

Pronomen stellen Bezüge her:

– Personal- und Possessivpronomen ... 227

– Demonstrativpronomen ... 228

Fordern und fördern – Das Demonstrativpronomen ... 229

Mit Adverbien genauere Angaben machen ... 230

Deutsch und Englisch – Das Adverb ... 231

- **Sprachliche Strukturen reflektieren und verwenden**
- **Sprachliche Mittel reflektieren und verwenden**

Wortarten (Nomen, Pronomen, Adjektiv, Präposition, Adverb) unterscheiden und sie nach grammatischen Kategorien beschreiben; grammatische Gestaltungsmittel funktional (auch für die Textüberarbeitung) einsetzen; regelrechte Anwendung grammatischer Strukturen überprüfen; die Bildung von Wörtern untersuchen, (Zusammensetzungen, Ableitungen, Wortfamilien); über Wortbedeutung und Ausdrucksweise nachdenken (Homonyme, Synonyme, Wortfelder); den vorhandenen Wortschatz erweitern

Wortbildung 232
Wörter miteinander verbinden – Wortzusammensetzungen 232
Mit Wortzusammensetzungen genau beschreiben 233
Fordern und fördern – Wortzusammensetzungen 235
Mit Präfixen und Suffixen neue Wörter bilden – Ableitungen 236
Wortfamilien – Verwandte Wörter 238
Testet euch! – Zusammensetzungen und Ableitungen ... 240

12.2 Wortspiele – Bedeutungen untersuchen 241
Gleiches Wort, andere Bedeutung – Homonyme 241
Übertragene Bedeutung – Redewendungen .. 242
Wörter mit gleicher und ähnlicher Bedeutung – Synonyme und Wortfelder 243
Testet euch! – Homonyme, Synonyme, Wortfelder 245

12.3 Fit in ... – Einen Text überarbeiten 246

13

Nachdenken über Sprache

Kompetenzschwerpunkt

Grammatiktraining – Sätze und Satzglieder 247

13.1 Knifflige Fälle – Satzglieder und Sätze unterscheiden 248
Tatumstände erfragen – Satzglieder bestimmen 248
Subjekt, Prädikat, Akkusativ- und Dativobjekte 248
Präpositionalobjekte 250
Genitivobjekte 252
Adverbiale Bestimmungen 253
Ursel Scheffler: Einer zu viel beim Kurkonzert ... 253
Fordern und fördern – Mit Proben Texte überarbeiten 256
Zusammenhänge sehen – Satzreihe und Satzgefüge 258
Die Satzreihe – Hauptsätze verknüpfen 258
Das Satzgefüge – Haupt- und Nebensätze verknüpfen 259
Fordern und fördern – Satzgefüge 261
Testet euch! – Satzglieder und Sätze 262

- **Sprachliche Strukturen reflektieren und verwenden**
- **Sprachliche Mittel reflektieren und verwenden**

sprachliche Strukturen mit Hilfe von Proben untersuchen;
Satzglieder eines Satzes bestimmen;
Satzreihe und Satzgefüge unterscheiden;
Satzzeichen in Sätzen begründet setzen;
grammatische Gestaltungsmittel (auch für die Textüberarbeitung) funktional einsetzen

13.2 **Genaue Angaben machen – Attribute** **263**
Attribute erläutern Nomen 263
Verschiedene Attribute unterscheiden 265
Thomas C. Brezina: Lösegeld löst sich in Luft auf 265
Relativsätze –
Ein vorausgehendes Nomen erläutern 266
Thomas C. Brezina: Der rasende Roboter 266
Testet euch! – Attribute 268

13.3 **Fit in ... – Einen Text überarbeiten** **269**

Nachdenken über Sprache

Kompetenzschwerpunkt

14 Rechtschreibung – Spielend leicht 271

14.1 **Sicher im Schreiben – Regeln anwenden** **272**
Groß- und Kleinschreibung 272
Nomen an ihren Begleitwörtern erkennen .. 272
Nominalisierungen – Aus Verben und Adjektiven können Nomen werden 273
Fordern und fördern – Nominalisierungen 276
Kurze Vokale – Doppelte Konsonanten 277
Schreibweise bei langen Vokalen 278
Wörter mit einfachem Vokal und Wörter mit h 278
Wörter mit langem i 279
Die Schreibung der s-Laute: s, ss oder ß? 281
Fordern und fördern – Kurze und lange Vokale, s-Laute 283
Die Rechtschreibprüfung am Computer nutzen 284
Testet euch! – Rechtschreibung 285

► **Sprachliche Strukturen reflektieren und verwenden**

► **Sprachliche Mittel reflektieren und verwenden**

Grundregeln der Rechtschreibung (Kürze und Länge des Stammvokals, Groß- und Kleinschreibung, Zeichensetzung) kennen und anwenden;
Rechtschreibstrategien reflektieren und zum Finden, Identifizieren und Korrigieren von Fehlern nutzen (verwandte Wörter suchen, Wörter verlängern, individuelle Fehleranalyse, Nachschlagen im Wörterbuch);
Schreib- und Textverarbeitungsprogramm des Computers sinnvoll einsetzen (zur Textüberarbeitung)

14.2 **Punkt und Komma – Zeichensetzung üben** **287**
Satzzeichen bei der wörtlichen Rede 287
Goscinny/Sempé: Der kleine Nick 287
Das Komma bei Aufzählungen 289
Das Komma in Satzreihen und Satzgefügen ... 290
Astrid Lindgren: Pippi Langstrumpf 291
Fordern und fördern – Zeichensetzung 292
Timo Parvela: Im Bus auf Klassenfahrt 292
Testet euch! – Zeichensetzung 293
Timo Parvela: Das Krippenspiel 293

14.3 **Fit in ... – Richtig schreiben** **294**
Die eigenen Fehlerschwerpunkte finden 295
Training an Stationen 297

15 Lernen lernen – Leicht gemacht 303

15.1 Gut geplant ist halb gewonnen – Klassenarbeiten vorbereiten 304
Die Zeit zur Vorbereitung sinnvoll einteilen 304
Den Lernstoff wiederholen – Spickzettel und Schaubilder 305
Rechtschreibtraining – Mit Diktaten und der Rechtschreibkartei üben 306
Ursachen für das Aussterben von Tierarten 306

15.2 Gewusst wo! – Informationen recherchieren 308
In Lexika nachschlagen 308
Im Internet recherchieren 309

15.3 Einen Kurzvortrag halten – Informationen anschaulich darstellen 311
Den Vortrag vorbereiten 311
Mit Anschauungsmaterial informieren 312

- **Lese- und Rezeptionsstrategien**
  Organisationsstrategien zum Festhalten von Schlüsselinformationen kennen lernen; Wiederholungsstrategien zum Einprägen von Informationen nutzen
- **Das Schreiben für Lernprozesse nutzen**
  Notizen verfassen und strukturieren
- **Sprachliche Mittel reflektieren und verwenden**
  Rechtschreibstrategien (Rechtschreibkartei) nutzen
- **Redebeiträge leisten**
  Texte und Arbeitsergebnisse zu konkreten Themen und Sachverhalten mediengestützt präsentieren

Orientierungswissen

Sprechen und Zuhören 313
Schreiben 314
Lesen – Umgang mit Texten und Medien 320
Nachdenken über Sprache 327
Arbeitstechniken und Methoden 344

Lösungen zu einzelnen Aufgaben 350
Textartenverzeichnis 353
Bildquellenverzeichnis 354
Autoren- und Quellenverzeichnis 355
Sachregister 357

1 Freundschaften –
Erzählen und gestalten

1 Beschreibt das Foto: Woran erkennt ihr, dass hier gute Freunde abgebildet sind?

2 a Überlegt gemeinsam, wie eine Freundin oder ein Freund sein sollte.
b Welche Situationen und Erlebnisse fallen euch ein, wenn ihr an Freundschaft denkt? Erzählt ein Erlebnis.

3 a Kennt ihr Geschichten, in denen Freundschaft eine Rolle spielt? Erzählt davon.
b Tragt Tipps zum Erzählen von Geschichten zusammen.

In diesem Kapitel ...

- erzählt ihr lebendig und anschaulich von Erlebnissen mit Freunden,
- schreibt ihr spannende Geschichten von mutigen Freunden,
- lest ihr Freundschaftsgeschichten, in denen Mutproben gemeistert werden.

1.1 Mutig sein – Von Freundschaften erzählen

Zusammenhalten – Ein Erlebnis mündlich erzählen

1 a Beschreibt, inwiefern die Kinder auf den Fotos mutig eine Herausforderung meistern.
b Erklärt, warum die Freunde hier fest zusammenhalten müssen.

2 Erinnert euch an ein Erlebnis, bei dem ihr mit euren Freunden mutig wart. Schreibt in Stichpunkten alles auf, woran ihr euch erinnert, z. B.: Wer war dabei? Wo und wann fand das Erlebnis statt? Was habt ihr gesehen, gehört? Wie habt ihr euch gefühlt?

3 Eine gute Erzählung braucht einen roten Faden, der die Leser durch die Geschichte leitet. Erzählt in der Klasse von eurem Erlebnis. Geht so vor:

a Ordnet eure Ideen aus Aufgabe 2 so, dass eure Geschichte einen roten Faden hat. Notiert Stichworte für die Einleitung, den Hauptteil und den Schluss, z. B. auf einzelnen Karteikarten.

Einleitung
Wer? *Fabian, Eva und ich*
Wo? *Eifel, Wald hinter der Jugendherberge*
Wann? *im letzten September (Klassenfahrt)*

Hauptteil (1. Schritt)
Vorbereitungen für die Nachtwanderung: Regenjacken, …

Hauptteil (2. Schritt)
Beginn der Wanderung: langer Waldweg, dunkel, Mond, lautes Knacken

…

Hauptteil (Höhepunkt)

Schluss

b Schreibt drei bis vier Formulierungen auf, mit denen ihr eure Zuhörerinnen und Zuhörer fesseln könnt, z. B.: *Sekunden später* *den Atem anhalten* *schemenhaft* …

4 Übt das Erzählen eurer Geschichte in Partnerarbeit. Die Hinweise unten helfen euch dabei. Gebt euch eine Rückmeldung: Was ist gut gelungen, was könnt ihr noch verbessern?

5 Erzählt eure Geschichte in der Klasse. Die anderen hören aufmerksam zu.

Methode **Eine Geschichte mündlich erzählen**

- **Notiert Stichpunkte** für die Einleitung, den Hauptteil und den Schluss, z. B. auf Karteikarten. Nutzt eure Stichpunkte beim Erzählen, um den roten Faden zu behalten.
- Tragt keine auswendig gelernten Sätze vor, sondern **erzählt frei.** Beim mündlichen Erzählen können die Sätze einfach sein.
- Gebt auch eure **Gedanken und Gefühle** wieder.
- Tragt **mit lebhafter Stimme** vor (laut – leise, schnell – langsam) und macht Pausen.
- Ihr könnt für das mündliche Erzählen das Perfekt verwenden, z. B. *Plötzlich habe ich eine schemenhafte Gestalt gesehen. Ich bin sofort zu den anderen gerannt und …*

Mutig einem Freund helfen – Den Aufbau einer Erzählung untersuchen

In den Sommerferien hatte Lukas ein spannendes Erlebnis, das er aufgeschrieben hat. Leider sind ihm seine Notizen durcheinandergeraten.

A *Nach einer Stunde sahen wir endlich den See, der glitzernd vor uns in der Sonne lag. Sofort machten wir uns auf die Suche nach einem geeigneten Badeplatz. Auf einmal rief Sebastian: „Komm mal her! Ich habe hier etwas entdeckt!“ Neugierig lief ich in seine Richtung.*

B *Nach dreißig Minuten war Sebastian noch immer nicht zurück. Ich schaute noch einmal in das finstere Loch. Sicher gab es in der Höhle auch Fledermäuse! Ob ich ihn suchen sollte? Was sollte ich bloß machen, wenn ich mich in der Höhle verlief? Aber ich hatte keine Wahl; schließlich musste ich meinem besten Freund helfen. Langsam und vorsichtig machte ich mich auf den Weg in die Dunkelheit. Man sah tatsächlich die Hand vor Augen nicht. Schritt für Schritt tastete ich mich ängstlich vorwärts. Plötzlich hörte ich ein lautes Knacken. Mir wurde fast schwindelig vor Angst. „Hallo?“, flüsterte ich.*

C *Da sah ich es auch: Einige Meter vom Seeufer entfernt befand sich ein Eingang zu einer Höhle. „Wir müssen uns das unbedingt genauer anschauen“, sagte Sebastian. Aber mir war die feuchte, dunkle Höhle zu unheimlich. Wir hatten noch nicht einmal Taschenlampen dabei! „Dann gehe ich halt alleine los“, erklärte Sebastian. „Aber wenn ich in einer halben Stunde nicht zurück bin, gehst du mich suchen, versprochen?“ „Klar“, entgegnete ich und Sebastian verschwand in der Dunkelheit.*

D *„Ich bin hier!“, rief Sebastian laut. Ich war sehr erleichtert, seine Stimme zu hören. Mein Freund war in der Dunkelheit gestolpert und hatte sich den Fuß verstaucht. Seine Schmerzen waren so groß, dass er alleine nur noch auf allen vieren kriechen konnte.*

E *„Sommer, Sonne, Sonnenschein – und ein kühler See in Aussicht!“, rief ich, als ich mit quietschenden Reifen bei meinem Freund Sebastian ankam. Wir wollten mit den Fahrrädern zum Waldsee fahren und hatten alles für einen Badetag eingepackt. Schnell beluden wir unsere Räder und radelten los. Die Sonne brannte, wir hatten Ferien und ein gemütlicher Tag am See lag vor uns. Wer hätte gedacht, dass einer von uns an diesem Tag noch im Krankenhaus landen würde.*

F *Gemeinsam machten wir uns auf den beschwerlichen Rückweg. Ich stützte Sebastian auf dem Weg aus der Höhle und holte dann mit dem Fahrrad schnell Hilfe. Am nächsten Tag besuchte ich ihn im Krankenhaus und wir sprachen darüber, wie wichtig es ist, einen guten Freund zu haben.*

1 a Bringt die Teile von Lukas' Geschichte wieder in die richtige Reihenfolge. Notiert die entsprechende Buchstabenreihenfolge in eurem Heft.
b Erklärt, worum es in der Geschichte geht. Beurteilt dann, ob Lukas ein guter Freund ist.

2 Nennt den Abschnitt, der den Höhepunkt der Geschichte darstellt. Begründet eure Entscheidung.

3 Eine spannende Erzählung wird Schritt für Schritt erzählt. Ordnet die einzelnen Teile der Geschichte nach Erzählschritten und notiert Stichpunkte zum Inhalt. Übertragt dazu die folgende Tabelle in euer Heft.

Erzählschritt	Teil	Inhalt in Stichpunkten
Einleitung:	E	– *Lukas und ...* – ...
Hauptteil: *1. Erzählschritt* *2. ...*		 – ... – ...
Schluss:	...	...

4 Untersucht die Erzählung genauer. Nehmt hierzu den unten stehenden Merkkasten zu Hilfe.
a Formuliert die W-Fragen, die in der Einleitung beantwortet werden. Beschreibt dann, wodurch die Einleitung neugierig auf die Geschichte macht.
b Stellt in Partnerarbeit zusammen, durch welche Wörter, Wendungen und Sätze im Hauptteil die Spannung gesteigert wird.

5 Wählt eine der folgenden Überschriften für die Geschichte aus oder schlagt eine eigene vor. Begründet eure Auswahl.

Durch dick und dünn • Das war knapp! • Der Ausflug zum Waldsee

Information **Der Aufbau einer Erzählung**

- **Einleitung:** Mit der Einleitung informiert man den Leser in der Regel über Ort (Wo?) und Zeit (Wann?) des Geschehens und stellt mindestens eine Hauptfigur (Wer?) vor. Um die Leser neugierig zu machen, kann man z. B.:
  – von einer harmlosen Situation erzählen, die auf einmal bedrohlich erscheint, z. B.: *Es war ein sonniger Frühlingstag und ich saß draußen im Garten. Ich war vollkommen vertieft in ein spannendes Buch und bemerkte nicht ...*
  – ein unerwartetes Ereignis ankündigen, das alles verändert, z. B.: *Als wir ankamen, ahnten wir nicht, dass uns an diesem Tag noch ein richtiges Abenteuer bevorstehen würde.*
- **Hauptteil:** Der Hauptteil ist der Kern der Geschichte. Hier wird die Spannung schrittweise bis zum Höhepunkt der Geschichte gesteigert. Die Leser sollen mitfiebern, was nun passieren wird.
- **Schluss:** Der Schluss rundet die Geschichte ab. Man kann erzählen, wie die Handlung ausgeht, absichtlich den Ausgang offenlassen oder einen abschließenden Gedanken äußern.

Eine Geschichte wird in der Regel im **Präteritum** erzählt.

Spannung erzeugen – Nach Bildern schriftlich erzählen

1 a Beschreibt, was diese Bildergeschichte erzählt.
b Überlegt, wie die Geschichte ausgehen könnte. Notiert Stichworte in eurem Heft.

2 Legt in eurem Heft einen Schreibplan nach dem unten stehenden Muster an.
a Haltet in der linken Spalte die wichtigsten Handlungsschritte in Stichworten fest. Unterstreicht danach in euren Notizen den Höhepunkt der Geschichte.
TIPP: Findet Namen für die Figuren.
b Überlegt, was die Figuren sagen könnten, und haltet die wichtigsten Sätze in der rechten Spalte fest.

Was passiert? (Erzählschritte)	Wird etwas gesagt? (wörtliche Rede)
– *Lisa und ich spielten Fußball.*	– …
– …	– *„Oh nein! Jetzt ist der Fußball weg!“*

3 Besonders anschaulich wird eine Geschichte, wenn ihr die Gefühle der Figuren beschreibt.

a Legt für die Gefühle „Angst/Aufregung", „Freude" und „Schreck" jeweils ein Blatt mit einem Wortspeicher an. Arbeitet zu zweit und nutzt die Formulierungen unten.
TIPP: Überlegt, ob es Wörter und Wendungen gibt, die sich nicht eindeutig einem Gefühl zuordnen lassen.

Angst/Aufregung

Schreck

Freude
anschauliche Adjektive:
überglücklich, fröhlich …
treffende Verben:
jubeln, lachen …
bildhafte Wendungen und Vergleiche:
vor Freude in die Luft springen …

b Vergleicht eure Ergebnisse.

Herz bleibt stehen • kichern • sich hilflos wie eine Maus in der Falle fühlen • wie ein Honigkuchenpferd strahlen • weiche Knie bekommen • lächeln • zusammenzucken • lustig • scherzen • sich freuen • vor Schreck wie gelähmt • unruhig auf und ab tigern • Herz schlägt bis zum Hals • panisch • schockiert • schauerlich • sich gruseln • munter • zittern • Luft bleibt weg • grinsen • losprusten • hilflos • zittern wie Espenlaub • sich kugeln vor Lachen • nervös • schmunzeln • stöhnen • ungeduldig • froh • Mund ist ganz trocken • freudig • Puls rast • erschrecken • heiter • wie auf glühenden Kohlen sitzen • die Welt umarmen • hektisch • von einem Glücksgefühl durchströmt

4 Wie kann man die Gefühle „Trauer" und „Erleichterung" in Worte fassen? Legt auch für diese Gefühle Wortspeicherkarten an.

5 Überarbeitet den folgenden Ausschnitt aus der Bildergeschichte, sodass er anschaulich und spannend wird. Nutzt dazu passende Ausdrücke aus eurem Wortspeicher (▶ Aufgabe 3). Fügt neue Sätze ein und verändert die vorliegenden.

Nachdem Lisa über den Zaun geklettert war, wartete ich eine längere Zeit. Ich war sehr aufgeregt.

6 Der folgende Erzählabschnitt umfasst nur einen ganz kurzen Zeitraum.
Gestaltet ihn aus, indem ihr alle Einzelheiten (Gedanken, Gefühle, Geräusche, Beobachtungen) anschaulich erzählt. Der Wortspeicher unten hilft euch dabei.

Ich überlegte, was ich tun sollte. Lisa hing mit einem Bein in einem Loch fest. Ich bekam große Angst.

- Aus der Ferne hörte ich ...
- Vor mir sah ich ...
- Während ich ..., schoss mir durch den Kopf, dass ...
- Mir wurde ...
- Was sollte ich ...

7 Schreibt eine spannende und anschauliche Erzählung zu den Bildern. Versetzt euch in eine der Hauptfiguren hinein und erzählt in der Ich-Form. Orientiert euch an eurem Schreibplan von Seite 18 und erzählt im Präteritum.

Einleitung		Hauptteil		Höhepunkt		Schluss
Wer? Wo? Wann? Neugierde wecken	→	Spannung steigern	→	besonders ausführlich Zeitlupe	→	...

Information **Spannend und anschaulich erzählen**

1 Versetzt euch in die Figuren hinein:
- Was hören, sehen, fühlen und riechen sie? Zum Beispiel: *Von Ferne hörte ich Hundebellen.*
- Was denken und sprechen sie? Zum Beispiel: *Was sollte ich tun?*

2 Beschreibt die Situation (Ort, Figuren, Handlung) genau und anschaulich und baut Spannungsmelder in eure Geschichte ein. Hierzu könnt ihr:
- **Gedanken und Gefühle** der Figuren mitteilen, z. B.: *Mir wurde auf einmal richtig schlecht.*
- **wörtliche Rede** benutzen, z. B.: *„Halt!“, schrie ich.*
- **treffende Verben** verwenden, z. B.: *flüstern, wimmern, stolpern, schleichen.*
- **anschauliche Adjektive** finden, z. B.: *panisch, heiß, düster, rasch, hastig, schmal, winzig.*
- **bildhafte Wendungen und Vergleiche** gebrauchen, z. B.: *mein Herz schlug bis zum Hals; die Zeit zog sich wie Kaugummi.*
- **Spannungsmelder** (Überraschung) einbauen, z. B.: *Plötzlich ...; Völlig unerwartet ...*

3 Der **Höhepunkt** einer Geschichte ist die spannendste Stelle. Erzählt diese Stelle besonders ausführlich und lasst das Geschehen sozusagen in **Zeitlupe** ablaufen. Durch diese Verzögerung (Zeitdehnung) erhöht sich die Spannung.

Einen Erzählkern ausgestalten – Äußere und innere Handlung unterscheiden

Klaus aus der 6b wird seit mehreren Wochen von einer Gruppe von Mitschülern schikaniert. Zunächst machten sie sich über ihn lustig, wenn er im Unterricht etwas Falsches sagte. Einige Tage später fand Klaus nach der Schule seine Jacke nicht mehr an der Garderobe. Auf seine verzweifelten Nachfragen, wer seine Jacke gesehen habe, benahmen sich alle, als hätten sie mit der Sache nichts zu tun. Am nächsten Tag sperrten ihn ein paar Schüler nach dem Unterricht im Klassenraum ein.
Klaus klopfte verzweifelt an die Tür und bat, ihn wieder rauszulassen. Da hatte Ruben, den das Verhalten seiner Mitschüler schon länger störte, eine Idee ...

1 a Beschreibt, woran deutlich wird, dass Klaus in seiner Klasse anscheinend von allen Freunden verlassen ist.

b Überlegt gemeinsam, wie Ruben Klaus beistehen und der Geschichte zu einem guten Ende verhelfen könnte. Notiert eure Ideen in Stichworten.

2 Versetzt euch in die Lage von Ruben: Er merkt, dass Klaus eingeschlossen wurde, und beschließt einzugreifen. Schreibt in Partnerarbeit auf, was er in diesem Moment fühlt und welche Gedanken ihm durch den Kopf schießen. Ihr könnt die Satzanfänge oben zu Hilfe nehmen.

Information **Äußere und innere Handlung**

In einer Geschichte wird nicht nur die äußere Handlung (das, was geschieht; das, was man von außen sehen kann) dargestellt, sondern es wird vor allem erzählt, **was die Figuren in einer Situation denken und fühlen (innere Handlung).** So können sich die Leser besser in die Figuren hineinversetzen und erhalten einen Einblick, was in einer Figur vorgeht, z. B. Angst, Wut, Freude, Verzweiflung.

- Beispiel für äußere Handlung: *Während die halbe Klasse auf dem Gang versammelt war, schrie Klaus aus dem Klassenraum um Hilfe.*
- Beispiel für innere Handlung: *Als ich Klaus' Hilfeschrei hörte, drehte sich mir der Magen um. Wie sollte ich Klaus bloß helfen?*

3 Entwerft in Partnerarbeit einen längeren Dialog, in dem Ruben seine Mitschüler dazu bringt, Klaus aus dem Klassenraum herauszulassen und ihn künftig nicht mehr zu ärgern. Geht so vor:

Verben für „sagen" oder „fragen"
spotten • stammeln • brüllen • jammern • behaupten • abstreiten • berichten • erkundigen • antworten • ansprechen • nachfragen • zugeben • flüstern • erklären • schreien • stottern • widersprechen • rufen • nachhaken

a Sammelt Sätze, die die Beteiligten in dieser Situation sagen könnten.
b Schreibt einen Dialog zwischen Ruben und seinen Mitschülern. Berücksichtigt die Verben im Kasten oben und die Hinweise zur wörtlichen Rede im Merkkasten unten.

4 Schreibt eine lebendige und anschauliche Erzählung aus Rubens Sicht. Geht so vor:
a Notiert, welche Vorgaben euch der Erzählkern macht, z. B.: Wer war beteiligt? Was genau passierte?
b Entwerft einen Schreibplan für eure Geschichte, in dem ihr die wichtigsten Erzählschritte notiert.
c Schreibt eine Erzählung, in der ihr die Gedanken und Gefühle von Ruben (innere Handlung) anschaulich wiedergebt und wörtliche Rede verwendet.

1) Einleitung:
Wer? Wo? Wann?

2) Hauptteil:
1. Erzählschritt:
2. ...
Höhepunkt:

3) Schluss:

5 Lest eure Geschichten vor und vergleicht, wie Ruben Klaus jeweils hilft. Welche Ideen sind besonders gelungen?

Information **Zeichensetzung bei der wörtlichen Rede**

Die wörtliche Rede wird in **Anführungszeichen** eingeschlossen, z. B.: *„Lasst mich hier raus!"*
Die Satzzeichen ändern sich je nach Stellung des Redebegleitsatzes wie folgt:

1 Redebegleitsatz vor der wörtlichen Rede (einleitender Redebegleitsatz):
Nach dem einleitenden Redebegleitsatz steht ein Doppelpunkt, z. B.: *Klaus rief: „Lasst mich hier raus!"*

2 Redebegleitsatz nach der wörtlichen Rede (nachgestellter Redebegleitsatz):
Der nachgestellte Redebegleitsatz wird durch ein Komma von der wörtlichen Rede abgetrennt. Der Schlusspunkt in der wörtlichen Rede entfällt dann, Ausrufezeichen und Fragezeichen bleiben aber erhalten, z. B.: *„Lasst mich hier raus!", schrie er. „Ich will nach Hause", jammerte er. „Wieso sollten wir das tun?", entgegneten sie.*

3 Redebegleitsatz inmitten der wörtlichen Rede (eingeschobener Redebegleitsatz):
Der eingeschobene Redebegleitsatz wird durch Kommas von der wörtlichen Rede abgetrennt, z. B.: *„Mensch", rief Sebastian erregt, „wieso lasst ihr Klaus nicht in Ruhe?"*

Testet euch!

Erzählen

1 Im folgenden Dialog fehlt die Zeichensetzung bei der wörtlichen Rede und der Text wirkt durch die ständige Verwendung des Verbs „sagen" sehr eintönig.

a Überarbeitet den Dialog und schreibt eine verbesserte Fassung in euer Heft.

VORSICHT FEHLER!

Schaut mal! Dort hinten ist ein kleines Häuschen sagte Fabian.
Das sieht ja aus wie ein Hexenhaus, sagte ich.
Dominik sagte Lasst uns mal nachschauen, was wir darin entdecken können.
Ich weiß nicht sagte Sina sicher spukt es dort drin.
Jetzt stellt euch nicht so an. Es gibt doch keine Gespenster! sagte Fabian und ging langsam auf das Häuschen zu. Die anderen folgten ihm vorsichtig bis zur Eingangstür.
Hast du ... Hast du das gesehen? sagte Sina da drinnen hat sich ein Schatten bewegt.
So ein Quatsch! Das war bestimmt nur eine Ratte sagte Dominik.
Eine Ratte? sagten Sina und ich wie aus einem Mund dort bringt uns niemand hinein.

b Überprüft eure Ergebnisse in Partnerarbeit. Nehmt zur Prüfung der Zeichensetzung bei der wörtlichen Rede den Merkkasten (▸ Seite 22) zu Hilfe. Vergleicht auch die Auswahl der Verben.

2 Gelingt es Fabian und Dominik, Sina und die Ich-Erzählerin/den Ich-Erzähler zu überreden, in das unheimliche Haus zu gehen?

a Schreibt eine kurze Fortsetzung der Geschichte, in der ihr die Gedanken und Gefühle der Ich-Erzählerin/des Ich-Erzählers anschaulich wiedergebt und wörtliche Rede verwendet.

b Vergleicht eure Fortsetzungen in Partnerarbeit:
- Habt ihr beschrieben, was die Ich-Erzählerin/der Ich-Erzähler denkt und fühlt?
- Habt ihr wörtliche Rede verwendet und die Regeln für die Zeichensetzung beachtet?

1.2 Mutproben meistern – Zu Freundschaftsgeschichten schreiben

Jutta Richter

Der Tag, als ich lernte die Spinnen zu zähmen

Rainer ist ein Außenseiter. Die anderen Kinder nennen ihn Spielverderber oder Popelfinger. Dennoch freundet sich die Ich-Erzählerin mit ihm an, denn Rainer hört zu und lacht nicht, wenn man von seinen Ängsten erzählt. Und man kann mit ihm Abenteuer erleben, z. B. Spinnen vertreiben und sogar zähmen.

„Aber ich weiß, wo's Ratten gibt."
Mir lief ein Schauer den Rücken hinunter. Rainer hatte plötzlich so ein gefährliches Glitzern in den Augen. Ich hätte wetten können, dass ich wusste, was er vorhatte. Bevor er weitersprechen konnte, war ich aufgesprungen. „Nein!", rief ich. „Nie! Da geh ich nie im Leben mit!"
„Feigling!", zischte Rainer. „Du bist eben auch nicht besser als die doofen Weiber. Hätte ich mir ja denken können! Mädchen bleibt Mädchen!"
Ich trat von einem Bein aufs andere, ich biss mir auf die Unterlippe. Am liebsten hätte ich mich in Luft aufgelöst.
„Hab ich die Kellerkatze verjagt?", fragte Rainer. „Hab ich die Monsterspinne erledigt? Vergiss nicht, wen du vor dir hast: den Spezialisten für Lebendfallen! Den schärfsten Scharfschützen im Wilden Westen! Und du willst kneifen! Na, dann hau doch ab! Aber glaub nicht, dass ich noch ein Wort mit dir rede! Und in meiner Mannschaft bist du auch nicht mehr! Kannst ja bei den doofen Weibern mitmachen!"
Ich zögerte. Wenn Ratten so klug waren wie Menschen, waren sie bestimmt auch klüger als Rainer. Aber wenn ich nicht mitging, würde

ich meinen Freund verlieren. Vielleicht für immer. Und das war sicher schlimmer, als einem Rattenkönig zu begegnen.

„Na gut“, sagte ich leise. „Dann komm ich eben mit.“

In der Altstadt fingen die Glocken an, für die Samstagvorabendmesse zu läuten. Die Mauersegler sirrten um Thiemanns Garage. Aus Fräulein Fantinis Fenster fiel die Kleine Nachtmusik. Alles war wie immer.

Rainer ging um die Ecke, dahin, wo unten am Bahndamm das Gruselhaus stand. Solange ich denken konnte, hatte nie jemand dort gewohnt. Die Fensterscheiben waren alle eingeworfen und an der Haustür hing ein gelbes Schild mit schwarzem Rand: *Betreten verboten! Eltern haften für ihre Kinder. Der Eigentümer.* Es war uns strengstens verboten, das Gruselhaus zu betreten. Mein Vater hatte gesagt: „Wenn ich dich nur einmal dort erwische, gibt's Dresche.“ Und das war die schlimmste aller Strafen. Zehnmal schlimmer als Hausarrest. Aber freiwillig hätte ich das Gruselhaus sowieso nicht betreten, weil Opa Thiemann doch die Geschichte vom erstickten Kind erzählt hatte: „Vor langer Zeit ... von der eigenen Mutter ... in diesem Haus ... mit einem Kopfkissen ... so lange auf den Kopf des Kindes gedrückt ... bis es sich nicht mehr bewegte.“

„Bleib hier stehen“, sagte Rainer, sah sich nach allen Seiten um und schlich sich bis zur Hausecke. Die Straße war menschenleer. Einen Augenblick lang hoffte ich, er würde ohne mich ins Gruselhaus gehen, aber dann nickte er mir zu und rief: „Komm schnell!“ Er zog mich hinter das Haus und zeigte auf ein offenes Fenster. „Da rein! Los!“

Wir kletterten über die Fensterbank und standen in einem düsteren Zimmer. Überall waren Löcher: im Holzfußboden, in der Zimmerdecke. Und von den Wänden hingen Tapetenfetzen mit einem verblichenen Blumenmuster. Es roch modrig und es war kühl. Mir war ganz schlecht vor Angst. Aber das durfte ich ja nicht zeigen.

Rainer klatschte in die Hände und machte: „Ksch, ksch!“ Dann noch mal: „Ksch, ksch!“ Irgendwo im Haus raschelte es.

„Hörst du die Ratten?“, fragte Rainer.

Ich stand mit angehaltenem Atem und lauschte. Direkt über unseren Köpfen hörte ich ein Trippeln. Kurz darauf ein leises Pfeifen.

„Komm“, flüsterte Rainer. „Wir gehen nach oben. Aber sei leise!“

Er nahm meine Hand und wir schlichen vorsichtig durch das Zimmer, bis wir in einem kleinen Flur standen. Eine Treppe ohne Geländer führte ins obere Stockwerk. Die Stufen knarrten und immer, wenn das geschah, blieben wir stehen und warteten. Meine Hand in Rainers Hand war ganz schwitzig und mein Herz klopfte bis in die Fingerspitzen.

Endlich, nach einer Ewigkeit, standen wir auf dem oberen Treppenabsatz.

Meine Augen hatten sich an das Dämmerlicht gewöhnt. So kam es, dass ich sie zuerst sah.

Ich drückte Rainers Hand und nickte mit dem Kopf in ihre Richtung. Es war eine große graue Ratte mit einem dicken unbehaarten Schwanz. Sie saß völlig reglos auf einer zerschlissenen Matratze und schaute uns mit ihren glänzenden Knopfaugen aufmerksam an. Ihre Schnauze und die Schnurrbarthaare zitterten leicht, sie schnupperte, sie roch, dass wir da waren.

Ich hatte noch nie so nah vor einer Ratte gestanden und begriff plötzlich, was Hansi Pfeifer gemeint hatte. Die Ratte sah sehr klug aus. Sie war bestimmt klüger als ich. Und sie war bestimmt klüger als Rainer.

Wir bewegten uns nicht. Die Ratte bewegte sich nicht.

Und dann spürte ich plötzlich, dass mit Rainer etwas nicht stimmte. Er zitterte, sein Atem ging schneller. Er zog die Luft ein und machte ganz seltsame Geräusche dabei. Eine Art Pfeifen und Rasseln. Es hörte sich an, als würde er ersticken, sein Gesicht war verzerrt, er sah aus, als würde er Fratzen schneiden. Das war unheimlich.

Am liebsten hätte ich mich umgedreht und

wäre weggelaufen. Und gleichzeitig wusste ich: Jetzt kam es auf mich an. Ich musste Rainer helfen. Und während ich das begriff, wuchs in meinem Hasenherz ein Riesenmut.

Ich drückte seine Hand und zog ihn dann auf die oberste Treppenstufe zurück. Ich bewegte mich ganz ruhig, ganz vorsichtig, ganz langsam. So wie ich es im Zirkus bei den Löwenbändigern gesehen hatte.

Ich führte Rainer rückwärts die Treppe hinunter. Ich wusste, wenn man sich umdreht, hat man verloren. Dann würde die Ratte in unseren Nacken springen und sich dort festbeißen. Es dauerte ewig, bis wir endlich unten waren und uns umdrehen konnten. Ich wollte zum Fenster rennen und hinausklettern. Aber Rainer konnte nicht. Er rang nach Luft und hatte ganz blaue Lippen. Dann stützte er die Hände aufs Fensterbrett und ließ den Kopf hängen. Er keuchte immer noch. Sein schmaler Rücken hob und senkte sich.

Da sah ich, dass Rainer weinte, ganz leise weinte. Seine Tränen tropften einfach in den Staub. Irgendwann fing er an, wieder ruhiger zu atmen, und dann kletterten wir vorsichtig aus dem Fenster.

Rainer sagte keinen Ton. Er nahm nur meine Hand und hielt sie fest. Wir gingen um das Gruselhaus herum und erst unter Fräulein Fantinis Fenster ließ er meine Hand wieder los. Und dann sagte er: „Scheißasthma[1]“, und versuchte zu grinsen. Er pufffte mich in die Seite und meinte: „Aber trotzdem, mutig bist du ja, Meechen! Eigentlich wie 'n Junge …“

Und da erst bin ich weggelaufen.

1 das Asthma: Atemwegserkrankung

1 „… freiwillig hätte ich das Gruselhaus sowieso nicht betreten …“ (▶ S. 25, Z. 50–52), schreibt die Ich-Erzählerin. Erklärt, warum sie Rainer trotzdem ins Gruselhaus folgt.

2 **a** Am Schluss sagt Rainer: „Aber trotzdem, mutig bist du ja, Meechen! Eigentlich wie 'n Junge …“ (▶ Z. 151–152). Erläutert, wodurch sich Rainers Meinung geändert hat.
b „Und dann sagte er: ‚Scheißasthma' …“ (▶ Z. 149). Überlegt, was der Grund für Rainers Atemnot im Gruselhaus ist.

3 Wie jede spannende Geschichte wird auch das Erlebnis im Gruselhaus Schritt für Schritt erzählt. Gliedert die Geschichte in Einleitung, Hauptteil (mit Höhepunkt) und Schluss. Notiert die entsprechenden Zeilenangaben und fasst den Inhalt der Teile knapp zusammen.
- *Einleitung (Z. 1–x): Gespräch über Ratten, Rainer überredet die Ich-Erzählerin …*
- *Hauptteil (Z. x–y): …*
  - *Höhepunkt (Z. x–y): …*
- *Schluss (Z. x–y): …*

4 Beim Lesen der Geschichte steigt die Spannung. Sammelt Textstellen oder einzelne Wörter und erklärt, warum ihr sie besonders spannend findet.

5 Die Geschichte ist aus der Sicht des Mädchens geschrieben. Stellt Textstellen mit Zeilenangaben zusammen, in denen ihr etwas über ihre Gefühle und Gedanken (innere Handlung) erfahrt.

6 Weil die Ich-Erzählerin trotz des Verbots ihrer Eltern in das Gruselhaus gegangen ist, bekommt sie Hausarrest. Sie schreibt auf, was sie erlebt hat und wie sie sich dabei gefühlt hat. Sie denkt z.B. an das Gruselhaus, die Ratten, an Rainer, an Freundschaft und Hilfe in Notsituationen. Verfasst diesen Tagebucheintrag.

Katja Reider

Ferienfreunde

Moritz aus Hamburg, der Ich-Erzähler, verbringt mit seinen Eltern die Sommerferien auf einem Campingplatz, der an einem See liegt. Schnell lernt er Leni, Jakob, Dennis und Leon kennen, die schon zum wiederholten Mal dort Ferien machen. Im See spielen sie gemeinsam Wasserball.

Als Papa mich aus dem Wasser pfeift, bin ich total außer Atem. Aber bestens gelaunt. Ich meine, wer hätte gedacht, dass ich hier schon am ersten Tag Freunde finden würde?!

„Kommst du nachher wieder runter?", fragt Leni, während wir uns bibbernd in unsere Handtücher rollen. „Wir müssen dir doch noch unseren Geheimplatz zeigen!"

Geheimplatz?! Klingt ja spannend! Klar will ich den sehen! Also nicke ich eifrig. „Ich geh nur eben was essen. In einer halben Stunde wieder hier?"

„Okay, bis später!" Leni winkt mir zu und verschwindet in Richtung Kiosk.

Meine Eltern staunen nicht schlecht, dass ich bereits den halben Campingplatz kennen gelernt habe, während sie hier oben im Liegestuhl gedöst haben.

„Wir treffen uns gleich wieder unten am See", berichte ich, während ich mir hastig das letzte Stück Brot in den Mund schiebe.

„Willst du etwa jetzt gleich wieder ins Wasser?" Papa sieht nicht begeistert aus.

„Ne." Ich schüttele den Kopf. „Die anderen wollen mir was zeigen, einen ..." Ich zögere. Darf ich den „Geheimplatz" überhaupt erwähnen? Lieber nicht. „... irgendeinen ... äh ... besonders schönen Platz", beende ich meinen Satz vage.

Papa nickt. „Also gut, Moritz. Aber geh nicht zu weit von unserem Zelt weg, ja? Du kennst dich hier schließlich noch nicht aus!"

„Keine Sorge, die anderen sind ja dabei!" Ich springe auf. „Tschüss, bis später!" Und schon bin ich weg.

Aus den Augenwinkeln sehe ich gerade noch, dass Mama und Papa sich verblüfft angucken. Klar, sie haben bestimmt damit gerechnet, mich die ersten Tage hier von früh bis spät mit Federball, Mau-Mau und diversen Ladungen Grillwürstchen bei Laune halten zu müssen. Tja, Pustekuchen ...

Die anderen warten schon auf mich. Leon deutet auf einen schmalen Pfad am Ufer, der mir vorher gar nicht aufgefallen war.

„Da geht's lang!" Schon stapft er los und wir traben im Gänsemarsch hinterher. Leon hat wie selbstverständlich die Führung übernommen, gefolgt von Jakob und Dennis. Leni und ich bilden die Nachhut.

„Was ist das eigentlich für ein Geheimplatz?“, frage ich Leni von hinten.

Sie dreht sich kurz zu mir um und lächelt. „Abwarten! Wird dir gefallen!“

Der Pfad schlängelt sich jetzt aufwärts, kreuz und quer durchs Unterholz. Ich komme richtig ins Schwitzen. Ganz schön anstrengend, diese Kraxelei! Mann, wie weit ist das denn noch? Der See ist schon seit einer ganzen Weile nicht mehr zu sehen. Aber plötzlich, nach einer scharfen Rechtskurve, liegt er wieder vor uns.

„Na, was sagst du?“ Leni deutet stolz auf das schmale Felsplateau unter uns. Ich nicke anerkennend. Das ist hier wirklich ein richtig toller Geheimplatz! Der Felsvorsprung liegt in einer Art Bucht, umgeben von dicht bewachsenen Klippen. Deswegen ist die Stelle vom Campingplatz aus auch nicht zu sehen. Das gegenüberliegende Ufer scheint weit entfernt. Es ist, als ob der See uns ganz alleine gehören würde. Als befänden wir uns wie Robinson Crusoe irgendwo mitten in der Wildnis.

Leon nimmt einen Schluck aus der Wasserflasche, während Jakob und Dennis eine Decke ausbreiten. Leni verteilt eine Runde Gummibärchen. Dann lassen wir uns auf der Felsplatte nieder und schauen hinunter aufs Wasser. Eine Weile sagt keiner ein Wort. Stumm und zufrieden sitzen wir da und genießen den Ausblick.

Aber dann fragt mich Leon plötzlich: „Wie hoch schätzt du das hier?“

Ich zucke mit den Achseln. „Keine Ahnung! Zwei Meter? Höchstens drei.“

„Also nicht besonders hoch“, stellt Leon fest. Irgendetwas an seinem Ton lässt mich aufhorchen.

„Warum fragst du?“

Leon grinst. Ich ahne sein Grinsen mehr, als ich es sehe. Die Sonne blendet so stark, dass ich blinzeln muss. „Also nicht zu hoch, um runterzuspringen“, sagt Leon jetzt beiläufig.

Jakob hat sich aufgesetzt. „Lass das doch!“, sagt er hastig zu Leon. „Bitte!“

Leons Grinsen wird breiter. „Warum denn ...?“ Ich verstehe nicht. Was läuft denn hier? „Willst du etwa da runterspringen?“, frage ich Leon lachend.

Leon schüttelt den Kopf. „Nee, aber du.“

Ich höre abrupt auf zu lachen. Trotz der Nachmittagshitze fröstele ich plötzlich. „Spinnst du? Da unten im Wasser können jede Menge spitzer Felsen sein oder so. Kann man doch von hier aus gar nicht sehen und außerdem –“

„Da unten ist alles bestens“, unterbricht mich Leon. Er lässt mich nicht aus den Augen, visiert mich wie ein Insekt.

Mann, was will der denn von mir? „Und woher willst du das wissen?“

„Weil die anderen alle schon gesprungen sind, Schlaumeier!“, erklärt Leon.

Für einen Moment bin ich geplättet. „Wirklich?“, ächze ich. „Ihr seid alle da runtergesprungen?“ Ungläubig sehe ich Jakob, Dennis und Leni an. Aber keiner der drei antwortet mir. Dennis blickt aufs Wasser, als ginge ihn das alles nichts an. Jakob pult nervös an seinen Nägeln herum. Nur Leni reagiert mit einem stummen Nicken.

„Aber warum habt ihr das gemacht?“, frage ich.

„Warum wohl? Weil sie keine Memmen sind.“ Leon lacht. „Ist doch nur ein kleines Spielchen. Ist doch nichts dabei! Ein Spaß!“

„Aber es ist ... gefährlich!“

Ich merke, wie hoch meine Stimme ist. Hoch und ängstlich. Ich klinge wie ein Dreijähriger! „Man soll nicht in unbekannte Gewässer springen!“ Mist, jetzt höre ich mich an wie mein Papa!

„Quatsch!“, sagt Leon verächtlich. „Bisher ist noch keinem was passiert.“ Er sieht mich an. „Also was ist? Springst du nun?“

Ich schaue auf das Wasser hinunter. Dunkelblau. Glitzernd. Undurchdringlich. Der Felsen bildet an dieser Stelle eine Art Bogen. Man muss weit hinausspringen, um ihn nicht zu streifen. Ich zögere. Aber, hey, was soll mir schon passieren? Es ist doch nur ein einziger Schritt nötig! Ein einziger mutiger Schritt! Die

anderen haben's doch auch geschafft! Und in Hamburg bin ich schließlich schon ein paar Mal vom Dreier gesprungen. Das war doch auch nicht weiter schlimm, oder? Aber da wusste ich, was unter mir ist.

„Und wenn ich's nicht tue?" Ich schaue Leon an, aber aus den Augenwinkeln beobachte ich Leni, die so konzentriert auf ihre nackten Füße blickt, als gäb's da irgendwas wahnsinnig Wichtiges zu entdecken.

Leni hält mich doch bestimmt für einen Waschlappen, wenn ich mich jetzt nicht traue. Wenn ich kneife. Wie sieht denn das aus? Das wäre eine volle Blamage! Dann kann ich wahrscheinlich den Rest der Ferien hier alleine rumhängen. Ich hole tief Luft. Ich mach das jetzt einfach. Wird schon gut gehen.

Schon will ich aufspringen, um Leon mein Okay zu signalisieren, als Leni plötzlich den Kopf hebt und mich unverwandt anschaut. Und ihr Blick sagt alles. Ihr Blick sagt ... „Nein!" War ich das, der da gesprochen hat? Muss wohl so sein, denn Leons Stimme klingt ungläubig, verdutzt.

„Nein? Was soll das heißen?"

Ich löse meine Augen von Leni und sehe Leon jetzt direkt an. „Nein heißt nein!", wiederhole ich fest. „Ich werde nicht springen! Weil es gefährlich und bescheuert ist. Wann ich meinen Mut testen will, entscheide ich. Und sonst keiner. Du jedenfalls ganz bestimmt nicht."

Ich stehe auf und wende mich zum Gehen. Hoffentlich finde ich den Weg zurück. Egal, bloß weg hier! Bevor ich solche dämlichen Mutproben mache, kraxele ich lieber den Rest der Ferien jeden Tag Wanderlieder trällernd mit Mama und Papa die Berge rauf und runter. Echt, alles ist besser, als –

„Warte, Moritz!" Leni ist aufgestanden und schnappt sich ihre Gummibärchen-Tüte. „Ich komme mit!"

Sie lächelt mir zu und ich lächele zurück. Siegerlächeln.

„Halt! Wir wollen auch mit!" Jetzt rappeln sich auch Jakob und Dennis hoch, ziehen dem verdutzten Leon die Decke unterm Hintern weg und rollen sie eilig zusammen.

„Hey, Leute, was soll das denn jetzt?!", ruft Leon hinter uns her. „Das könnt ihr doch nicht machen!"

Und ob wir das können! Ohne Leons leiser werdende Rufe zu beachten, laufen wir zurück Richtung Campingplatz. Dennis, Jakob, Leni und ich, hintereinander. Wir reden nicht viel. Ist auch nicht nötig. Der See glitzert im Nachmittagslicht. Etwas abseits der Badestelle lassen wir uns aufatmend in den Sand plumpsen.

„Gummibärchen?", fragt Leni. Wir nicken und greifen zu. Einen Moment kauen wir schweigend.

„Das hätten wir schon viel früher machen sollen", sagt Dennis. Und es ist klar, dass er nicht das Vertilgen der Gummibärchen meint.

Jakob nickt. „Manchmal braucht man eben …" „… jemand wie Moritz", sagt Leni. Hey, sie wird ja sogar ein bisschen rot unter ihren tausend Sommersprossen! Und ich fühle mich wie der König der Welt.

1 a Sammelt eure ersten Eindrücke zu der Geschichte. Worum geht es eurer Meinung nach?
b Die Geschichte heißt „Ferienfreunde". Begründet, ob ihr die Überschrift passend findet.

2 a Leon ist ein „Bestimmer". Woran lässt sich das erkennen? Sucht entsprechende Textstellen.
b Als Moritz fragt, warum die anderen gesprungen seien, antwortet Leon: „Ist doch nur ein kleines Spielchen. Ist doch nichts dabei! Ein Spaß!" (► S. 28, Z. 124–125). Wie beurteilt ihr diese Antwort?

3 a Als Leon wiederholt Moritz auffordert, vom Felsen zu springen, gerät Moritz in eine Konfliktsituation. Sucht den Textabschnitt, in dem dies deutlich wird, und lest ihn vor.
b Untersucht anhand des Textes, welche unterschiedlichen Gedanken und Gefühle Moritz in dieser Situation äußert. Erläutert auch, was diese bedeuten, z. B.:

Gedanken/Gefühle von Moritz (innere Handlung)	Bedeutung
Ich verstehe nicht. Was läuft denn hier? (Z. 97) *Trotz der Nachmittagshitze … (Z. 101–102).*	*Moritz ist verwirrt/irritiert.* …

4 a Benennt den Wendepunkt der Geschichte. Gebt die entsprechenden Zeilen an und begründet eure Entscheidung.
b Erklärt, warum sich die anderen nach und nach Moritz anschließen und Leon sitzen lassen.

5 Sammelt in der Klasse Meinungen darüber, was man als Leser/-in aus dieser Geschichte lernen kann.

6 Stellt die Beziehung von Moritz, Dennis, Jakob, Leon und Leni in zwei Figurenskizzen dar: einmal zu Anfang und einmal am Schluss der Geschichte. Die Informationen im Kasten unten helfen euch.

7 Die Geschichte wird im Präsens erzählt. Wie wirkt das auf euch?

Methode **Eine Figurenskizze erstellen**

Die Beziehung zwischen Figuren (z. B. Abneigung, Freundschaft, Abhängigkeiten usw.) könnt ihr in einer Figurenskizze darstellen:

- Zeichnet für jede Figur/Figurengruppe einen Kasten. Schreibt in jeden Figurenkasten den Namen und evtl. auch die Eigenschaften der jeweiligen Figur.
- Bestimmt die Beziehungen der Figuren, indem ihr die Kästen durch Pfeile verbindet und diese mit einem aussagefähigen Wort beschriftet (z. B. *verliebt, fremd, gleichgültig, befreundet, verfeindet*).

Fordern und fördern – Gestaltend schreiben

●●● **1** Die Geschichte „Ferienfreunde" (▶ S. 27–30) wird aus der Sicht von Moritz erzählt. Versetzt euch in eines der anderen beteiligten Kinder und erzählt, wie es diesen Tag erlebt. Schreibt in der Ich-Form und stellt die Gedanken und Gefühle (innere Handlung) dieser Figur dar. Geht so vor:

a Lest noch einmal die Geschichte (▶ S. 27–30) und haltet die wichtigsten Ereignisse (Erzählschritte) in einem Schreibplan fest.
▷ Hilfen zu dieser Aufgabe findet ihr auf Seite 32.

> *1) Einleitung:*
> *(Wer? Wo? Wann?)*
> *2) Hauptteil:*
> *1. Erzählschritt*
> *...*
> *3) Schluss:*

b Entscheidet, aus wessen Sicht ihr erzählen wollt (Dennis, Jakob, Leon oder Leni). Versetzt euch dann in eure Figur hinein und sammelt Ideen für eure Geschichte:
- Wie hat eure Figur diesen Tag erlebt?
- Was würde eure Figur über
  - den Beginn (das Kennenlernen von Moritz, den Weg zum Geheimplatz),
  - den Wendepunkt (Moritz überlegt lange, ob er springen soll) und
  - das Ende dieses Erlebnisses erzählen?
- Was fühlt und denkt eure Figur? Was könnte sie zu wem sagen?

▷ Wenn ihr zu dieser Aufgabe Hilfen braucht, schaut auf Seite 32 nach.

c Erzählt die Geschichte aus der Sicht eurer Figur. Nutzt eure Notizen und schreibt in der Ich-Form. Gebt die Gedanken und Gefühle eurer Figur anschaulich wieder und verwendet die wörtliche Rede. Schreibt im Präteritum.
▷ Hilfen zu dieser Aufgabe findet ihr auf Seite 32.

2 Vergleicht eure Geschichten mit dem Originaltext und notiert die wichtigsten Unterschiede: Inwiefern bekommt ihr in euren Geschichten einen anderen Eindruck von den Figuren?

Methode | **Aus der Sicht einer anderen Figur erzählen**

- Versetzt euch in die Figur hinein, aus deren Sicht ihr erzählen wollt:
  - Was denkt und fühlt sie? Was könnte sie sagen?
  - Was weiß sie, was weiß sie nicht?
- Um die Sicht der Figur zu verdeutlichen, dürft ihr die Einzelheiten der Geschichte etwas verändern. Den Erzählkern solltet ihr aber beibehalten.

●●○ Aufgabe 1 mit Hilfen

Die Geschichte „Ferienfreunde" (▶ S. 27–30) wird aus der Sicht von Moritz erzählt. Erzählt die Geschichte aus der Sicht eines anderen Kindes. Schreibt in der Ich-Form und stellt die Gedanken und Gefühle (innere Handlung) dieser Figur dar. Geht so vor:

a Lest noch einmal die Geschichte (▶ S. 27–30) und haltet die wichtigsten Ereignisse (Erzählschritte) in einem Schreibplan fest.

1) Einleitung (Wer? Wo? Wann?)	*Moritz, Dennis, Jakob, Leon, Leni* *Campingplatz am See* *erster Tag auf dem Campingplatz (Sommerferien)*
2) Hauptteil	
1. Erzählschritt:	*Dennis, Jakob, Leon und Leni lernen Moritz kennen, sie wollen ihm ihren Geheimplatz zeigen.*
2. Erzählschritt:	*Kurze Zeit später treffen sich die Kinder wieder und gehen zum Geheimplatz (Felsvorsprung).*
3. Erzählschritt:	*Leon fordert Moritz auf, vom Felsen ins Wasser zu springen. Er behauptet, alle anderen Kinder hätten dies schon getan.*
4. Erzählschritt:	*Moritz überlegt lange und lehnt dann diese Mutprobe ab.*
…	…
3) Schluss	…

b Entscheidet, ob ihr aus der Sicht von Dennis, Jakob, Leon oder Leni erzählen wollt. Versetzt euch dann in diese Figur hinein und sammelt in Stichworten Ideen für eure Geschichte:
- Wie lernt eure Figur Moritz kennen und wie findet sie ihn am Anfang?
- Was denkt sie, als sie mit den anderen zum Geheimplatz geht? Was sagt sie?
- Wie fühlt sie sich und was denkt sie, als alle am Felsvorsprung versammelt sind und Moritz lange überlegt, ob er springen soll?
- Wie erlebt eure Figur das Neinsagen von Moritz? Was denkt sie auf dem Rückweg?

c Erzählt die Geschichte aus der Sicht eurer Figur. Nutzt eure Notizen und schreibt in der Ich-Form. Beschreibt, was eure Figur denkt, fühlt, hört, sieht, und verwendet wörtliche Rede. Erzählt im Präteritum.

Ausdrucksstarke Verben
anblicken • anstarren • bemerken • beobachten • betrachten • erkennen • glotzen • mustern • zusehen • ansprechen • rufen • stottern • prahlen • einwenden • spotten

Treffende Adjektive
zornig • mutig • hilflos • ärgerlich • ängstlich • unerträglich • listig • zufrieden • seltsam

Gedanken und Gefühle
- Ich fragte/fühlte mich …
- Mir ging durch den Kopf …
- Am liebsten wäre ich …
- Was sollte ich tun?
- Ich dachte …
- Ich sah, dass Moritz …
- Ich merkte, wie …
- Als ich das sah, …

1.3 Fit in ... – Einen Erzählkern ausgestalten

Die Aufgabenstellung richtig verstehen

Stellt euch vor, ihr bekommt in der nächsten Klassenarbeit folgende Aufgabenstellung:

Gestalte den folgenden Zeitungsbericht zu einer lebendigen und spannenden Geschichte aus. Erzähle aus der Sicht des zwölfjährigen Kindes in der Ich-Form.

Mutprobe endet im Krankenhaus

KÖLN. Gestern Nachmittag wurde ein zwölfjähriges Kind mit einem gebrochenen Bein und mehreren Prellungen ins Krankenhaus eingeliefert. Es war vor einigen Wochen gemeinsam mit seinen Eltern nach Köln gezogen und wollte in eine Clique aus der Nachbarschaft aufgenommen werden. Die Jungen und Mädchen hatten ihm erklärt, dass das Bestehen einer Mutprobe die Aufnahmebedingung sei: Es sollte auf einen hohen Baum klettern und für die Clique Äpfel pflücken. Dabei verlor das Kind den Halt und stürzte aus fast zwei Metern Höhe auf die Wiese.

1 Lest die Aufgabenstellung sorgfältig. Erklärt euch gegenseitig, was genau ihr machen sollt und worauf ihr bei der Bearbeitung der Aufgabe achten müsst.

Ideen sammeln und einen Schreibplan erstellen

2 a Arbeitet aus dem Zeitungsbericht alle Vorgaben für eure Geschichte heraus. Stellt W-Fragen (Wer? Wo? Wann? Was?) und notiert Ideen für die Einleitung und den Hauptteil.

Ihr erzählt aus der Ich-Perspektive: Welche Namen könnten die Kinder aus der Clique haben?

1) Einleitung (Wer? Wo? Wann?)	ich, Robert, Marta, ... Köln (Wiese)
2) Hauptteil	
1. Erzählschritt:	Ich wollte in die Clique aufgenommen werden.
2. ...	Die anderen erklärten mir die Mutprobe.
...	

b Markiert in eurem Schreibplan den Höhepunkt eurer Geschichte.

c Überlegt, wie eure Geschichte enden soll. Notiert dann in eurem Schreibplan Stichpunkte für den Schluss.

Spannend und anschaulich erzählen

3 Was denkt und fühlt das Kind? Was sieht, hört und spürt es? Schreibt den folgenden Text in euer Heft und füllt die Lücken. Ihr könnt hierzu den unten stehenden Wortspeicher zu Hilfe nehmen.

Als ich hörte, dass ich auf diesen ? Baum klettern sollte, ? . Aber das durfte ich nicht zeigen. ? ging ich auf den Baum zu und kletterte los. ? , dachte ich, während ich höher und höher stieg. ? tastete ich mich von Ast zu Ast. Von ferne hörte ich Robert: ?
? blickte ich nach unten. ? , dachte ich und hangelte mich an den ? Ästen nach oben.
Auf einmal hörte ich ein lautes Knacken. Dann überschlugen sich die Ereignisse.

riesengroß • uralt • klitzeklein • mutig • schnell • tapfer • riesig • langsam • vorsichtig • dünn • dick • morsch • ängstlich • unsicher • wütend • zögernd • zaghaft • zittrig • der Atem stockt • Hände werden feucht/schwitzig • Herz hämmert wie ... •
Hoffentlich geht das gut, ... • Das schaff ich nie, ... • Euch werde ich es zeigen, ... •
Wird schon gut gehen, ... • Mir wird schon nichts passieren, ... •
„Das schafft die/der nie!“ • „Na, mach schon!“ • „Komm, das schaffst du!“ •
„Ich glaube ja nicht, dass wir heute noch Äpfel essen werden!“

4 **a** Schreibt mit Hilfe eures Schreibplans und eurer Ergebnisse aus Aufgabe 3 eine spannende und lebendige Geschichte. Erzählt in der Ich-Form.
b Findet eine treffende Überschrift für eure Geschichte.

Die Erzählung überarbeiten

5 Tauscht eure Geschichte mit der eurer Banknachbarin oder eures Banknachbarn aus. Gebt euch mit Hilfe der folgenden Checkliste Tipps, wie ihr eure Geschichten verbessern könnt.

Checkliste

Eine Erzählung schreiben

Aufbau:
– Ist die Geschichte in Einleitung, Hauptteil und Schluss gegliedert?
– Hat die Geschichte einen roten Faden und ist sie verständlich?

Spannung:
– Ist die **Überschrift** treffend und verrät nicht zu viel?
– Macht die **Einleitung** neugierig auf die Geschichte?
– Hat die Geschichte einen Höhepunkt? Steigern sich die Handlungsschritte?

Figuren:
– Wird deutlich, was die Figuren **sehen, hören, spüren oder riechen?**
– Erfährt man, was sie **denken und fühlen** (innere Handlung)?
– Habt ihr auch **wörtliche Rede** (Dialoge) eingebaut?

Sprache:
– Sind die **Verben abwechslungsreich,** wird z. B. nicht immer „sagen“ oder „gehen“ verwendet?
– Habt ihr **treffende Adjektive,** interessante **Vergleiche** oder **bildhafte Wendungen** gebraucht, um anschaulich und spannend zu erzählen?
– Sind **Rechtschreibung** und **Zeichensetzung** (z. B. bei der wörtlichen Rede) korrekt?

2 Strittige Themen in der Diskussion – Argumentieren und überzeugen

1 Ist ein Klassenfest auch bei euch ein Thema? Welche Diskussionen gibt es in eurer Klasse? Berichtet davon.

2 Lest die Aussagen. Welche sind für die Diskussion hilfreich, welche nicht? Begründet eure Entscheidung.

3 **a** Überlegt: Wie kann man sich einigen, wenn man unterschiedlicher Meinung ist?
b Formuliert Tipps, wie eine Diskussion gelingen kann.

In diesem Kapitel ...

- trainiert ihr das Diskutieren und übt, euren Standpunkt zu vertreten,
- lernt ihr, eure Meinung zu einem Thema durch Argumente und Beispiele überzeugend zu begründen,
- lest ihr Geschichten, in denen es um Konflikte und deren Lösung geht.

2.1 Wir einigen uns – Strittige Fragen diskutieren

Wir planen eine Klassenparty – Meinungen begründen

Katharina: Ich bin von einigen Schülern aus der Klasse angesprochen worden, ob wir nicht ein Klassenfest planen sollten. Was meint ihr? *(Lino fällt Katharina ins Wort.)*

Lino: Ja, könnte man. Aber ich würde viel lieber in einen Freizeitpark fahren.

Jana: Blöder Vorschlag. Wir sollten lieber in ein Erlebnisbad fahren.

Katharina: Also, jetzt weiß ich noch immer nicht, wie ihr meine Idee findet. Sollen wir nun ein Klassenfest veranstalten oder nicht?

Sven: Ich finde, da gibt's wenig zu diskutieren. Mirko, Lukas und ich sind für ein Sportfest. Wir organisieren verschiedene Turniere, z. B. für Fußball, Badminton, Völkerball.

Jan: Sport macht zwar Spaß, aber das ist noch keine überzeugende Begründung für ein Klassensportfest, da sich längst nicht alle in der Klasse für Sport interessieren.

Anne: Ich stimme Jan zu. Ein Klassenfest muss etwas für alle sein. Deshalb sollten wir lieber eine richtige Party mit Musik, Disco, Grillen, Quatschen usw. organisieren. Denn bei so vielen Angeboten findet jeder etwas, was zu ihm passt.

Leander: Das ist eine gute Idee. Wir sollten auch unsere Eltern einladen, weil das Organisieren dann leichter wird. In der Klasse meiner Schwester haben die Eltern zum Beispiel für Getränke und Verpflegung gesorgt.

Romina: Das kann ich bestätigen, weil meine beste Freundin auch in dieser Klasse ist. Sie erzählte, dass ihre Eltern eine Musikanlage zur Verfügung gestellt hätten.

Katharina: Ich versuche mal, unser Gespräch zusammenzufassen: Die Idee mit der Klassenparty kommt gut an. Es gibt auch Ideen, wie das Fest aussehen soll. Aber wie gehen wir jetzt weiter vor?

Betül: Ich schlage vor, dass wir das in einer Klassenlehrer-Stunde mit der ganzen Klasse diskutieren.

1 a Lest die Diskussion laut mit verteilten Rollen. Benennt das Thema der Diskussion.

b Untersucht, welche Äußerungen die Diskussion fördern und welche das Gespräch blockieren. Begründet auch, was euch an den Aussagen überzeugt oder stört, z. B.:

Beiträge, die überzeugen → Warum?	Beiträge, die nicht überzeugen → Warum?
	Lino → lässt Katharina nicht ausreden

2 „Aber das ist doch keine überzeugende Begründung …" (▶ Z. 16–17), wendet Jan ein.
Notiert in Partnerarbeit die Aussagen in Stichworten, die eine Begründung (Argument) enthalten.

Meinung	Argument (Begründung)
Klassensportfest nicht geeignet (Z. 16–18).	*Nicht alle in der Klasse interessieren sich für Sport (Z. 18–19).*
…	…

3 Ein Argument ist noch überzeugender, wenn man es durch ein anschauliches Beispiel stützt.
a In der Diskussion (▶ S. 36) findet ihr zwei Argumente, die ein erklärendes Beispiel enthalten. Schreibt diese beiden Aussagen vollständig in euer Heft.
b Unterstreicht in jeder Aussage die Meinung rot, das Argument grün und das Beispiel blau.

4 Notiert eure Meinung zum Thema „Klassenfest" und begründet euren Standpunkt mit einem Argument und einem anschaulichen Beispiel, z. B.:
Ich finde ein Klassenfest sinnvoll/nicht sinnvoll, weil …
… zum Beispiel/beispielsweise …
a Erschließt aus den Äußerungen (▶ S. 36), wer die Diskussion leitet. Erklärt, woran ihr dies erkennen könnt.
b Tragt auf einem Plakat zusammen,
- welche Aufgabe eine Diskussionsleiterin oder ein Diskussionsleiter hat und
- welche Regeln eingehalten werden sollen, damit die Diskussion gelingt.

Aufgaben Diskussionsleiter/-in
- Eröffnet das Gespräch und nennt das …
- Achtet auf …

Diskussionsregeln
- Andere ausreden lassen.
- Auf den Beitrag …

5 **a** Führt in Gruppen eine Diskussion zum Thema „Klassenfest" durch. Einigt euch, wer die Diskussion leiten soll. Versucht, an den Redebeitrag eures Vorredners anzuknüpfen.
b Wertet eure Diskussion aus: Was ist gut gelungen, was könnt ihr verbessern?

Information **Die eigene Meinung überzeugend begründen**

In einer Diskussion können verschiedene Meinungen aufeinanderprallen. Um andere für seine Interessen zu gewinnen, muss man seine Meinung überzeugend begründen. Das nennt man Argumentieren.
Beim Argumentieren stellt man eine **Meinung (Behauptung)** auf, die man durch **Begründungen (Argumente)** stützt und durch **Beispiele** veranschaulicht bzw. erklärt, z. B.:
- Meinung (Behauptung): *Unsere Eltern sollten zur Klassenparty eingeladen werden.*
- Begründung (Argument): …, *weil sie uns bei dem Fest helfen können.*
- Beispiel: *Tobias aus der Parallelklasse hat berichtet, dass sich die Eltern bei ihrer Klassenparty um die Verpflegung gekümmert haben.*

TIPP: Argumente könnt ihr z. B. mit folgenden **Konjunktionen** einleiten:
weil, da, denn.

Die Klassensprecherwahl – Eine Fishbowl-Diskussion durchführen

Julia, die Klassensprecherin der 6 c, zieht mit ihren Eltern in eine andere Stadt. Die Klasse diskutiert nun über die Klassensprecherwahl.

Mirko: Ich bin der Meinung, dass wir jetzt zwei gleichberechtigte Klassensprecher wählen sollten. Seitdem in der Klasse meiner Schwester solche Teams gewählt werden, fühlen sich die meisten Schüler besser vertreten. Allerdings sollten die Teams nur für ein Schuljahr gewählt werden. Denn in jedem Jahr sollen auch andere Schüler die Chance bekommen, Klassensprecher zu werden.

Anna: Ich bin auch dafür, dass wir ein Klassensprecher-Team wählen sollten. Allerdings sollte das Team für mindestens zwei Jahre gewählt werden, weil die Klasse von erfahrenen Klassensprechern mehr hat.

Lukas: Ich bin da anderer Meinung. Wir sollten nur einen Klassensprecher haben, denn bei einem Team kann es passieren, dass sich die beiden streiten und dann mehr mit sich selbst beschäftigt sind als mit den Problemen in der Klasse.

1 a Lest die drei Meinungen zur Klassensprecherwahl: Welche Standpunkte werden genannt?
b Überlegt, welcher Meinung ihr euch am ehesten anschließen könnt. Begründet, warum.

2 a Klärt gemeinsam, welche Eigenschaften und Fähigkeiten eine Klassensprecherin oder ein Klassensprecher haben und welche Aufgaben er oder sie wahrnehmen sollte.
b Sprecht über eure Erfahrungen zum Thema „Klassensprecherwahl".

3 Was ist eure Meinung zum Thema? Bereitet euch in Partnerarbeit auf eine Diskussion vor. Berücksichtigt dabei die folgenden Fragen:
– Zwei Klassensprecher (Team) oder eine Klassensprecherin/ein Klassensprecher?
– Zeitraum der Klassensprecherwahl: ein oder zwei Jahre?
a Entwickelt gemeinsam eine Position zur Wahl des Klassensprechers.
b Notiert Argumente, die eure Meinung stützen. Schreibt möglichst zu jedem Argument ein anschauliches Beispiel auf.

Meinung: Wir sind für ein Klassensprecher-Team, das für ein Jahr gewählt wird.

Argumente	*Beispiele*
– Schüler haben zwei Ansprechpartner.	*– Unsere Parallelklasse …*
– …	*– …*

4 a Führt eine Fishbowl-Diskussion durch:
- Bestimmt eine Schülerin oder einen Schüler, die/der eure Diskussion leitet.
- Die Beobachtungsgruppe notiert während der Diskussion, was ihr auffällt.
- Versucht, auf den Beitrag des Vorredners einzugehen. Nutzt dazu z. B. die Formulierungshilfen auf den Kärtchen.

b Führt mehrere Diskussionsrunden durch und tauscht die Rollen. Wertet nach jeder Runde aus, wie eure Diskussion verlaufen ist.

Wenn man gegenteiliger Meinung ist:
- Ich bin nicht der Meinung, dass ...
- Ich sehe das anders, weil ...
- Da muss ich dir widersprechen, denn ...
- Dagegen spricht aber, dass ...
- Es ist zwar richtig, dass ... Aber ...

Wenn man gleicher Meinung ist:
- Ich finde auch, dass ...
- Auch ich bin der Meinung, dass ...
- Das kann ich unterstützen, denn ...
- Du hast eben gesagt, dass ... Ich möchte ergänzen, dass ...

Beobachtungsbogen	☺	😐	☹	**Beispiele aus der Diskussion:**
Gesprächsregeln eingehalten?	...	...	...	...
Meinung verständlich formuliert?	...	...	...	...
Argumente (mit Beispielen) überzeugend?	...	...	...	...
Bezug zum Vorredner?	...	...	...	...

Information **Die Fishbowl-Diskussion**

Bei einer Fishbowl-Diskussion werden die Teilnehmer in eine Diskussionsgruppe und eine Beobachtungsgruppe eingeteilt.

Innenkreis – die Diskussionsgruppe:
- Im Innenkreis (in der „Fishbowl") sitzen die Diskutierenden (vier bis sieben Schüler/-innen) und der/die Diskussionsleiter/-in.
- Ein Stuhl bleibt frei, er kann von der Beobachtungsgruppe genutzt werden.

Außenkreis – die Beobachtungsgruppe:
- Im Außenkreis sitzt die Beobachtungsgruppe. Die Beobachter hören der Diskussion aufmerksam zu.
- Wer etwas zur Diskussion beitragen möchte, setzt sich auf den freien Stuhl im Innenkreis und tritt erst dann wieder in den Außenkreis zurück, wenn er sich geäußert hat. Jeder darf, sooft er will, in den Innenkreis treten.

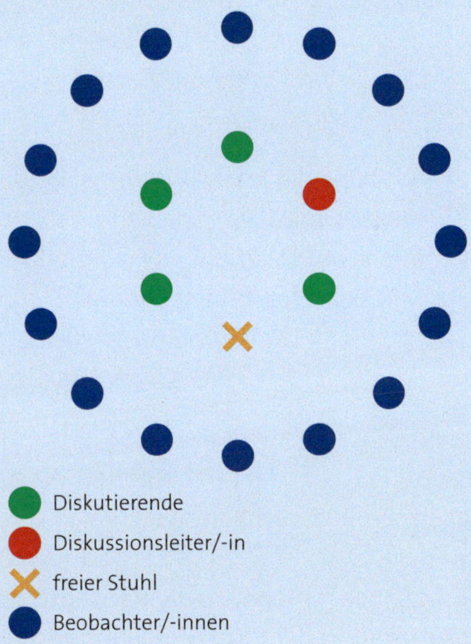

Aktive Pause – Einen Vorschlag schriftlich begründen

Das Projekt „Aktive Pause“

Thomas: Herr Rudolf, Sie sind Schulleiter am Heine-Gymnasium. Was ist eigentlich eine „aktive Pause“ und wann wurde sie an Ihrer Schule eingeführt?

Herr Rudolf: Vor fünf Jahren wurde das Projekt „Aktive Pause“ am Heine-Gymnasium gestartet. Die Schülerinnen und Schüler können ihre Pausen selbstständig gestalten. Sie sollen die Möglichkeit haben, sich zu bewegen und miteinander zu spielen.

Thomas: Wie sieht eine „aktive Pause“ an Ihrer Schule konkret aus?

Herr Rudolf: In den großen Pausen werden gegen Abgabe eines Pfandes (z. B. Schülerausweis oder Schlüssel) Sport- und Spielgeräte ausgeliehen. Zur Auswahl stehen dabei Basketbälle, Softbälle, Springseile, Wurfspiele, Stelzen, Diabolos, Badminton- und Tischtennisschläger. Auf dem Schulhof haben wir drei Tischtennisplatten und zwei fest installierte Basketballkörbe aufgebaut. Die Schüler können also auch in Mannschaften gegeneinander spielen.

Thomas: Und wer kümmert sich um die Ausleihe der Geräte?

Herr Rudolf: Die Ausleihe der Spielgeräte wird von Schülerinnen und Schülern aus den Klassen 7 bis 9 betreut und funktioniert ohne Probleme.

Thomas: Welche Erfahrungen haben Sie in den letzten fünf Jahren mit diesem Projekt gemacht?

Herr Rudolf: Unsere Erfahrungen mit der „aktiven Pause“ sind sehr gut: Die Schüler sitzen in den Pausen nicht mehr rum, sondern bewegen sich, sind fröhlicher und können sich besser auf den Unterricht konzentrieren. Außerdem lernen sie sich durch das gemeinsame Spiel besser kennen. Wir können jeder Schule empfehlen, eine „aktive Pause“ einzuführen.

Thomas: Wir danken Ihnen für dieses Gespräch.

> Ich habe die Erfahrung gemacht, dass durch dieses Projekt die Schülerinnen und Schüler auch im Unterricht viel aufmerksamer sind und besser zusammenarbeiten.
>
> *Katrin Türk, Klassenlehrerin der 6a*

> Seitdem wir die aktive Pause haben, verstehen sich die Schüler besser und wir müssen viel weniger Streit schlichten.
>
> *Ada, Streitschlichterin (Klasse 8c)*

1 Lest die Texte. Erklärt mit eigenen Worten, was eine „aktive Pause“ ist und welche Erfahrungen mit diesem Projekt gemacht wurden.

2 **a** Tragt zusammen, wie die Pausengestaltung an eurer Schule aussieht.
b Sammelt in der Klasse, was ihr gerne an der Pausengestaltung ändern möchtet.

Stellt euch vor, ihr wollt das Projekt der „aktiven Pause" auch an eurer Schule einführen. Um möglichst viele Schüler für dieses Projekt zu gewinnen, sollt ihr einen Beitrag für die Schülerzeitung verfassen. Hier sollt ihr knapp erklären, was eine „aktive Pause" ist, und mit zwei Argumenten (und Beispielen) begründen, warum ihr diese an eurer Schule einführen wollt. Geht so vor:

3 Legt mit Hilfe des Textes von Seite 40 eine Stoffsammlung für einen Beitrag an.
a Erklärt knapp, was eine „aktive Pause" ist.
b Sammelt Argumente und Beispiele, die für eine „aktive Pause" sprechen.

Meinung: Wir sind für eine „aktive Pause"

Argumente	*Beispiele*
– Die Schüler bewegen sich mehr ...	– Erfahrung des Heine-Gymnasiums: ...
– ...	– ...

c Bildet ein Schreibteam. Findet selbstständig ein weiteres Argument (mit Beispiel), das für die Einführung einer aktiven Pause an eurer Schule spricht.
d Einigt euch gemeinsam auf zwei Argumente (mit passenden Beispielen), die ihr besonders überzeugend findet. Markiert diese in eurer Stoffsammlung.

4 **a** Schreibt nun den Beitrag für die Schülerzeitung. Die Formulierungsbausteine unten helfen euch dabei.
b Findet eine treffende Überschrift für euren Artikel.

Einleitung:	„Aktive Pause" erklären
Hauptteil:	Meinung Argument 1 + passendes Beispiel Argument 2 + passendes Beispiel
Schluss:	Wunsch/Vorschlag zusammenfassen

5 Überarbeitet eure Artikel in Gruppen:
– Sind die Argumente überzeugend und werden sie durch passende Beispiele veranschaulicht?
– Werden die Argumente durch Satzverknüpfungen oder Wendungen miteinander verbunden?
– Sind die Rechtschreibung und die Zeichensetzung korrekt?

Formulierungsbausteine für die Argumentation

Meinung:	*Wir sind der Meinung/Ansicht, dass ... • Wir finden, dass ...*
Argumente:	*Ein Argument/Grund für ... ist, dass ... • Außerdem spielt eine Rolle, dass ... • Ein weiterer Grund ist, ... • Besonders wichtig ist, dass ...*
Beispiele:	*Das sieht man daran, dass ... • Zum Beispiel ... • Aus eigener Erfahrung weiß ich, ... • In einem Interview sagte ..., dass ... • Die Erfahrung des Heine-Gymnasiums zeigt, dass ...*
Satzverknüpfungen:	*weil • denn • da • aus diesem Grund • deshalb • darum*

Testet euch!

Argumentieren und überzeugen

1 a Lest die Argumente (Begründungen) und Beispiele zu der folgenden Meinung:

Meinung: Schulhofradio finde ich gut, ...

Argumente (Begründungen):
A denn ich erhalte dadurch Informationen über aktuelle Schulthemen.
B weil wir zu der ausgewählten Musik gut tanzen können.
C da neue Lehrer interviewt werden.

Beispiele:
D Neulich hat der halbe Schulhof Hip-Hop getanzt.
E Ich weiß jetzt, welche Hobbys unser Biologielehrer hat.
F Gestern gab es einen Bericht über das Fußballtunier der 10er.

b Welches Beispiel passt zu welchem Argument? Ordnet die Sätze zu, indem ihr Buchstabenpaare aufschreibt, z. B.: *A + ...; B + ...; C + ...*

c Vergleicht eure Ergebnisse mit den Lösungen auf Seite 350.

2 In der Klasse 6a sind Katja und Marc zum Klassensprecher-Team gewählt worden. Im Anschluss an die Wahl wurden die Schülerinnen und Schüler gefragt, warum sie die beiden gewählt haben.

... weil sie mutig sind. • ... weil sie gut reden können. •
... weil sie gute Sportler sind. • ... weil sie gut aussehen. •
... weil sie verständnisvoll sind. • ... weil sie witzig sind. •
... weil sie tolle Klamotten haben. • ... weil sie aufmerksam sind. •
... weil sie unparteiisch sind. •
... weil ihre Geburtstagspartys immer super sind.

a Welche Argumente findet ihr überzeugend, welche weniger oder gar nicht? Schreibt die Aussagen ab und vergebt Nummern (1 = überzeugt mich, 10 = überzeugt mich gar nicht).

b Vergleicht eure Ergebnisse in Partnerarbeit und diskutiert über eure Wertungen.

3 Welche Eigenschaft haltet ihr bei einem Klassensprecher für besonders wichtig?

a Notiert eure Meinung und begründet sie mit einem überzeugenden Argument und einem anschaulichen Beispiel. Ihr könnt auf ein Argument aus der Aufgabe 2 zurückgreifen.

Meinung — *Argument* — *Beispiel*

b Prüft in Partnerarbeit, ob die Argumentation überzeugt und die Sätze sinnvoll verknüpft sind.

2.2 Da gibt's (k)eine Diskussion? – Streitgespräche in Geschichten

Christine Nöstlinger

Das Austauschkind

Der 13-jährige Ewald Mittermaier erzählt von einem Gespräch zwischen seiner Mutter und seiner 15-jährigen Schwester Bille (Sybille).

Der Papa fand unsere Zeugnisse tadellos und in Ordnung, er schenkte Sybille für jeden Einser einen Hunderter[1] und für jeden Zweier einen Fünfziger. Mir ebenfalls. Dazu sagte er, dass er eigentlich dagegen sei, für Zeugnisse Geld herzugeben, dass das aber jetzt überall üblich sei und er sich deswegen nicht ausschließen wollte.

Die Mama starrte traurig auf mein Englisch-Befriedigend und seufzte dabei. Und über Billes Zeugnis ärgerte sie sich richtig. Die Bille hatte nämlich lauter Einser und nur in Zeichnen einen Zweier. „Das ist eine Gemeinheit", sagte die Mama. „Eine bodenlose Gemeinheit! Die Zeichenlehrerin muss etwas gegen dich haben! Dir so das schöne Zeugnis zu versauen! Mit einem Zweier!"

Ich sagte – und Bille gab mir Recht –, dass meine Schwester absolut kein Zeichentalent habe. Dass das Gut noch zehnmal geschenkt sei. Bille kann nicht einmal einen zügigen Strich machen. Alle Striche schauen bei ihr wie Pelz aus, weil sie für einen langen Strich lauter winzige Striche zusammenhängt.

„Na und?", fragte meine Mutter total unbeeindruckt. Bille versuchte, es ihr zu erklären. Sie sagte: „Unlängst habe ich eine Kuh gezeichnet und alle in der Klasse haben geglaubt, sie sei ein Hund, ein sehr großer!"

Die Mama ließ sich auch davon nicht beeindrucken. Sie wisse ja ohnehin, sagte sie, dass Bille im Zeichnen kein Genie sei. Aber wenn man sonst lauter Sehr gut habe, meinte sie stur, dann stehe einem auch in Kunsterzie-

1 Bis zur Einführung des Euros war der Schilling Zahlungsmittel in Österreich (1 Schilling = 100 Groschen); hier: 100 Schilling = ca. 7 Euro.

hung eines zu. „Weil Zeichnen doch gar nicht wichtig ist“, rief sie.
Ich merkte, dass Bille grantig[2] wurde. Meine Mutter merkte es nicht. Sie fuhr fort: „Im Herbst werde ich zu der Zeichenlehrerin gehen und sie fragen, was sie eigentlich gegen dich hat!“
„Untersteh dich!“, rief Bille. „Du machst mich doch lächerlich!“
„Na klar werd ich mich unterstehen“, sagte meine Mutter. „Dir in so einem unwichtigen Fach wie Zeichnen einen Zweier zu geben, finde ich einfach empörend!“
Bille rang nach Atem. „Du bist so was von unlogisch!“, fauchte sie meine Mutter an. „Zuerst sagst du, die Zeichennote ist total unwichtig! Warum regst du dich dann so auf, wenn sie so unwichtig ist?“
„Na, weil sie ein Zeugnis verpatzt!“, sagte meine Mutter.
Da sprang Bille auf, starrte meine Mutter an und schrie: „Du bist einfach pervers[3]! Du bist hinter Einsern her wie der Fetischist[4] hinter den Gummigaloschen[5]!“ Dann lief Bille aus dem Zimmer.
Die Mama schaute ihr nach, furchtbar vergrämt, mit Falten auf der Stirn und hängenden Mundwinkeln. „Wie wer hinter was bin ich her? Was ist mit Gummigaloschen?“, fragte sie mich.
Ich zuckte mit den Schultern und gab vor, Billes letzten Satz nicht verstanden zu haben. Da glättete sich das Gesicht der Mama wieder, ihre Mundwinkel hoben sich und sie sagte fast milde zu mir: „Weißt du, Ewald, sie regt sich bloß so auf, weil sie in Wirklichkeit nämlich auch eine Wut über den Zeichnen-Zweier hat. Sie will es nur nicht zugeben. Aus Stolz! Aber ich kenne doch die Bille! Sie ist ziemlich ehrgeizig, das kannst du mir glauben!“
In solchen Augenblicken tut mir die Mama immer sehr leid. Wenn man so danebensteht und so überhaupt nichts kapiert, ist man doch wirklich arm dran!

2 grantig: wütend
3 pervers: unerträglich, nicht normal
4 der Fetischist: jemand, der eine nicht normale starke Vorliebe für etwas hat
5 die Gummigalosche: Schuhe aus Gummi

1 a Lest den Text. Tauscht euch dann darüber aus, worum es in dieser Geschichte geht.
b Beschreibt, wie sich Sibylle und ihre Mutter am Ende des Gesprächs fühlen könnten.

2 Bei diesem Streitgespräch werden wichtige Gesprächsregeln nicht eingehalten. Erklärt, was die Figuren falsch machen.

3 a Untersucht in Partnerarbeit, wie sich der Streit zwischen Bille und ihrer Mutter entwickelt. Gliedert hierzu die Geschichte in Abschnitte und nennt entsprechende Zeilenangaben wie im Beispiel rechts.
b Besprecht und bewertet das Verhalten von Bille und ihrer Mutter.
c Begründet, warum sich der Streit so nicht lösen lässt.

> 1. *Billes Mutter ist der Meinung, dass die Zeichenlehrerin … (Zeile x–y).*
> 2. *Bille versucht, ihr zu erklären, dass … (Zeile x–y).*
> 3. …

4 Bille sagt zu ihrer Mutter: „Du bist so was von unlogisch!“ (► Z. 48–49). Erklärt, was sie damit meint.

5 Am Ende schreibt der Ich-Erzähler: „In solchen Augenblicken tut mir die Mama immer sehr leid. Wenn man so danebensteht und so überhaupt nichts kapiert, ist man doch wirklich arm dran!“ (► Z. 75–78). Diskutiert, wie ihr diese Aussage versteht.

1. Situation:

Bille: Untersteh dich! Du machst mich doch lächerlich!
Mutter: Na klar werd ich mich unterstehen. Dir in so einem unwichtigen Fach wie Zeichnen einen Zweier zu geben, finde ich einfach empörend!
Bille: Du bist so was von unlogisch!

2. Situation

Bille: Untersteh dich! Du machst mich doch lächerlich!
Mutter: Hab ich dich richtig verstanden? Du meinst, deine Zeichenlehrerin wird nicht verstehen, wenn ich zu ihr gehe?
Bille: Genau, eine Zwei ist eine gute Note. Und ich möchte nicht, dass meine Lehrerin denkt, ich wäre mit dieser Note nicht zufrieden.

6 a Spielt beide Situationen nach. Beschreibt, worin die Unterschiede liegen.
b Spielt in Gruppen folgendes Streitgespräch: Ihr möchtet, dass eure Eltern euch mehr Taschengeld geben. Sie sind jedoch dagegen. Übt dabei das genaue Zuhören.

Genaues Zuhören
- Den anderen ausreden lassen.
- Blickkontakt suchen.
- Sich in den anderen hineinversetzen.
  „Habe ich dich richtig verstanden, dass ..."
  „Meinst du, dass ..." • *„Ich sehe ein, dass ..."*

7 a Lest Billes Entschuldigung. Was könnte ihre Mutter erwidern?

Mama, ich muss dir etwas sagen. Ich habe mich gestern so unverstanden gefühlt. Deshalb habe ich dich angeschrien und bin weggerannt. Das tut mir leid. Ich hoffe, dass wir den Streit klären können. Was meinst du?

...

b Entschuldigt euch bei einer Mitschülerin/einem Mitschüler für:

eine Rempelei • ein Lineal, das ihr zerbrochen habt • eine Beleidigung

8 a Ihr könnt es besser: Schlichtet den Streit zwischen Bille und ihrer Mutter in einem Rollenspiel.
b Überlegt gemeinsam, welche Streitsituationen häufig auftreten. Spielt diese Situationen durch und schlichtet dabei den Streit.

Michael Gerard Bauer

Nennt mich nicht Ismael!

In dem Jugendroman „Nennt mich nicht Ismael!" gründet James Scober, genannt Scobie, einen Debattierclub[1], bei dem auch Ismael, Scobies bester Freund, mitmachen soll. Der Schauplatz der Handlung ist Australien.

„Ismael, ich hab dich für das Debattierteam eingetragen."
Es war am Montagmorgen nach dem berühmten Sieg vom St Daniel's über Churchill. James Scobie blinzelte mich seelenruhig an.
„Du hast was?"
„Ich habe dich für das Debattierteam eingetragen", wiederholte er, als ob er einen beiläufigen Kommentar zum Wetter abgeben würde.
„Du hast was?", sagte ich ein bisschen lauter, um anzuzeigen, auf welches Level meine Hysterie[2] schoss. Ich sah Scobie schockiert an und schüttelte entsetzt den Kopf. War er jetzt vollends übergeschnappt? Konnte er sich hören? Hatte er die geringste Ahnung, dass er eigentlich zu mir sagte: „Ismael, ich habe dich dafür angemeldet, dass du splitternackt vor einem Saal voller fremder Menschen stehst, während dein Herz dir durch den Mund aus dem Körper gerissen wird und dir die Haut Streifen um Streifen von jedem Zentimeter deines Körpers abgezogen wird."
„Gibt's da ein Problem?"
Ein Problem? Gab es ein Problem, wenn jemand auf der Titanic Eis wollte?
„Du kannst nicht ... Ich kann nicht ... Ich bin ... hoffnungslos ... Ich bin ... Ich bin nicht gut ... nein ... unmöglich ... Ich kann das nicht."
Eigentlich wollte ich ihm sagen, dass ich mir lieber die Zunge an die Stirn nageln ließ, als an einer Debatte teilzunehmen. Dass ich lieber süße, nichtssagende Worte in das blumenkohlartige Ohr von Frankie flüstern würde, als vor Publikum zu stehen und eine Rede zu halten. Dass ich lieber der einzige Ismael in der Barry-Bagsley-Schule[3] für Klone wäre als weniger als eine Million Lichtjahre von einer öffentlichen Rede entfernt. Versteht ihr, was ich meine? Ich war nicht besonders begeistert von der Vorstellung.
„Das geht schon. Ich kann dir helfen."
„Nein ... nein ... das geht nicht ... Du ... du kannst nicht ... Ich könnte nicht ... Es ist nur ... Ich ... ich ... ich kann nicht ... ich ... ich."
Jetzt wisst ihr, warum Scobie mich in der Mannschaft haben wollte: Ich konnte einfach gut mit Worten umgehen.
„Du könntest die erste Debattierrunde auslassen, bis du dich sicherer fühlst, und erst dann einsteigen."
Bei ihm klang das so einfach, aber er hatte keine Ahnung, wie es Leuten wie mir damit ging. Wusste James Scobie, wie es war, vor einer Klasse zu stehen, während sich das Gesicht anfühlte, als wäre es gerade in Flammen aufgegangen, und die Ohren brutzelten wie Kartoffelscheiben, die man in das heiße Fett einer Fritteuse legt? Hatte er jemals erlebt, dass sich seine Beine anfühlten wie Pudding und die Kniescheiben herumkugelten wie die Bälle bei der Ziehung der Lottozahlen? Hatte er jemals das Gefühl gehabt, dass seine Hände anschwellen wie riesige Luftballons und er nicht mehr wusste, wo er sie verstecken sollte? Oder dass seine Augenlider so schwer werden, dass sie seinen Kopf auf die Brust zwangen und er unmöglich aufschauen konnte?
Wie konnte jemand wie Scobie, der vor einer ganzen Schulversammlung oder einem vollen

---

1 Die Debatte ist eine Diskussionsform, in der die Redner vor einem Publikum diskutieren. Das Ziel der Redner ist, die Zuhörer durch ihre Argumente zu überzeugen. Es gibt auch Diskussions-Mannschaften, die gegeneinander antreten, weil sie zu einer Streitfrage unterschiedliche Meinungen vertreten.

2 die Hysterie: Erregung, Aufregung, Angst

3 Barry Bagsley ist ein Mitschüler, der nicht nur Ismael, sondern auch andere Schüler mobbt und provoziert.

Stadion so locker sprechen konnte wie zu sich selbst, wissen, wie sich jemand wie ich dabei fühlte? Ich bin eher wie der Junge in dem Film „Der Club der toten Dichter", den wir in Englisch bei Miss Tarango gesehen haben. Tim oder Todd heißt er, glaube ich. Ihr wisst schon, der schüchterne Junge, der sich nicht traut, vor der Klasse ein Gedicht aufzusagen. Robin Williams, der den Lehrer spielt, versucht ihn dazu zu bringen, einfach irgendwas vor allen zu schreien – einen „wilden, barbarischen Yawp" nennt er es oder so. Aber der Junge kann es nicht, denn der Druck all der Augen, die auf ihn gerichtet sind, bringt ihn fast um. Ich will dem Schauspieler ja nicht zu nahe treten, aber ich hätte diese Rolle sogar mit verbundenen Augen und auf den Rücken gefesselten Händen überzeugend spielen können.

Ich wusste, dass James Scobie mich niemals verstehen würde, deshalb verschwendete ich meine Kräfte nicht darauf, eine Erklärung auch nur zu versuchen. „Pass auf. Es tut mir leid ... aber ich kann das einfach nicht."

„Und wenn du nicht sprechen müsstest?"

Ich schaute auf, um zu sehen, ob er vielleicht einen Witz machte, aber er sah mich ausdruckslos an.

„Wie meinst du das?"

„Wie wäre es, wenn du im Team wärst, aber nicht debattieren müsstest?"

Das war in der Tat ein interessanter Vorschlag, der spannende Möglichkeiten eröffnete. Wenn das möglich wäre, könnte ich auch in die Schwimm-Mannschaft eintreten, aber nicht schwimmen oder vom Spielfeldrand aus für St Daniel's erstklassig Rugby spielen. Und damit nicht genug. Ich könnte alle Prüfungen mit Eins ablegen, ohne sie tatsächlich zu schreiben, die Schule verlassen und einen hoch bezahlten Posten finden, ohne zu arbeiten, ein wunderschönes Mädchen heiraten, ohne sie zu kennen, und ein Haus bauen und viele Kinder haben, ohne ...

„Was meinst du?"

„Versteh mich nicht falsch, die Idee klingt gut, aber würde das ... der Absicht des Vorhabens ... nicht in gewisser Weise ... äh ... zuwiderlaufen?"

„Überhaupt nicht. Wir können in einer Mannschaft bis zu fünf Mitglieder haben. Drei für jede Debatte, einer in Reserve und du."

„Aber was soll ich tun?"

„Du könntest recherchieren und bei der Vorbereitung und beim Schreiben der Reden helfen. Du hast vielleicht Probleme mit der gesprochenen Sprache, aber was das Schreiben angeht, würde ich mal annehmen, bist du wahrscheinlich der zweitbeste Schüler." Er sagte es mit einem angedeuteten Lächeln. „Außerdem: Du bist gescheit und du weißt – im Gegensatz zu einigen unserer Klassenkameraden – nicht nur, dass es in dieser Schule eine Bibliothek gibt, sondern, was noch viel erstaunlicher ist, wozu sie da ist und wie man sie benutzt. Ismael, ich zwinge dich nicht zum Reden, versprochen, aber schlicht und einfach gesagt: Ich brauche dich."

Ich vertraute Scobie und ich wollte ihm helfen, aber ich konnte nicht verhindern, dass Panik in mir aufstieg. Es war wie damals, als ich klein war und mein Vater mich zum ersten Mal mit ins tiefe Wasser nahm. Er sagte, er werde mich nicht loslassen, und ich glaubte ihm das auch, dennoch versuchte ich, mich in seiner Brust zu vergraben wie eine Riesenzecke.

„Aber ich habe keine Ahnung vom Debattieren."

„Ich erklär dir alles. Außerdem findet in der Moorfield High ein großer Workshop[4] statt. Da gehen wir hin."

„Aber was ist, wenn sich mehr als fünf Leute für die Mannschaft melden und alle tatsächlich debattieren wollen?"

„Dann bist du vermutlich aus dem Schneider, was? Pass auf, wir treffen uns am Mittwoch in der Mittagspause. Komm einfach und hilf mir. Du könntest die Namen aufschreiben oder so. Dann sehen wir, was passiert. Das kann doch nicht schaden, oder?"

„Nein, wahrscheinlich nicht", antwortete ich argwöhnisch, denn ich spürte, wie das Wasser um mich herum dunkler und kälter wurde.

Natürlich irrte ich. Es konnte sehr wohl schaden.

4 der Workshop (engl.): Lehrgang, Lehrveranstaltung

1 a Sammelt eure ersten Eindrücke zu der Geschichte, z. B.:
Mir ist aufgefallen, dass ... *Gut gefallen hat mir ...* *Nicht verstanden habe ich, warum ...*
b Tauscht euch aus, worum es in diesem Text geht.

2 Aus welcher Sicht wird die Geschichte erzählt? Belegt eure Antwort anhand des Textes.

3 Als Scobie Ismael eröffnet, dass er ihn für das Debattierteam eingetragen hat, ist Ismael schockiert.
a Erklärt anhand des Textes, welche Gedanken und Gefühle Ismael in dieser Situation äußert. Erläutert auch, was diese bedeuten.
b Sucht in Partnerarbeit drei Vergleiche oder andere Textstellen heraus, die ihr besonders anschaulich findet. Erläutert, warum.

4 a „Ismael, ich zwinge dich nicht zum Reden, versprochen, aber schlicht und einfach gesagt: Ich brauche dich" (► Z. 132–135). Erklärt, was Scobie mit dieser Aussage meint.
b Diskutiert darüber, ob jemand wie Ismael für einen Debattierclub hilfreich sein kann.

5 Besprecht, wie ihr das Ende der Geschichte versteht. Lest dazu noch einmal die Zeilen 156–162.

6 In dem Text tauschen Scobie und Isamel nur wenige Sätze aus. Überlegt, ob man von einem Streitgespräch sprechen kann. Begründet eure Meinung.

Fordern und fördern – Die eigene Meinung begründen

Scobie beteuert, wie wichtig es für ihn ist, dass Ismael Mitglied im Debattierteam wird. Und er malt ihm aus, welche Rolle er in diesem Team spielen könnte. Trotzdem hat Ismael große Bedenken. Scobie schreibt Isamel nun eine E-Mail, um die Zweifel Ismaels auszuräumen.

●●● **1** Versetzt euch in die Rolle von Scobie und schreibt Ismael eine E-Mail, in der ihr ihn überzeugt, beim Debattierteam mitzumachen. Begründet euren Standpunkt mit zwei überzeugenden Argumenten und anschaulichen Beispielen.
Geht so vor:

a Legt euch eine Stoffsammlung an. Lest dazu noch einmal den Text (► Seite 46–48) und sammelt Argumente und Beispiele, die für eine Mitgliedschaft Ismaels im Debattierteam sprechen.
▷ Hilfen zu dieser Aufgabe auf S. 50

b Ergänzt eure Stoffsammlung, indem ihr ein eigenes Argument (mit Beispiel) findet, das Ismael überzeugt.
▷ Hilfen zu dieser Aufgabe auf S. 50

c Welche zwei Argumente in eurer Stoffsammlung sind besonders überzeugend? Markiert diese.
▷ Hilfen zu dieser Aufgabe auf S. 50

d Schreibt nun die Mail an Ismael, in der ihr euren Standpunkt klar formuliert und mit zwei Argumenten (und zwei Beispielen) begründet. Schreibt in der Ich-Form.
▷ Hilfen zu dieser Aufgabe auf S. 50

2 Prüft mit Hilfe der folgenden Checkliste, ob ihr an alles gedacht habt.

Checkliste ✓

Eine Begründung per E-Mail/Brief schreiben

Anrede:	Beginnt die E-Mail/der Brief mit der Anrede; danach: Komma?
Einleitung:	Sagt ihr, worum es geht?
Meinung:	Ist eure Meinung deutlich formuliert?
Argumente:	Nennt ihr zwei Argumente (mit Beispielen) für eure Meinung?
Schluss:	Gibt es einen Schlusssatz, z. B. einen Wunsch?
Gruß:	Endet die E-Mail/der Brief mit einem Gruß und eurem Namen; davor: Absatz?

Aufgabe 1 mit Hilfen

Scobie möchte, dass Ismael ein Mitglied des Debattierteams wird. Versetzt euch in die Rolle von Scobie und schreibt Ismael eine E-Mail und überzeugt ihn, beim Debattierteam mitzumachen. Begründet euren Standpunkt mit zwei Argumenten und anschaulichen Beispielen. Geht so vor:

a Legt euch eine Stoffsammlung an. Lest dazu noch einmal den Text (► Seite 46–48) und schreibt heraus, welche Argumente und Beispiele Scobie anführt, um Ismael zu überzeugen.
Überlegt:
In einer Diskussions-Mannschaft sind bis zu fünf Mitglieder. Davon müssen aber nur drei diskutieren (► S. 48, Z. 118–120).

Meinung: Jsmael soll beim Debattierteam mitmachen.

Argumente	*Beispiele*
– Scobie hilft Jsmael und erklärt ihm alles. *– Jsmael kann recherchieren und ...*	*– Es findet ein Workshop statt, in dem man lernt, zu reden und zu argumentieren.* *– ...*

b Ergänzt eure Stoffsammlung: Findet hierzu ein eigenes Argument (mit Beispiel), das Ismael überzeugt, z. B.:
Wenn du erst einmal auf der Bühne stehst, vergisst du alles um dich herum. Wenn ich zum Beispiel ...

c Welche Argumente in eurer Stoffsammlung findet ihr besonders überzeugend? Markiert die beiden besten Argumente mit ihren Beispielen.

d Schreibt nun die E-Mail an Ismael. Formuliert eure Meinung und begründet sie mit zwei Argumenten (und zwei Beispielen). Die folgende Vorlage hilft euch.

Anrede	Lieber Ismael, / Hallo Ismael,
Einleitung: Anlass des Schreibens	in unserem Gespräch über den Debattierclub habe ich dir gesagt, dass ich dich ... Trotzdem glaube ich, dass du noch nicht richtig überzeugt bist. Deshalb maile ich dir jetzt.
Hauptteil: Meinung Argument 1 Stützendes Beispiel 1 Argument 2 Stützendes Beispiel 2	 Ich bin der Meinung, dass ... Ein wichtiger Grund hierfür ist, dass ... Ich kenne dich schon lange und weiß, wie gut du dich zum Beispiel in der Schulbibliothek ... Außerdem ... Wenn ich zum Beispiel ...
Schluss: Wunsch/Vorschlag	 Ich hoffe, dass ...
Grußformel	Viele Grüße
Name (Unterschrift)	dein Scobie

2.3 Fit in ... – Einen Vorschlag begründen

Die Aufgabenstellung richtig verstehen

Stellt euch vor, ihr bekommt in der nächsten Klassenarbeit folgende Aufgabenstellung:

In eurer Schule soll die „aktive Pause" eingeführt werden. Dazu stellt der Förderverein insgesamt 2000 Euro für die Anschaffung von Sport- und Spielgeräten zur Verfügung. Jede Klasse darf in einem Brief an den Schulleiter, Herrn Rolfs, vorschlagen, was mit dem Geld erworben werden soll. Schreibe im Namen deiner Klasse einen Brief an Herrn Rolfs, in dem du einen Anschaffungsvorschlag für die „aktive Pause" machst, der den Vorgaben der Schulleitung entspricht. Begründe deinen Vorschlag mit zwei Argumenten (und Beispielen).

Vorgaben der Schulleitung für die Anschaffung:
1. Die Anschaffung darf insgesamt nicht mehr als 2000 Euro kosten.
2. Die anzuschaffenden Geräte sollen für möglichst alle Schülerinnen und Schüler interessant und nutzbar sein.
3. Die Geräte sollen eine aktive Pausengestaltung ermöglichen.

1 Lest die Aufgabe genau. Erklärt euch gegenseitig, was ihr machen sollt und worauf ihr bei der Bearbeitung der Aufgabe achten müsst. Beantwortet hierzu die folgenden Fragen:
- Was genau sind die Vorgaben der Schulleitung?
- Wie viele Argumente (mit Beispielen) sollt ihr anführen?
- Wie ist ein Brief aufgebaut?

Ideen sammeln (Stoffsammlung)

2 Notiert zu jedem Vorschlag (A, B, C) in Stichworten, ob er zu den Vorgaben der Schulleitung passt oder nicht.

	Anschaffungsvorschläge für die „aktive Pause"	Was spricht dafür/dagegen?
A	*Zwei stabile Basketballkörbe, die wetterfest sind. Der Preis beträgt mit Lieferung, Aufbau und drei Basketbällen 1200 Euro.*	...
B	*Drei wetterfeste Sitzbänke für den Schulhof. Im Preis von 1500 Euro sind Anlieferung und Aufbau enthalten.*	...
C	*Zwei wetterfeste Tischtennisplatten. Im Gesamtpreis von 2000 Euro sind die Anlieferung und der Aufbau enthalten sowie 8 Tischtennisschläger und 20 Tischtennisbälle.*	...

3 **a** Entscheidet euch für einen Anschaffungsvorschlag. Sammelt dann Argumente und Beispiele, die für euren Vorschlag sprechen. Ihr könnt die Aussagen unten zu Hilfe nehmen:

Mein Vorschlag: Wir sollten für die „aktive Pause" ... anschaffen

Argumente	**Beispiele**
...	...

Aussagen von Schülern und Lehrkräften des Goethe-Gymnasium, das vor zwei Jahren die „aktive Pause" eingeführt hat:
- Ballspiele machen allen Kindern Spaß und man braucht hierzu keine besondere Übung.
- Kindern macht es Spaß, sich in der Pause zu bewegen.
- Gut ist es, wenn Schüler in einer Mannschaft zusammenspielen können.
- Sportangebote, die Geschicklichkeit erfordern, stärken die Konzentrationsfähigkeit.
- Im Unterricht sind die Schüler aufmerksamer und können sich besser konzentrieren.
- Wir haben festgestellt, dass alle Schüler, von der 5. Klasse bis zum Abitur, Spaß an Ballspielen haben.
- Sport- und Spielangebote, bei denen die Schüler im Team spielen, führen dazu, dass sich die Schüler besser verstehen.
- Seitdem wir zusammen spielen, arbeiten wir auch im Unterricht besser zusammen.
- Seit der Anschaffung der Geräte gehen die Schüler verantwortlicher auch mit anderen Dingen in der Schule um.

b Für euren Vorschlag sollt ihr zwei Argumente (mit Beispielen) nennen. Markiert die beiden überzeugendsten Argumente in eurer Stoffsammlung.

Den Brief formulieren und überarbeiten

4 Schreibt den Brief an den Schulleiter Herrn Rolfs.

a Nach der Anrede schreibt ihr in der Einleitung, worum es geht. Formuliert den Anfang des Briefes, z. B.:

Buchenau, 5. Mai 2013

Sehr geehrter Herr Rolfs,
ich habe erfahren, dass der Förderverein der Schule ...
Für die „aktive Pause" möchte ich einen ...

b Formuliert den Hauptteil: Nennt euren Anschaffungsvorschlag und begründet ihn mit zwei Argumenten (und Beispielen). Die Formulierungshilfen auf Seite 41 helfen euch dabei.

c Fasst am Schluss noch einmal euren Wunsch zusammen, z. B.:
Insgesamt denke ich, dass ... *Ich möchte Sie bitten, ...* *Ich würde mich freuen, wenn ...*

5 Überarbeitet eure Briefe in Partnerarbeit. Nehmt hierzu die Checkliste von Seite 49 zu Hilfe.
TIPP: Schreibt die Anredepronomen in der Höflichkeitsform groß, z. B.: *Sie, Ihnen, Ihr.*

3 Was ist passiert? – Berichten

1 a Tragt zusammen, was ihr über Marathonläufe wisst.
b Habt ihr schon einmal selbst an einer größeren Sportveranstaltung teilgenommen oder live zugeschaut? Berichtet davon.

2 Stellt euch vor, ihr könntet eine der Personen auf dem Foto befragen. Was würdet ihr gerne wissen?

3 Überlegt: Wo findet man Texte, die über sportliche Ereignisse berichten? Wer liest solche Texte und aus welchem Grund?

In diesem Kapitel ...

- berichtet ihr sachlich und genau über sportliche Ereignisse,
- verfasst ihr Unfallberichte, die sachlich über den Unfallhergang informieren,
- lest und schreibt ihr Berichte und Reportagen über Hunde, die Menschen helfen,
- appelliert ihr für mehr Sicherheit im Straßenverkehr.

3.1 Rund um den Sport – Von Ereignissen berichten

Erzählen und Berichten unterscheiden

Halbmarathon durchgehalten!

Habt ihr auch einen Traum? Mein größter Traum war es, einmal an einem Halbmarathon teilzunehmen. Als meine Schule sich dazu entschloss, eine Schülerstaffel beim Halbmarathon in Warenberg anzumelden, schlug mein Herz höher. Ich wusste, dass ich dabei sein musste.

Zwei Monate hartes Training lagen hinter mir, als ich mit unserer Staffel zum Halbmarathon aufbrach. Die endgültige Aufstellung legte fest, dass ich die Startstrecke laufen sollte. Dann war es endlich so weit, der Startschuss fiel. Zusammen mit fast 400 anderen Jugendlichen sprintete ich los. „Du schaffst das schon!“, rief mir Julian noch nach, während ich blitzschnell einen Fuß vor den anderen setzte. Neben mir hörte ich das Keuchen der anderen. Die Luft pochte bereits in meinen Lungen, so schnell war ich gestartet. Nur keinen Fehler machen!, schoss es mir kurz durch den Kopf. Fest umklammerte ich den Staffelstab und beschleunigte meine Schritte. Ob die Übergabe an Katja problemlos funktionieren würde? Am Streckenrand sah ich die Menschen, die Plakate in die Luft hielten und uns anfeuerten. Noch einmal nahm ich meine ganzen Kräfte zusammen und merkte, wie ich immer mehr an Vorsprung gewann. Sekunden später sah ich Katja, die schon ungeduldig auf mich wartete. Nur noch 20 Meter, dann zehn, dann legte ich den Staffelstab in Katjas Hand, die sich sofort mit schnellem Schritt auf die zweite Etappe begab. Die Stimmung unter den begeisterten Zuschauern war bereits auf dem Höhepunkt, als Julian die Schlussetappe lief. Unter dem Jubel der Sportfans lief er mit sieben Minuten Vorsprung ins Ziel. Wir hatten tatsächlich den ersten Platz belegt, ein irres Gefühl!

Nach der Siegerehrung feierten wir noch unseren Erfolg. In unserer Staffel sind wir uns einig: Nächstes Jahr gehen wir wieder an den Start.

Schülerstaffel aus Dürrheim belegt ersten Platz

WARENBERG, 26.06.2012 – Beim Halbmarathon in Warenberg belegte die Schülerstaffel des Erich-Kästner-Gymnasiums aus Dürrheim den ersten Platz.

Zum elften Mal fand am Sonntag bei sonnigem Wetter der Halbmarathon mit über 9000 Teilnehmerinnen und Teilnehmern statt. Insgesamt 98 Schülerstaffeln nahmen am Staffelwettbewerb teil. Pünktlich um 14:30 Uhr wurde der Startschuss über die 21,1 km lange Strecke gegeben. Die Mixed-Staffel des Erich-Kästner-Gymnasiums mit den Teilnehmern Anna Armer, Katja Bernartz, Paul Heidger und Julian von der Twer aus der Jahrgangsstufe 6 teilten sich die Strecke im Rhythmus 4 km – 6 km – 5 km – 6,1 km. Mit einer Laufzeit von 1:28 h war das Team nicht zu schlagen und erreichte als erstes das Ziel. Klatschend standen Tausende Sportfans am Streckenrand und feuerten die Läuferinnen und Läufer an. An den Versorgungsstationen konnten sich Teilnehmer mit Getränken, Bananen und Energieriegeln verpflegen.

Das nächste große Ereignis für die Schülerinnen und Schüler ist nun der Köln-Marathon am 2. Oktober.

1 Lest beide Texte. Welches Thema ist ihnen gemeinsam?

2 Untersucht die beiden Texte genauer: Wie wird das Ereignis – der Marathonlauf – jeweils dargestellt? Stellt die Unterschiede beider Texte in einer Tabelle gegenüber. Berücksichtigt hierbei:
- Sprache
- wörtliche Rede
- Gedanken und Gefühle
- Spannung
- genaue Angaben (Beantwortung der W-Fragen)
- Ausführlichkeit

Erzählung: Halbmarathon durchgehalten	Bericht: Schülerstaffel aus Dürrheim ...
Sprache: ...	*Sprache: sachlich, nüchtern*
...	...

3 Überlegt, für welchen Zweck die Texte jeweils geschrieben worden sind. Begründet eure Meinung.

4 Welche Überschrift passt zu welchem Text? Ordnet die folgenden Überschriften den beiden Texten zu. Begründet eure Wahl.

> Die Überschrift eines Berichts soll knapp, sachlich und informativ sein.

Ein irres Gefühl • Lauf, lauf, lauf! • Beste Schulstaffel beim Halbmarathon • Startschuss zum elften Halbmarathon

5 Ein Bericht gibt Antworten auf die wichtigsten W-Fragen zu einem Ereignis.
a Notiert, welche W-Fragen der Bericht oben beantwortet.
b Beantwortet die W-Fragen mit Hilfe des Textes, z. B.:
Wo fand der Halbmarathon statt? → ... Der Halbmarathon fand in Warenberg statt.
Wann ...?

Sportliche Talente auf der Bühne – Einen Bericht verfassen

- Gruppe von Clowns sagte die einzelnen Nummern an; trugen krasse Kostüme; begeisterten durch total irre Versprecher; großes Gelächter beim Publikum.
- Turnhalle sah aus wie ein riesengroßes Zirkuszelt; circa 250 Eltern, Schüler und Lehrer kamen.
- Pünktlich um 18 Uhr: Tanzgruppe eröffnete den Abend; Hip-Hop und Modern Dance; jeder Schritt sah voll klasse aus.
- Nach der Tanzgruppe: Zauberlehrlinge ließen Kaninchen verschwinden, zauberten knuspriges Popcorn für das Publikum herbei. Total super; nur Moritz patzte einmal bei seinem Zauberspruch.
- Zweiter Teil nach der Pause: Show der Akrobaten: Die „Tellerkinder“ balancierten auf dünnen Stäben sich drehende Teller; die „Tollkühnen Sieben“ sausten mit Einrädern und Waveboards durch die Turnhalle und jonglierten dabei mit Bällen und Keulen. Abschluss der Akrobatengruppe: Trapeznummer, zu der das Musikstück „I believe I can fly“ aus den Boxen dröhnte.
- Abschluss der Aufführung: Alle Akteure der Zirkus-AG bildeten eine menschliche Pyramide, die fast drei Meter hoch war. Jana stand, ohne zu wackeln, an der Spitze der Pyramide; dafür braucht man totale Körperbeherrschung.
- Das Publikum fand die Show voll klasse, minutenlanger Applaus.
- Die nächste Aufführung der Zirkus-AG soll vor den Weihnachtsferien stattfinden.
- Zirkus-AG gibt es seit einem Jahr, besteht aus 21 Schülerinnen und Schülern der 5. bis 8. Klasse.
- Begrüßung der Gäste durch die Schulleiterin Frau Meidner.
- Der Abend war super. Ich hab voll Lust bekommen, mich in der Zirkus-AG anzumelden.

1 Daniel hat sich während der Aufführung der Zirkus-AG einige Notizen gemacht, denn er will in der Schülerzeitung über diesen Abend berichten.

a Lest die Einladung und Daniels Notizen aufmerksam.

b Tragt zusammen, was ihr über die Aufführung der Zirkus-AG erfahrt. Beantwortet hierbei die W-Fragen.

2 In der Schülerzeitung sollt ihr nun über die Aufführung der Zirkus-AG berichten.

a Überlegt, welche Informationen ihr für diesen Bericht verwenden könnt und welche nicht. Begründet eure Meinung.

b Sucht aus den Notizen von Seite 56 die wichtigsten Informationen für euren Bericht heraus und bringt sie in die richtige Reihenfolge.
Übertragt dazu die folgende Tabelle in euer Heft.

W-Fragen	Informationen
Was?	*Aufführung der Zirkus-AG*
Wann?	…
Wo?	…
Wer?	*21 Schülerinnen und Schüler aus der 5. bis …*
Wie und warum? (Verlauf des Geschehens)	…
Welche Folgen? (Ausblick)	…

3 Die Sprache in einem Bericht ist sachlich und nüchtern. Formuliert die unterstrichenen Ausdrücke in eine sachliche Sprache um. Arbeitet im Team und schreibt vollständige Sätze, z. B.:

Die Clowns trugen ~~krasse~~ Kostüme und begeisterten das Publikum durch ~~total irre~~ Versprecher und Wortverdreher. → *Die Clowns trugen fantasievolle Kostüme und begeisterten das Publikum durch …*

VORSICHT FEHLER!

- *Die Clowns trugen krasse Kostüme und begeisterten das Publikum durch total irre Versprecher und Wortverdreher.*
- *Jeder Schritt der Tanzgruppe sah voll klasse aus.*
- *Das Musikstück „J believe J can fly" dröhnte aus den Boxen.*
- *Das Publikum fand die Show voll klasse.*
- *Der Abend war super.*
- *Jch hab voll Lust bekommen, mich in der Zirkus-AG anzumelden.*

4 a Schreibt nun für die Schülerzeitung einen Bericht über die Aufführung der Zirkus-AG in euer Heft. Macht die Reihenfolge der Ereignisse durch passende Satzanfänge deutlich. Der Wortspeicher rechts hilft euch dabei. Ihr könnt so beginnen:

Am Dienstag, den 28. August, fand in der Sporthalle des Brecht-Gymnasiums eine Aufführung der Zirkus-AG statt. Unter dem Motto „Hereinspaziert und staunen" präsentierten 21 Schülerinnen und Schüler ...

Satzanfänge
zuerst
anschließend
danach
nachdem
später
schließlich
zum Schluss

b Formuliert eine treffende Überschrift für euren Bericht, die das Ereignis genau benennt.

5 a Lest eure Berichte vor. Überprüft mit Hilfe des folgenden Merkkastens, was an euren Texten gelungen ist und was ihr noch verbessern könnt.
b Überarbeitet eure Berichte.

Information **Einen Bericht verfassen**

Ein Bericht **informiert knapp und genau** über ein vergangenes Ereignis, z. B. eine Veranstaltung, einen Unfall. Er beschränkt sich auf die wesentlichen Informationen und **beantwortet die W-Fragen.**

Aufbau:
- In der **Einleitung** informiert ihr knapp, worum es geht. (Was ist geschehen? Wann geschah es? Wo geschah es? Wer war beteiligt?)
- Im **Hauptteil** stellt ihr den Ablauf des Ereignisses in der zeitlich richtigen Reihenfolge dar. (Wie lief das Ereignis ab? Warum?)
- Im **Schlussteil** nennt ihr die Folgen des Ereignisses oder gebt einen Ausblick. (Welche Folgen hatte das Ereignis?)
- Findet eine **treffende Überschrift,** die das Ereignis genau benennt.

Sprache:
- Schreibt **sachlich und nüchtern.** Vermeidet erzählende Ausschmückungen, Umgangssprache oder Vermutungen.
- Schreibt in der Zeitform **Präteritum** *(eröffnete, begrüßte).* Verwendet das Plusquamperfekt, wenn etwas vorher passiert ist, z. B.: *Nachdem die Schulleiterin Frau Meidner die Gäste begrüßt hatte, eröffnete die Tanzgruppe den Abend.*
- Macht die **Reihenfolge der Ereignisse** durch passende Satzanfänge deutlich, z. B.: *Zuerst ... Anschließend ... Später ... Zum Schluss ...*
- Verdeutlicht die Zusammenhänge, indem ihr die Sätze durch **treffende Verknüpfungswörter** (Konjunktionen und Adverbien) verbindet, z. B.: *Weil die Show der Zirkus-AG ein großer Erfolg war, soll vor den Weihnachtsferien eine weitere Aufführung stattfinden.*

TIPP: Wenn ihr einen Unfallbericht (▸ S. 62–63) für die Polizei schreibt, beschränkt ihr euch auf die nötigsten Informationen.
Schreibt ihr einen Bericht für die Schülerzeitung (▸ S. 56–58), könnt ihr auch eure persönliche Meinung wiedergeben.

Genau informieren – Einen Bericht überarbeiten

VORSICHT FEHLER!

Sport schweißt Jugendliche zusammen

In unserer Stadt gibt es vier Schulen (das Luther-Gymnasium, die Tassilo-Hauptschule und die Tesla-Realschule sowie die Janusz-Korczak-Realschule). Zwischen den Schülerinnen und Schülern dieser Schulen gab es häufiger Streit, z. B. an der Bushaltestelle. Die Sportlehrerinnen und Sportlehrer der vier Schulen wollten etwas Schulübergreifendes machen. Es sollte eine Sportveranstaltung geplant werden. Die Wahl fiel auf ein gemeinsames Fußballturnier. Über 180 Mädchen und Jungen aus den verschiedenen Schulen waren an den Vorbereitungen beteiligt. Sie haben mit Hilfe der Sportlehrkräfte ein Fußballturnier auf die Beine gestellt. Sie haben vor dem Spiel Einladungen verteilt, Spielpläne erstellt, Essen und Getränke organisiert, Pokale beschafft und auf gutes Wetter gehofft. Am 22. April war es dann so weit. Das Turnier fand an der Tassilo-Hauptschule in Mönchsheim statt. Zuerst begrüßten die Schülervertreter alle Spielerinnen und Spieler und die Zuschauer.
Dann sang zur Eröffnung der Schulchor der Tassilo-Hauptschule einen Fußballsong.
Um 10 Uhr wurde dann das erste Spiel angepfiffen. Insgesamt traten 12 Mädchen- und Jungenmannschaften aus den Jahrgangsstufen 5, 6 und 7 in sechs Spielen gegeneinander an. Es wurden schulübergreifende Mannschaften gebildet. So kam es, dass nicht eine Schule gegen die andere spielte und es dann darum ging, welche besser ist. Wir mussten uns den Ball im wahrsten Sinne des Wortes zuspielen. Gegen Ende des Turniers fing es an zu regnen. Das Turnier hat trotzdem großen Spaß gemacht. Insgesamt 800 Zuschauer waren da und feuerten uns an: Schülerinnen, Schüler, Lehrkräfte und natürlich auch einige Eltern.
Schiedsrichter ist ein Sportlehrer der Hauptschule, Herr Düllmann, gewesen. Er hat echt gut gepfiffen. Alle haben fair gekämpft. Gewinner waren eigentlich wir alle. Um 17 Uhr gingen wir nach der Siegerehrung gut gelaunt auseinander. Alle Beteiligten finden: Das werden wir im nächsten Jahr wiederholen. Seitdem gibt es weniger Stress. Sport schweißt wirklich zusammen.

1 Lest den Text und stellt kurz dar, worum es geht.

2 **a** Kontrolliert, ob in dem Bericht die Hinweise zum Schreiben eines Berichts (▶ S. 58) beachtet wurden. Notiert in Partnerarbeit, welche Fehler der Bericht enthält, z. B.:
- *Zeitform des Präteritums nicht durchgängig berücksichtigt.*
- ...

b Vergleicht eure Ergebnisse.

3 Ein Bericht beschränkt sich auf die wesentlichen Informationen. Trennt die wichtigen von den unwichtigen Informationen. Schreibt aus dem Text nur die Informationen heraus, die auf die W-Fragen antworten. Legt dazu eine Tabelle mit W-Fragen wie im Muster auf Seite 57 an.

W-Fragen	Informationen
Was?	*schulübergreifendes Fußballturnier*
Wann?	...
...	...

4 Verbindet die folgenden Sätze durch treffende Konjunktionen, sodass der Zusammenhang deutlich wird. Dabei hilft euch der nebenstehende Wortspeicher.
- Achtet auf die Kommasetzung. Manche Sätze müsst ihr umformulieren.
- Verwendet das Präteritum, bei Vorzeitigkeit das Plusquamperfekt.

Nachdem die Schülervertreter ... begrüßt hatten, sang ...

Konjunktionen
weil • und • nachdem • obwohl • sodass • da • aber • jedoch • denn • deshalb

- Zwischen den Schülerinnen und Schülern dieser Schulen gab es häufiger Streit. Die Sportlehrerinnen und Sportlehrer der vier Schulen wollten etwas Schulübergreifendes machen.
- Es sollte eine Sportveranstaltung geplant werden. Die Wahl fiel auf ein gemeinsames Fußballturnier.
- Über 180 Mädchen und Jungen aus den vier Schulen waren an den Vorbereitungen beteiligt. Sie haben mit Hilfe der Sportlehrkräfte ein Fußballturnier auf die Beine gestellt.
- Zuerst begrüßten die Schülervertreter alle Spielerinnen und Spieler und die Zuschauer. Dann sang zur Eröffnung der Schulchor der Tassilo-Hauptschule einen Fußballsong.
- Es wurden schulübergreifende Mannschaften gebildet. So kam es, dass nicht eine Schule gegen die andere spielte.
- Gegen Ende des Turniers fing es an zu regnen. Das Turnier hat trotzdem großen Spaß gemacht.

5 Überarbeitet den Bericht von Seite 59 und schreibt eine erste verbesserte Fassung in euer Heft.

6 Kontrolliert eure Berichte noch einmal in einer Schreibkonferenz (▶ Kasten unten). Geht so vor:

a Erstellt gemeinsam eine Checkliste zum Berichten. Berücksichtigt hierbei den Aufbau und die Sprache eines Berichts. Der Merkkasten auf Seite 58 hilft euch dabei.

b Besprecht eure Texte nun in einer Schreibkonferenz. Geht so vor, wie im Kasten unten beschrieben. Nehmt hierzu eure Checkliste zu Hilfe.

7 Schreibt für die Schülerzeitung einen Bericht, z. B. über eine Sportveranstaltung oder über eine schulische Veranstaltung. Geht so vor:

a Sammelt die wichtigsten Informationen für den Bericht in einem Schreibplan. Legt hierzu eine Tabelle nach dem Muster von Seite 57 an.

b Verfasst eure Berichte. Überarbeitet sie anschließend in einer Schreibkonferenz.

Methode **Texte überarbeiten: Eine Schreibkonferenz durchführen**

In einer Schreibkonferenz tauscht ihr eure Texte aus, korrigiert Fehler und gebt euch gegenseitig Tipps für die Überarbeitung.

1. Setzt euch in kleinen Gruppen zusammen.
2. Einer von euch liest seinen Text vor, die anderen hören aufmerksam zu.
3. Anschließend gebt ihr dem Verfasser oder der Verfasserin eine Rückmeldung, was euch besonders gut gefallen hat.
4. Dann wird der Text in der Gruppe Satz für Satz besprochen und die Verbesserungsvorschläge werden schriftlich festgehalten. Korrigiert auch die Rechtschreibung und die Zeichensetzung.
5. Zum Schluss überarbeitet der Verfasser oder die Verfasserin den eigenen Text.

Legt gemeinsam fest, wie ihr die Texte korrigieren wollt, z. B.:

- Anmerkungen nur mit Bleistift lesbar an den Rand schreiben.
- Folgende Korrekturzeichen verwenden:
  R = Rechtschreibfehler (Wort in der richtigen Schreibweise am Rand notieren)
  Z = Zeichenfehler (Satzzeichen einfügen bzw. streichen)
  T = Tempusfehler (richtiges Tempus notieren)
  ? = hier ist etwas unklar (= Bitte um Rücksprache)
  + = hier ist etwas besonders gut gelungen
  – = hier ist etwas nicht gut formuliert (Formulierungsvorschlag notieren)

„Hals- und Beinbruch“ – Von Unfällen berichten

Bei einem Unfall in Wuppertal wurden folgende Zeugenaussagen gemacht:

Laura: Das hat ganz schön gekracht. Und wie der Junge vom Rad geflogen ist! Direkt mit dem Knie ist er auf die Straße geknallt. Und das Rad ist völlig im Eimer. Totalschaden! Gott sei Dank hatte er einen Helm auf! Wer weiß, was ihm sonst passiert wäre!

Christoph: Also, der Autofahrer ist die Bahnhofstraße stadtauswärts gefahren. Und hier an der Kreuzung ist der BMW rechts in die Stollstraße abgebogen. Der Radfahrer ist natürlich in dieselbe Richtung gefahren, und zwar auf dem Radweg daneben.
Er wollte nicht abbiegen, er wollte geradeaus weiter. Der Junge rasselte mit seinem Fahrrad voll in den rechten Kotflügel.

Frau Raab: Der Junge hat das Auto viel zu spät bemerkt. Bremsen konnte er nicht mehr. Wir haben sofort einen Notarzt gerufen. Der Herr hatte zum Glück ein Handy dabei.

Herr Süß: Oh Gott! Und das heute, am 14. April, wo ich Geburtstag habe. Ich wollte gerade rüber in die Bäckerei Kuchen kaufen. Um 12.30 Uhr hörte ich ein lautes Quietschen. Ich bin dann sofort zur Unfallstelle gerannt.

Frau Bach: Ich habe in seiner Schultasche seinen Schülerausweis gefunden. Der Junge heißt Robert Zimmermann und ist 13 Jahre alt. Er geht auf das Karolinen-Gymnasium.

Eine Ärztin: Er hat Glück gehabt! Die Schürfwunde am Knie ist nicht so gefährlich, wie sie aussieht. Da ist die Gehirnerschütterung schon ernster. Aber wenn er ruhig liegen bleibt, kriegen wir das schon wieder hin.

Der Fahrer des Autos, Herr Rau: Ich habe den Jungen übersehen. Dieser blaue Lieferwagen versperrte mir die Sicht. Der parkte einfach zu nah an der Einmündung.
Das waren weniger als zwei Meter Abstand! Das Ganze hat mich ziemlich mitgenommen. Nein, mir ist nichts passiert. Nur mein Auto ist vorne rechts am Kotflügel beschädigt.

1 Lest euch die Zeugenaussagen auf Seite 62 genau durch. Worum geht es?

2 Mit einer Unfallskizze könnt ihr euch den Ablauf des Geschehens verdeutlichen. Erstellt in Partnerarbeit mit Hilfe der Zeugenaussagen eine Skizze zum Unfall. Stellt die Kreuzung mit den Straßennamen dar und macht deutlich, wo der Lieferwagen stand und wo das Auto und der Radfahrer fuhren.

3 Sucht aus den Zeugenaussagen alle Informationen heraus, die ihr für einen Bericht verwenden könnt. Haltet sie in einem Schreibplan fest. Orientiert euch hierbei an den W-Fragen.

W-Fragen	Informationen
Wer war beteiligt?	...
Was ist geschehen?	...
Wo ...?	...

4 Überarbeitet die folgenden Sätze. Formuliert die Stellen, die in Umgangssprache geschrieben wurden, in eine sachliche Sprache um.
- Der Junge rasselte mit seinem Fahrrad voll in den rechten Kotflügel.
- Direkt mit dem Knie ist er auf die Straße geknallt.
- Das Rad ist völlig im Eimer.

5 Macht die Zusammenhänge deutlich, indem ihr die folgenden Sätze durch passende Konjunktionen verbindet.

Konjunktionen
aber • während • weil • da

- Herr Rau fuhr auf der Bahnhofsstraße. Der Schüler war auf dem Radweg unterwegs.
- Der Autofahrer wollte in die Stollstraße einbiegen. Der blaue Lieferwagen nahm ihm die Sicht.
- Der Junge trug einen Fahrradhelm. Er erlitt keine schlimmeren Verletzungen.
- Der Autofahrer übersah den Jungen. Ein blauer Lieferwagen versperrte ihm die Sicht.
- Am BMW ist nur der Kotflügel beschädigt. Das Rad erlitt einen Totalschaden.

6 Schreibt den vollständigen Unfallbericht in euer Heft. Verwendet das Präteritum, bei Vorzeitigkeit das Plusquamperfekt.

7 Verfasst zu einer der folgenden Situationen einen Unfallbericht. Fehlende Angaben erfindet ihr selbst. Legt einen Schreibplan an und erstellt eventuell eine Unfallskizze.
- Zwei Inlineskater fuhren durch eine Fußgängerzone, in der viele Passanten unterwegs waren.
- Eine Skateboardfahrerin überquerte einen Zebrastreifen, ohne auf den Verkehr zu achten.
- Zwei Radfahrer fuhren nebeneinander auf der Straße und unterhielten sich.

Ich trag' Helm! – Öffentlich appellieren

1 a Seht euch die beiden Plakate genau an. Erklärt, wie die Plakate auf euch wirken, und beschreibt ihre Gestaltung.
b Überlegt, an wen sich die Plakate richten und wozu sie auffordern.

2 a Tragt zusammen, was ihr als Fahrradfahrer/-innen tun könnt, um das Unfallrisiko oder die Verletzungsgefahr zu verkleinern, z. B.:
- *Helm tragen,*
- *möglichst auf dem Radweg fahren,*
- …

b Erklärt, wie sich andere Verkehrsteilnehmer verhalten sollten, um Unfälle zu vermeiden.

3 Entwerft in Gruppen Plakate, mit denen ihr zu mehr Sicherheit im Straßenverkehr auffordert.
a Texte auf Plakaten sollen kurz sein und andere auffordern, etwas zu tun. Formuliert Sätze für euer Plakat, z. B.:
Licht an! Denn sehen und gesehen werden ist alles.
Fahrradhelm macht Schule!
Auf dem richtigen Weg!
b Gestaltet euer Plakat: Sucht ein passendes Foto oder zeichnet ein Bild. Probiert verschiedene Schriftarten aus.
c Hängt eure Plakate im Klassenraum auf und bewertet sie: Wozu fordern die Plakate auf? Wie wirken die sprachliche und die bildliche Gestaltung?

Mit einem **Appell** möchte man andere für etwas gewinnen. Man kann z. B. auf Plakaten mit Aufrufen, Werbetexten oder mit Leserbriefen öffentlich appellieren.

Testet euch!

Sachlich und genau berichten

1 Welche Aussagen zum Berichten treffen zu, welche nicht?

a Schreibt die Sätze mit den richtigen Aussagen in euer Heft.

Berichte ...

- werden überwiegend in der Zeitform Präsens/Präteritum verfasst.
- geben Antworten auf W-Fragen/die Gedanken und Gefühle der Beteiligten wieder.
- informieren knapp und sachlich/anschaulich und lebendig über ein Ereignis.
- gliedern sich manchmal/immer in Einleitung, Hauptteil und Schluss.
- geben den Ablauf des Geschehens/die Meinungen der Zeugen in einer zeitlich richtigen Reihenfolge wieder.
- dürfen keine sachliche Sprache/keine Umgangssprache enthalten.
- haben eine knappe, informative/spannende, fesselnde Überschrift.
- werden häufig in Jugendbüchern/in Tageszeitungen veröffentlicht.
- sollen die Leser informieren/unterhalten und belustigen.

b Überprüft eure Ergebnisse in Partnerarbeit. Nehmt den Merkkasten von Seite 58 zu Hilfe.

2 Der folgende Bericht ist nicht gut gelungen.

a Überarbeitet den Bericht und schreibt eine verbesserte Fassung in euer Heft.

b Besprecht eure Texte in einer Schreibkonferenz (► S. 61).

VORSICHT FEHLER!

Svenja und Tim

Am Dienstagmorgen kurz vor 8 Uhr ist bei uns an der Schule ein Unfall passiert. Svenja hat sich dabei den Arm gebrochen und Tim hat eine Platzwunde. Das passierte so:
Svenja kam wie immer auf den letzten Drücker mit ihrem Fahrrad in die Schule gedüst. Eigentlich ist ja das Fahrradfahren auf dem Schulhof verboten. Mit einem Wahnsinnstempo ist Svenja von der Hauptstraße direkt nach rechts in den Schulhof eingebogen. Da stand Tim mit seinem Fahrrad und quatschte mit ein paar Leuten. Svenja ist dann voll in Tim reingefahren. Sie flog in hohem Bogen vom Rad und Tim knallte auf den Boden. Beide haben dann auf dem Boden gelegen und geheult. Wir haben dann Herrn John, unserem Hausmeister, Bescheid gesagt. Der hat einen Krankenwagen gerufen. Und im Krankenhaus haben die Ärzte festgestellt, dass Tim eine riesige Platzwunde an der Stirn hat und Svenja den Arm gebrochen hat. Aber beides heilt wieder und alle waren froh, dass nichts Schlimmeres passiert ist.
Aber Svenja bekam nachher noch eine Rüge von unserem Direktor, Herrn Nau. Sie musste sich bei Tim entschuldigen und versprechen, nicht mehr mit dem Fahrrad auf den Schulhof zu fahren.

3.2 Hunde im Einsatz – Berichte und Reportagen

Richtiges Schnüffeln will gelernt sein

Polizeioberkommissar Lutz Engel will seinen Spike zum Sprengstoffhund ausbilden.

von Dagmar Blesel

Bonn. Spike spitzt die Ohren und bellt Assi und Easy an. Respekt vor den älteren „Kollegen", die auf der Wiese am Polizeipräsidium in Ramersdorf Gehorsam trainieren, hat er keineswegs. Schon eher vor dem Gitterrost am Treppenende. Spike soll erst noch Polizeihund werden. Mit seinen fünfeinhalb Monaten muss der deutsche Schäferhund zunächst einmal lernen, auf seinen Namen zu hören. „Ab und an kommt er schon mal", schmunzelt sein „Herrchen", Oberkommissar Lutz Engel.

Als Spike acht Wochen alt war, hat Engel ihn von einem Züchter in Bielefeld nach Bonn geholt. Als Zweithund, denn der schwarz-braune Schäferhund soll Nachfolger von Luke werden. Der achteinhalb Jahre alte Schäferhund mit dem etwas zu großen Kopf wird Ende nächsten Jahres in Rente gehen. Altersbedingt. Noch ist er fit, seine Spürnase nach wie vor gut, doch die Kondition lässt nach. „Ich muss die Zeit des Suchens verkürzen, die Pausen werden länger", sagt Engel, „sonst fängt er an zu hyperventilieren[1]."

Luke hatte noch am Dienstag einen Einsatz. Engel wurde nach einem Raub in Pulheim bei Köln alarmiert: Der Vierbeiner sollte die Suche nach einer Pistole unterstützen. Gefunden wurde die Schusswaffe allerdings nicht.

Bis Spike für eine solche Aufgabe gerufen wird, vergehen noch eineinhalb bis zwei Jahre. So lange dauert die Ausbildung. Diensthundeführer und Tier trainieren zusammen in der Fortbildungsstelle in Schloss Holte-Stukenbrock. Einmal jährlich müssen sie ihre Teamfähigkeit in einer Prüfung unter Beweis stellen.

Hauptaufgabe der Hunde ist später die Suche nach gefährlichen Gegenständen, vermissten Personen oder Menschen, die sich vor der Polizei verstecken oder flüchten. Zudem werden die Tiere als Schutzhund im Streifendienst oder bei gewalttätigen Ausschreitungen eingesetzt.

Ob sich ein Hund für den Polizeidienst eignet, hängt vor allem von seiner Nase und seinem Spieltrieb ab. Aus einem Hund einen Sprengstoffspürhund zu machen, ist nicht einfach. Im Gegensatz zum „Kollegen Rauschgift", der an einer Fundstelle kratzen, bellen oder beißen soll, muss der Sprengstoffhund passiv bleiben. Damit kein Zünder ausgelöst wird, darf ein Fund nur durch Hinsetzen oder -legen angezeigt werden.

Zurzeit sind bei der Bonner Staffel zehn Mitarbeiter und neun Hunde im Einsatz. Zwei Beamte sollen hinzukommen – natürlich mit Vierbeinern. Und die leben in der Regel beim Herrchen zu Hause, auch wenn die Hunde aus dem Dienst ausscheiden.

In seinen künftigen Job hat Spike jetzt schon mal hineinschnuppern dürfen, als Sprengstoff-

1 hyperventilieren: übermäßig schnell und flach atmen

spürhunde das Maritim-Hotel untersuchten. „Er soll bei einer solchen Aktion mal dabei sein", sagt Engel. Ungewohnt für den Junghund: das Fahren mit dem gläsernen Aufzug und das Gehen über den glänzenden Marmorboden. Luke und Spike verstehen sich gut, sagt Engel. Eifersüchtig auf den Neuling sei der Ältere nicht. Eher umgekehrt. Luke sei familienfreundlich, nur manchmal etwas zerstreut. „Halt so wie sein Herrchen", witzeln die Kollegen.

1 Lest den Text und fasst knapp zusammen, worum es geht.

2 Erklärt, was die folgenden Wörter und Wortgruppen im Text bedeuten. Lest dazu noch einmal genau nach.

Fortbildungsstelle (▶ Z. 35–36) • Teamfähigkeit (▶ Z. 37) • Schutzhund im Streifendienst (▶ Z. 43) • Sprengstoffspürhund (▶ Z. 47–48) • im Gegensatz zum „Kollegen Rauschgift" (▶ Z. 48–49) • passiv bleiben (▶ Z. 51) • Bonner Staffel (▶ Z. 55)

3 a Beantwortet die folgenden W-Fragen mit Hilfe des Textes:
- Wie lange dauert die Ausbildung eines Polizeihundes?
- Welche Aufgaben haben Polizeihunde?
- Welche Voraussetzungen muss ein Polizeihund mitbringen?
- Wie muss sich ein Drogenhund an der Fundstelle verhalten, wie ein Sprengstoffhund?
- Wo leben die Polizeihunde?

b Formuliert in Partnerarbeit zwei weitere W-Fragen, die der Text beantwortet.

4 a Setzt die ersten beiden Sätze des Textes (▶ S. 66, Z. 4–8) ins Präteritum. Wie wirkt der Text jetzt?
b Vergleicht den Anfang der Reportage (▶ S. 66, Z. 4–14) mit der Einleitung eines Berichts. Welche Unterschiede fallen euch auf?

5 a Eine Reportage ist ein Erlebnisbericht. Lest die Informationen im Merkkasten unten.
b Nennt Stellen im Text (▶ S. 66–67), die über das bloße Berichten hinausgehen.

Information **Reportage**

Eine Reportage informiert in besonders anschaulicher und lebendiger Weise über ein Ereignis. Sie ist ein **Erlebnisbericht,** denn bei einer Reportage schreibt eine Reporterin/ein Reporter über ein Geschehen, das sie/er selbst als Augenzeuge miterlebt hat.

- Eine Reportage enthält **sachliche Informationen** (Beantwortung der W-Fragen), gibt aber auch die **Eindrücke und die persönliche Sichtweise** des Verfassers wieder.
- Die Reportage will den Lesern das Gefühl geben, dass sie live bei dem Geschehen dabei sind. Zitate von Personen, ausdrucksstarke Verben und Adjektive sowie Vergleiche sorgen für **Anschaulichkeit.**
- Die Zeitform der Reportage ist häufig das **Präsens.** Auch dies vermittelt den Lesern den Eindruck, direkt vor Ort live dabei zu sein.

Hund rettet Familie vor Rauchvergiftung

Lannesdorf. Gestern herrschte große Aufregung in Lannesdorf. Am frühen Morgen war im Wohnzimmer eines Einfamilienhauses ein Sofa in Brand geraten.
Nach Aussagen der Feuerwehr war vermutlich eine eingeschaltete, aber defekte Heizdecke die Brandursache. Die vierköpfige Familie hatte Glück im Unglück. Nach dem Ausbruch des Feuers verhinderte die wachsame Setterhündin der Familie, Connie, eine Katastrophe. Nach ersten Erkenntnissen bemerkte die Hündin das Feuer und schlug Alarm. Sie weckte durch anhaltendes Gebell das noch schlafende Ehepaar und seine beiden ebenfalls schlafenden Kinder. Alle vier konnten samt Hündin unbeschadet ins Freie gelangen. Inzwischen waren auch Nachbarn wach geworden und hatten die Feuerwehr benachrichtigt. Sie konnte durch das unmittelbare Eingreifen Schlimmeres verhindern.
Das Haus kann weiterhin bewohnt werden.

1 Lest den Zeitungsbericht. Tragt zusammen, welche W-Fragen der Text beantwortet.

2 Erklärt, warum in den Zeilen 2–4 und 16–18 das Plusquamperfekt verwendet wird.

3 Gestaltet den Zeitungsbericht zu einer Reportage aus. Geht so vor:

a Schlüpft in die Rolle einer Reporterin oder eines Reporters, der bei diesem Brand vor Ort war.
- Notiert eure Eindrücke vor Ort. Was seht, hört, riecht ihr? Zum Beispiel: *beißender Brandgeruch, rabenschwarze Rauchwolken …*
- Beschreibt die Hündin Connie, die die Familie gerettet hat, z. B.: *ein mutiger Hund.*
- Erfindet Zitate von Personen, die am Ort des Geschehens sind. Was könnten z. B. die Familie, die Feuerwehrleute, die Nachbarn sagen? Beispiele:
  - ***Vater:*** *Connie ist ein echter Familienhund. Man kann sich wirklich auf sie verlassen …*
  - ***Tochter:*** *Connie gab mir Mut …*
  - ***Feuerwehrmann:*** *Wir wurden gegen 5:30 Uhr von Nachbarn alarmiert. Als wir eintrafen, …*
  - ***Nachbarin:*** *Ich bin gleich aufgestanden, als ich das Hundegebell hörte …*

b Ordnet die Informationen für eure Reportage. Dazu gehören die sachlichen Informationen (Beantwortung der W-Fragen) und eure Eindrücke und Zitate, die ihr „vor Ort" gesammelt habt.

Einleitung:	Neugier wecken durch die Beschreibung der Situation vor Ort, z. B.: *Noch immer steigen einzelne Rauchschwaden …* *Die Luft riecht nach …*
Hauptteil:	Darstellung des Geschehens aus eurer Sicht (Informationen zum Verlauf des Brandes, persönliche Eindrücke, Beschreibungen, Zitate der Betroffenen)
Schluss:	Darstellung der eigenen Meinung, z. B.: *Nicht jeder hat einen so schlauen Hund wie Connie.*

c Schreibt eure Reportage. Schreibt anschaulich und lasst den Leser „live" am Geschehen teilhaben. Verwendet als Zeitform das Präsens.

Fordern und fördern – Einen Bericht schreiben

Spürnase im Schnee

Afra hört nicht auf zu graben. Mit ihren Vorderpfoten wirft die Schäferhündin Berge von Schnee hinter sich. Das Loch wird tiefer und tiefer. Die Männer der Bergrettung von St. Johann wundern sich. Längst ist der Lawinenverschüttete geborgen. Und er lebt. Aber Afra gräbt weiter, steckt den Kopf tief ins Schneeloch, bellt laut.

Thomas Jüngerich, ihr Hundeführer, beugt sich hinunter. Tief vergraben im Schnee ist der Griff eines Skistocks erkennbar. Der Stock gehört dem Mann, den sie gerade gerettet haben. Erst als auch dieser Stock aus dem Schnee geborgen ist und Thomas Jüngerich den Hund lobt, setzt sich Afra hechelnd in den Schnee. „Ganz wichtig ist es dann, den Hund zu loben“, sagt Jüngerich. „Er wartet auf diese Belohnung. Sonst könnte er die Lust verlieren.“

„Ein Verschütteter bei einem Lawinenabgang“, lautet die Durchsage, als der Notarzthubschrauber „C1“ mit dem Hundeführer Thomas Jüngerich am Mittwochmittag zum Rückflug nach St. Johann aufbricht. „Wir waren schon in der Luft, als der Alarm bei uns einging. Daher waren wir natürlich in kürzester Zeit am Unfallort“, erklärt Jüngerich.

Die etwa 50 Meter breite und 150 Meter lange Schneelawine war unterhalb des Gipfels des Großglockners abgegangen und begrub den Mann. Nun war die Lawinenhündin Afra gefragt: „Sie hat sofort angeschlagen und wie wild zu graben begonnen. Ich habe an der betreffenden Stelle die Sonde eingesetzt und bin sofort auf den Mann gestoßen. Er war schon blau im Gesicht, aber ansprechbar“, schildert Thomas Jüngerich. „Zehn Minuten später hätte es schlimm ausgeschaut“, sagt er leise.

„Der 43-jährige Bergsteiger aus Salzburg hat beim Abstieg vom Großglockner eine gefährliche Abkürzung genommen“, glaubt der Hundeführer, der das Lawinenopfer drei Tage später zusammen mit Afra besucht. „Es geht ihm gut. Er hatte viel Glück.“

1 a Erklärt, worum es in diesem Text geht.
b Findet Gründe, warum der Hund weitergräbt, obwohl das Lawinenopfer schon geborgen ist.

2 Tragt zusammen, an welchen Merkmalen ihr erkennt, dass es sich hier um eine Reportage handelt (▶ Merkmale einer Reportage auf S. 67).

3 Begründet, warum die Aussage von Herrn Jüngerich in den Zeilen 38–43 in einen Bericht für die Polizei aufgenommen werden sollte.

●●● 4 Formt die Reportage „Spürnase im Schnee“ in einen sachlichen Bericht für die Zeitung um. Die wichtige Aussage von Herrn Jüngerich in den Zeilen 38–43 (wörtliche Rede) gebt ihr in indirekter Rede wieder. Der Merkkasten auf Seite 70 hilft euch dabei.
▷ Hilfen zu dieser Aufgabe findet ihr auf Seite 70.

Aufgabe 4 mit Hilfen

Formt die Reportage „Spürnase im Schnee“ in einen sachlichen Bericht um. Geht so vor:

a Schreibt aus dem Text nur die Informationen heraus, die auf die W-Fragen antworten. Legt dazu eine Tabelle mit W-Fragen an.

W-Fragen	Informationen
Was ist passiert?	*Hündin rettet Lawinenopfer*
Wann?	*am Mittwochmittag*
Wo?	*am Großglockner*
Wer?	– ...
Wie und warum?	– *beim Abstieg vom Großglockner nahm der Bergsteiger eine gefährliche Abkürzung* – *Schneelawine unterhalb des Gipfels löste sich und begrub den Mann* – *Notarzthubschrauber „C1“ war auf dem Rückflug, als Notruf einging* – *Retter waren schnell zur Stelle*
Welche Folgen?	– ...

b In eurem Bericht dürft ihr keine wörtliche Rede verwenden. Formt deshalb die wichtige Aussage von Herrn Jüngerich (Z. 38–43) in die indirekte Rede um, z. B.:
Der Hundeführer geht davon aus, dass der ... genommen habe.

c Schreibt euren Bericht. Verwendet das Präteritum. Ihr könnt so beginnen:
Am Mittwochnachmittag wurde ein Lawinenopfer am Großglockner von einer Hündin gerettet. Der Bergsteiger hatte beim Abstieg vom ...

d Findet eine knappe, informative Überschrift für euren Bericht.

Information **Der Konjunktiv in der indirekten Rede**

Wenn man wiedergeben möchte, was jemand gesagt hat, verwendet man die indirekte Rede. Das Verb steht im Konjunktiv I, z. B.:

- *Anja sagt: „Ich **muss** mit meinem Hund täglich trainieren.“ (wörtliche Rede im Indikativ)*
- *Anja sagte, sie **müsse** mit ihrem Hund täglich trainieren. (indirekte Rede im Konjunktiv I)*

Bildung des Konjunktivs

Der Konjunktiv wird durch den Stamm des Verbs (Infinitiv ohne -en) und die entsprechende Personalendung gebildet, z. B.:

Indikativ Präsens	Konjunktiv I
ich komm-e	ich komm-e
du komm-st	du komm-est
er/sie/es komm-t	er/sie/es komm-e
wir komm-en	wir komm-en
ihr komm-t	ihr komm-et
sie komm-en	sie komm-en

3.3 Fit in ... – Berichten

Die Aufgabenstellung richtig verstehen

Stellt euch vor, ihr bekommt in der nächsten Klassenarbeit folgende Aufgabenstellung:

Schreibe zu dem Unfall einen sachlichen Bericht für die Unfallversicherung. Notiere mit Hilfe der folgenden Bilder und Zeugenaussagen alle Informationen, die für einen Bericht wichtig sind. Gib deinem Bericht eine treffende Überschrift.

Mainz, 28. September 2012, Hannah-Arendt-Gymnasium
Sportunterricht in der 5./6. Stunde, Klasse 6 a

1 Lest euch die Aufgabenstellung auf Seite 71 sorgfältig durch. Macht euch klar, was von euch verlangt wird. Schreibt die zutreffenden Aussagen in euer Heft.

A Ich soll meine Meinung zum Fußballspiel begründen.
B Ich soll knapp und genau über das Ereignis informieren.
C Ich soll das Ereignis so anschaulich wie möglich beschreiben.
D Ich soll die W-Fragen beantworten.
E Ich soll sachlich und nüchtern schreiben.

Informationen sammeln und einen Schreibplan erstellen

2 Haltet die wichtigsten Informationen zum Unfall in einem Schreibplan fest.

Überschrift: ...

1) Einleitung (Wer? Wo? Was? Wann?):
– ...
2) Hauptteil (Wie ereignete sich der Unfall? Warum?):
– ...
3) Schluss (Welche Folgen?):

Den Bericht schreiben und überarbeiten

3 Schreibt nun für die Unfallversicherung einen Bericht.
a Formuliert einen Einleitungssatz, der schon die wichtigsten Informationen enthält.
b Stellt im Hauptteil das Geschehen in der richtigen zeitlichen Reihenfolge dar.
– Macht die Reihenfolge der Ereignisse deutlich, z. B.: *Zuerst ... Dann ... Kurze Zeit später ...*
– Verdeutlicht die Zusammenhänge durch Konjunktionen, z. B.: *Als ... Weil ...*
c Schreibt einen Schlusssatz, der über die Folgen des Unfalls informiert.
d Findet eine knappe, treffende Überschrift für den Bericht.

4 Überarbeitet euren Bericht mit Hilfe der folgenden Checkliste:

Checkliste

Einen Bericht schreiben
- Beantwortet der Bericht alle W-Fragen?
- Ist das Geschehen in der zeitlich richtigen Reihenfolge wiedergegeben?
- Beinhaltet der Bericht nur das Wesentliche und ist er ohne Nachfrage verständlich?
- Ist der Bericht sachlich formuliert?
- Wurde als Zeitform das Präteritum verwendet, und wenn Ereignisse vorher stattgefunden haben, das Plusquamperfekt?
- Sind die Rechtschreibung und die Zeichensetzung korrekt?

4 In Bewegung – Beschreiben

1 a Betrachtet das Foto. Was haltet ihr vom Skateboardfahren? Begründet eure Meinung.
b Beschreibt das Skateboard auf dem Foto.

2 Beschreibt Gegenstände oder Bewegungsabläufe, die für eine andere Sportart wichtig sind. Wer kann die Sportart erraten?

3 a Überlegt, wo Beschreibungen und Anleitungen in eurem Alltag eine Rolle spielen.
b Tragt zusammen, worauf ihr beim Beschreiben eines Gegenstandes oder eines Ablaufs besonders achten müsst.

In diesem Kapitel ...

- beschreibt ihr Gegenstände und Abläufe genau und verständlich,
- lest und untersucht ihr Personenbeschreibungen in literarischen Texten,
- übt ihr, Personen zu beschreiben,
- lernt ihr die Funktion des Passivs beim Beschreiben kennen.

4.1 Auf Touren kommen – Gegenstände und Vorgänge beschreiben

Gegenstände beschreiben – Ober- und Unterbegriffe unterscheiden

1 Wählt einen der abgebildeten Schuhe aus und beschreibt ihn so, dass eure Mitschülerinnen und Mitschüler ihn erkennen können. Berücksichtigt hierbei vor allem
- die Art des Schuhs (z. B. Sportschuh, Hausschuh usw.),
- das Material (Leder, Gummi),
- die Form/Höhe (spitz, breit, flach, hoch),
- die Farbe.

2 Gegenstände kann man nach ihren Merkmalen ordnen und voneinander unterscheiden.
a Erklärt, nach welcher Ordnung ihr in einem Geschäft die Schuhe oben aufstellen würdet.
b Sucht in Partnerarbeit Schuhe heraus, die gemeinsame Merkmale haben. Findet dann für jede Gruppe von Schuhen einen treffenden Oberbegriff. Nehmt hierzu die Informationen aus dem folgenden Merkkasten zu Hilfe.

Information **Ober- und Unterbegriffe unterscheiden**

Ein **Oberbegriff** fasst mehrere Gegenstände oder Eigenschaften zusammen, die gemeinsame Merkmale haben, z. B.:
Oberbegriff: *Stiefel*
Unterbegriffe: *Gummistiefel, Bikerstiefel, Reitstiefel ...*
Um die Art des Gegenstandes bei einer Beschreibung treffend zu benennen, sucht man einen passenden Unterbegriff, z. B.: *Schlittschuh* (statt *Schuh*), *Rennrad* (statt *Rad*).

Sneakers verloren – Die Merkmale eines Gegenstandes beschreiben

Stellt euch vor, ihr habt die hier abgebildeten Sneakers in der Turnhalle vergessen. Weil sie am nächsten Tag verschwunden sind, verfasst ihr eine Suchanzeige, die ihr in der Schule aushängen könnt.

Fachbegriffe:
Sohle/Sohlenrand • Vorderkappe • Schnüröse • Schnürsenkel • Nähte • Obermaterial: Leinenstoff • Schafthöhe

1 Wenn man einen Gegenstand beschreibt, muss man die einzelnen Teile genau benennen. Hierfür verwendet man oft Fachbegriffe.
Erklärt, welche Teile der Sneakers mit den oben stehenden Fachbegriffen bezeichnet werden.

2 Überlegt in Partnerarbeit, wie ihr die Sneakers möglichst genau beschreiben könnt.
- **a** Übertragt die Tabelle in euer Heft und sammelt in der linken Spalte weitere Merkmale der Sneakers.
- **b** Macht dann genaue Angaben zu den Merkmalen, z. B. durch treffende Adjektive, wie *dünn, breit, schneeweiß, knöchelhoch*.

Merkmale	Angaben zur Beschreibung
Schafthöhe	*knöchelhoch*
Obermaterial	...
...	...

3 Wenn man die Einzelheiten eines Gegenstandes beschreibt, sollte man dies in einer sinnvollen Reihenfolge tun, z. B. von oben nach unten, von links nach rechts, von außen nach innen.
- **a** Erläutert, in welcher Reihenfolge ihr die Sneakers beschreiben würdet.
- **b** Begründet, welche Merkmale ihr gleich zu Beginn nennen würdet, welche später.

4 In der folgenden Beschreibung ist die Reihenfolge nicht sinnvoll. Außerdem werden immer wieder die Wörter „ist", „sind", „hat" und „haben" verwendet. Überarbeitet die Beschreibung in Partnerarbeit.

Treffende Verben
tragen • sich befinden • besitzen • sich handeln um • verfügen über • aufweisen • verziert sein • durch ... gekennzeichnet sein • bestehen aus • um ... verlaufen • umschließen

VORSICHT FEHLER!

Um die silberfarbenen Ösen herum ist eine weiße Naht. Ebenso sind die Schnürsenkel weiß. Das Obermaterial ist aus einem dunkelblauen Leinenstoff. Der Sohlenrand hat zwei dunkelblaue Linien. Eine ist am oberen Sohlenrand und verläuft rund um den Schuh. Die andere Linie ist in der Mitte des Sohlenrands und spart die beiden Vorderkappen aus. Der Sohlenrand und die Vorderkappen der Sneakers sind aus schneeweißem Gummi. Die Sneakers sind dunkelblau und der Schaft geht bis zum Fußknöchel.

5 Verfasst eine genaue Beschreibung der Sneakers, die man als Suchmeldung aushängen könnte. Geht so vor:

a Formuliert eine Überschrift und einen Einleitungssatz, in dem ihr über den Anlass der Suchmeldung informiert, z. B.: *Gestern sind meine Sneakers in der Turnhalle ...*

b Beschreibt die Sneakers genau und anschaulich. Achtet auf eine sinnvolle Reihenfolge. Die Informationen im Merkkasten helfen euch dabei.

c Bittet am Schluss den Finder, sich unter einer Telefonnummer oder bei der Hausmeisterin/dem Hausmeister zu melden.

Information **Einen Gegenstand beschreiben (z. B. Suchmeldung)**

Bei einer Gegenstandsbeschreibung wird der Gegenstand (z. B. ein Fahrrad, eine Tasche, eine Jacke) so genau beschrieben, dass sich andere diesen genau vorstellen können.

Aufbau:
- **Einleitung:** In der Einleitung nennt ihr den Anlass der Beschreibung (z. B. Verlustanzeige, Verkaufsanzeige, Vorstellung eines neuen Gegenstandes, z. B. eines neuen Sportgeräts).
- **Hauptteil:** Hier beschreibt ihr den Gegenstand genau. Achtet dabei auf eine Ordnung:
  - Benennt zuerst den Gegenstand (Name/Art des Gegenstandes) und beschreibt den Gesamteindruck, z. B.: *ein Paar dunkelblaue Sneakers.*
  - Beschreibt dann die einzelnen Merkmale des Gegenstandes (z. B. Material, Form, Farbe, besondere Kennzeichen) in einer sinnvollen Reihenfolge, z. B. von oben nach unten, von links nach rechts.
- **Schluss:** Je nach Anlass der Beschreibung formuliert ihr zum Schluss eine Bitte, sich zu melden, wenn der Gegenstand gefunden wird (z. B. bei einer Suchanzeige), oder ihr gebt weiterführende Informationen, z. B. zur Funktion des Gegenstandes.

Sprachliche Mittel:
- Verwendet **passende Adjektive,** mit denen ihr den Gegenstand anschaulich und genau beschreiben könnt, z. B.: *dünn, lang, schmal, schneeweiß, feuerrot.*
- Verwendet an Stelle der Wörter „ist", „sind", „hat" und „haben" **treffende Verben,** z. B.: *besitzen, sich befinden, aufweisen.*
- Formuliert eure Beschreibung im **Präsens** (Gegenwartsform).

Intelligente Kleidung – Die Funktionen eines Gegenstandes erklären

Intelligente Kleidung

von Mascha Jacoby

Jacken, aus denen Musik tönt, T-Shirts, die einheizen, Sonnenbrillen zum Telefonieren – mit intelligenter Kleidung bringen Forscher Textilien und Elektronik zusammen. Jetzt kommen die ersten Produkte in die Läden.

Viele Geschäfte bieten neuerdings Kleidung an, bei der Mikrofone, Solarzellen, Lautsprecher, Tastaturen und Sensoren eingebaut sind. Damit kann man dann zum Beispiel telefonieren oder Musik hören, ohne das Handy oder den MP3-Player aus der Tasche nehmen zu müssen.

Auf den Markt gebracht haben das Hersteller von Sportartikeln. Sie weben etwa eine Fernsteuerung in den Jackenärmel: Anrufe annehmen, Lautstärke regeln oder Songs auswählen geht dann per Knopfdruck direkt auf dem Stoff. Telefonieren kann man über Mikrofone, Lautsprecher oder Kopfhörer, die im Kragen stecken. Eine zentrale Steuereinheit in der Jacke verbindet alle Komponenten miteinander.

Weil Akkus und Chips immer kleiner und robuster werden, ist die intelligente Kleidung trotzdem durchweg angenehm zu tragen: Sie wiegt nicht viel, ist einfach zu bedienen, von guter Qualität und meist auch waschmaschinenfest.

Selbst beheizbare Kleidung gibt es inzwischen zu kaufen: Beim „WarmX“-Shirt wärmen eingewobene Silberfäden Bauch und Rücken. Für die Stromzufuhr sorgt ein Akku, den man an das Shirt knöpft.

Das Bundesministerium für Bildung und Forschung unterstützt den Trend zur elektronischen Kleidung: Denn intelligente Kleidung kann viel mehr sein als nur technische Spielerei. Wissenschaftler am Fraunhofer-Institut arbeiten beispielsweise an einem T-Shirt, das Herzschlag und Blutdruck von Kranken misst und im Notfall automatisch den Arzt alarmiert.

Retter in der Not könnte auch eine schlaue Schutzkleidung für Feuerwehrleute sein: ein Schutzoverall mit einer Sensorik, die Körpertemperatur und Herzfrequenz misst. Wenn es zu heiß wird, warnt die Kleidung den Feuerwehrmann und schickt per Funk die Messdaten aus dem brennenden Gebäude direkt an den Einsatztrupp.

1 a Lest den Text. Erklärt, worum es in dem Text geht.

b Klärt Wörter, z. B. Fachbegriffe, die euch unbekannt sind.

c Fasst die wichtigsten Informationen zusammen. Erläutert dabei, was intelligente Kleidung ist und für welche Personen bzw. in welchen Situationen sie hilfreich sein kann.

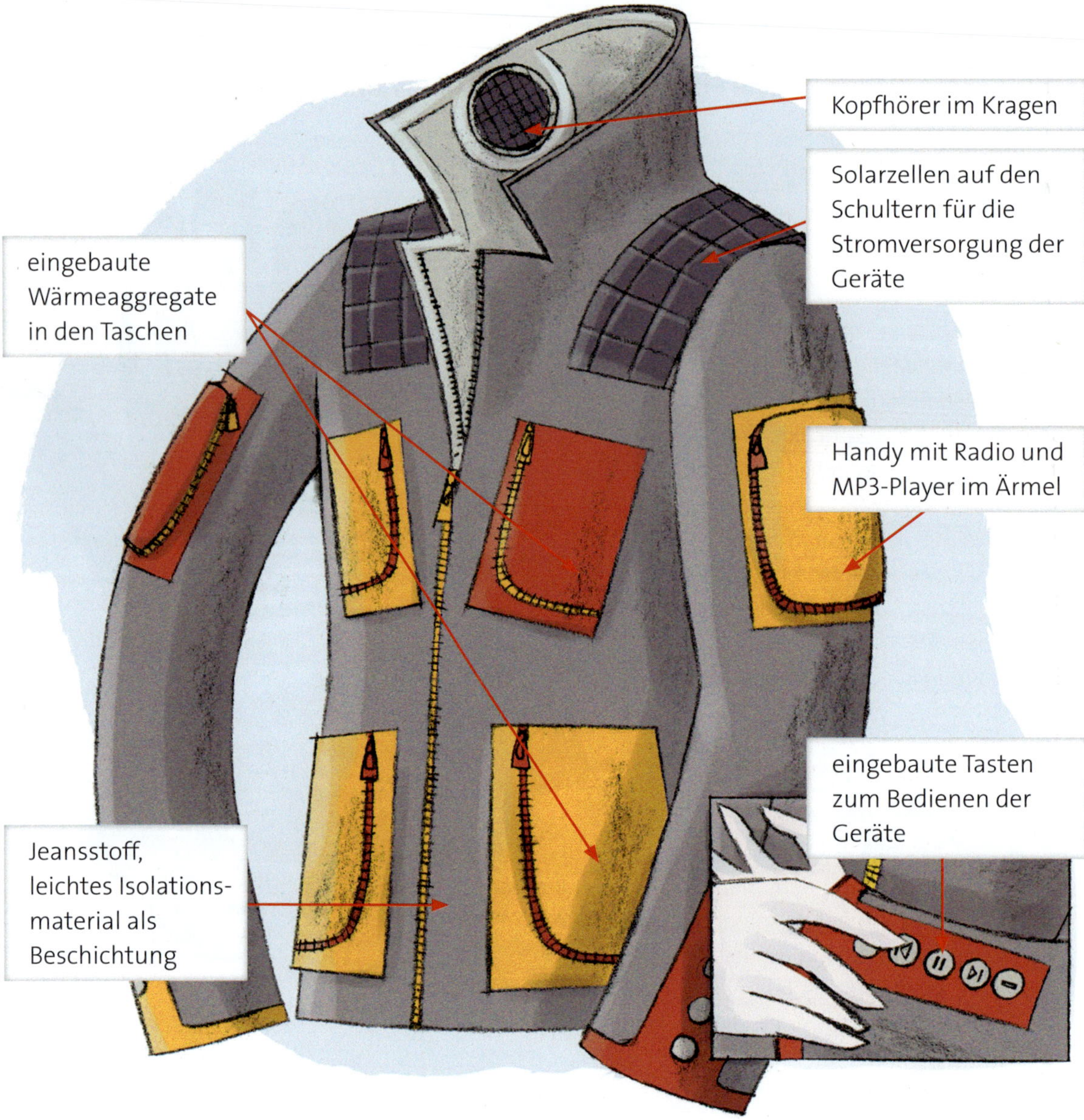

1 a Die abgebildete Jacke ist „intelligent". Beschreibt die Merkmale dieser Jacke möglichst genau.
b Diskutiert, ob ihr eine solche Jacke sinnvoll findet. Begründet eure Meinung.

2 Die Jacke beinhaltet verschiedene elektronische Geräte und besondere Materialien, die mit Fachbegriffen bezeichnet werden. Erklärt in Partnerarbeit, welche Funktionen die unten angeführten Bestandteile haben.
Formuliert ganze Sätze und nutzt die Konjunktionen im Wortspeicher. Achtet auf die Kommasetzung, z. B.: *Damit alle elektronischen Geräte in der Jacke mit Energie versorgt werden, befinden sich auf den Schultern Solarzellen.*

Solarzellen • Tasten • Wärmeaggregate • Handy mit Radio und MP3-Player • Kopfhörer • leichtes Isolationsmaterial als äußere Jackenbeschichtung

Konjunktionen
damit • um • weil • und • sowie • sodass • da

3 Legt euch einen Schreibplan an, in dem ihr die Merkmale der Jacke auflistet und hierzu genaue Angaben macht, z. B.:

Merkmale	Angaben
Material	...
Farbe	...
...	...

4 Beschreibt die Jacke von Seite 78 für die Schülerzeitung. Geht so vor:

a Informiert in der Einleitung knapp darüber, was intelligente Kleidung ist und welches Kleidungsstück ihr beschreiben wollt, z. B.:
Mit „intelligenter Kleidung" bezeichnet man Kleidungsstücke, die ...
In diese Kleidung können zum Beispiel ein Handy oder ... eingearbeitet sein.
Es gibt sogar intelligente Kleidungsstücke mit Geräten, die den Herzschlag ...
In diesem Beitrag will ich eine intelligente Jacke ...

b Beschreibt die Jacke in einer sinnvollen Reihenfolge:
- Macht erst allgemeine Angaben zu Form, Farbe und Material.
- Informiert dann über die Einzelheiten, indem ihr die Besonderheiten wie Taschen, Position und Funktion der eingebauten elektronischen Geräte in einer bestimmten Reihenfolge beschreibt.

Die Jacke ist eng geschnitten und besteht hauptsächlich aus ... Der eng anliegende Kragen ist hochgestellt. Im Kragen der Jacke befindet sich ..., damit ...

Präpositionen für die Beschreibung der Position
unterhalb • unter • oberhalb • oben • neben • vor • seitlich • nahe • in • auf

c Formuliert einen Schlusssatz, in dem ihr z. B. die Jacke bewertet oder einen weiterführenden Gedanken zum Thema „intelligente Kleidung" äußert.

5 Entwickelt in Partnerarbeit selbst Ideen für ein intelligentes Kleidungsstück und beschreibt es genau. Geht so vor:

a Wählt zunächst ein Kleidungsstück aus (z. B. Schuh, Hose, Handschuh, Mütze, T-Shirt). Überlegt, welche Funktionen das Kleidungsstück haben könnte.

b Legt dann fest, wie diese Funktionen in eurem Kleidungsstück umgesetzt werden könnten. Zeichnet hierzu eine Skizze von eurem Kleidungsstück.

c Beschreibt das Kleidungsstück genau und anschaulich, z. B. für einen Werbeprospekt.

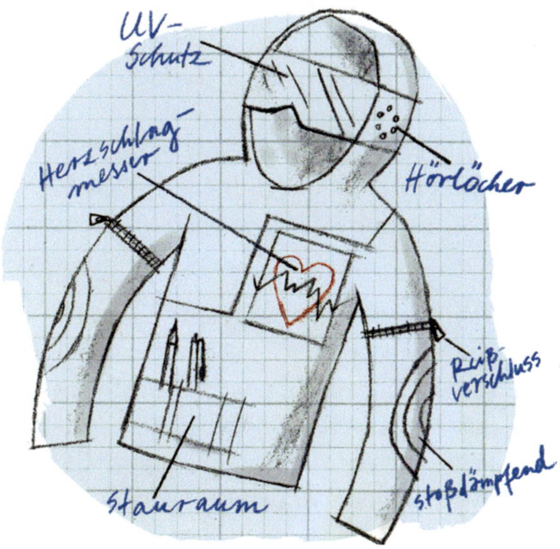

Salto vorwärts – Einen Vorgang beschreiben

1 Stellt Vermutungen an, warum einige Fußballspielerinnen und Fußballspieler während eines Spiels einen Salto schlagen.

2 Habt ihr selbst schon einmal einen Salto gemacht, z. B. auf einem Trampolin? Beschreibt möglichst genau, wie man dabei vorgeht und worauf man besonders achten muss.

3 Auf der folgenden Zeichnung ist die Körperbewegung bei einem Salto vorwärts dargestellt.

a Der Ablauf des Saltos ist hier nach dem Anlauf in drei Phasen unterteilt. Gebt jeder Phase eine treffende Überschrift. Lasst unter jeder Überschrift circa fünf Zeilen frei, z. B.:
- *1. Phase: ...*
- *2. Phase: Drehbewegung in der Luft*
- *3. Phase: ...*

b Beschreibt die Arm-, Bein- und Körperhaltung in den drei Phasen möglichst genau. Arbeitet zu zweit und ordnet die folgenden Bewegungsabläufe den einzelnen Phasen zu. Notiert sie unter der jeweiligen Überschrift (Aufgabe 3 a).

beim Absprung Arme gerade nach oben strecken • Arme an die Schienbeine legen • Beine wieder gerade nach unten strecken • gestreckter, gerader Körper • Arme wieder gerade nach oben strecken • Körper streckt sich wieder in die Länge • Beine anwinkeln und an den Körper ziehen • gekrümmte, stark gebeugte Haltung • Beine nach dem Absprung gerade nach unten strecken • Arme, Oberkörper und Beine bilden eine fast senkrechte Linie

4 Erstellt mit Hilfe eurer Stoffsammlung aus Aufgabe 3 einen Schreibplan für die Beschreibung eines Saltos vorwärts. Orientiert euch an dem nebenstehenden Muster.

5 Verfasst für die Sportseite eines Schülermagazins eine Anleitung für den Salto vorwärts. Geht so vor:

a Formuliert eine treffende Überschrift.

b Schreibt einen Einleitungssatz, z. B.:
Bevor man einen Salto macht, sollte ...

c Stellt im Hauptteil zuerst die drei Phasen eines Saltos vor und beschreibt dann die Arm-, Bein- und Körperbewegungen. Macht die Abfolge der Bewegungen deutlich, z. B.:
Den Ablauf eines Saltos kann man in drei Phasen einteilen: den Absprung, die ...
Beim Absprung springt man senkrecht nach oben. Im gleichen Moment werden die Arme gerade nach oben und die Beine ... Arme, Oberkörper und Beine bilden in dieser Phase eine senkrechte Linie.

d Formuliert einen Schlusssatz, in dem ihr z. B. einen Tipp oder Hinweis gebt.

Überschrift (Was wird beschrieben?):
- ...

*1) **Einleitung** (Vorbereitungen, Material):*
- Aufwärmen, um die Verletzungsgefahr zu verringern

*2) **Hauptteil** (Schritte des Vorgangs):*
- 1. Phase Absprung: ...
- 2. Phase ...

*3) **Schluss** (Tipp, Ergebnis):*
- Üben notwendig, um in einer aufrechten Körperhaltung zu landen

Macht die Abfolge deutlich, z. B.:
bevor • dann • danach • anschließend • zum Schluss • während • währenddessen • nachdem • im gleichen Moment

6 Überarbeitet eure Beschreibungen mit Hilfe der Informationen im Merkkasten.

Information | **Einen Vorgang beschreiben**

In einer Vorgangsbeschreibung beschreibt ihr einen Vorgang (z. B. einen Salto machen, ein Spiel oder einen Versuch durchführen) so genau, dass andere ihn leicht verstehen und selbst ausführen können.

Aufbau:
- Formuliert eine treffende **Überschrift,** die sagt, was beschrieben wird, z. B.: *Einen Salto vorwärts ausführen.*
- Nennt in der **Einleitung** die notwendigen **Materialien** und/oder **Vorbereitungen,** z. B.: *eine Turnmatte, ein Trampolin, eine Aufwärmphase für den Körper einplanen.*
- Beschreibt im **Hauptteil Schritt für Schritt den Ablauf des Vorgangs,** z. B.: *Beim Absprung springt man ... Im gleichen Moment ... Danach ...*
- Zum **Schluss** könnt ihr einen weiterführenden **Tipp** oder einen **Hinweis** geben.

Sprachliche Mittel:
- Beschreibt die einzelnen Arbeitsschritte **genau und verständlich.**
- Verwendet nur **eine Form der Ansprache:** *Man springt ...* oder *Du springst ...*
- Wählt passende Wörter, die die **Reihenfolge** der einzelnen Schritte **deutlich machen,** z. B.: *zuerst, dann, danach, zum Schluss ...*
- Schreibt im **Präsens** (Gegenwartsform).

Ein Mannschaftsspiel beschreiben – Aktiv und Passiv verwenden

A
- Jede Mannschaft wählt ihren König. In die Innenfelder stellt man die Mannschaften, in die Außenfelder die gegnerischen Könige.
- Die Spieler sollen die gegnerische Mannschaft mit dem Ball treffen.
- Wirft ein Spieler im Außenfeld einen gegnerischen Spieler ab, lässt man ihn wieder in das Spielfeld zurück.

B
- Die Spieler werden in zwei gleich große Mannschaften geteilt.
- Wenn ein Spieler von einem gegnerischen Ball getroffen wird, wird er zu seinem König in das Außenfeld geschickt.
- Personen im Außenfeld können nicht abgeworfen werden.

1 a Lest die beiden Auszüge aus Spielanleitungen. Erklärt, um welches Mannschaftsspiel es sich hier handelt.
b Kennt ihr weitere Regeln zu diesem Spiel? Formuliert sie mündlich in ganzen Sätzen.

2 a Untersucht die beiden Texte: In welchen Sätzen wird hervorgehoben, wer etwas tut? In welchen Sätzen wird betont, was geschieht? Nennt Beispiele.
b Untersucht die Verbformen in Text B. Schreibt hierzu die Sätze ab und unterstreicht die Prädikate rot.
c Erklärt, wie das Passiv gebildet wird.

3 Wandelt die Sätze, die im Aktiv stehen, ins Passiv um. Nehmt hierzu den Merkkasten zu Hilfe.

Information **Aktiv und Passiv der Verben**

Das Aktiv und das Passiv sind zwei Verbformen, die man bei der Darstellung von Handlungen und Vorgängen unterscheidet. Man kann aus zwei Perspektiven schauen:

Aktiv: Der Handelnde (Handlungsträger) wird betont, z. B.:
Die Mannschaft wählt den König.

Passiv: Die Handlung/der Vorgang wird betont, z. B.:
Der König wird (von der Mannschaft) gewählt.

- Im **Aktiv** ist wichtig, **wer** handelt/etwas tut. Im **Passiv** wird betont, **was** geschieht.
- Im Passivsatz kann der Handelnde ergänzt werden (z. B. *von der Mannschaft*).
- Das Passiv wird meist mit einer Form von **werden** und dem **Partizip Perfekt des Verbs** (► S. 331) gebildet, z. B.: *wird gewählt, werden aufgeteilt.*
- Das **Objekt** im Aktivsatz wird im Passivsatz zum **Subjekt,** z. B.:

Aktiv: *Der Spieler fängt den Ball.* (den Ball: Akkusativobjekt)
Passiv: *Der Ball wird (vom Spieler) gefangen.* (Der Ball: Subjekt)

Völkerball (Kurzanleitung)

– abgeworfene Spieler gehen zu ihrem König ins Außenfeld
– um die Innenfelder herum Außenfelder
– ein weicher Ball, z. B. Softball
– zwei gleich große Mannschaften
– wirft ein Außenspieler einen gegnerischen Spieler ab, darf er ins Spielfeld zurück
– die Mannschaften stehen sich im Innenfeld gegenüber
– der König stellt sich hinter die Grundlinie des gegnerischen Innenfelds (eigenes Außenfeld)
– die Spieler der gegnerischen Mannschaft mit dem Ball abwerfen, bis deren Feld leer ist
– der König hat kein Abwurfrecht
– jede Mannschaft wählt einen König
– der König hat drei „Leben"
– das Spielfeld in zwei gleich große Felder (Innenfelder) teilen
– wenn der König dreimal getroffen wird, hat seine Mannschaft verloren
– wenn alle Spieler einer Mannschaft abgeworfen sind, wechselt der König ins Spielfeld
– mit Kreide oder Hütchen die Spielfelder kenntlich machen (falls kein Spielfeld vorhanden)
– gelingt es einem Spieler, den Ball zu fangen, ist der Treffer ungültig

4 a Lest die Kurzanleitung zum Völkerballspiel.
b Macht euch die Regeln des Spiels klar, indem ihr sie eurer Banknachbarin oder eurem Banknachbarn erklärt.
c Ordnet die Stichworte der Kurzanleitung in einem Schreibplan.

Überschrift (Name des Spiels)

1) Einleitung (Material, Vorbereitung)
2) Hauptteil (Spielablauf und Regeln)
3) Schluss (Spielende)

5 a Schreibt eine Anleitung für das Spiel „Völkerball". Verwendet dabei Sätze im Aktiv und im Passiv. Damit gestaltet ihr eure Beschreibung abwechslungsreicher.
Für das Mannschaftsspiel Völkerball benötigt man ...
Zuerst werden zwei gleich große Mannschaften gebildet. Danach wählt jede Mannschaft ihren König.

b Überarbeitet eure Anleitung in Partnerarbeit:
– Ist die Anleitung klar und verständlich formuliert?
– Wird der Ablauf des Spiels deutlich *(zuerst, dann ...)*?
– Sind die Verben abwechslungsreich, z. B.: *treffen, abwerfen, vom Ball getroffen (werden)*?
– Wechseln Aktiv- und Passivformulierungen, z. B.: *Man stellt ...; Es wird gestellt ...*?

Testet euch!

Einen Vorgang beschreiben

VORSICHT FEHLER!

Waveboardfahren macht Spaß

Dein Führungsfuß steht auf der vorderen Plattform des Waveboards. Davor musst du natürlich erst herausfinden, welcher dein führender Fuß ist. Meist ist dies der Fuß des Sprungbeins oder der Fuß, mit dem du einen Fußball abfeuerst.

Für die ersten Fahrversuche wird das Waveboard am besten auf eine gerade oder leicht abschüssige Bahn gestellt. Das Waveboard muss man natürlich waagerecht zum Boden hinstellen. Du stellst den führenden Fuß in die Mitte der vorderen Plattform. Zu dieser Zeit steht natürlich der hintere Fuß noch auf dem Boden. Man stößt sich mit dem hinteren Fuß heftig ab und tut sofort den hinteren Fuß in die Mitte der hinteren Plattform. Du machst dein Gewicht auf den vorderen Fuß. Jetzt, wo du dich abgestoßen hast, schaust du geradeaus, niemals nach unten! Du machst deinen Körper gerade und beugst die Knie. Jetzt stehst du auf dem Waveboard. Aber nach dem Abstoßen geht es erst richtig los. Du musst die Schultern und die Hüften nach hinten und vorne drehen. Der hintere Fuß wippt genau in diesem Moment gleichzeitig zur Schulterbewegung auf Zehen und Fersen hin und her. Das macht den Schwung zum Waveboardfahren.

Das Bremsen ist übrigens ganz easy: Gib gleichzeitig mit beiden Füßen Druck auf deine Zehen und steig ab. Das Board bremst durch die Reibung ab.

schießen • stellen • setzen • verlagern • Körper aufrichten • verhindern • behindern • hindern an • stören • in einer geraden, aufrechten Position halten • erzeugen • sorgen für • geben • kräftig • kraftvoll • einfach • leicht • nachdem • sofort • nach • dabei • währenddessen • dann • zuerst • danach • bevor

1 **a** In dieser Vorgangsbeschreibung ist einiges misslungen. Überarbeitet sie gemeinsam mit einer Partnerin oder einem Partner und schreibt eine verbesserte Fassung in euer Heft. Die Wörter und Wendungen im Kasten helfen euch dabei.
– Ist die Überschrift informativ?
– Sind die Schritte zum Waveboardfahren in der richtigen Reihenfolge beschrieben und wird der Ablauf klar (*zuerst, dann, nachdem, während ...*)?
– Sind die Verben, Adjektive oder andere Bezeichnungen treffend und verständlich?
– Wird eine Form der Ansprache verwendet, z. B.: *Du stellst ...* oder *Man stellt ...*?
– Werden in der Anleitung überflüssige oder unsachliche Formulierungen vermieden?

b Besprecht eure Vorgangsbeschreibungen in einer Schreibkonferenz (► S. 347).

4.2 „Sobald ich meine Augen schließe, sehe ich ihn genau vor mir“ – Personen beschreiben

Karen-Susan Fessel

Und wenn schon!

Manfred, der zwölfjährige Ich-Erzähler des folgenden Romanauszugs, wird in der Schule wegen seines Namens gehänselt und ist ein Außenseiter. Seine Familie lebt in ärmlichen Verhältnissen. Deshalb kann sich Manfred die meisten Dinge nicht leisten, die andere in seiner Klasse für selbstverständlich halten. Aber Manfred hat einen Freund. Dieser heißt Amal.

An der kleinen Brücke über den Nebenarm der Radde[1] halten wir kurz an und peilen die Lage. Vorne ist frei und die Holzbrücke weiter hinten ist leer. Wir gucken uns an.

„Auf geht's!“, brüllt Amal.

„Eins!“

„Zwei!“

„Und drei!“

Und schon rasen wir los, dicht nebeneinander, mit wehenden Haaren. Die Bäume und Büsche fliegen an uns vorbei und die Sonne brennt schräg auf uns runter. „Yeah! Yippieh!“ Hart trete ich in die Pedale. Ich spür jeden Huckel, jedes Steinchen unter meinen Rädern. Amal bleibt zurück, ein Stückchen erst, dann noch weiter. Ich hör sein Keuchen und das Krachen seiner Schaltung, als er zu mir aufzuschließen versucht. Ist sinnlos. Ich bin sowieso schneller.

Dann ist die Brücke vor mir und mit voller

1 die Radde: kleiner Fluss in Niedersachsen

Wucht geh ich in die Bremsen. Mein Hinterrad schleudert zur Seite und ich reiß die Kiste gerade noch so herum. Und dann donner ich auch schon über die Brücke. Das Holpern dröhnt irre laut in meinen Ohren und ich spür das Vibrieren der Planken durch die dünnen Sohlen meiner Turnschuhe hindurch. Ich leg den Kopf in den Nacken und heul in den Himmel hinein, der blau und klar über mir leuchtet.

Als ich mit einem Satz über die letzte Planke presche und schwungvoll zum Stehen komme, setzt Amal gerade über die Brücke. Schnaufend seh ich zu, wie er über die Holzplanken donnert, ein breites Grinsen im Gesicht. Dann bremst er direkt neben mir. Wir lachen uns an.

„Geil, Alter, wa?", sagt Amal. „Wolln wir noch mal? Ej, was ist denn das?"

Ich dreh mich um. Zwischen den Hagebuttenbüschen hindurch kommt ein dunkles Etwas auf uns zugerast, ein Hund, ein bisschen größer als eine Katze. „Donna!", ruft eine Mädchenstimme. „Komm zurück! Donna! Komm wieder her!"

Der Hund ist jetzt heran und springt an meinem Bein hoch, wie ein Flummi. Er ist noch jung, das seh ich sofort. Sein dunkles Pelzgesicht mit der feuchten Nase ist ganz rund und fröhlich und seine rosa Zunge leckt durch die Luft.

„Donna!" Die Mädchenstimme kommt näher.

Ich streichele dem Hund über den Kopf. Sein Fell ist flauschig und weich. Er leckt mir quer über die Handfläche. „Ej, das kitzelt!"

„Mann, ist der süß! Komm mal her, Kleiner!" Amal lässt sein Fahrrad fallen und geht in die Knie. Der Hund wirft sich vor ihm auf den Rücken.

„Guck mal, der Bauch ist ganz rosa!", ruft Amal und tätschelt den Hundebauch. Ich lass mein Rad ebenfalls hinfallen. Gemeinsam beugen wir uns über den zappelnden Hund, der sich wohlig unter unseren streichelnden Händen windet. Mit seinen hochgezogenen Lefzen sieht er fast aus, als ob er grinst.

„Wusst ich ja gar nicht, dass ihr Hunde so mögt."

Ich guck hoch. Vor uns steht Gesine. Sie hat eine Hundeleine in der Hand und ist ganz außer Atem.

„Ist das deiner?", fragt Amal. „Wie alt ist denn der?" Er klopft dem Hund leicht auf den rosa Bauch und lacht, als die flinke Hundezunge sofort wieder über seine Hand fährt.

„Sieben Monate und vier Tage genau. Donna heißt sie." Gesine guckt zufrieden zu, wie wir Donna streicheln. Aber mir ist das auf einmal ein bisschen peinlich. Ich bin froh, dass Amal mit dabei ist. Dem ist ja fast nie irgendwas peinlich.

„Was ist denn da drin?", fragt Amal und muss lachen, als Donna nach seinen Fingern schnappt.

„Die Mutter ist ein Labrador, aber was der Vater ist, wissen wir nicht", sagt Gesine. Sie lächelt, als Amal mit seinem wilden Lockenschopf durch das Hundegesicht fährt und dann den Kopf wegzieht. Plötzlich frag ich mich, ob sie Amal wohl auch so süß findet wie Maike und Sarah.

Beinahe automatisch zieh ich mir die Mütze tiefer ins Gesicht und steh auf. Der Hund springt ebenfalls auf. [...]

Gesine muss lächeln, als sie Donna von ihm wegzieht. „Also echt! Tschüs, ihr. Bis morgen!"

„Tschüs", murmele ich.

„Bringt Euren Hund mit, oh Herrin!", ruft Amal ihr hinterher. Dann guckt er mich an. „Ej, was ist denn mit dir los? Was guckst du so bedröppelt?"

„Guck ich gar nicht!" Ich tret spaßeshalber nach ihm und Amal hüpft geschickt zur Seite. „Komm, schlag mich!", ruft er ausgelassen. „Komm schon, Amigo!"

Ich spuck auf den Boden und dann stürz ich mich brüllend auf ihn. Aus dem Augenwinkel seh ich, wie Gesine sich noch mal zu uns umdreht und wieder den Kopf schüttelt. Die hält uns bestimmt für bescheuert. Na und? Ist mir doch egal!

Zu Hause geh ich als Erstes ins Bad und guck mich im Spiegel an. Viel kann ich da nicht sehen, der Spiegel ist fleckig und hat einen Sprung genau in der Mitte. Aber immerhin zeigt er mir das, was ich sowieso schon kenn: 'n langes Gesicht mit Segelohren und struppigem Haar obendrüber, das unregelmäßig vom Kopf absteht. Schief geschnitten wahrscheinlich, aber das ist mir egal. Ma[2] schneidet immer irgendwie schief. Meine Nase ist ganz okay, finde ich. Nicht zu groß, aber auch nicht so stupsig. Die Augen sind Durchschnitt, blau halt, stehen vielleicht bisschen eng zusammen, aber kann ich was dafür? Bin keine Schönheit, das ist mir klar. Macht nichts. Ich streck meinem Spiegelbild die Zunge raus, so weit, wie ich kann. Dann schlender ich in die Küche.

2 Ma: Abkürzung für Mutter

1 a Stellt Vermutungen darüber an, wieso Manfred, der Ich-Erzähler, und sein Freund Amal eine Fahrradwettfahrt veranstalten, und das offensichtlich nicht zum ersten Mal.
b Manfred und Amal sind gute Freunde. Woran lässt sich das erkennen? Sucht entsprechende Textstellen.

2 „Aber mir ist das auf einmal ein bisschen peinlich" (▸ S. 86, Z. 77–78), sagt Manfred. Erklärt, was er damit meint.

3 Der Text wird zum Teil in Umgangssprache erzählt. Nennt Beispiele aus dem Text und erläutert, wie dieser Sprachstil auf euch wirkt.

4 Macht euch ein genaues Bild von Manfred.
a Schreibt hierzu die Textstellen heraus, in denen ihr etwas über Manfred erfahrt, z. B. über sein Alter, seine Lebensumstände, seine Verhaltensweisen und Gefühle und sein Aussehen. Nutzt auch die einleitenden Informationen zum Text (▸ S. 85), z. B.:
- *zwölf Jahre alt, wird wegen seines Namens gehänselt*
- *lebt in ärmlichen Verhältnissen ...*

b Erstellt einen Steckbrief, in dem ihr alle Angaben zu Manfred ordnet.

5 Beschreibt Manfred nun in einem zusammenhängenden Text:
- Einleitung: allgemeine Angaben zur Person (z. B. Name, Alter, Lebensumstände)
- Hauptteil: genaue Beschreibung des Aussehens
- Schluss: Angabe, wie die Person auf euch wirkt, wie sie sich verhält oder sich selbst sieht

- Sucht **aussagekräftige Adjektive,** z. B. *schlank, oval, schmal.* Vermeidet persönliche Wertungen wie *schön, süß, lieb* oder *hässlich.*
- Verwendet **treffende Verben,** z. B. *tragen, aussehen, besitzen, aufweisen, auffallen.*

Name: Manfred
Alter: ...

Lebensumstände: lebt in ärmlichen Verhältnissen, wird wegen seines Namens ...

Aussehen:
- *Gesichtsform: ...*
- *Ohren: ...*
- *Frisur: ...*
- *Nase: ...*
- *Augenfarbe und -ausdruck: blau, eng stehend*

Verhaltensweisen/Gefühle: ...

Kevin Brooks

Lucas

Die 15-jährige Cait lebt mit ihrem Vater auf einer kleinen Insel, die vor der Südküste Englands liegt. Ihr Leben verändert sich schlagartig, als Lucas auftaucht, ein stiller und geheimnisvoller Junge, von dem niemand weiß, wer er ist und woher er kommt. Der folgende Text ist der Anfang des Romans. Hier erzählt Cait, die Ich-Erzählerin, von dem Tag, an dem sie Lucas das erste Mal sieht.

Ich sah Lucas zum ersten Mal letzten Sommer an einem sonnigen Nachmittag Ende Juli. Natürlich wusste ich da noch nicht, wer er war ... das heißt, wenn ich es mir genau überlege, wusste ich nicht einmal, was er war. Das Einzige, was ich vom Rücksitz des Wagens aus erkennen konnte, war eine grün gekleidete Gestalt, die im flimmernden Dunst der Hitze den Damm entlangtrottete; eine schmächtige, zerlumpte Person mit einem Wuschelkopf aus strohblondem Haar und einer Art zu gehen – ich muss immer noch lächeln, wenn ich dran denke –, einer Art zu gehen, als würde er der Luft Geheimnisse zuflüstern.

Jedenfalls waren wir aufs Festland gefahren und hatten Dominic[1] vom Bahnhof abgeholt und da saßen wir nun alle – die ganze Familie McCann in unseren altersschwachen Fiesta gestopft, auf dem Weg zurück zur Insel. Dad und Dominic vorn, ich und Deefer auf der Rückbank. (Deefer ist übrigens unser Hund. Ein großes, schwarzes, übel riechendes Etwas mit einem weißen Streifen über dem einen Auge und einem Kopf, groß wie ein Amboss. Dad behauptet immer, Deefer sei eine Mischung aus Stinktier und Esel.)

Ich erinnere exakt meine Haltung. Ich saß leicht rechts von der Mitte der Rückbank, die Beine übereinandergeschlagen und ein wenig nach links gebeugt, um über Dominics Schulter hinweg durch die Windschutzscheibe zu sehen. Den linken Arm hatte ich ausgestreckt und um Deefers Rücken gelegt, die Hand ruhte auf seiner Decke, die voller Staub und Hundehaare war. Mit der rechten Hand hielt ich mich am Rahmen des offenen Fensters fest, damit ich mehr Halt hatte. Ich erinnere alles noch ganz genau. Das Gefühl des heißen Metalls in meiner Hand, die Gummileiste, den kühlenden Wind auf den Fingern ...

Das war der Moment, als ich ihn zum ersten Mal sah – eine einsame Gestalt am äußersten Ende des Damms, auf der linken Straßenseite, mit dem Rücken zu uns, unterwegs zur Insel. Abgesehen vom Wunsch, Dominic möge end-

1 Dominic ist der Bruder von Cait.

lich aufhören, so laut herumzublöken, war mein erster Gedanke: Wie seltsam, jemanden über den Damm gehen zu sehen. Leute, die zu Fuß unterwegs sind, gibt es hier selten. Die nächste Stadt ist Moulton (wo wir gerade herkamen), ungefähr fünfzehn Kilometer weit weg auf dem Festland; zwischen Hale und Moulton gibt es nichts außer kleinen Ferienhäusern, Bauernhöfen, Heideland, Viehweiden und ein, zwei abgelegenen Pubs[2]. Deshalb gehen die Inselbewohner nie zu Fuß, es gibt einfach nichts in der Nähe, wohin man laufen könnte. Und wenn man nach Moulton will, fährt man entweder mit dem Auto oder nimmt den Bus. Daher sind die einzigen Fußgänger, mit denen man hier in der Gegend rechnen kann, Wanderer, Vogelliebhaber, Wilddiebe oder, ganz selten, Leute wie ich, die einfach gern laufen. Doch selbst aus der Entfernung konnte ich erkennen, dass die Gestalt dahinten in keine dieser Kategorien passte. Ich war mir nicht ganz im Klaren, warum, aber ich wusste es. Deefer wusste es auch. Er hatte die Ohren gespitzt und blinzelte neugierig durch die Windschutzscheibe.

Als wir näher kamen, konnte ich die Gestalt besser wahrnehmen. Es war ein junger Mann oder ein Junge, lässig angezogen mit graugrünem T-Shirt und ausgebeulter grüner Hose. Er hatte sich eine Armyjacke um die Taille gebunden und eine grüne Leinentasche über die Schulter geworfen. Das Einzige an ihm, was nicht grün war, waren die zerschlissenen schwarzen Boots[3] an seinen Füßen. Auch wenn er eher klein wirkte, war er doch nicht so schmächtig, wie ich anfangs gedacht hatte. Er war zwar nicht unbedingt muskulös, aber er sah auch nicht eben schwächlich aus. Es ist schwer zu erklären. Er besaß so etwas wie eine verborgene Kraft, eine anmutige Stärke, die sich in seiner Ausgeglichenheit zeigte, in seiner Haltung, in der Art, wie er ging …

Wie ich schon sagte, wenn ich an Lucas' Gang denke, muss ich jedes Mal lächeln. Ich habe diesen Gang noch unglaublich lebendig in Erinnerung; sobald ich meine Augen schließe, sehe ich ihn genau vor mir. Ein lockeres Traben. Schön und stetig. Nicht zu schnell und nicht zu langsam. Schnell genug, um irgendwo hinzukommen, aber nicht so schnell, dass er unterwegs etwas verpassen würde. Federnd, lebhaft, entschlossen, unbeschwert und ohne Eitelkeit. Ein Gang, der sich in alles, was ihn umgab, einfügte und doch von allem unberührt blieb.

Man kann an der Art, wie Menschen gehen, viel über sie erfahren.

---

2 das/der Pub: Lokal, Kneipe

3 die Boots: bis über die Knöchel reichende Schuhe

1 Sammelt eure ersten Eindrücke zu diesem Text: Was ist euch während des Lesens aufgefallen? Was hat euch erstaunt, gut oder weniger gut gefallen? Was ist euch unklar?

2 **a** Der Leser kann sich die Situation, in der Cait das erste Mal auf Lucas trifft, sehr genau vorstellen (► Z. 27–40). Erklärt, wodurch diese Anschaulichkeit entsteht.
b Cait ist von Lucas fasziniert. Nennt drei Textstellen, die dies deutlich machen.

3 **a** „Man kann an der Art, wie Menschen gehen, viel über sie erfahren“ (► Z. 101–102). Überlegt gemeinsam mit einer Partnerin oder einem Partner, wie ihr diesen Satz versteht. Haltet eure Überlegungen in Stichworten fest.
b Stellt eure Ergebnisse vor und vergleicht sie.

4 Spielt euch mehrere Arten des Gehens vor, z. B. entschlossen, fröhlich, vornehm, lässig … Die anderen beschreiben die vorgestellte Gangart und erklären, wie sie wirkt.

Fordern und fördern – Personen beschreiben

●●● **1** Verfasst eine Personenbeschreibung von Lucas, der Titelfigur des Romans. Geht so vor:

a Tragt aus dem Text (▶ S. 88–89) alle Informationen über Lucas zusammen und ordnet sie in einem Schreibplan, z. B.: *Name: Lucas – Alter: Jugendlicher – ...*

b Verfasst eine Personenbeschreibung von Lucas. Nehmt hierzu die Informationen aus dem unten stehenden Merkkasten zu Hilfe.

▷ Hilfen zu dieser Aufgabe erhaltet ihr im Anschluss.

●●○ **Aufgabe 1 mit Hilfen**

Beschreibt Lucas in einem zusammenhängenden Text. Geht so vor:

a Im Text (▶ S. 88–89) wird Lucas sehr genau beschrieben. Sucht alle Stellen heraus, in denen ihr etwas über Lucas erfahrt, und ordnet sie in einem Schreibplan, z. B.:

- *Name: ...*
- *Alter: ...*
- *Gesamteindruck: grün gekleidete Gestalt, lässig angezogen*
- *Figur/Körperbau: eher klein, aber nicht schwächlich*
- *Haarfarbe und Frisur: ...*
- *Kleidung (auch Schuhe und Tasche): ...*
- *Gang/Art zu laufen: stetiges Gehen, federnd, lebhaft, entschlossen, unbeschwert, ohne Eitelkeit*
- *Besondere Kennzeichen (z. B. Wirkung/Ausstrahlung): wirkt kraftvoll und stark, was sich in seiner Körperhaltung zeigt*

b Beschreibt nun Lucas genau und anschaulich. Nutzt die nebenstehenden Verben.
Ihr könnt so beginnen:
Lucas ist ein Jugendlicher oder junger Mann.
Aus der Ferne sieht er ...
Er ist eher klein, wirkt aber nicht schwächlich.
Seine strohblonden Haare sind struppig. Außer einem graugrünen T-Shirt trägt er noch ...

bei sich haben • tragen • aussehen • besitzen • auffällig (ist) • wirken

Information **Personen beschreiben**

- **Einleitung:** Beginnt mit dem Gesamteindruck der Person oder macht allgemeine Angaben zur Person (z. B. Name, Alter).
- **Hauptteil:** Beschreibt das Aussehen der Person in einer geordneten Reihenfolge, z. B. von oben (Kopf, Haare, Gesicht) nach unten (Kleidung, Schuhe).
- **Schluss:** Hier könnt ihr beschreiben, wie die Person auf euch wirkt oder wie sie sich selbst sieht oder sich verhält.
- Sucht aussagekräftige **Adjektive,** um die Person zu beschreiben, z. B. *schlank, groß.*
- Verwendet **treffende Verben,** z. B. *tragen, aussehen, besitzen, aufweisen.*
- Schreibt im **Präsens.**

4.3 Fit in ... – Einen Gegenstand beschreiben

Die Aufgabenstellung verstehen

Stellt euch vor, ihr bekommt in der nächsten Klassenarbeit die folgende Aufgabe gestellt:

Dein Mountainbike ist verschwunden. Du willst in deinem Stadtteil eine Suchanzeige aushängen. Verfasse eine Suchanzeige, in der du das unten abgebildete Fahrrad genau beschreibst. Formuliere auch einen Einleitungssatz, in dem du sagst, worum es geht, und bitte zum Schluss den Finder, sich bei dir zu melden.

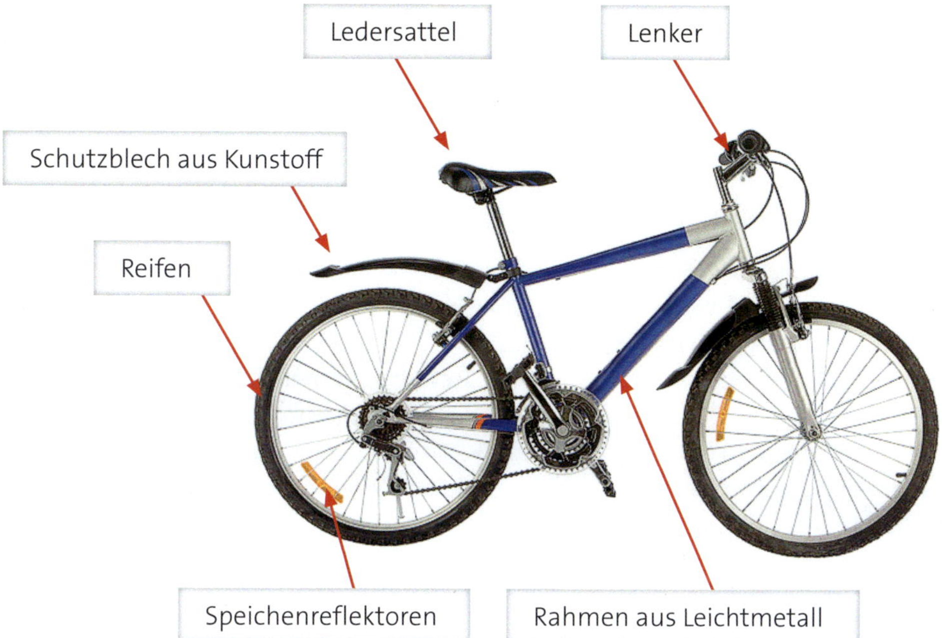

1 Habt ihr verstanden, was ihr machen sollt? Entscheidet, welche der folgenden Antworten richtig sind. Schreibt die zutreffenden Sätze in euer Heft.

A Ich soll in der Einleitung formulieren, wo mir welcher Gegenstand abhandengekommen ist.
B Ich soll die Merkmale des Fahrrads in einer sinnvollen Reihenfolge beschreiben.
C In der Beschreibung soll ich das Präteritum verwenden.
D In der Beschreibung soll ich das Präsens verwenden.
E Zum Schluss soll ich den Finder bitten, sich bei mir zu melden.
F Ich soll möglichst häufig zwischen der „Man-Form“ und der „Du-Form“ wechseln.
G In der Suchanzeige soll ich meine Telefonnummer angeben.

Informationen sammeln und ordnen

2 Übertragt die Tabelle in euer Heft und macht dann genaue Angaben zu den Merkmalen des Mountainbikes, z. B. durch treffende Adjektive.

Art des Gegenstands: Mountainbike	
Merkmale	**Angaben zur Beschreibung**
Rahmen	*Leichtmetall, chromfarben und blau*
Sattel	...
Schutzblech	...
Lenker	...
Reifen	...
besondere Kennzeichen	...

Die Beschreibung verfassen und überarbeiten

3 Verfasst nun die Suchanzeige. Die Verben im Kasten helfen euch dabei.
- Überschrift: Informiert knapp, worum es geht.
- Einleitung: Formuliert knapp, wo und wann das Mountainbike abhandengekommen ist. Diese Angaben könnt ihr selbst erfinden.
- Hauptteil: Beschreibt die Merkmale des Fahrrads genau und in einer sinnvollen Reihenfolge.
- Schluss: Bittet den Finder, sich zu melden. Denkt euch auch hier Angaben aus.

Treffende Verben
sich handeln um • besitzen • verfügen über • aufweisen • sich befinden • angebracht sein • befestigt sein • bestehen aus

4 Überarbeitet eure Texte in einer Schreibkonferenz (▶ S. 347). Die Checkliste hilft euch dabei.

Checkliste

Einen Gegenstand beschreiben

- Sind die Merkmale des Gegenstandes in einer **sinnvollen Reihenfolge** beschrieben, z. B. von oben nach unten, von links nach rechts?
- Kann man die Merkmale durch **aussagekräftige Adjektive** noch genauer beschreiben, z. B.: *ein schwarzer, schmaler Ledersattel?*
- An welchen Stellen lassen sich an Stelle der Wörter „ist", „sind", „hat" und „haben" **treffendere Verben** einsetzen, z. B.: *sich befinden, aufweisen, besitzen?*
- Sind die **Satzanfänge abwechslungsreich?** Wendet die Umstellprobe an.
- Habt ihr als Zeitform durchgängig das **Präsens** verwendet?
- Ist die Beschreibung **sachlich formuliert** und enthält sie keine persönlichen Wertungen?

5 Kaum zu glauben! – Lügengeschichten lesen und verstehen

1 a Kennt ihr den Baron Münchhausen und einige seiner Abenteuer? Erzählt davon.
b Sammelt, was das Besondere an diesen Lügengeschichten ist.

2 Welche anderen Meisterlügner kennt ihr? Erzählt eine ihrer unglaublichen Geschichten.

3 Stellt Vermutungen an, warum man gerne Lügengeschichten erzählt und liest.

In diesem Kapitel ...

- lernt ihr die Merkmale von Lügengeschichten kennen,
- lest und untersucht ihr unglaubliche Reise- und Alltagsgeschichten,
- werdet ihr selbst zu Meisterlügnern und schreibt fantasievolle Lügengeschichten.

5.1 Die Meisterlügner – Lügengeschichten untersuchen und vorlesen

Erich Kästner

Das Pferd auf dem Kirchturm

Der „Lügenbaron" Karl Friedrich Hieronymus Freiherr von Münchhausen ist wohl der bekannteste Erzähler von Lügengeschichten und hat wirklich gelebt (1720–1797). Er wurde zunächst Offizier und kam im Dienste verschiedener Herren weit in der Welt herum. Mit 32 Jahren nahm er Abschied vom Militärdienst und lebte mit seiner Frau auf einem Familiengut in Bodenwerder an der Weser. Dorthin lud er regelmäßig Freunde ein und erzählte ihnen von unglaublichen Abenteuern und Heldentaten, die er angeblich auf seinen Reisen erlebt hatte. Diese Geschichten wurden weitererzählt und später von Schriftstellern, z. B. von Erich Kästner, aufgeschrieben.

Meine erste Reise nach Russland unternahm ich mitten im tiefsten Winter. Denn im Frühling und im Herbst sind die Straßen und Wege in Polen, Kurland und Livland vom Regen so zerweicht, dass man stecken bleibt, und im Sommer sind sie knochentrocken und so staubig, dass man vor lauter Husten nicht vorwärtskommt. Ich reiste also im Winter und, weil es am praktischsten ist, zu Pferde. Leider fror ich jeden Tag mehr, denn ich hatte einen zu dünnen Mantel angezogen und das ganze Land war so zugeschneit, dass ich oft genug weder Weg noch Steg sah, keinen Baum, keinen Wegweiser, nichts, nichts, nur Schnee.

Eines Abends kletterte ich steif und müde von meinem braven Gaul herunter und band ihn, damit er nicht fortliefe, an einer Baumspitze fest, die aus dem Schnee herausschaute. Dann legte ich mich nicht weit davon, die Pistolen unterm Arm, auf meinen Mantel und nickte ein.

Als ich aufwachte, schien die Sonne. Und als ich mich umgeschaut hatte, rieb ich mir erst einmal die Augen. Wisst ihr, wo ich lag? Mitten in einem Dorf und noch dazu auf dem Kirchhof! „Donner und Doria!", dachte ich. Denn wer liegt schon gerne kerngesund, wenn auch ziemlich verfroren, auf einem Dorfkirchhof? Außerdem war mein Pferd verschwunden! Und ich hatte es doch neben mir angepflockt! Plötzlich hörte ich's laut wiehern. Und zwar hoch über mir! Nanu! Ich blickte hoch und sah das arme Tier am Wetterhahn des Kirchturms hängen! Es wieherte und zappelte und wollte begreiflicherweise wieder herunter. Aber wie um alles in der Welt war's denn auf den Kirchturm hinaufgekommen? Allmählich begriff ich, was geschehen war. Also: Das Dorf mitsamt der Kirche war eingeschneit gewesen, und was ich im Dunkeln für eine Baumspitze gehalten hatte, war der Wetterhahn der Dorfkirche gewesen! Nachts war dann das Wetter umgeschlagen. Es hatte getaut. Und ich war, während ich schlief, mit dem schmelzenden Schnee Zentimeter um Zentimeter hinabgesunken, bis ich zwischen den Grabsteinen aufwachte.

Was war zu tun? Da ich ein guter Schütze bin, nahm ich eine meiner Pistolen, zielte nach dem Halfter, schoss es entzwei und kam auf diese Weise zu meinem Pferd, das heilfroh war, als es wieder Boden unter den Hufen hatte. Ich schwang mich in den Sattel und unsere abenteuerliche Reise konnte weitergehen.

1 a Lest zunächst nur die Überschrift der Geschichte und stellt Vermutungen darüber an, was Münchhausen erzählen könnte.
b Lest nun den gesamten Text. Welche eurer Vermutungen haben sich bestätigt?

2 a Erzählt, was Münchhausen auf seiner Reise nach Russland erlebt.
b Was könnte an seiner Geschichte wahr sein, was ist bestimmt gelogen oder übertrieben? Nennt für beides Beispiele aus dem Text.

3 Zu Beginn erzählt Münchhausen, warum er gerade im tiefsten Winter nach Russland reist.
Denn im Frühling und im Herbst sind die Straßen und Wege in Polen, Kurland und Livland vom Regen so zerweicht, dass man stecken bleibt, und im Sommer sind sie knochentrocken und so staubig, dass man vor lauter Husten nicht vorwärtskommt (▶ S. 94, Z. 2–8).
a Erklärt anhand dieses Satzes, wie es dem Erzähler gelingt, sein Erlebnis anschaulich und glaubhaft zu schildern.
b Nennt ein weiteres Beispiel aus dem Text.

4 a Aus wessen Sicht wird erzählt? Wie nennt man einen solchen Erzähler?
b Lest die Zeilen 22–28 (▶ S. 94) laut vor und beantwortet dann folgende Fragen:
– An wen richtet sich der Erzähler? Belegt eure Aussage anhand des Textes.
– An wen wird sich Münchhausen ursprünglich gewendet haben?
c Formt die Zeilen 22–28 (▶ S. 94) in die Er-Form um.
Als er aufwachte, schien die Sonne. Und als …
d Vergleicht euren Text mit dem Originaltext. Wie wirken diese unterschiedlichen Erzählformen?

Information **Ich-Erzähler oder Er-/Sie-Erzähler**

- Der Ich-Erzähler (oder die Ich-Erzählerin) ist selbst als handelnde Figur in das Geschehen verwickelt. Er/sie schildert die Ereignisse aus seiner/ihrer persönlichen Sicht, z. B.: *Leider fror ich jeden Tag mehr, denn ich hatte einen zu dünnen Mantel angezogen und das ganze Land war so zugeschneit, dass ich weder Weg noch Steg sah.*
- Der Er-/Sie-Erzähler ist nicht am Geschehen beteiligt und erzählt von allen Figuren in der Er-Form bzw. in der Sie-Form, z. B.: *Er fror jeden Tag mehr, denn er hatte einen zu dünnen Mantel angezogen und das ganze Land war so zugeschneit, dass er weder Weg noch Steg sah.*

5 Münchhausen wollte seine Zuhörer/-innen mit seinen unglaublichen Geschichten unterhalten. Schlüpft in die Rolle des „Lügenbarons" und bereitet die Geschichte (▶ S. 94–95) zum Vorlesen vor. Erzählt sie so, als hättet ihr sie selbst erlebt und als sei alles wirklich so passiert. Geht so vor: Übt das Vorlesen mit Betonungszeichen anhand der folgenden Textstelle:

Plötzlich hörte ich's laut wiehern. Und zwar hoch über mir! Nanu! | Ich blickte hoch und sah das arme Tier am Wetterhahn des Kirchturms hängen! Es wieherte und zappelte und wollte begreiflicherweise wieder herunter. Aber wie um alles in der Welt war's denn auf den Kirchturm hinaufgekommen? | Allmählich begriff ich, was geschehen war. Also: | Das Dorf mitsamt der Kirche war eingeschneit gewesen, und was ich im Dunkeln für eine Baumspitze gehalten hatte, war der Wetterhahn der Dorfkirche gewesen!

6 Bereitet nun die ganze Geschichte zum Vorlesen vor.

a Lest den Text zunächst halblaut für euch und probiert unterschiedliche Möglichkeiten der Betonung aus.

b Übt das Vorlesen gemeinsam mit einem Partner oder einer Partnerin. Gebt euch gegenseitig Tipps, was ihr noch verbessern könnt.
TIPP: Wenn ihr eine Kopie der Geschichte habt, könnt ihr eure Betonungszeichen in den Text eintragen.

7 Lest die Geschichte langsam in der Klasse vor. Macht genügend Pausen und schaut euer Publikum immer wieder an.

Methode **Sinngestaltendes Vorlesen**

Sinngestaltendes Vorlesen bedeutet, dass ihr einen Text ausdrucksvoll vortragt und eure Stimme dem erzählten Geschehen anpasst. Zum Beispiel könnt ihr lauter sprechen, wenn eine Figur mit ihren Taten angibt, oder leiser sprechen, wenn eine Figur Angst hat oder flüstert.

Betonungszeichen
Bereitet das Vorlesen vor, indem ihr den Text mit Betonungszeichen kennzeichnet:
- Betonungen bei Wörtern, die lauter gelesen werden sollen: ______
- Pausen: |
- Hebung der Stimme, z. B. bei einer Frage: ↗
- Senkung der Stimme, z. B. am Satzende: ↘

Vorsicht: Verwendet die Markierungen sparsam. Nicht jedes Wort muss besonders betont werden und nicht jedes Komma bedeutet eine Sprechpause.

Sid Fleischman

McBroom und die Stechmücken

Ein moderner Nachfolger Münchhausens ist der amerikanische Farmer McBroom, der mit seiner Frau und elf Kindern auf einem Bauernhof („Einhektarhof") lebt.

Ich spreche es ja nicht gerne aus, aber manche Menschen haben wirklich nicht die geringste Achtung vor der Wahrheit.
Ein Fremder hat zum Beispiel behauptet, er sei auf einem Maultier an unserem wunderbaren Einhektarhof vorbeigeritten und von Spechten angegriffen worden. Das ist mal wieder glatt gelogen. Ehrlich! Es sind keine Spechte gewesen, sondern ganz gewöhnliche Präriestechmücken. Und noch dazu kleine. Diese Viecher werden hier draußen so groß, dass jedermann Maschendraht als Fliegengitter verwendet. Aber ich darf wirklich nichts Unfreundliches über diese sirrenden, schwirrenden, wütenden Biester mit ihren Stecknadelnasen sagen. Sie haben schließlich unseren Hof vor dem Ruin gerettet. Das ist während der großen Trockenperiode gewesen, die im vergangenen Jahr geherrscht hat.
Trocken? Ach du liebe Güte! Unsere Kinder haben Kaulquappen gefunden, denen haben sie erst das Schwimmen beibringen müssen. Es hatte so lange nicht mehr geregnet, dass die Froschbabys noch niemals Wasser gesehen hatten.
Das ist wirklich die lautere Wahrheit, so wahr ich Josh McBroom heiße. Ehrlich, ich würde lieber ein Stinktier beim Schwanz packen, als die Unwahrheit zu sagen.
Na, ich schleich mich am besten in die Geschichte von der Trockenheit genauso ein, wie das die große Dürre bei uns gemacht hat. Ich kann mich noch daran erinnern, dass wir beim Pflügen waren, wie in jedem Frühling, und dass uns die Stechmücken wie immer geplagt haben. Diese blutdürstigen Räuber können ziemlich lästig werden, aber wir haben gelernt, wie man sie ablenkt.
Diese durstigen Dussel saufen nämlich alles, was nur rot ist. Willjillhesterchesterpeterpolly timtommarylarryundkleinclarinda[1]!", rief ich. „Ich höre das Sirren der Stechmücken. Legt mal lieber ein Rote-Rüben-Beet an."
Sowie die Roten Bete reif wurden, schlugen die Stechmücken ihre spitzen Rüssel wie Strohhalme hinein. Und wie sie dann geschlemmt und geschmatzt haben! Sie saugten den Saft bis zum letzten Tropfen aus, sodass die Roten Bete erblassten und wir sie als weiße Rüben ernten konnten.

1 die Namen der elf Kinder in einem Wort

1 Erzählt mit eigenen Worten, wie die Präriestechmücken den Hof „vor dem Ruin gerettet" haben.

2 a Zählt alle Lügen auf, die Farmer McBroom uns auftischt.
b Beschreibt, wie diese Anhäufung von Lügen wirkt.

3 McBroom möchte in seiner Geschichte den Eindruck zu erwecken, dass er wirklich alles genau so erlebt hat. Wie macht er das? Nennt Beispiele aus dem Text.

Paul Maar

Eine gemütliche Wohnung

Wenn man heutzutage einen Handwerker bestellt, weil irgendetwas in der Wohnung repariert werden soll, muss man meistens lange herumtelefonieren, bis man einen findet, der Zeit hat zu kommen.

Das habe ich gemerkt, als neulich unser Kühlschrank nicht mehr ging. Ich rief bei drei Elektrikern an. Der Erste sagte gleich, er habe überhaupt keine Zeit. Der Zweite wollte mich überreden, doch lieber gleich einen neuen Kühlschrank zu kaufen. Der Dritte versprach, bei uns vorbeizuschauen, wenn er mal in unsere Gegend käme ...

Nach drei Wochen lief der Kühlschrank immer noch nicht. (Nur die Butter fing an zu laufen, denn es war gerade ziemlich heiß.) Deswegen versuchte ich noch einmal mein Glück und rief bei einem Vierten an. Er hieß Ludger Knorps und versprach zu meinem Erstaunen, gleich am nächsten Morgen zu kommen.

Am nächsten Tag, als ich gerade mit meinen Kindern beim Mittagessen saß, klingelte es. Herr Knorps stand draußen. Er war ein ungemein freundlicher Mann. Er stellte seine drei Werkzeugkästen, den Werkzeugkoffer und die vier Werkzeugtaschen in die Küche, setzte sich zu uns an den Mittagstisch und ließ sich den Spinat schmecken. Dann machte er sich an die Arbeit.

Ich hatte vorher nicht gewusst, dass so viele Drähte, Kabel, Sicherungen und Widerstände in einem einzigen Kühlschrank stecken. Mir wurde fast schwindlig von den vielen Drähtchen, die er da aus unserem Kühlschrank herauszog, deswegen sagte ich: „Rufen Sie mich halt, wenn Sie fertig sind!“, und ging in mein Arbeitszimmer.

Gegen Abend, als meine Frau von der Arbeit heimkam, war Herr Knorps endlich fertig und führte uns stolz den Kühlschrank vor. Er steckte den Stecker in die Steckdose und der Kühlschrank fing wieder an zu surren.

Meine Frau öffnete gleich die Tür und fasste ins Tiefkühlfach. „Au!“, schrie sie und zog ihre Hand schnell zurück.

„Schon so kalt?“, fragte ich erstaunt.

„Nein, so heiß!“, rief sie.

Ich fasste vorsichtig in den Kühlschrank. Er strahlte eine gewaltige Hitze aus.

„Moment, Moment“, sagte Herr Knorps eifrig, schob mich ein wenig zur Seite, kniete sich vor unseren Elektroherd, der neben dem Kühlschrank in der Küche steht, und öffnete die Tür zur Bratröhre. „Habe ich mir sofort gedacht!“, sagte er triumphierend und zeigte auf die dünne Eisschicht, die sich im Herd gebildet hatte. Vorsichtig streckte ich meine Hand aus: Die Bratröhre war so kalt, dass ich sie kaum anfassen konnte.

„Eine kleine Verwechslung! Ich scheine da zwei Drähte vertauscht zu haben“, entschuldigte sich Herr Knorps. „Für heute muss ich leider Schluss machen. Feierabend! Aber morgen werde ich die Sache ganz schnell in Ordnung bringen.“

Wir zogen den Kühlschrankstecker aus der Steckdose, damit der Kühlschrank nicht zu heiß wurde, und räumten die Butter und die Wurst in den Herd.

Am nächsten Morgen kam Herr Knorps schon gleich nach dem Frühstück und ging sofort an die Arbeit. Als er am Abend fertig war, kühlte unser Kühlschrank wieder und der Elektroherd heizte. Leider war ich immer noch nicht ganz zufrieden. Es zeigte sich nämlich, dass jetzt aus dem Elektroherd laute Musik ertönte, sobald man ihn anstellte. Unser Küchenradio hingegen gab keinen Laut mehr von sich. Im Grunde genommen ist es mir gleich, ob die Musik aus einem Radio, einem Kühlschrank oder einem Herd kommt. Hauptsache, sie ist laut. Aber ich konnte bei unserem Elektroherd keinen anderen Sender einstellen, sosehr ich auch an allen Knöpfen drehte. Und das störte

mich. So ließ ich Herrn Knorps am nächsten Tag noch einmal kommen.

Ich muss ihm wirklich bescheinigen, dass er sich alle Mühe gab. Er kam im ersten Morgengrauen und arbeitete fast ohne Pause. Am Abend führte er uns dann das Küchenradio vor: Es spielte wieder und wir bekamen sogar drei Sender herein, die früher noch nie jemand gehört hatte. Aber ein kleiner Fehler war ihm doch wieder unterlaufen. Er musste wieder irgendwie Drähtchen verwechselt haben. Jedenfalls ging jetzt das Licht aus, wenn ich den Telefonhörer abnahm. Und wenn jemand draußen auf den Klingelknopf drückte, fing drinnen unsere Spülmaschine an zu laufen.

Herr Knorps entschuldigte sich und versprach, gleich am nächsten Tag die Sache zu richten. Die Folge war, dass am nächsten Abend nun unser Küchenmixer Musik machte, die Spülmaschine kühlte und Wasser aus der Uhr kam, sobald jemand auf den Fahrstuhlknopf drückte. Und Herr Knorps musste am nächsten Tag wiederkommen.

Inzwischen haben wir uns richtig an Herrn Knorps gewöhnt. Er kommt ja auch jeden Tag und repariert irgendwas. Wir sind schon richtig befreundet und verbringen immer häufiger unsere Abende zusammen und spielen Karten oder „Mensch ärgere dich nicht".

Ein typischer Abend bei uns zu Hause sieht zurzeit etwa so aus. Nach dem Abendessen, wenn wir das schmutzige Geschirr zum Saubermachen in den Herd geschoben haben, klingelt es dreimal in der Spülmaschine. Das ist Herr Knorps. (Er pflegt immer dreimal zu klingeln.) Wir holen ein kühles Bier aus dem Fahrstuhl und dann spielen wir Karten, bis der Mixer zwölf Uhr schlägt. Punkt zwölf machen wir Schluss. Schließlich muss Herr Knorps am nächsten Tag früh aus dem Bett. Herr Knorps verabschiedet sich, steigt in den Kühlschrank und fährt nach unten. Wir stellen dann noch den großen Zeiger der Uhr auf sieben, damit im Treppenhaus das Licht ausgeht, und sitzen noch ein wenig beieinander, um der Musik im Staubsauger zuzuhören. Unsere Wohnung ist vielleicht ein bisschen ungewöhnlich jetzt. Aber wir finden sie sehr, sehr gemütlich.

1 a Nennt Textstellen, die euch besonders gut gefallen. Begründet eure Wahl.
b Besprecht, ob ihr gerne in einer solchen Wohnung leben würdet.

2 Erzählt euch gegenseitig, was in der Geschichte passiert. So könntet ihr beginnen:
Ein Mann sucht nach einem Elektriker, weil der Kühlschrank kaputt ist. Er ruft verschiedene Elektriker an, aber keiner hat Zeit ...

3 Eine Lügengeschichte enthält Ereignisse, die wahr sein könnten, und solche, die eindeutig erfunden oder übertrieben sind.

a Ab welcher Textstelle werden Dinge erzählt, die eurer Meinung nach nicht der Wirklichkeit entsprechen? Nennt die entsprechende Zeile.

b Gliedert die Geschichte in Einleitung, Hauptteil und Schluss und gebt jedem Teil eine treffende Überschrift. Arbeitet gemeinsam mit einer Partnerin oder einem Partner.

> *1. Einleitung (Z. x–y): ...*
> *2. Hauptteil (Z. x–y): ...*
> *– ...*

4 Treibt die Komik auf die Spitze: Was wird sich in den nächsten Tagen noch alles in der Wohnung ereignen? Denkt euch selbst unglaubliche Ereignisse aus und bildet eine Lügenkette, indem ihr eine Lüge an die andere reiht.

5 Im Merkkasten unten werden die Merkmale von Lügengeschichten genannt. Sucht Beispiele dafür in den Lügengeschichten auf Seite 94–99.

6 Stellt euch vor: Herr Knorps führt Reparaturarbeiten an eurem Fahrrad oder in eurer Schule durch. Schreibt selbst eine Lügengeschichte. Beginnt eure Geschichte mit einer Situation, die wirklich so geschehen sein könnte, und reiht dann eine Lüge an die andere (Lügenkette).

Information **Lügengeschichten**

Schon immer haben sich Menschen für unglaubliche und sensationelle Dinge interessiert. Deshalb sind seit vielen Jahrhunderten Lügengeschichten sehr beliebt. Berühmt sind die Abenteuer- und Reisegeschichten des Barons von Münchhausen.
Im Gegensatz zu den Lügen im Alltag will der Erzähler einer Lügengeschichte seine Zuhörer oder Leser nicht wirklich täuschen, sondern unterhalten. Die Zuhörenden dürfen also merken, dass ihnen nicht die Wahrheit erzählt wird.

- Lügengeschichten enthalten **Ereignisse, die wirklich stattfinden könnten,** und Ereignisse, **die eindeutig erfunden oder übertrieben** sind.
- Meist wird zu Beginn (in der Einleitung) von einer Situation erzählt, die wirklich so geschehen sein könnte. Im Hauptteil wird dann **eine Lüge an die andere gereiht (Lügenkette).** Einer kleinen Lüge folgt die nächstgrößere usw.
- Für die klassische Lügengeschichte ist ein **Ich-Erzähler** typisch, denn so hat das Publikum den Eindruck, dass der Erzähler die Geschichte wirklich selbst erlebt hat.
- Oft spricht der Erzähler sein Publikum direkt an und **betont, die Wahrheit zu sagen,** z. B.: *Das ist wirklich die lautere Wahrheit, so wahr ich Josh McBroom heiße.*
- Um seine Lügen anschaulich und glaubhaft zu machen, beschreibt der Erzähler häufig Einzelheiten (z. B. Ort, Zeit, genaue Umstände usw.) und verwendet **übertreibende Vergleiche,** z. B.: *Diese Präriestechmücken werden hier draußen so groß, dass jedermann Maschendraht als Fliegengitter verwendet.*

Projekt: Für einen Vorlesewettbewerb trainieren

1 a Welche Hörbücher kennt ihr? Erzählt, was euch an ihnen gefällt und wann ihr sie nutzt.
b Sammelt Ideen: Wie muss ein Text vorgelesen werden, damit ihr gespannt zuhört und euch nicht langweilt?

> Ein **Hörbuch** (auch Audiobook) ist die Tonaufzeichnung einer Lesung. Hörbücher werden z. B. als CDs oder als Audiodateien verkauft. Die Texte sind oft gegenüber der Buchfassung gekürzt.

2 a Habt ihr schon einmal etwas vor einem Publikum vorgelesen oder vorgetragen? Berichtet davon.
b Erklärt, wie ihr euch darauf vorbereitet habt, und notiert Tipps für einen Vortrag.

3 Lest den Text „Gutes Vorlesen ist eben, wenn sich keiner langweilt" aufmerksam durch.

Rufus Beck

Gutes Vorlesen ist eben, wenn sich keiner langweilt

Rufus Beck ist Schauspieler und ein bekannter Hörbuch-Sprecher. Er liest z. B. die Harry-Potter-Bände von J. K. Rowling und die Burg-Schreckenstein-Bücher von Oliver Hassencamp. Auch als Jurymitglied des bundesweiten Vorlesewettbewerbs war Rufus Beck tätig.

Wenn man als Vorleser überzeugen will, muss man sich auf die Geschichte einlassen. Insofern hat gutes Vorlesen nur zum Teil mit Talent oder einer guten Stimme zu tun. Das Wichtigste sind das Denken und die Fantasie. Die Zuhörer merken, wenn man etwas unbedacht oder fantasielos vorliest. Dann wird es langweilig. Gutes Vorlesen ist eben, wenn sich keiner langweilt.
Gegen die Aufregung beim Vorlesen habe ich ein einfaches Mittel. Ich teile den Text, den ich vorlesen muss, gedanklich immer in kleine Portionen ein. Denn wenn man einen langen Text vorzulesen hat, ist man ja meistens deshalb aufgeregt, weil man so einen Berg vor sich sieht, den man bewältigen muss. Dann wird man leicht nervös und kurzatmig. Deshalb ist es ganz wichtig, dass man den Text in verschiedene Abschnitte unterteilt und sich beim Lesen Zeit lässt. Man liest etwas, macht gedanklich und beim Lesen eine Pause, wenn zum Beispiel ein Punkt kommt oder ein Absatz zu Ende ist, und fängt danach in Ruhe mit dem nächsten Abschnitt an. Denn als Vorleser muss ich dem Zuhörer ja auch die Zeit lassen, das Gehörte zu verstehen. Die Pausen sind wie Trommelwirbel. Die machen die Geschichte spannend. Und rhythmisch, wie Musik.
Wenn man sich mal verspricht, macht das auch nichts – um solche kleinen Pannen kümmere ich mich gar nicht. Man darf sich als Vorleser nicht aus der Ruhe bringen lassen.

4 Wie könnt ihr als Vorleser/-innen überzeugen und was könnt ihr gegen die Aufregung beim Vorlesen tun? Erstellt ein Plakat mit Tipps. Nutzt dazu auch eure Ergebnisse aus Aufgabe 2.

Bei einem Vorlesewettbewerb geht es darum, einen Text allein mit eurer Stimme zum Leben zu erwecken. Wählt einen Text aus, z. B. eine Lügengeschichte aus diesem Kapitel (▶ S. 94–99), und veranstaltet einen Vorlesewettbewerb. Geht so vor:

1. Schritt: Den Text auswählen und vorstellen

1 a Wählt einen Text aus, der sich gut zum Vortragen eignet. Ihr könnt eine Lügengeschichte von den Seiten 94–99 nehmen oder einen Auszug aus eurem Lieblingsbuch.

b Damit das Publikum den Text, der vorgelesen wird, versteht, stellt ihr ihn kurz vor. Nennt Autor/-in und Titel des Buches und erklärt knapp, wovon das Buch handelt. Legt hierzu einen Buch-Steckbrief an.

> *Buch-Steckbrief*
> *Titel:* ...
> *Autor/Autorin:* ...
> *Hauptfiguren:* ...
> *Ort der Handlung:* ...
> *Jnhalt:* ...
> ...

2. Schritt: Den Lesevortrag vorbereiten und üben

2 Bereitet euren Lesevortrag vor:

a Lest den Text mehrmals laut und probiert verschiedene Betonungsmöglichkeiten aus.

b Macht eine Kopie des Textes und tragt eure Betonungszeichen ein. Nehmt hierzu die Tipps von Seite 96 zu Hilfe.

c Übt euren Lesevortrag in Partnerarbeit: Stellt euren Text mit Hilfe des Buch-Steckbriefs kurz vor und lest euren Text ausdrucksvoll vor. Gebt euch gegenseitig eine Rückmeldung darüber, was besonders gut gelungen ist und was ihr noch verbessern könnt.

3. Schritt: Den Lesevortrag durchführen und bewerten

3 Um den Vorlesewettbewerb durchzuführen und die einzelnen Beiträge zu beurteilen, hilft euch ein Bewertungsbogen.
Legt einen solchen Bogen nach folgendem Muster an.
Ergänzt ihn um eigene Ideen.

> Jedes Jahr findet ein bundesweiter **Vorlesewettbewerb** statt, an dem Schülerinnen und Schüler aller sechsten Klassen teilnehmen können. Informationen findet ihr unter: www.vorlesewettbewerb.de.

Bewertungsbogen: Vorlesewettbewerb der Klasse ...
Vorleser/-in: ...

	ja	*teilweise*	*nein*
interessante Textauswahl?			
deutliche Aussprache?			
angemessenes Lesetempo?			
passende Betonung?			
sinnvolle Pausen?			

Testet euch!

Eine Lügengeschichte untersuchen

Erich Kästner

Münchhausens Ritt auf der Kanonenkugel

In einem Feldzug belagerten wir eine Stadt – ich habe vor lauter Belagerungen vergessen, welche Stadt es war – und Marschall Münnich hätte gerne gewusst, wie es in der Festung stünde. Aber es war unmöglich, durch all die Vorposten, Gräben und spanischen Reiter hineinzugelangen. Vor lauter Mut und Diensteifer und eigentlich etwas voreilig stellte ich mich neben eine unserer größten Kanonen, die in die Stadt hineinschossen, und als sie wieder abgefeuert wurde, sprang ich im Hui auf die aus dem Rohr herauszischende Kugel! Ich wollte mitsamt der Kugel in die Festung hineinfliegen! Während des sausenden Flugs wuchsen allerdings meine Bedenken. Hinein kommst du leicht, dachte ich, aber wie kommst du wieder heraus? Man wird dich an deiner Uniform als Feind erkennen und an den nächsten Galgen hängen!
Diese Überlegungen machten mir sehr zu schaffen. Und als eine türkische Kanonenkugel, die auf unser Feldlager gemünzt war, an mir vorüberflog, schwang ich mich auf sie hinüber. Ich kam, wenn auch unverrichteter Sache, so doch gesund und munter wieder bei meinen Husaren[1] an.

1 der Husar: Mitglied einer Reitertruppe

1 Lest die Geschichte sorgfältig durch. Was könnte an der Geschichte wahr sein, was ist bestimmt erfunden? Schreibt die Buchstaben der zutreffenden Aussagen in euer Heft. Ergeben sie ein Lösungswort?

Wahr könnte sein, dass ...
L ... Münchhausen an einem Feldzug teilgenommen hat.
O ... Münchhausen auf einer Kanonenkugel flog.
U ... die Heere damals mit Kanonenkugeln schossen.
E ... Münchhausen vergessen hat, welche Stadt belagert wurde.
A ... Münchhausen im Flug auf eine andere Kugel umstieg.
G ... der Marschall Münnich hieß.
E ... Münchhausen sich neben eine der größten Kanonen stellte.

2 Gliedert die Geschichte in Einleitung, Hauptteil und Schluss und fasst jeden Teil knapp zusammen.

3 Richtig oder falsch? Schreibt die zutreffenden Aussagen in euer Heft:
– Die Geschichte enthält nichts, was wahr sein könnte.
– Der Erzähler schildert einiges, was wahr sein könnte, und einiges, was eindeutig erfunden ist.
– Zu Beginn erzählt Münchausen von einer Situation, die so geschehen sein könnte.
– Die Geschichte enthält mehr als nur eine Lüge.

4 Vergleicht eure Ergebnisse aus den Aufgaben 1, 2 und 3 in Partnerarbeit.

5.2 Flunkern und fabulieren – Eigene Schreibversuche

Von den Meisterlügnern lernen

Franz Hohler

Die runde Insel

Kürzlich hat mir ein Bekannter erzählt, er sei auf einer Insel im Indischen Ozean gewesen, auf der alles rund sei.

Schon die Insel selbst habe einen kreisförmigen Umriss, und wenn man vom Kursschiff an Land gehen wolle, werde man in runden Booten abgeholt. Auf der Insel gebe es weder Eisenbahnen noch Trams[1] oder Autos, sondern das einzige Verkehrsmittel seien große Kugeln. Man müsse aber aufpassen, dass man nichts verwechsle, denn auch die Häuser seien kugelförmig, was den Vorteil habe, dass man sie jederzeit woanders hinstellen könne. Allerdings sehe man keinen lebendigen Menschen, sondern nur Kugeln. Es gebe kleine Kugeln, die zwitschernd in der Luft herumflögen, eine eher elliptische[2] Kugel habe er miauen gehört, ferner habe er einmal eine Kugel gesehen, die rundherum mit geschwungenen Zeichen bedruckt gewesen sei, und andere Kugeln seien um sie herumgestanden, wahrscheinlich sei es ein Buch oder eine Zeitung gewesen. Dann sei er aber in eine der lesenden Kugeln eingestiegen und an einen anderen Ort der Insel gefahren.

Dort sei ihm plötzlich aufgefallen, dass sich sein Bauch seltsam zu wölben begann, und da habe er die erste Gelegenheit benützt, um wieder mit einem runden Boot in ein Kursschiff zu gelangen, und als dieses davongefahren sei, habe er erst bemerkt, dass die Insel wie eine Halbkugel zum Wasser herausschaute und

1 die Tram: Bezeichnung für eine Straßenbahn

2 elliptisch: oval

dass sich alle Kugeln auf der Kuppe der Insel versammelt hatten und ihm nachblickten.
Der Kapitän habe ihm nachher gesagt, er könne von Glück reden, denn diese Insel sehe man nur ganz selten, wahrscheinlich sei sie gar nicht festgewachsen, sondern habe auch unter dem Wasser die Form einer Halbkugel.
Der Mann, der mir das erzählt hat, ist aber sonst nicht gerade zuverlässig und ich weiß nicht recht, ob ich ihm das alles glauben soll.

1 Erzählt eurer Banknachbarin oder eurem Banknachbarn, was in der Geschichte passiert.

2 a Auf der runden Insel gibt es allerhand Merkwürdigkeiten. Die Kugeln auf der Insel werden z. B. nicht nur als Gegenstände dargestellt, sondern vermenschlicht (personifiziert). Belegt anhand des Textes, woran dies deutlich wird.
b Beschreibt möglichst genau, was ihr über diese runde Insel erfahrt. Welche Besonderheiten gibt es dort?

3 Der Mann, der dies erzählt hat, sei „nicht gerade zuverlässig“ (Z. 40), heißt es am Ende der Geschichte. Passt dieser Schluss zu einer echten Lügengeschichte? Begründet eure Meinung.

4 Der Hauptteil der Geschichte steht in der Er-Form. Werdet selbst zu Meisterlügnerinnen und Meisterlügnern und erzählt von den Abenteuern auf der Insel in der Ich-Form. Die unten stehenden Tipps helfen euch dabei. Ihr könnt so beginnen:

Ihr werdet nicht glauben, was ich im letzten August erlebt habe. Wie ihr wisst, war ich auf einer Kreuzfahrt im Indischen Ozean unterwegs. Zunächst war es ein langweiliger Urlaub und ich konnte die Heimreise kaum erwarten. Doch dann geschah etwas Ungeheuerliches …

Beschreibt, was die Figuren denken, fühlen und sprechen, z. B.:
- *Was war das?*
- *Ich konnte es nicht fassen!*
- *Ich traute meinen Augen nicht!*

Sprecht das Publikum/die Leser an und betont, die Wahrheit zu sagen, z. B.:
- *Ihr werdet es kaum glauben, aber …*
- *Wenn ich es nicht selbst mit eigenen Augen gesehen hätte, …*

Beschreibt Einzelheiten (z. B. Ort, Zeit, Gerüche, Geräusche) und verwendet übertreibende Vergleiche, z. B.:
Als ich am nächsten Morgen in den Spiegel sah, erschrak ich. Meine Nase war so rund wie ein Tischtennisball.

Lügengeschichten überarbeiten – Texte unter der Lupe

5 Überarbeitet eure Lügengeschichte mit Hilfe der Textlupe. Geht so vor:

a Übertragt die Textlupe (das Arbeitsblatt) in euer Heft.

b Ergänzt dann in der linken Spalte weitere Punkte, die ihr bei euren Lügengeschichten genauer unter die Lupe nehmen wollt.

c Bildet Vierer- oder Fünfergruppen und überarbeitet eure Lügengeschichten. Die Schritte im unten stehenden Kasten helfen euch dabei.

Das nehmen wir bei unseren Lügengeschichten unter die Lupe	ja	zum Teil	nein	Verbesserungsvorschläge
Gliederung in Einleitung, Hauptteil, Schluss?	...	...	...	– *Tina: Der Schluss ...* – *Oskar: ...* – *...*
Jst die Geschichte verständlich?	...	...	...	...
Wurden Lügenketten entwickelt?	...	...	...	...
Werden Gefühle und Gedanken der Hauptfigur deutlich?	...	...	...	...
Wird betont, die Wahrheit zu sagen?	...	...	...	...
Formulierungen abwechslungsreich (Umstell-, Ersatzprobe)?				
...	...	...	...	...

Methode **Texte mit Hilfe der Textlupe überarbeiten**

Mit der Textlupe helft ihr euch gegenseitig, eure Texte zu überarbeiten. Auf einem Arbeitsblatt (der Textlupe) tragt ihr ein, was ihr bei euren Texten genauer „unter die Lupe" nehmen wollt, z. B. die Überschrift, den Aufbau, die Rechtschreibung ...

1. Schritt: Bildet Vierer- oder Fünfergruppen. Jeder von euch hat seinen eigenen Text sowie eine Textlupe (das Arbeitsblatt). Beides reicht er an seinen Nachbarn weiter.

2. Schritt: Der Nachbar liest den Text sorgfältig und hält dann Lob, Kritik und seine Verbesserungsvorschläge auf dem Arbeitsblatt fest. Dann werden Text und Arbeitsblatt wieder weitergereicht usw.

3. Schritt: Am Ende hat jeder die Texte seiner Gruppenmitglieder überprüft und erhält seinen eigenen Text sowie das Arbeitsblatt mit den Anmerkungen der anderen zurück.

4. Schritt: Überarbeitet eure Texte mit Hilfe der Verbesserungsvorschläge auf dem Arbeitsblatt.

Fordern und fördern – Eine Lügengeschichte schreiben

1 Hier findet ihr zwei Anfänge von Lügengeschichten. Entscheidet euch für einen Anfang und schreibt die Geschichte zu Ende. Findet dann eine treffende Überschrift.
▷ Hilfe zu dieser Aufgabe findet ihr unten.

2 Bildet Vierer- oder Fünfergruppen und überarbeitet eure Lügengeschichten mit Hilfe der Textlupe (▶ S. 106).

Aufgabe 1 mit Hilfen

Oben findet ihr zwei Anfänge von Lügengeschichten. Entscheidet euch für einen Anfang und setzt die Lügengeschichte fort. Geht so vor:

a Lest noch einmal den Anfang der Lügengeschichte (A oder B). Sammelt Ideen für die Fortsetzung eurer Geschichte.
Die W-Fragen helfen euch dabei.

Plant eure Geschichte
- Wer, wann, wo?
- Was passiert (Lügenkette)?
- Wie endet die Geschichte?

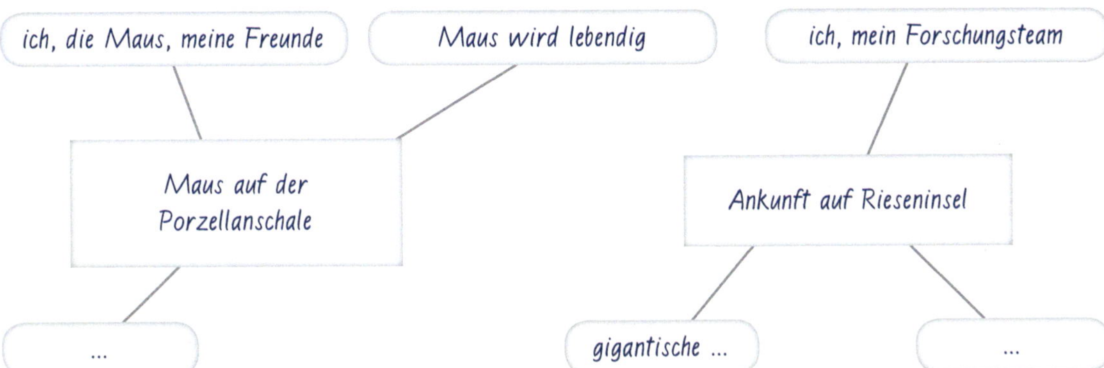

b Ordnet eure Ideen, die ihr für die Fortsetzung der Lügengeschichte gesammelt habt, und legt einen Schreibplan in eurem Heft an, z. B.:

> ***Schreibplan***
>
> *Einleitung: (Wer? Wann? Wo?):*
> – …
>
> *Hauptteil: (Was geschieht?)*
> *1) Der Dosendeckel macht merkwürdige Geräusche.*
> *2) Die Maus wird langsam lebendig.*
> *3) Auch andere Gegenstände beginnen nach und nach …*
> …
>
> *Schluss (Wie endet die Geschichte?):*
> – …

c Setzt den Anfang der Lügengeschichte fort, indem ihr fantasiereiche Lügen und Übertreibungen formuliert. Schreibt im Präteritum. Die folgenden Tipps helfen euch dabei:

> Beschreibt, was die Figuren denken, fühlen und sprechen, z. B.:
> – *Mir blieb der Mund offen stehen …*
> – *Ich glaubte zu träumen …*
> – *Sprachlos …*
> – *Ich konnte es nicht fassen …*
> – *Beeindruckt schaute ich …*

> Sprecht das Publikum bzw. die Leser/-innen an und betont, die Wahrheit zu sagen, z. B.:
> – *So etwas habt ihr noch nie gesehen …*
> – *War das nicht seltsam?*
> – *Ihr werdet nicht glauben, was …*

> Übertreibt und wählt geeignete Vergleiche, um eure Lügen anschaulich zu machen, z. B.:
> – *unglaublich · unbegreiflich · unvorstellbar · ungeheuerlich*
> – *blitzschnell · riesengroß · winzig klein · feuerrot · grasgrün*
> – *so groß wie … · so schnell wie … · so lang wie … · so gefährlich wie …*
> – *so lang, dass … · so stark, dass … · so groß, dass …*
> – *stank so, dass … · rannte so schnell, dass …*

5.3 Fit in ... – Eine Lügengeschichte untersuchen

Die Aufgabenstellung richtig verstehen

Stellt euch vor, ihr bekommt in der nächsten Klassenarbeit folgende Aufgaben:

Untersuche die Lügengeschichte „Ein Wirbelsturm und seine Folgen", indem du folgende Aufgaben löst:

1. Schreibe in wenigen Sätzen auf, was in der Geschichte geschieht.
2. Finde zwei Beispiele für Ereignisse, die wahr sein könnten, und zwei Beispiele für Ereignisse, die bestimmt gelogen sind.
3. Nenne zwei Merkmale, an denen du erkennst, dass es sich bei dem vorliegenden Text um eine Lügengeschichte handelt.

Sid Fleischman

Ein Wirbelsturm und seine Folgen

McBroom, der mit seiner Frau und elf Kindern auf einer Farm lebt, erzählt, was er und seine Familie während eines Wirbelsturms erlebten.

Wilde Tiere und Vögel? Ja, ich hab schon allerlei faustdicke Lügen über die merkwürdigen Biester hier draußen in der Prärie zu hören gekriegt. Ehrlich, erst gestern hat mir jemand erzählt, dass er einmal eine redende Klapperschlange besessen hätte. Na ja, an so was stimmt natürlich kein Fitzelchen. Jeder Mensch weiß doch, dass die Schlangen gar nicht buchstabieren können. Aber wir hier draußen auf unserem sagenhaften Einhektarhof haben natürlich ein paar sonderbare und denkwürdige Tiere gesammelt. Ich darf nicht vergessen, euch davon zu erzählen. Wer mich kennt, mich, Josh McBroom, weiß, dass ich mich immer streng an die Wahrheit halte. Ehrlich, ich würde mich lieber auf ein Stachelschwein setzen, als eine Lüge auszusprechen.
Es gibt natürlich Tiere und Vögel, die mit der Witterung kommen und gehen, deshalb will ich am besten mit diesem übellaunigen Frühlingsmorgen beginnen.

Eine tief ziehende, aschfarbende Wolke erstreckte sich von einem Horizont zum anderen und die Luft regte sich nicht. Es war ungewöhnlich still. Kein Vogelruf war zu hören. Dort in der Ferne schien ein kräftiges schwarzes Tau aus Wolken zu tanzen.
„Wirbelsturm!", schrie ich. „In den Sturmkeller, meine Lämmerschwänze! Lauft!"
Wir polterten alle in den Sturmkeller hinunter und klappten die Falltüren hinter uns zu. Während sich der Wirbelsturm näherte, konnten wir ein Pfeifen in der Luft vernehmen. Wir konnten nichts anderes tun, als in der Dunkelheit unter der Erde abzuwarten. Die ganze Erde bebte. Wir konnten hören, wie über uns die Fenster im Haus zerknallten. Unser Haus war offensichtlich in die

Luft gegangen und das luftgekühlte Auto mit dazu.

Ich stolperte ans Tageslicht hinauf. „Ach, du grüne Neune!“, rief ich aus. „Kommt und schaut selbst!“

Das Haus stand immer noch und der Franklin[1] auch. Aber unsere Freude währte kaum einen Augenblick. Diese teuflische Naturkatastrophe war uns so nah gekommen, dass der Sturm uns die ganze Tomatenernte ausgerissen hatte, samt Pflanzen, Stangen und allem.

Was noch schlimmer war: Er hatte unsere fruchtbare, reiche Erde verschlungen. Ratzekahl weg, bis auf den letzten Krümel!

Will und Chester[2] wollten zusammen mit mir den Wirbelsturm verfolgen. Das war nicht besonders schwierig. Nein, wahrhaftig nicht! Er hatte nicht nur unsere Tomaten abgerissen, sondern auch noch eine Kiste Zwiebeln geleert und drei Fässer Essig hochgesaugt, die ich zum Ablagern beiseitegestellt hatte. So konnte man den Wirbler schon meilenweit erkennen, weil er so knallrot wie Tomatenketchup durch die Gegend trudelte.

Ja, wir müssen diesen Wirbelsturm gut vierzig Meilen[3] quer über die Prärie verfolgt haben. So ungefähr das Letzte, was er zum Herausreißen entdeckt hatte, war ein Stück Stacheldraht gewesen. Danach ging ihm sozusagen die Puste aus. Er ließ unseren ganzen Grund und Boden einfach zu einem großen roten Haufen herunterfallen und löste sich in Wohlgefallen auf.

Als wir unseren Erdberg erreichten, wollten wir kaum unseren Augen trauen. Dieser Nichtsnutz von einer Naturkatastrophe hatte ihn nicht nur mit Tomatenstangen und Stacheldraht eingezäunt, er hatte sogar die „Zutritt verboten“-Schilder aufgestellt.

Gerade in diesem Augenblick spitzte Will die Ohren. „Kannst du das hören, Papa? Hört sich so an, als ob Wasser in einem Teekessel kocht.“

„Hier draußen gibt's aber keine Teekessel“, wandte ich ein.

„Ich hör's aber auch“, sagte Chester, „und da ist es ja!“

Es war ein Vogel, der wirklich sehr merkwürdig aussah und innerhalb des Stacheldrahtzaunes vor sich hin wimmerte. Höchst merkwürdig.

Die Buben krabbelten durch den Stacheldrahtzaun und fingen die trübselige Kreatur ein. Sie war ungefähr so groß wie ein kleiner Truthahn und der Wirbelsturm hatte ihr alle Federn ausgerupft. Der verblüffendste Körperteil war jedoch ihr Schnabel. Er war wie die Schnauze eines Teekessels geformt und jedes Mal, wenn der Vogel wie ein Teekessel pfiff – na ja, dann quoll ihm der Dampf heraus.

Ich schüttelte ungläubig den Kopf. „Ich muss schon sagen, dieses kleine Windchen hat ein paar höchst sonderbare Tiere aus ihrem Bau gestöbert“, sagte ich.

„Können wir das mit nach Hause nehmen?“, fragten die Jungen. Ich schüttelte betrübt den Kopf und ließ den Franklin an. „So gerupft, wie das arme Ding ist, wird es wohl bald verenden.“

Die Jungen packten den namenlosen Vogel jedoch fest in unsere fruchtbare Erde, und ehe wir die ersten drei Meilen hinter uns gebracht hatten, begann dem Vogel ein neues Federkleid zu sprießen. Es besaß die Farbe von grünem Tee. Die Schwanzfedern waren jedoch aus Sterlingsilber und hatten die Form von Teelöffeln.

Wir hatten bald herausgefunden, was für einen Vogel die Jungen sich da eingefangen hatten. Es war ein silberschwänziger Teekessler – äußerst selten.

---

1 der Franklin: US-amerikanische Automarke

2 Will und Chester: zwei von McBrooms Kindern

3 die Meile: Längenmaß; 1 Meile = 1,6 Kilometer

1 a Lest euch die Aufgabe auf Seite 109 (im Kasten oben) genau durch.
b Besprecht gemeinsam mit eurer Banknachbarin oder eurem Banknachbarn, was ihr tun sollt.

Den Text verstehen

2 Lest die Lügengeschichte (► S. 109–110) sorgfältig durch.

3 Prüft, ob ihr den Inhalt des Textes verstanden habt.
a Richtig oder falsch? Schreibt die Buchstaben der richtigen Aussagen in euer Heft.

V Weil ein Wirbelsturm aufkommt, fliehen die McBrooms in einen Sturmkeller.
A Weil ein Wirbelsturm aufkommt, verlassen die McBrooms mit ihrem Auto den Hof.
O Der Wirbelsturm trägt die Ernte mitsamt dem fruchtbaren Erdboden davon.
N Der Wirbelsturm verwüstet das Haus und das Auto.
G Vierzig Meilen entfernt von der Farm findet McBroom sein Tomatenfeld eingezäunt wieder.
N Vierzig Meilen entfernt von seinem Hof findet McBroom nur noch einen großen Haufen Tomatenketchup wieder.
E Will und Chester hören ein Geräusch, das dem Pfeifen eines Teekessels ähnelt.
B Will und Chester finden einen kranken Truthahn, der sich in einem Stacheldrahtzaun verfangen hat.
L Will und Chester entdecken einen sonderbaren Vogel, der keine Federn mehr hat.

b Hintereinander gelesen ergeben die Buchstaben ein Lösungswort. Vergleicht es mit der Lösung auf Seite 350.

Ideen sammeln

4 Lest die Geschichte noch einmal und haltet fest, was ihr zu den Aufgaben 1, 2 und 3 (► S. 109) herausfindet. Listet nach folgendem Beispiel auf:

Aufgabe 1: Handlung (Was geschieht?)
- Einleitung: Mc Broom will erzählen, auf welche Weise einige sonderbare Tiere auf seinen Hof kamen.
- Hauptteil:
  1. An einem Frühlingsmorgen kommt ein Wirbelsturm auf.
  2. ...

Aufgabe 2: Je zwei Beispiele (für Wahres, für Gelogenes):
Wahr könnte sein: ...
Gelogen ist bestimmt: ...

Aufgabe 3: Merkmale einer Lügengeschichte (zwei Beispiele):

Merkmale einer Lügengeschichte findet ihr auf Seite 100.

Den Aufsatz schreiben und überarbeiten

5 Beantwortet die drei Aufgaben von Seite 109. Nehmt hierzu die Stichworte von Aufgabe 4 (▸ S. 111) zu Hilfe und schreibt zu jeder Aufgabe einen zusammenhängenden Text. Die folgenden Formulierungen helfen euch dabei.

Aufgabe 1: Handlung (Was geschieht?)
- *In der Einleitung kündigt McBroom eine Geschichte an. Er will erzählen, auf welche Weise einige sonderbare Tiere auf seinen Hof kamen.*
- *Der Hauptteil der Geschichte beginnt an einem Frühlingsmorgen. Ein Wirbelsturm kommt auf und die McBrooms fliehen ... Als der Wirbelsturm vorbei ist, entdecken die McBrooms, dass ...*
- *Am Schluss der Geschichte wird erzählt, ...*

Aufgabe 2: Je zwei Beispiele für Wahres und Gelogenes
- *McBroom erzählt einiges, was wahr sein könnte. Ein Ereignis, das wirklich geschehen sein könnte, ist ... Außerdem könnte ...*
- *Bestimmt gelogen ist dagegen, dass ... Unwahr ist auch ...*

Aufgabe 3: Merkmale einer Lügengeschichte (zwei Beispiele)
Bei dem Text handelt es sich um eine Lügengeschichte. Dies kann man zum Beispiel daran erkennen, dass ... Ein weiteres Merkmal ist, dass ...

6 Überarbeitet euren Aufsatz mit einer Partnerin oder einem Partner. Die folgende Checkliste hilft euch dabei.

Checkliste

Eine Lügengeschichte untersuchen

Aufgabe 1 (▸ S. 109): **Handlung (Was geschieht?)**
- Beschreibt ihr, wie die Geschichte eingeleitet wird?
- Stellt ihr dar, was im Hauptteil nacheinander geschieht (Erzählschritte, Lügenkette)?
- Zeigt ihr, wie die Geschichte endet?

Aufgabe 2 (▸ S. 109): **Wahres und Gelogenes (zwei Beispiele)**
- Nennt ihr zwei Beispiele aus der Geschichte, die wahr sein könnten?
- Führt ihr zwei Beispiele an, die bestimmt gelogen sind?

Aufgabe 3 (▸ S. 109): **Merkmale einer Lügengeschichte (zwei Beispiele):**
Welche der folgenden Merkmale findet ihr in der Geschichte?
- Wird die Geschichte von einem Ich-Erzähler geschildert, sodass der Eindruck entsteht, dass der Erzähler die Geschichte wirklich selbst erlebt hat?
- Spricht der Erzähler sein Publikum direkt an und betont, die Wahrheit zu sagen?
- Übertreibt der Erzähler und verwendet dabei sogar übertreibende Vergleiche?
- Beschreibt der Erzähler Einzelheiten (z. B. Ort, Zeit), um seine Lügen glaubhaft zu machen?
- Wird im Hauptteil eine Lüge an die andere gereiht (Lügenkette)?
- Enthält die Geschichte Ereignisse, die wirklich stattfinden könnten, und Ereignisse, die eindeutig erfunden oder übertrieben sind?

6 Helden, Zauberinnen, Ungeheuer – Sagen untersuchen und erzählen

1 a Schaut euch das Bild genau an und beschreibt die Figuren und Gegenstände.
b Kennt ihr Geschichten, die zu den Figuren und Gegenständen auf dem Bild passen? Erzählt davon.

2 Erklärt, was ihr mit den Begriffen „Sage" oder „Sagenheld" verbindet. Von welchen Sagen habt ihr schon einmal gehört?

In diesem Kapitel ...

- lest und untersucht ihr Sagen, die von den Abenteuern berühmter Helden erzählen,
- erzählt ihr Sagen spannend und anschaulich nach,
- gestaltet ihr aus einer Sage ein lebendiges Hörspiel.

6.1 Heldensagen der Antike – Lesen und verstehen

Odysseus – Einen Sagenhelden kennen lernen

Homer

Odysseus in der Höhle des Kyklopen Polyphem

Auf seiner Heimreise vom Trojanischen Krieg gelangt der siegreiche Odysseus mit seinen Gefährten zur Insel der Kyklopen. Die Kyklopen sind einäugige Riesen, die in Felshöhlen leben und Schafe hüten. Mutig hat sich Odysseus mit seinen Freunden in die Höhle des Kyklopen Polyphem vorgewagt. Doch plötzlich kehrt Polyphem zurück, treibt seine Herde in die Höhle und verschließt den Eingang mit einem riesigen Felsen. Nun sind Odysseus und seine Gefährten in der Höhle gefangen. Einige von Odysseus' Leuten hat der Riese schon verspeist und nun droht weiteres Unheil. In der Nacht überlegt Odysseus, wie er sich und seine Gefährten befreien kann.

Odysseus hockte auf einem Steinblock, den Kopf in die Hände gestützt, und brütete vor sich hin. Er fühlte sich elend wie noch nie in seinem Leben. Schmerz und Reue peinigten ihn und eine entsetzliche Wut erfüllte ihn, dass er meinte, er müsste daran ersticken.

Oh, sie waren noch viel schlimmer, als man von ihnen erzählte, diese Kyklopen: Sie waren grausige, Menschen fressende Ungeheuer!

Dreimal sprang er in der Nacht auf und schlich sich mit gezogenem Schwert an den schlafenden Riesen heran: Polyphem musste sterben, sonst waren sie alle des Todes! Er würde ihm das Schwert in die Brust bohren an der Stelle, wo Leber und Zwerchfell einander berührten: Dann musste sein Leben entweichen und seine ruchlose Seele zum Hades fahren!

Aber drei Mal kehrte Odysseus wieder um. Was half ihnen, wenn Polyphem tot war? Sie würden niemals im Stande sein, den Felsen am Eingang zur Seite zu schieben.

So saß er wieder da und dachte und dachte. Nein, mit Gewalt würden sie nichts ausrichten, nur kluge List konnte sie retten. Aber wie?

Als das erste Morgenlicht durch die Felsspalte sickerte, war ihm noch kein Ausweg eingefallen.

Bald erhob sich Polyphem, verrichtete seine Arbeiten wie am Abend zuvor und abermals traf zwei Männer das schreckliche Schicksal ihrer Gefährten.

Dann hob der Riese gemächlich den Felsblock vom Eingang, ließ die Herde hinaus und verschloss die Höhle wieder, ohne sich um die übrigen Gefangenen zu kümmern. Sie hörten, wie er draußen mit schrillem Pfeifen die Tiere vor sich hertrieb, den Bergweiden zu.

„Kommt, wir wollen Rat halten!", sprach Odysseus, als es still geworden war. „Noch ist nicht alles verloren, denn noch leben wir!" Er blickte sie erwartungsvoll an, aber sie zuckten nur die Achseln und schüttelten die Köpfe.

Er sprang auf: „Freunde“, sagte er atemlos, „ich habe einen Ausweg gefunden.“ Er ergriff die Axt des Riesen, die seine Hände kaum zu umspannen vermochten, und hieb ein klafterlanges[1] Stück von dem Stamm ab. Das spitzte er an einem Ende zu und hieß die Gefährten den Pfahl glätten. Darauf drehte er ihn eine Weile im Feuer, bis das grüne Holz hart und trocken war, und endlich verbarg er ihn sorgfältig unter einem Haufen von Mist.

Als er sich aufrichtete, war sein Gesicht finster und hart. „Hört zu!“, sagte er. „Wir können den Unhold nicht töten, da wir sonst nie wieder aus dieser Höhle fortkommen. Es gibt nur eines: Der Riese darf uns nicht mehr sehen! Dann mag es uns wohl gelingen, ihm zu entrinnen, wenn er wieder den Felsen vom Eingang hebt. Versteht ihr?“ Sie starrten ihn an und dachten an den spitzen Pfahl und es wurde ihnen kalt vor Grausen, als sie begriffen, was Odysseus vorhatte. Aber zugleich begriffen sie auch, dass dies vielleicht ihre Rettung bedeutete.

„Mögen uns die Götter Mut verleihen!“, murmelte einer. Die anderen nickten nur. Nein, es war kein schöner Ausweg, aber es musste sein. Sie warteten mit Ungeduld, bis Polyphem zurückkehrte, denn sie wünschten, alles wäre schon vorüber.

Bald nachdem die Sonne untergegangen war, hörten sie ihn kommen. Er hob den Felsen vom Eingang und ließ die Herde an sich vorübergehen in die Höhle. Hinter dem letzten Widder verschloss er das Felsentor und machte sich an die gewohnte Arbeit. Als er fertig war, verzehrte er zum dritten Mal zwei Gefangene. Die anderen vermochten es nicht zu verhindern. Aber es sollte seine letzte Untat sein, dachten sie zähneknirschend.

Odysseus erhob sich langsam. Er löste den Lederschlauch vom Gürtel, nahm einen hölzernen Napf und füllte ihn mit Wein. Damit ging er hinüber zu Polyphem. „Da, trink, Kyklop!“, sagte er, heiser vor Grimm. „Ich wollte dir den Wein spenden, damit du uns gnädig seiest. Du aber wütest so schrecklich gegen uns!“ Polyphem nahm den Napf und trank begierig. Sogleich begann sein Auge zu funkeln. Odysseus füllte das Gefäß zum zweiten und dann zum dritten Mal. Mit kalter Wut im Herzen sah er zu, wie der Unhold den Wein in seinen unersättlichen Schlund goss. „Sage mir deinen Namen, Fremdling!“, grölte Polyphem. „Ich will dich mit einer Gabe erfreuen zum Dank für diesen Wein!“ Odysseus blickte zu dem unförmigen Schädel hinauf, der hoch über ihm wankte, und seine gewohnte Vorsicht warnte ihn. Nein, er würde dem Scheusal nicht erzählen, dass er der König von Ithaka war! „Ich heiße Niemand!“, antwortete er schnell. „So höre, Niemand!“, schrie Polyphem. „Ich will dich zuletzt von allen deinen Freunden verzehren. Das ist mein Gastgeschenk für dich!“ Damit ließ er sich auf sein Lager zurückfallen und begann alsbald zu schnarchen.

Odysseus wartete noch eine Weile, bis er sicher war, dass der Unhold fest schlief. Dann holte er den Pfahl unter dem Mist hervor. Lautlos schlichen die Gefährten zurück zum Lager des Riesen. Odysseus richtete die Spitze genau auf das geschlossene Auge. Dann stießen sie zu. Polyphem fuhr empor mit einem so fürchterlichen Gebrüll, dass sich vor Schrecken ihre Haare sträubten. Brüllend lief er durch die Höhle und fuhr mit den Armen blitzschnell herum, um seine Gefangenen zu finden. Aber da er nichts mehr sehen konnte, entwischten sie ihm leicht. Als er niemand fand, begann er, mit lautem Geschrei die anderen Kyklopen zu rufen, und seine gewaltige Stimme drang durch die Felsspalten ins Freie. Da rannten die Kyklopen von überall herbei, standen verwundert draußen vor der Höhle und fragten: „Was schreist du so, Polyphem, und weckst uns aus dem Schlummer? Sind etwa Räuber gekommen? Oder will dich jemand ermorden?“

„Niemand!“, brüllte Polyphem. „Niemand ist hier! Niemand will mich töten!“

„Wenn dir also niemand etwas zu Leide tut“,

---

1 das Klafter: alte Längeneinheit; ein Klafter = ca. 1,80 Meter

schrien sie zurück, „so musst du die Schmerzen eben ertragen."

Damit gingen sie wieder fort in ihre Höhlen und die Gefangenen, die voll Schrecken alles mit angehört hatten, atmeten auf. Odysseus aber lachte das Herz im Leibe, weil sein falscher Name die Kyklopen so getäuscht hatte.

Die Nacht verstrich, im Osten stieg Eos, die Morgenröte, am Himmel empor und ein Schein ihres rosigen Lichtes fiel in die Höhle. Die Herde begann zu erwachen und auch Polyphem erhob sich stöhnend. Er tappte durch den Gang hinaus und stieß den Felsblock zur Seite. Dann setzte er sich unter dem Tore nieder und breitete die Arme aus, damit niemand unbemerkt an ihm vorüberkäme.

Odysseus nickte grimmig, als er es sah. Ja, das hatte er befürchtet! Aber es sollte dem Unhold nichts nützen: Sie würden doch entkommen. Er hatte sich während der Nacht einen schlauen Plan ausgedacht und jetzt machten sie sich eilig daran, ihn auszuführen.

Sie nahmen dünne Weidenruten vom Lager des Riesen und flochten starke biegsame Seile daraus. Dann suchten sie die stärksten Widder mit der dicksten Wolle aus der Herde und banden je drei von ihnen zusammen, sodass sie nebeneinandergehen mussten. Unter dem mittleren aber band Odysseus immer einen seiner Gefährten fest. In dem dichten Vlies versanken die Weidenruten und man konnte sie nicht mehr fühlen, wenn man über den Rücken der Tiere strich. Zu beiden Seiten aber schritten die anderen Widder und Polyphem würde nicht merken, dass der mittlere einen Mann trug. Unterdessen war es hell geworden und die Widder drängten ins Freie. Polyphem betastete die Rücken der Tiere, die an ihm vorüberkamen, und er fühlte, wie ihr raues Fell seine Haut streifte. Nein, keiner von den Fremden konnte ihm entrinnen und sie sollten noch bitter büßen, was sie ihm angetan hatten! Er ahnte nicht, dass er schon um seine Rache betrogen war und dass die Tiere seine Feinde ins Freie trugen. Odysseus war allein in der Höhle zurückgeblieben. Und die Götter mochten wissen, ob es ihm gelingen würde zu entkommen: Denn ihm half nun niemand mehr. Aber er hatte den stärksten Widder drinnen festgebunden und zurückbehalten, der sonst stets seiner Herde vorauszugehen pflegte. Dieser Widder musste ihn retten! Schwerfällig schritt das Tier dem Ausgang zu, schüttelte unmutig den Kopf und blökte zornig über die ungewohnte Last. Ja, und dann, gerade als er bei Polyphem angelangt war, blieb er stehen! Der Riese erkannte ihn sogleich an der Größe, als er ihm über den Rücken strich. Odysseus trat kalter Schweiß auf die Stirn. Er wagte nicht zu atmen und vor seinen Augen begann sich alles zu drehen. Zugleich fühlte er, dass seine Arme allmählich erlahmten. Wenn der Widder nur noch eine ganz kleine Weile stehen blieb, musste er ihn loslassen und dann ... Da ging er endlich und Odysseus hätte vor Erleichterung beinahe laut geseufzt.

1 a Lest die Sage aufmerksam durch und tauscht euch anschließend über eure ersten Leseeindrücke aus: Was hat euch überrascht, besonders gut gefallen, gewundert oder …?
b Klärt gemeinsam Wörter oder Textstellen, die euch unklar sind.

2 Wenn ihr die Sage genau gelesen habt, könnt ihr die folgenden Fragen beantworten:
– Welcher Gefahr sind Odysseus und seine Gefährten in der Höhle des Polyphem ausgesetzt?
– Warum tötet Odysseus den Kyklopen nicht?
– Warum helfen die anderen Kyklopen dem verletzten Polyphem nicht?

3 Notiert in Stichworten, wie Odysseus Schritt für Schritt vorgeht, um seinen Fluchtplan in die Tat umzusetzen. Lest dazu auch noch einmal im Text nach.

1. Odysseus stellt einen langen, spitzen Holzpfahl her.
2. …

4 Odysseus wird auch „der Listenreiche" genannt. Begründet, welche seiner Listen euch am besten gefällt.

5 a Macht euch in Partnerarbeit ein genaues Bild von Odysseus. Welche Eigenschaften kennzeichnen ihn, wie fühlt und verhält er sich? Überfliegt noch einmal den Text und schreibt Wörter und Textstellen (mit Zeilenangaben) heraus, die euch Auskunft über ihn geben, z. B.:
Z. 1–x: Odysseus hockte auf einem Steinblock, den Kopf in die Hände gestützt, und brütete vor sich hin. Er fühlte sich elend wie noch nie in seinem Leben. Schmerz …
b Stellt eure Ergebnisse vor. Formuliert dann gemeinsam zwei oder drei Sätze, die Odysseus treffend beschreiben, z. B.:
Odysseus ist ein Held aus dem antiken Griechenland. Er …

6 a Erstellt in Partnerarbeit einen Cluster, in dem ihr alles sammelt, was eurer Meinung nach eine Heldin oder einen Helden auszeichnet. Oder erstellt einen Steckbrief zu einer Heldin oder einem Helden, die/den ihr aus einem Buch, einem Film, einem Computerspiel kennt.

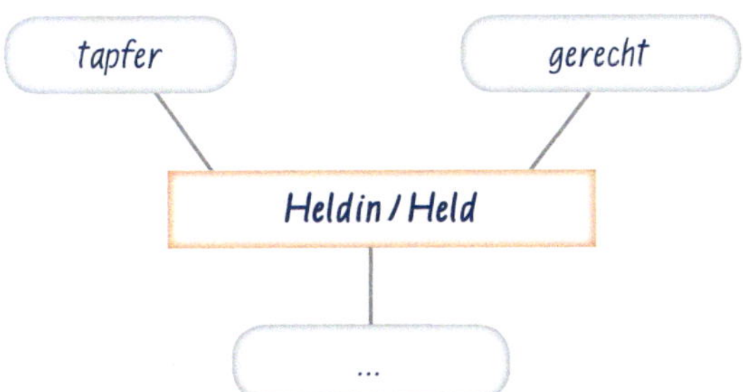

Steckbrief
Name: Spiderman
Aussehen: …
Ziele/Wünsche: …
…
…

b Stellt eure Ergebnisse vor. Welche Gemeinsamkeiten und Unterschiede könnt ihr im Vergleich zu Odysseus feststellen?

Die Handlung einer Sage in den Blick nehmen

Homer

Odysseus und die Zauberin Kirke

Odysseus und seine Gefährten können dem Polyphem entkommen und davonsegeln. Weil Odysseus aber dem Riesen Polyphem sein Auge ausgestochen hat, beschwört er den Zorn von Poseidon, Polyphems Vater, herauf. Er ist der Gott der Meere und sendet Stürme und Winde gegen Odysseus aus. So führt Odysseus' Fahrt nicht nach Hause, sondern er strandet mit seinen Mitreisenden auf der Insel Aia, wo die Zauberin Kirke wohnt.

Als sie sich abermals einer Küste näherten, beratschlagten sie, ob es nicht besser wäre vorbeizusteuern. „Denn, wer weiß", sagten sie mutlos, „gewiss hausen dort wieder andere Unholde, die uns nach dem Leben trachten." Da sie aber müde waren und auch nichts mehr zu essen hatten, legten sie zuletzt dennoch in einer flachen Bucht an, gingen an Land, legten sich hin und schliefen zwei Tage und zwei Nächte vor Kummer und Ermattung. Hätten sie freilich gewusst, dass dies Aia, die Insel der Zauberin Kirke, war, so wären sie wohl schleunigst wieder davongesegelt.
Am Morgen aber rief sie Odysseus zusammen und sprach: „Hört mich an! Wir müssen Rat halten, was geschehen soll! Wir wissen nicht, wo wir sind oder nach welcher Himmelsrichtung wir segeln müssen, um heimzugelangen. Aber ich habe gestern aus einem Walde in der Mitte der Insel Rauch aufsteigen sehen. Vielleicht wohnen freundliche Menschen hier, die wir befragen können!" Aber die Gefährten fuhren auf und begannen sogleich zu murren und zu klagen. Ja, auch vom Lande der Kyklopen sei Rauch aufgestiegen und von den Häusern der Laistrygonen[1] und sie dächten nicht mehr daran, ihre Haut ein drittes Mal zu Markte zu tragen. „Es muss sein!", sagte Odysseus hart. „Wir können nicht ohne Ende auf dem Meer umherirren! So wollen wir uns teilen und das Los werfen!"
Er winkte Eurylochos, der mit ihm verwandt war. „Du magst 22 Männer mit dir nehmen und ich ebenso. Wen das Los trifft, der zieht als Erster mit seinen Gefährten auf Kundschaft aus. Und kehren sie nicht zurück, so werden die Übrigen sich aufmachen, sie zu befreien oder zu rächen!"
Sie schüttelten die Lose in einem Helm und das Zeichen des Eurylochos fiel heraus.
So machte sich Eurylochos wohl oder übel mit seinen Gefährten auf den Weg. Aber der Auftrag gefiel ihm nicht und er beschloss, auf der Hut zu sein. Als sie eine Weile durch Buschwerk, Wiese und Wald gegangen waren, kamen sie auf eine Lichtung. Da stand ein prächtiges Haus aus schön behauenen Steinen und sie hörten eine liebliche Frauenstimme, die sang. Schon wollten sie auf das Haus zugehen, da prallten sie plötzlich zurück. Denn ringsum erhoben sich jetzt allerlei wilde Tiere aus dem Grase, hagere Bergwölfe und Löwen mit gewaltiger Mähne. Und während die Männer noch überlegten, ob sie zu den Schwertern greifen oder fliehen sollten, kamen die Tiere schweifwedelnd herbeigelaufen und sprangen an ihnen in die Höhe wie Hündlein, die ihre Herren begrüßen.

1 die Laistrygonen: Riesen, die einen Teil der Besatzung von Odysseus töteten und fraßen

Den Achaiern quollen die Augen aus dem Kopf vor lauter Verwunderung und sie wussten nicht, was dies alles zu bedeuten hatte. Einer von ihnen aber, mutiger und neugieriger als die anderen, schlich sich flink von der Seite an das Haus heran und spähte durchs Tor. Alsbald kam er zurückgerannt. „Freunde“, verkündete er eifrig, „da drinnen wohnt eine liebliche Frau, ich weiß nicht, ob es eine Göttin ist oder eine Sterbliche. Sie singt und schreitet dabei um den Webstuhl und wirkt[2] an einem herrlichen Teppich! Kommt schnell, wir wollen sie rufen! Welch ein Glück, eine sanfte Frau zu finden statt gräulicher Riesen und anderer Unholde!“

Aber es war kein Glück für sie: Denn die Frau war Kirke, die zauberkundige Tochter des Sonnengottes Helios. Sie verstand vielerlei Künste und kannte alle Kräuter, die auf der Erde wuchsen, und ihre heilsame und verderbliche Wirkung.

Als sie die Männer rufen hörte, legte sie sogleich das Weberschiffchen zur Seite und kam ans Tor. Sie lächelte freundlich, dass es ihnen warm ums Herz wurde, und lud sie ein, ins Haus zu treten. Sie folgten ihr, ohne sich lange zu besinnen. Nur Eurylochos, der Böses ahnte, blieb draußen und verbarg sich hinter dem Türpfosten. Und als das Tor sich hinter seinen Gefährten geschlossen hatte, begann er zu warten.

Währenddessen wies Kirke drinnen den Männern ihre Sitze an einem großen Tisch an, und während sie voll fröhlicher Erwartung dasaßen, mischte sie ihnen einen Trank aus geriebenem Käse, Mehl, Honig und Wein. Aber sie fügte auch noch den Saft von verschiedenen Kräutern hinzu, die nur sie allein kannte. Der Trank schmeckte fremdartig, süß und würzig und die Gäste leerten begierig ihre Becher. Kirke saß auf ihrem schön geschnitzten Thron und sah ihnen zu. Sie lächelte noch immer, aber es war ein grausames Lächeln. Dann erhob sie sich. Sie hatte jetzt einen Stab in der Hand, ging schnell an der Reihe der Männer entlang und berührte jeden damit.

Alsbald begannen sie, sich auf eine schreckliche Weise zu verwandeln. Ihre Köpfe schwollen unförmig an, ein Rüssel streckte sich daraus hervor, die Ohren hingen an den Seiten herab, die Gewänder verschwanden und Borsten bedeckten ihre Haut. Zuletzt verloren sie ihre menschliche Gestalt und begannen, auf vier Beinen zu gehen und zu grunzen. Sie waren alle zu Schweinen geworden! Nur ihr Menschenverstand war ihnen geblieben und so blickten sie einander todtraurig an und hätten gerne laut ihr Unglück beklagt. Aber sie hatten auch die Stimme von Schweinen und so vermochten sie nichts zu sagen. „Fort mit euch!“, befahl Kirke und trieb sie aus dem Saal über den Hof zum Stall. Dann schüttete sie ihnen Eicheln, Bucheckern und Kornelkirschen vor, wie eben Schweine gefüttert werden, und überließ sie ihrem Elend.

Eurylochos, der vergeblich auf seine Gefährten wartet, ahnt ein Unheil und kehrt zu Odysseus zurück. Dieser bricht sogleich auf, seine Männer zu suchen. Unterwegs wird er von Hermes, dem Götterboten und Schutzgott der Reisenden, aufgehalten.

Als Odysseus zum Waldesrand kam, trat ihm Hermes entgegen, der Gott mit dem goldenen Stabe. Er hatte Gestalt und Angesicht eines schönen Jünglings und begrüßte Odysseus freundlich. Aber sogleich wurde er sehr ernst. „Unglückseliger, wie kannst du es wagen, so allein und fremd hier umherzustreifen!“, sagte er tadelnd. „Du weißt nicht, was dich bedroht: Deine Freunde sind bei Kirke, der zauberkundigen Göttin. Sie hat sie in Schweine verwandelt und im Stall eingesperrt. Willst du etwa hingehen, sie zu retten? Du würdest nur ihr Schicksal teilen und nie wieder zurückkehren! Aber ich will dir helfen!“ Er beugte sich nieder und zog ein Kräutlein aus der Erde, das gerade zu seinen Füßen wuchs. Es war an der Wurzel schwarz und hatte eine milchweiße Blüte.

2 wirken: arbeiten

Er reichte es Odysseus. „Wenn du das Kräutlein Moly hast, kann dir kein Zauber etwas anhaben“, sprach Hermes. „Geh nun zu Kirkes Haus und folge ihr unbesorgt in den Saal! Sie wird dir einen Trank bereiten, in den sie ihre verderblichen Kräuter mischt. Dir aber werden sie nicht schaden! Berührt sie dich darauf mit dem Stabe, so reiße dein Schwert von der Hüfte und drohe ihr, sie zu töten. Dann wird sie dich bitten, ihr das Leben zu schenken und ihr Gast zu sein. Du aber verlange von ihr, dass sie sogleich deine Gefährten von dem Zauber befreie und den mächtigen Eid der Götter schwöre, euch nichts Übles mehr zuzufügen.“
Damit kehrte der Bote der Götter zurück zum Berge Olympos. Odysseus aber steckte das Kräutlein zu sich und begab sich eilig zum Hause der Kirke.

Alles geschieht so, wie Hermes es Odysseus vorhergesagt hat. So besiegt Odysseus die allmächtige Kirke und bittet sie, die Gefährten von dem Zauber zu erlösen.

Kirke zauderte einen Augenblick. Dann erhob sie sich und verließ schweigend den Saal und er sah sie draußen über den Hof gehen. Gleich darauf kam sie zurück und jagte ein Rudel Schweine in den Saal vor sich her. Sie trieb sie in den Saal und da standen sie in einer Reihe und Odysseus schossen vor Grimm und Schmerz die Tränen in die Augen, als er sie erblickte.
Kirke aber ging schnell von einem zum anderen und bestrich sie mit einer Zaubersalbe. Da begannen sie, sich augenblicklich zu verwandeln, die Borsten fielen von ihnen ab, aus den hässlichen Tierkörpern kamen menschliche Gesichter hervor, die kurzen, dicken Beine wurden zu Händen und Füßen und alsbald standen die Männer aufrecht da und sahen stattlicher aus als zuvor.

1 Die folgenden Bilder zeigen wichtige Handlungsabschnitte der Sage. Sie sind aber durcheinandergeraten und ein Bild fehlt.

a Bringt die Bilder in die richtige Reihenfolge. Überlegt auch, welche Handlung auf dem fehlenden Bild dargestellt sein müsste. Gebt dann jedem Bild eine treffende Überschrift.
F Eurylochos und seine Gefährten werden ausgelost, um die Jnsel zu erkunden.
...

b Vergleicht eure Ergebnisse. Begründet, wo eurer Meinung nach der Höhepunkt der Kirke-Geschichte liegt.

c Ergänzt die Handlung auf dem fehlenden Bild durch eine eigene Zeichnung.

2 a Mit den folgenden Fragen könnt ihr prüfen, ob ihr die Handlung der Sage genau kennt. Stellt euch gegenseitig die Fragen. Wechselt nach jeder Frage die Rollen und notiert eure Ergebnisse.
- An welchem Ort spielt die Handlung?
- Welche Tiere treffen die Kundschafter bei Kirke an?
- Warum sind die Männer von Kirke angetan und misstrauen ihr nicht?
- Wer sind die Hauptfiguren in dieser Sage?

b Formuliert selbst drei weitere Fragen zur Sage und lasst sie von euren Mitschülern/euren Mitschülerinnen beantworten.

3 Wer von euch kann die Sage am kürzesten zusammenfassen, ohne einen wichtigen Handlungsschritt auszulassen? Fasst den Inhalt der Sage in wenigen Sätzen zusammen. Verwendet das Präsens.

4 In Heldensagen spielen die Götter oft eine entscheidende Rolle, indem sie in die Handlung eingreifen. Erklärt, welche Rolle der Gott Hermes in dieser Sage spielt.

Im antiken Griechenland gab es für jeden Lebensbereich einen verantwortlichen Gott. Daher war es selbstverständlich, dass auch in den Heldensagen die Götter eine Rolle spielten.

5 An zwei Stellen der Geschichte macht der Erzähler eine Andeutung, wie die Handlung weitergehen wird (Vorausdeutung).
Sucht diese beiden Textstellen und lest sie laut vor. Welche Wirkung haben diese Vorausdeutungen auf die Leser?

6 Als die Männer von der Zauberin Kirke in Schweine verwandelt werden, erfahren wir nur wenig über die Gedanken und Gefühle der Figuren.
Versetzt euch in eine der beteiligten Figuren (in einen der Männer oder in die Zauberin Kirke) und erzählt in der Ich-Form von den Gedanken und Gefühlen dieser Figur.
TIPP: Verwendet dabei anschauliche Adjektive und treffende Verben.

7 Odysseus' zurückverwandelte Gefährten wissen natürlich nicht, wie Odysseus es geschafft hat, sie zu retten.

a Gestaltet ein Gespräch zwischen Odysseus und seinen Gefährten, in dem sie von seiner Rettungsaktion erfahren.

b Spielt diese Szene.

Die Merkmale einer Sage kennen lernen

Homer

Odysseus und der Bogenwettkampf

Nach vielen Abenteuern, die Odysseus auf seiner zehnjährigen Heimreise erlebt, kehrt er endlich nach Hause zurück und erreicht die Küste Ithakas. Athene, die Göttin der Weisheit, empfängt ihn und verwandelt ihn in einen Bettler, damit er unerkannt prüfen kann, wer unter den Gefolgsleuten ihm noch treu ist und wer nicht. Allein seinem Sohn Telemachos gibt sich Odysseus zu erkennen. Er erfährt, dass sein Palast von fremden Männern belagert ist, die sein Hab und Gut verprassen und seine Frau Penelope zwingen wollen, einen von ihnen zu heiraten. Ein Bogenwettkampf soll nun entscheiden, wer von ihnen der neue König von Ithaka wird: Derjenige, dem es gelingt, einen Pfeil durch zwölf Äxte zu schießen, soll Penelope heiraten. Aber keiner von ihnen schafft es, auch nur den mächtigen Bogen des Odysseus zu spannen. Schon will man den Wettkampf vertagen, als der zerlumpte Bettler um einen Versuch bittet.

Odysseus drehte den Bogen nach allen Seiten hin und her, um zu sehen, ob nicht Würmer das Holz zernagt hätten oder der kostbaren Waffe sonst ein Schaden geschehen sei.

Die Freier[1] beobachteten ihn mit Besorgnis. „Seht, der Bettler!", sagte einer. „Er scheint ein genauer Kenner des Bogens zu sein! Vielleicht besitzt er selbst einen oder er will sich einen verfertigen! Wie er ihn hin und her dreht, der tückische Alte!"

Jetzt spannte Odysseus mit der Rechten die Sehne, so leicht, wie ein Sänger die Saiten spannt. Ein heller Ton wie der Ruf einer Schwalbe erklang, als sie zurückschnellte.

Da erfasste die Freier Bestürzung und ihre Gesichter wurden bleich. Odysseus aber ergriff den Pfeil, der neben ihm auf dem Tisch lag, und legte ihn in die Kerbe. Er stand nicht einmal von seinem Stuhl auf: Sitzend zielte er und schoss.

Der Pfeil flog mit einem leisen, schwirrenden Geräusch. Er flog durch die zwölf Äxte hindurch und fiel jenseits zu Boden.

Die Freier sprangen vor Schrecken in die Höhe, dass ihre Sessel polternd umfielen.

Odysseus aber rief: „Telemachos, der Fremdling in deinem Saal macht dir keine Schande! Der Wettkampf ist zu Ende! Nun mag ein anderer Kampf beginnen!"

Da warf sich Telemachos den Schwertriemen um die Schulter, ergriff den Speer und sprang neben seinen Vater auf die Schwelle. Schnell schüttete Odysseus die Pfeile aus dem Köcher vor sich auf den Boden und legte einen neuen in die Sehne.

Und während die Freier einander noch verblüfft und ratlos anstarrten, schoss er abermals.

1 der Freier: Bewerber um eine Frau

Der Pfeil flog mit einem leisen, schwirrenden Geräusch. Er flog auf Antinoos zu, der gerade den doppelt gehenkelten goldenen Becher zum Mund führen wollte, und traf ihn in die Kehle. Der Becher entfiel ihm und rollte über den Tisch. Antinoos sank zur Seite, ein Blutstrom quoll ihm aus der Nase und sein weißes Gewand färbte sich purpurrot.

Da schrien die anderen Freier auf, liefen durcheinander und suchten nach den Waffen, die sonst an den Wänden hingen. Aber da waren keine Waffen mehr[2].

So stürmten sie mit wütendem Geschrei auf Odysseus zu. „Wehe dir, das war dein letzter Schuss! Du hast einen der Edlen von Ithaka getötet! Dafür werden dich die Geier fressen!"

Aber sie prallten entsetzt zurück, als der Fremde abermals einen Pfeil auf die Sehne legte und die Spitze des tödlichen Geschosses gegen sie richtete.

„Ihr Hunde!", schrie Odysseus mit schrecklicher Stimme. „Ihr meintet, ich käme nie mehr zurück aus dem Land der Trojaner! Ihr habt um meine Gattin geworben, obgleich ihr nicht wusstet, ob ich nicht vielleicht doch noch lebe! Schamlos habt ihr meine Güter verprasst und euer übles Spiel mit den Mägden getrieben. Ihr habt meinem Sohn nach dem Leben getrachtet! Ohne Scheu vor Göttern und Menschen habt ihr Frevel[3] auf Frevel gehäuft! Nun kommt die Vergeltung über euch!"

Die Freier standen wie erstarrt vor Entsetzen, als sie begriffen, was dies bedeutete. Verzweifelt irrten ihre Blicke umher, einen Ausweg zu suchen. Aber sie fanden keinen.

Odysseus gibt sich zu erkennen, sein Sohn Telemachos und zwei treue Hirten stehen mit Waffen bereit und gemeinsam besiegen sie die Gegner. In der Nacht darauf berichtet Odysseus seiner Frau Penelope von seinen Irrfahrten und Abenteuern.

2 Odysseus und sein Sohn Telemachos haben die Waffen zuvor versteckt.

3 der Frevel: Verbrechen, Gewalt

1 a Lest zuerst nur den Einleitungstext zu dieser Sage (▸ S. 122, Z. 1–19). Schreibt auf, wie diese Geschichte von Odysseus weitergehen könnte. Begründet eure Vermutungen.

b Lest nun die Sage „Odysseus und der Bogenwettkampf". Welche eurer Vermutungen sind dem Original ähnlich?

2 Klärt gemeinsam, was Odysseus mit der folgenden Aussage meint:

„Odysseus aber rief: ‚Telemachos, der Fremdling in deinem Saal macht dir keine Schande! Der Wettkampf ist zu Ende! Nun mag ein anderer Kampf beginnen!'" (▸ S. 122, Z. 45–48)

3 Untersucht den Inhalt dieser Sage genauer:
- Odysseus schleicht sich als Bettler in den Palast. Erklärt, warum er sich nicht sofort als König von Ithaka zu erkennen gibt.
- Wann erkennen die Freier, dass es sich bei dem Fremden um Odysseus handelt? Sucht in der Sage die entscheidende Textstelle heraus und lest sie vor.
- Mit wessen Hilfe gelingt es Odysseus, den Kampf gegen die Palastbelagerer zu gewinnen?

4 Geht die Sage von Odysseus gut aus? Begründet eure Meinung.

Odysseus' zehnjährige Irrfahrt

Nach dem Sieg über Troja begeben sich Odysseus und seine Gefährten auf eine schwierige Heimreise. Zahlreiche Stürme treiben sie vom Kurs ab, etliche Abenteuer müssen sie bestehen und viele Schicksalsschläge hinnehmen, bis sie nach zehn Jahren endlich zu Hause in Ithaka ankommen. Von dieser zehnjährigen, gefahrvollen Rückfahrt erzählt „Die Odyssee“, die der griechische Dichter Homer im 8. Jahrhundert vor Christus verfasst hat.

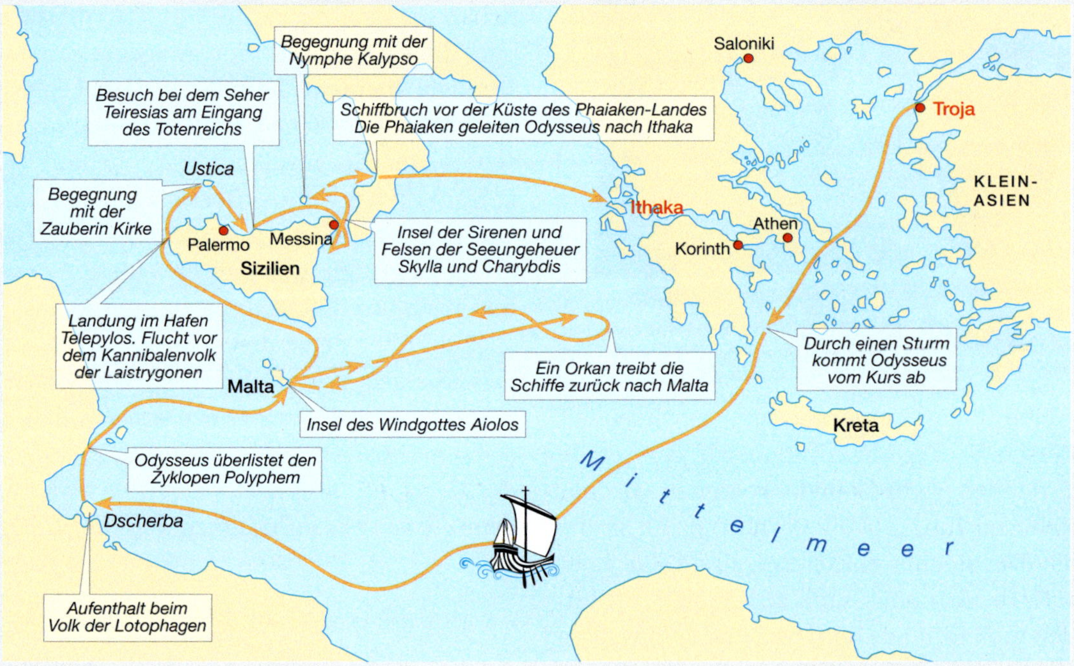

1 a Verfolgt auf der Landkarte die Reiseroute, die Odysseus mit seinen Gefährten zurückgelegt hat. Nennt die Länder, Meeresteile und Inseln, die der griechische Held bereist hat.
b Erklärt, warum die zehnjährige Heimreise des Odysseus auch als Irrfahrt bezeichnet wird.

2 a An welchen Orten spielen die drei Abenteuer Odysseus', die ihr in diesem Kapitel kennen gelernt habt?
b Informiert euch über ein weiteres Abenteuer des Helden Odysseus, das an einem bestimmten Ort spielt, und stellt es in der Klasse vor.

3 Viele Redewendungen, die wir heute gebrauchen, haben ihren Ursprung in der Sagenwelt der Antike: Die Erinnerung an die Zauberin Kirke (auch Circe) lebt z. B. in der Wendung „jemanden bezirzen“ weiter. Und noch heute spricht man davon, eine „Odyssee hinter sich zu haben“. Was ist mit diesen Wendungen gemeint?

4 a Lest den unten stehenden Merkkasten, der euch über Sagen informiert, aufmerksam durch.
b Untersucht, welche Sagenmerkmale ihr in den Geschichten von Odysseus finden könnt (▸ S. 114–116, 118–120, 122–123). Beantwortet dazu folgende Fragen:
- Welche Kämpfe, Abenteuer und Reisen muss der Held Odysseus bestehen?
- Welche Götter tauchen auf und welche Rolle spielen sie?
- Welche ungewöhnlichen Wesen treten auf?
- Welchen wahren Kern findet ihr in den Geschichten von Odysseus?

5 Gibt es heute noch Bücher, Filme oder Spiele, die ähnliche Merkmale wie Sagen haben? Stellt sie in der Klasse vor.
Notiert wichtige Informationen und präsentiert dann eure Ergebnisse. Ihr könnt auch ein Plakat gestalten, auf dem ihr Informationstexte und passende Abbildungen zusammenstellt.

Titel: ...
Medium (Buch, Film, Spiel?): ...
Autor/-in (bei einem Buch): ...
Hauptfiguren: ...
Darum geht es: ...
Diese Ähnlichkeiten mit Heldensagen gibt es: ...

Information **Sagen**

Sagen sind Erzählungen, die vom Anfang der Welt, von Göttern und Göttinnen, Helden und ihren Taten handeln. Häufig geht es in ihnen um **Kämpfe und Prüfungen,** um Sieg und Niederlage und um abenteuerliche Reisen, die der Held erlebt. Ob das Abenteuer eines Helden ein gutes oder ein böses Ende nimmt, hängt oft von dem Willen der **Götter** ab, die in die Handlung eingreifen und aus den gleichen Beweggründen wie die Menschen handeln, z. B. aus Eifersucht, Liebe, Rache.
In Sagen steckt **meist ein wahrer Kern:** Sie spielen häufig an Orten, die es wirklich gibt, verweisen manchmal auf Ereignisse, die tatsächlich stattgefunden haben, und erzählen oft von Figuren, die an wirkliche Personen erinnern. **Vieles** an den Sagen **ist aber auch erfunden:** So verfügen Menschen über unermessliche Kräfte und es tauchen Ungeheuer, Zauberinnen, Riesen und andere Fantasiewesen auf.
Sagen wurden **zunächst mündlich weitererzählt,** bevor man sie schriftlich festhielt.
Je nach ihrem Inhalt kann man die Sagen in verschiedene Gruppen einteilen:
- Stehen im Mittelpunkt der Sage die Taten eines Helden, spricht man von **Heldensagen,** z. B.: *Die Abenteuer des Odysseus* (▸ S. 114–123), *Die Siegfried-Sage, Die Herakles-Sage.*
- Erzählen sie von Ereignissen, die an einen bestimmten Ort gebunden sind, spricht man von **Orts- oder Lokalsagen,** z. B.: *Der Rattenfänger von Hameln* (▸ S. 134).

Testet euch!

Ein Quiz rund um die Abenteuer des Odysseus

1 Entwerft ein Quiz zu den Abenteuern des Odysseus und zum Thema „Sagen“.
Geht so vor:
- Arbeitet in kleinen Gruppen.
  Jede Gruppe formuliert richtige und falsche Aussagen zur Odyssee oder allgemein zum Thema „Sagen“.
  Notiert insgesamt zehn Sätze.
- Nehmt Karteikarten oder Zettel:
  Auf die Vorderseite der Karten schreibt ihr eure Sätze, auf die Rückseite die jeweils zutreffenden Antworten (richtig oder falsch).
- Jede Gruppe schreibt eine Nummer (z. B. Gruppe 1, 2, 3 ...) auf die Karten, damit man weiß, welche Gruppe welche Karten erstellt hat.

2 Jetzt kann es losgehen:
- Die Karten jeder Gruppe werden nebeneinander auf einzelne Stapel gelegt, sodass man die Antworten nicht sieht.
- Nun treten reihum jeweils zwei Mitglieder einer Gruppe gegeneinander an.
  Jeder zieht eine Karte aus dem Stapel der anderen Gruppe.
- Wird die Karte richtig beantwortet, kann sie behalten werden. Wenn nicht, muss die Karte wieder zurück in den Stapel.
- Welche Gruppe hat am Ende die meisten Karten?

Gruppe 1

Odysseus hat einen Sohn.

Gruppe 2

Die Gefährten von Odysseus werden von der Zauberin Kirke in Ziegen verwandelt.

Gruppe 3

Sagen haben häufig einen wahren Kern.

6.2 Die Sage von Beowulf – Nacherzählen und ausgestalten

Beowulf und Grendel

Die Geschichte des Helden Beowulf ist eine germanische Sage, die im 5. Jahrhundert nach Christus in Skandinavien spielt. Beowulf lebt im Gautenland (heutiges Südschweden) und dient dort seinem König Hygelac.
Zu Beginn der Geschichte werden wir an den Hof des dänischen Königs Hrotgar geführt. Um seine Macht und seinen Reichtum zu zeigen, hat er die gewaltige Prachthalle Heorot (= Hirschburg) bauen lassen. Hier bewirtet er sein Gefolge und feiert mit seinen Kriegern seine Siege. Doch schon bald bricht über Hrotgars Königreich ein schreckliches Unheil herein.

Da erwuchs König Hrotgar ein furchtbarer Feind im eigenen Land. Unweit der Hirschburg lag ein Moor. Es war den Menschen immer unheimlich gewesen. Manchmal war ein Reisender verschwunden. Ein andermal hatte man Pflug und Pferd auf einem Acker gefunden, aber nicht mehr den Bauern, der da gepflügt hatte. Doch niemand hatte bisher gewusst, dass tief unter der trügerischen Decke ein Riese lebte. Er hieß Grendel. Zusammen mit seiner Riesenmutter hauste er einen halben Tag unter der Erde. Seine Freude war die Düsternis. Nichts war ihm verhasster, als andere lachen zu hören. Allabendlich aber klang die Harfe aus Heorot bis zum Moor hinüber, allabendlich hörte Grendel frohe Stimmen und Gelächter. Sein dumpfer Groll wuchs. Eines Abends schien ihm der Jubel besonders laut. Der Frohsinn der Menschen legte sich wie ein Fassreif um seine Brust. Es war Mitternacht, als Grendel aus dem Moor emporstieg.
Das Burgvolk hatte sich, berauscht von Wein, in der Halle schlafen gelegt. Grendel, der Riese, drang in den Saal ein. Er tötete mit einem Schlag dreißig Krieger und schleppte ihre Leichen ins Moor.
Als die Nacht zerfloss und die Ersten erwachten, ward die Untat offenbar. Der geschmückte Saal war verwüstet. Eine breite Spur führte zum Nebelmoor. An der Wand aber stand mit Blut geschrieben: Heorot ist mein!
König Hrotgar war entsetzt. Er kannte diesen Feind nicht. In der nächsten Nacht wachten die dänischen Krieger in der Halle. Sie wollten den Unhold erschlagen. Früh fand ihr König sie alle tot. Zu gewaltig war Grendels Kraft. Wer sich nachts in der Halle aufhielt oder auch nur in ihrer Nähe, war verloren. Nicht mehr Hrotgars Gefolge saß im Saal, sondern Grendel ließ sich manche Nacht dort nieder und lauschte auf einen Schritt oder einen Laut. Aber Heorot lag tot. Furcht saß in den Mauern.
Die Ältesten und Klügsten des dänischen Volkes berieten. Sie brachten den Göttern Opfer.

Doch niemand konnte das Unheil bannen. Zwölf Jahre vergingen.

Mit Hass verfolgte Grendel alles, was in der Burg lebte.

Da hörte in Gautland ein junger Krieger vom schrecklichen Grendel. Dieser Krieger galt als der stärkste Mensch weit und breit. Er stand im Dienst des Königs Hygelac. Er hatte das Land der Gauten von den Riesen und die Küste von den Seeungeheuern befreit. In seinem Handgriff lag die Kraft von dreißig Männern. Das war Beowulf.

Beowulf beschloss, dem König Hrotgar zu Hilfe zu kommen. Die alten, weisen Männer der Gauten sorgten sich um ihn. Aber sie hielten ihn nicht zurück. Man hält nicht einen zurück, der anderen helfen will.

Beowulf rüstete ein Schiff aus. Mit vierzehn seiner Freunde segelte er über den Sund[1].

Der dänische König Hrotgar empfängt Beowulf mit seinen Freunden voller Freude. Er kennt den jungen Krieger aus dem Land der Gauten aus vergangenen Zeiten, als dieser noch ein Kind war. Beowulfs Vater hatte damals mit seiner Familie Zuflucht vor seinen Feinden an Hrotgars Hof gesucht und die beiden Männer hatten bald Freundschaft geschlossen. Nun war der Sohn seines alten Freundes zurückgekehrt, um ihm gegen seinen schlimmsten Feind zu helfen. Dänen und Gauten feiern in Hrotgars Prachthalle Heorot ein Willkommensfest.

Dann verließ König Hrotgar mit den Dänen die Halle. Zurück blieben die Gauten und ihr Anführer Beowulf. Nun war er vom König zum Wächter der Burg bestellt. Er streifte Helm und Harnisch[2] ab, reichte auch das Schwert seinem Bediensteten und sprach: „Ich bin nicht schwächer als Grendel und will darum nicht das Schwert gebrauchen. Er kennt nicht die Kunst, die Klinge zu führen. Mit bloßer Hand will ich ihn besiegen!“

Die Gauten streckten sich auf den Bänken aus. Keiner glaubte, dass er die Heimat wiedersehen würde. Wer schlief, träumte von Grendel. Beowulf hielt Wache, auf dem Boden liegend, den Kopf auf ein Kissen gebettet.

Aus dem Moor löste sich ein Schatten. Grendel war es, der durch den Abendnebel schritt. Er hatte Lachen in der Burg gehört. Den Weg zur goldenen Halle mit dem farbigen Schindeldach kannte er genau, denn er ging ihn nicht zum ersten Mal. Er wusste noch nicht, dass er diesen Weg zum letzten Mal gehen sollte.

Grendel brach die schwere Tür und den geschmiedeten Riegel mit einem Faustschlag auf. Er trat in den bunt bemalten Raum. Seine Augen glühten vor Gier, als er die schlafenden Krieger sah. Sie alle würde er heute Nacht töten, so glaubte er.

Beowulf brannte auf den Kampf. Er betrachtete das Untier. Grendel zögerte nicht. Er packte

1 der Sund: Meeresenge

2 der Harnisch: Rüstung

den nächsten Gauten, zerriss ihn, sog sein Blut auf und verschlang den Toten. Dann fasste er nach Beowulf. Der war rasch. Er stützte sich hoch und packte die Rechte des Ungeheuers. Noch nie hatte Grendel solchen Griff gespürt. Jähe Furcht befiel ihn. Er strebte zur Tür, er wollte sich verbergen. Hinab in das tiefe Moor wollte er – dieser Empfang war von anderer Art, als er es gewohnt war. Doch er konnte nicht fort. Beowulf erhob sich. Er packte die Klaue des Riesen so fest, dass dessen Finger brachen. Grendel drängte hinaus. Der Saal erzitterte in den Fugen. In bangem Schrecken lauschten die Dänen. Ein Wunder war es, dass der Bau nicht einstürzte, so tobte der Kampf. Da begann Grendel zu heulen, dass allen das Blut in den Adern gefror. Die Gauten, die erwacht waren, drangen mit ihren Schwertern auf Grendel ein, doch kein Eisen vermochte, ihn zu verwunden. Beowulf hielt ihn fest und Grendel wusste, dass er nicht freikommen konnte.

Er riss sich los und ließ seinen Arm mitsamt der Schulter in Beowulfs Hand. Todwund flüchtete er, nur fort von Heorot, heim ins Moor! Und er spürte, dass seine Tage gezählt waren.

Beowulf hatte sein Versprechen gehalten. Er hatte Heorot den Frieden gebracht. Als Zeichen lag die Tatze des Ungeheuers in der Halle.

1 a Lasst euch die Geschichte laut vorlesen und hört genau zu.

b Überprüft euer Textverständnis, indem ihr die folgenden Sätze abschreibt und vervollständigt.
- Um Mitternacht steigt Grendel aus seiner Behausung im Moor empor und macht sich auf den Weg zu dem Prachtsaal Heorot, weil ...
- Am nächsten Morgen muss der dänische König Hrotgar entsetzt feststellen, dass ...
- Die weisesten Männer beraten, was man gegen Grendel tun kann, aber ...
- Der junge Held Beowulf fährt mit seinen Gefährten nach Dänemark, um ...
- Beowulf ist im Land der Gauten bereits ein Held, weil ...
- Im Land der Dänen bestätigt Beowulf seinen Ruf als Held dadurch, dass ...

c Vergleicht in Partnerarbeit eure Sätze und überprüft eure Ergebnisse mit Hilfe des Textes.

2 a Klärt gemeinsam, was die folgenden Textpassagen in der Geschichte bedeuten. Lest dazu noch einmal im Text nach und formuliert die Sätze dann in eigenen Worten.

„Zusammen mit seiner Riesenmutter hauste er [Grendel] einen halben Tag unter der Erde. Seine Freude war die Düsternis" (▸ S. 127, Z. 10–13).

„Sein dumpfer Groll wuchs" (▸ S. 127, Z. 17).

„Der Frohsinn der Menschen legte sich wie ein Fassreif um seine Brust" (▸ S. 127, Z. 19–20).

„Aber Heorot lag tot. Furcht saß in den Mauern" (▸ S. 127, Z. 41–42).

„Nun war er [Beowulf] vom König zum Wächter der Burg bestellt" (▸ S. 128, Z. 78–79).

„Beowulf brannte auf den Kampf" (▸ S. 128, Z. 104).

b Gibt es weitere Wörter oder Textstellen, die euch unklar sind? Erklärt auch diese aus dem Textzusammenhang oder mit Hilfe eines Wörterbuchs.

3 Erklärt, warum Beowulf vor dem Kampf mit Grendel seine Rüstung und sein Schwert ablegt. Was sagt dies über den Helden Beowulf aus?

4 Grendel wird im Text als Unhold (▸ Z. 35), als Riese (▸ Z. 53) und als Ungeheuer (▸ Z. 109) bezeichnet. Wie stellt ihr euch Grendel vor? Beschreibt oder zeichnet ihn.

5 In Sagen geht es häufig ziemlich gewalttätig zu. Auch die Helden scheuen oft nicht vor dem Kampf zurück, um ihre Aufgaben zu erfüllen.
Welche Passagen in der Sage von „Beowulf und Grendel" erscheinen euch brutal?

6 Erzählt die Sage von „Beowulf und Grendel" mit euren eigenen Worten spannend und anschaulich nach. Geht so vor:

a Lest den Text noch einmal sorgfältig und gliedert ihn in einzelne Erzählschritte. Gebt jedem Erzählschritt eine treffende Überschrift und notiert wichtige Einzelheiten zur Handlung.
TIPP: Zum Nacherzählen eignen sich besonders gut Karteikarten. Legt für jeden Erzählschritt eine neue Karteikarte an.

1. Das Ungeheuer Grendel (Z. x–y)
- *lebt nahe der Hirschburg in einem unheimlichen Moor*
- *wohnt in unterirdischer Behausung*
- *niemand weiß von dem Riesen*
- …

2. Die Überfälle auf Heorot (Z. x–y)
- …

Erzählschritte
Ein neuer Erzählschritt beginnt häufig dann, wenn z. B.:
– der Ort der Handlung wechselt,
– ein Zeitsprung stattfindet,
– eine neue Figur auftaucht oder
– die Handlung eine Wendung erfährt.

b Erzählt mit Hilfe eurer Stichworte die Sage von „Beowulf und Grendel" möglichst anschaulich und spannend nach. Die unten stehenden Tipps im Methodenkasten helfen euch dabei.

7 Sucht euch eine andere Heldensage aus und bereitet sie für eine Nacherzählung in der Klasse vor. Ihr könnt z. B. ein Abenteuer aus der Siegfried- oder der Artussage nacherzählen.

Methode **Nacherzählen**

Versetzt euch beim Nacherzählen in die Ereignisse und die Figuren der Geschichte hinein, sodass vor eurem inneren Auge ein genaues Bild entsteht.
- Haltet euch genau an den Handlungsverlauf, erfindet nichts Neues hinzu.
- Erzählt mit euren eigenen Worten.
- Teilt die Gedanken und die Gefühle der Hauptfiguren mit und verwendet die wörtliche Rede.
- Verwendet die Zeitform der Textvorlage (meist das Präteritum).

Diese Regeln gelten für das mündliche und schriftliche Nacherzählen.

Beowulf und der Drache

Nach dem Sieg über das Ungeheuer Grendel im Land der Dänen kehrt Beowulf – von König Hrotgar reich beschenkt – in seine Heimat zurück. Er steigt zu einem der mächtigsten Fürsten der Gauten auf und gelangt schließlich sogar auf deren Königsthron. Er regiert sein Land weise, schützt es gegen seine Feinde und kann es vor allem Unheil bewahren.

Schließlich jedoch verwüstet ein Lindwurm, ein Drache, der seit Urzeiten verborgen in einer Felsenhöhle lebt und dort einen kostbaren Schatz bewacht, weite Teile des Landes. Ein Sklave hat den Zorn des Feuer speienden Drachen erregt, weil er auf seinen Streifzügen den Schatz entdeckt und einen wertvollen Krug daraus geraubt hatte.

Im hohen Alter muss Beowulf gegen dieses gewalttätige Untier antreten. Er versammelt seine Gefährten und zieht zur Drachenhöhle.

Mit zwölf Kriegern zog Beowulf aus. Ein dreizehnter Mann lief vorweg. Es war der Sklave, der den Krug aus dem Drachenschatz geraubt hatte. Ängstlich und widerwillig zeigte er dem König den Weg. Im tiefen Fels, im goldgefüllten Grab wartete der Drache.

Als sie sich der Höhle näherten, ließ Beowulf rasten. Seine Begleiter lagerten sich auf den Felsen. Der König war ernst. Er sprach: „Ich bestand in jungen Jahren schon viele Kämpfe; an sie denke ich. Ich habe immer in der ersten Reihe gekämpft. Auch heute will ich vorangehen. Ich werde das Untier nicht mit der Hand packen können, wie ich es mit Grendel tat. So muss ich mit Schild und Schwert antreten. Ich bin furchtlos und entschlossen.“

Beowulf stieg in die Felsenkluft. Aus dem Berginnern strömte ihm ein reißender Bach

entgegen. Er siedete[1] unter dem Atem des Lindwurms. Das Wasser hinderte Beowulf, tiefer in den Berg einzudringen. Da rief er mit starker Stimme nach dem Untier. Zornig schoss der Drache hervor, als der Ruf ihn erreichte. Erst fauchte sein giftiger Atem aus der Tiefe, dann dröhnte der Fels unter seinem Gewicht. Beowulf erhob den Schild. Zischend kroch der geringelte Drache heran. Beowulf zückte sein scharfes Schwert. Jeder der beiden erblickte einen furchtbaren Gegner.

Da schlug Beowulf zu. Doch die Schwertschneide durchdrang nicht die schuppige Hornhaut. Der Schlag reizte den Feuerwurm. Er spie funkelnde Glut, die weithin spritzte. Er drang auf den König ein. Ein zweiter Hieb ließ ihn zurückweichen. Doch Beowulf war in arger Bedrängnis. Wer half dem Helden?

Des Königs Begleiter waren geflohen und hielten sich im Wald versteckt – bis auf einen. Der sah Beowulfs Not. Es war Wiglaf, Weohstans Sohn, ein Edelmann.

Wiglaf drang durch Feuer und Rauch, bis er neben Beowulf stand. Die anderen zauderten und fürchteten sich.

Wiglaf schrie: „Ich will dir helfen, Fürst; hilf du mir auch!“

Da stürmte der Drache erneut heran. Er schnaubte, dass ein Flammenmeer die Kämpfer einhüllte. Wiglafs Schild aus Holz fing Feuer, sein Harnisch begann zu glühen. Wiglaf schlüpfte hinter Beowulfs Schild. Der König schlug mit aller Kraft zu, doch war seine Kraft zu groß. Die Klinge traf den Drachennacken, dass das Schwert zerbrach. Da richtete sich der Giftwurm auf und packte Beowulf mit den Krallen. Er schlug ihm die Zähne in den Hals, dass des Königs Blut hervorschoss.

…

Dies war Beowulfs letztes Wort. Dann löschte das Drachengift sein Leben aus.

Schmerz befiel Wiglaf, als er seinen König sterben sah. Doch auch der Unheilstifter, der grausige Drache, war tot. Er lag vor der Schwelle der Höhle, die den Schatz barg. Aus dieser Höhle hatten ihn um Mitternacht seine Flügel getragen. Aus dieser Höhle war er in die Wolken gestiegen und hatte die Wohnstätten der Menschen erspäht, um sie zu verbrennen. Nun war er besiegt. Den Sieg aber hatte Beowulf mit seinem Leben bezahlt.

Als der Kampflärm sich gelegt hatte, wagten sich auch des Königs Begleiter aus dem Wald. Sie hatten ihren Herrn in Stich gelassen und schämten sich, einander in die Augen zu sehen. Einzeln schlichen sie zur Kampfstätte. Dort trafen sie Wiglaf. Er hatte Beowulfs Kopf in seinen Schoß gebettet.

1 sieden: kochen, brodeln

1 In dieser Geschichte von dem Helden Beowulf fehlt der Mittelteil. Trotzdem könnt ihr erschließen, um was es in dieser Sage geht.

a Lest den Text aufmerksam durch.

b Gebt den Inhalt der Sage wieder: Beschreibt, was im Einzelnen geschieht und wie die Sage ausgeht. Worum geht es wohl in dem fehlenden Textteil? Notiert eure Vermutungen.

Fordern und fördern – Eine Textstelle ausgestalten

●●● 1 Füllt die Lücke in dieser Sage, indem ihr in wenigen Sätzen (ca. fünf) erzählt, wie der Drachenkampf verläuft. Verwendet wörtliche Rede und erzählt, was Beowulf gefühlt und wahrgenommen hat.
TIPP: Lest den Text (▸ S. 131–132) noch einmal und notiert, welche Hinweise zur Handlung und zu den Figuren ihr erhaltet. Euer „Lückenfüller" muss sich nahtlos in die Erzählung einfügen.
▷ Eine Hilfe zu dieser Aufgabe erhaltet ihr auf dieser Seite unten.

●●● 2 Die Sage ist mit dem Tod von Beowulf noch nicht zu Ende. Schreibt eine Fortsetzung. Erzählt lebendig und anschaulich und überlegt euch einen „sagenhaften" Schluss.
▷ Anregungen zu dieser Aufgabe erhaltet ihr auf dieser Seite unten.

●○○ **Aufgabe 1 mit Hilfen:**
Im vorliegenden Text fehlt der Mittelteil. Füllt nun diese Lücke und erzählt in ca. fünf Sätzen, wie der Drachenkampf verläuft. Geht so vor:
– Notiert eure Ideen in Stichworten.
– Formuliert dann ca. fünf Sätze zum Kampf mit dem Drachen. Verwendet wörtliche Rede und erzählt, was Beowulf gefühlt und wahrgenommen hat. Die Wörter im Kasten rechts helfen euch dabei. Ihr könnt so beginnen:
Wiglaf stürmte mutig mit seinem Schwert hinter dem Schild hervor und ...
Mit letzter Kraft warf Beowulf sein zerbrochenes Schwert weg, zog seinen Dolch ...
Der abscheuliche Drache ...
...
Zu Tode verwundet sank ... und sprach mit letzter Kraft zu Wiglaf: „..."

schließlich • im selben Augenblick • plötzlich • ein letztes Mal • am Ende • grässlich • riesig • mutig • gefährlich • abscheulich • schreien • flüstern • keuchen • sprechen

●○○ **Aufgabe 2 mit Hilfen:**
Die Sage geht noch weiter. Schreibt eine Fortsetzung der Geschichte. Erzählt lebendig und anschaulich und überlegt euch einen „sagenhaften" Schluss.
Die folgenden Fragen helfen euch:
– Wie verhalten sich die Gefolgsleute, die sich während des Kampfes versteckt hatten, nun aber herbeieilen? Was sagt Wiglaf zu ihnen und wie behandelt er sie?
– Was geschieht mit dem toten Beowulf?
– Welche Rolle spielt Wiglaf und was wird aus ihm?
– Was geschieht mit dem Drachenschatz?

6.3 Sagenhafte Orte – Ein Hörspiel gestalten

Der Rattenfänger von Hameln

Im Jahr 1284 ließ sich zu Hameln ein wunderlicher Mann sehen. Er hatte einen Rock von vielfarbigem, buntem Tuch an, weswegen er Buntling soll geheißen haben. Er gab sich für einen Rattenfänger aus, indem er versprach, gegen ein gewisses Geld die Stadt von allen Mäusen und Ratten zu befreien. Die Bürger wurden mit ihm einig und versicherten ihm einen bestimmten Lohn.

Der Rattenfänger zog demnach ein Pfeifchen heraus und pfiff, da kamen alsbald die Ratten und Mäuse aus allen Häusern hervorgekrochen und sammelten sich um ihn herum. Als er nun meinte, es wäre keine zurück, ging er hinaus und der ganze Haufen folgte ihm. So führte er sie an die Weser. Dort schürzte er seine Kleider und trat in das Wasser, worauf ihm alle die Tiere folgten und hineinstürzend ertranken.

Nachdem die Bürger aber von ihrer Plage befreit waren, reute sie der versprochene Lohn und sie verweigerten ihn dem Manne unter allerlei Ausflüchten, sodass er zornig und erbittert wegging.

Am 26. Juni, auf Johannis und Pauli Tag[1], morgens früh sieben Uhr, erschien er wieder, jetzt in Gestalt eines Jägers erschrecklichen Angesichts mit einem roten, wunderlichen Hut, und ließ seine Pfeife in den Gassen hören. Alsbald kamen diesmal nicht Ratten und Mäuse, sondern Kinder, Knaben und Mägdlein vom vierten Jahr an, in großer Anzahl gelaufen, worunter auch die schon erwachsene Tochter des Bürgermeisters war. Der ganze Schwarm folgte ihm nach und er führte sie hinaus in einen Berg, wo er mit ihnen verschwand. Dies hatte ein Kindermädchen gesehen, welches mit einem Kind auf dem Arm von fern nachgezogen war, danach umkehrte und das Gerücht in die Stadt brachte.

Die Eltern liefen haufenweise vor alle Tore und suchten mit betrübtem Herzen ihre Kinder; die Mütter erhoben ein jämmerliches Schreien und Weinen. Von Stund an wurden Boten zu Wasser und Land an alle Orte herumgeschickt zu erkundigen, ob man die Kinder oder auch nur etliche gesehen, aber alles vergeblich. Es waren im Ganzen hundertunddreißig verloren.

1 Johannis und Pauli Tag: Johannes und Paulus sind zwei Heilige und gelten als Wetterpatrone. Ihr Gedenktag ist der 26. Juni.

1 Lest die Geschichte vom Rattenfänger und erzählt, was der Sage nach im Jahre 1284 in Hameln geschah.

2 Viele Wörter und Wendungen zeigen, dass die Sage in einer altertümlichen Sprache verfasst ist. Sucht dafür Beispiele aus dem Text und übertragt sie in unsere heutige Sprache.

Projekt: „Der Rattenfänger von Hameln“ als Hörspiel

Aus der Sage „Der Rattenfänger von Hameln“ könnt ihr ein Hörspiel gestalten. Geht so vor:

Was ist ein Hörspiel?

1 Überlegt, was das Besondere an einem Hörspiel ist. Welche Rolle spielen z. B. die Sprecherinnen und Sprecher (oft im Dialog), die Geräusche und die Musik?

2 Durch Geräusche und Musik wird ein Hörspiel spannend und lebendig.

a Beschreibt die Geräusche auf den Bildern. Was könnte mit diesen Geräuschen bei einem Hörspiel dargestellt werden?

b Sammelt Ideen, wie ihr die folgenden Geräusche selbst erzeugen könnt.

- das Spiel des Rattenfängers
- der Rattenfänger tritt in die Weser (Fluss)
- die Ratten versammeln sich

c Welche unterschiedlichen Stimmungen kann man mit Musik erzeugen? Nennt Beispiele.

Einen Szenenplan entwerfen

3 Bevor ihr euch im Einzelnen überlegt, wie ihr euer Hörspiel gestaltet, solltet ihr für die Sage vom Rattenfänger einen Szenenplan entwerfen. Gliedert den Text in einzelne Szenen. Gebt jeder Szene eine treffende Überschrift und haltet den Inhalt in Stichworten fest. Legt für jede Szene ein eigenes Blatt oder eine eigene Karteikarte an.

Eine neue Szene beginnt häufig dann, wenn z. B. der Ort der Handlung wechselt, ein Zeitsprung stattfindet, eine neue Figur auftaucht oder die Handlung eine Wendung erfährt.

1. Szene (Z. 1–x): Die Ankunft des Rattenfängers
– Der Rattenfänger kommt nach Hameln.
– Er verspricht, die Stadt von ...
– ...

2. Szene (Z. x–y): Der Rattenfänger bei der Arbeit
– Der Rattenfänger lockt mit einer Pfeife ...
– ...

Den Regieplan ausarbeiten

4 Verteilt die Szenen auf einzelne Gruppen. Jede Gruppe entwirft zu ihrer Szene einen Regieplan.

a Überlegt, wie ihr die Handlung eurer Szene hörbar machen könnt, ohne dass der Erzähler allzu viel spricht.
- Welche Figuren könnten sprechen? Zum Beispiel:
  einzelne Bürgerinnen und Bürger von Hameln, der Schatzmeister, das Kindermädchen ...
- Welche Geräusche oder welche Musik sind zu hören? Zum Beispiel:
  Kirchenglocken, Hundebellen, Rattenfängerflöte ...

b Schreibt die Sprechtexte auf und notiert Hinweise zu den Geräuschen und der Musik.
TIPP: Macht immer wieder Sprechproben und verbessert die Dialoge. Sie sollen möglichst lebendig klingen.

Regieplan Szene 1

Sprechtexte	Geräusche und Musik
Erzähler: Hameln im Jahre 1284. Es ist Markttag und viele Hamelner Bürger sind auf dem Marktplatz versammelt.	
Bürger 1: Wer ist dieser bunt gekleidete Mann dort? Kennt den jemand? **Bürger 2:** Nein, nie gesehen. Das muss ein Fremder sein. **Bürgerin 1:** Komischer bunter Vogel. Was der wohl hier will? **Bürgerin 2:** Hört mal zu, ich glaub der „Buntling“ will etwas sagen.	*Stimmengewirr und Ausrufe verschiedener Marktschreier*
Rattenfänger: Liebe Leute von Hameln, ich habe von eurer Ratten- und Mäuseplage gehört und bin gekommen, um euch zu helfen. **Bürger 3:** ...	*Stimmengewirr wird leiser, nur noch im Hintergrund zu hören*

Die Aufgaben verteilen und das Hörspiel aufnehmen

5 Bei der Aufnahme eines Hörspiels sind verschiedene Aufgaben zu erledigen.

a Legt fest, wer welche Aufgabe übernimmt, z. B.:
- Sprecherinnen und Sprecher
- Geräuschspezialisten
- Musikverantwortliche
- technische Leitung und Aufnahme

> Ihr könnt „echte“ Geräusche aufnehmen, wie z. B. Kirchenglocken oder Hundebellen. Und ihr könnt Geräusche selbst erzeugen, z. B. Wasserplätschern. Hier gilt: ausprobieren und hören!

b Nehmt euer Hörspiel auf. Wiederholt die Aufnahme, bis ihr mit dem Ergebnis zufrieden seid.

Information **Hörspiel**

Beim Hörspiel wird der zu Grunde liegende Text wie ein Bühnenstück dramatisiert (d. h. durch Sprechtexte dargestellt). Im Unterschied zu einem Bühnenstück erfahren die Zuhörerinnen und Zuhörer nur das, was zu hören ist. Durch die Dialoge (Gespräche) und die Monologe (Selbstgespräche) der Figuren, durch den Erzähler sowie durch Geräusche (z. B. Glockenschlag, Ausrufe oder Stimmengewirr) erhalten die Hörer/-innen alle notwendigen Informationen, um der Handlung folgen zu können. Die Figuren in einem Hörspiel können auch laut überlegen, fragen oder laut beobachten, um die Situation für die Hörer verständlich zu machen.

7 Tiere, die wie Menschen handeln – Fabeln lesen und verfassen

1 In Fabeln treffen oft zwei Tiere aufeinander.
  a Schaut euch das Bild genau an. Welche Tiere begegnen sich hier?
  b Sammelt Eigenschaften, die den abgebildeten Tieren zugeschrieben werden.

2 Erzählt euch kurze Geschichten, in denen diese Tierpaare aufeinandertreffen: Was könnte passieren?

In diesem Kapitel …

- lernt ihr Fabeln aus verschiedenen Zeiten kennen,
- findet ihr heraus, an welchen Merkmalen man eine Fabel erkennen kann,
- schreibt ihr selbst Fabeln und erzählt von großen und kleinen Tieren.

7.1 Verkleidete Wahrheiten – Fabeln untersuchen

Rund um Äsop – Merkmale von Fabeln kennen lernen

Äsop

Der Rabe und der Fuchs

Ein Rabe hatte einen Käse gestohlen, flog damit auf einen Baum und wollte dort seine Beute in Ruhe verzehren. Da es aber der Raben Art ist, beim Essen nicht schweigen zu können, hörte ein vorbeikommender Fuchs den Raben über dem Käse krächzen. Er lief eilig hinzu und begann, den Raben zu loben:
„O Rabe, was bist du für ein wunderbarer Vogel! Wenn dein Gesang ebenso schön ist wie dein Gefieder, dann sollte man dich zum König aller Vögel krönen!"
Dem Raben taten diese Schmeicheleien so wohl, dass er seinen Schnabel weit aufsperrte, um dem Fuchs etwas vorzusingen. Dabei entfiel ihm der Käse. Den nahm der Fuchs behänd[1], fraß ihn und lachte über den törichten[2] Raben.

1 behänd: schnell
2 töricht: dumm

1 Fasst den Inhalt der Fabel mit eigenen Worten zusammen. Erklärt dabei, wie es dem Fuchs gelingt, an den Käse zu gelangen.

2 Was erfahrt ihr in dem Text über die Eigenschaften von Rabe und Fuchs?
Notiert für jedes Tier ein Adjektiv, das sein Verhalten am besten beschreibt. Begründet eure Wahl.

> listig • schlau • lieb • treu • dumm • mutig • stark • schwach • eingebildet • gemein • eitel • stolz • hochnäsig

3 a Erklärt, was eine Schmeichelei (▸ Z. 9) ist.
b Gebt in eigenen Worten wieder, mit welchen Aussagen der Fuchs dem Raben schmeichelt.

4 Oft wird die Lehre der Fabel am Ende in einem Satz zusammengefasst. Wählt für die Fabel „Der Rabe und der Fuchs" eines der folgenden Sprichwörter als Lehre aus. Begründet eure Entscheidung.

> Aus Schaden wird man klug. • Lügen haben kurze Beine. • Wenn zwei sich streiten, freut sich der Dritte. • Hüte dich vor Schmeichlern.

5 Bildet Gruppen und spielt die Fabel mit verteilten Rollen. Geht so vor:
a Teilt die Rollen auf: Erzähler, Fuchs, Rabe. Die anderen beraten die Spieler.
b Überlegt euch einen Sprechtext für den Raben, z. B. einige Sätze oder ein Lied.
c Besprecht, wie die Tiere sprechen und was sie tun sollen (Körperhaltung und -bewegung).
d Übt euer Rollenspiel und spielt es dann vor der Klasse.

1 a Betrachtet das Bild auf dieser Seite. Notiert, welche Eigenschaften ihr diesen Tieren zuschreibt.
b Welche Situation stellt ihr euch vor, wenn Löwe und Maus sich begegnen? Sammelt Ideen, wie die Begegnung der beiden verlaufen könnte.

Äsop

Der Löwe und die Maus

Als der Löwe schlief, lief ihm eine Maus über den Körper. Aufwachend packte er sie mit seiner gewaltigen Tatze und war drauf und dran, sie aufzufressen.
„Ach“, bat das Mäuschen ängstlich, „sei doch großmütig und lass mich armes, unbedeutendes Geschöpf laufen. Wenn du mir das Leben schenkst, werde ich mich dankbar erweisen.“
„Geh hin“, sagte der mächtige Löwe großmütig und ließ das Mäuschen laufen. Bei sich aber dachte er: „Nun, das möchte ich doch sehen, wie sich ein Mäuschen einem Löwen dankbar erweisen kann.“
Es geschah aber, dass bald darauf die dankbare Maus dem Löwen das Leben rettete. Denn als er von Jägern gefangen und mit einem Seil an einen Baum gebunden wurde, hörte ihn die Maus stöhnen. Sie lief zu ihm, und indem sie das Seil rundherum benagte, befreite sie ihn. „Damals“, sagte sie, „hast du gelacht über mich und nicht erwartet, dass ich es dir vergelten könnte, jetzt weißt du, dass auch Mäuse dankbar sein können!“

2 Lest die Fabel. Vergleicht das Verhalten der Tiere mit euren Vermutungen aus Aufgabe 1.

3 a Der Löwe und die Maus begegnen sich zwei Mal. Formuliert für jede Begegnung eine treffende Überschrift.
b Notiert, welche Eigenschaften Löwe und Maus jeweils in den beiden Situationen zeigen. Begründet eure Zuordnungen, z. B.:

> **1. Situation:** *Der Löwe ist ..., weil ...*
> *Die Maus ...*
> **2. Situation:** *...*

4 Fabeln haben meist einen klaren Aufbau. Gliedert die Fabel in die entsprechenden Abschnitte und fasst den Inhalt jedes Abschnitts mit eigenen Worten zusammen.

Aufbau einer Fabel
1. Ausgangssituation
2. Konfliktsituation
3. Lösung/überraschende Wende

5 Überlegt, welche Menschen ihr für Löwe und Maus einsetzen könntet, und erzählt eine Geschichte zu der Fabel.

Äsop

Der Wolf und der Kranich

R „Wie?“, höhnte der Wolf. „Du Unverschämter! Ist es dir nicht Belohnung genug, dass du deinen Kopf heil aus dem Rachen eines Wolfes wieder herausbrachtest? Gehe heim und verdanke es meiner Milde, dass du noch lebst!“

I In seiner Not setzte er demjenigen eine große Belohnung aus, der ihn von dieser Beschwerde befreien würde.

E Hilf gern in der Not, erwarte aber keinen Dank von einem Bösewichte, sondern sei zufrieden, wenn er dich nicht beschädigt.

T Ein Wolf hatte ein Schaf erbeutet und verschlang es so gierig, dass ihm ein Knochen im Rachen stecken blieb.

E Der Kranich kam als Helfer herbei; glücklich gelang ihm die Kur und er forderte nun die wohlverdiente Belohnung.

1 a In dieser Fabel sind die Abschnitte durcheinandergeraten. Bringt sie in die richtige Reihenfolge. Notiert hierzu die Buchstaben in der richtigen Abfolge der Handlung.
b Überprüft euer Ergebnis: Ergeben die Buchstaben hintereinander gelesen ein Lösungswort, das mit dem Thema „Fabel“ zusammenhängt?

2 Welche menschlichen Eigenschaften verkörpern die beiden Tiere in der Fabel? Notiert diese Eigenschaften in Form von Adjektiven.

3 a Formuliert die Lehre der Fabel in eigenen Worten.
b Stellt euch eure Ergebnisse vor und diskutiert, ob eure Lehren zu der Fabel passen.

Äsop, der Fabeldichter

Äsop war der erste uns bekannte Fabeldichter und lebte im 6. Jahrhundert vor Christus in Griechenland. Als Sklave diente er verschiedenen Herren, d. h., er war ein unfreier Mensch ohne Besitz und Rechte.
Über sein Leben weiß man nur wenig: Einige vermuten, dass Äsop später als Sklave befreit wurde und auf Reisen ging. Angeblich soll er sich auch eine Zeit lang am Hofe des Königs Kroisos aufgehalten haben, der von Äsops Geschichten und seinem klugen Witz angetan war. Auch der Tod Äsops ist von Legenden umwoben. In Delphi soll er wegen Gotteslästerung umgebracht worden sein.
Bekannt und berühmt wurde Äsop durch seine Fabeln, die zunächst mündlich weitererzählt und erst Jahrhunderte später aufgeschrieben wurden. Da es – gerade als Sklave – gefährlich war, menschliche Schwächen oder gesellschaftliche Missstände offen zu kritisieren, „verkleidete" Äsop seine Wahrheiten: Er ließ in seinen Geschichten Tiere handeln und sprechen, die typische menschliche Eigenschaften (z. B. listig, gierig, mächtig) hatten.
Dass seine Fabeln bis heute gelesen und weitererzählt werden, liegt wahrscheinlich daran, dass sich die Menschen in all den Jahren nicht sehr verändert haben.

1 a Lest den Text aufmerksam durch. Klärt dann gemeinsam schwierige Wörter und Textstellen, die ihr nicht versteht.

b Beantwortet mit Hilfe des Textes die folgenden Fragen:
- Warum ist Äsop heute noch bekannt und berühmt?
- Warum werden Fabeln auch als „verkleidete Wahrheiten" bezeichnet?

2 In den Fabeln gewinnen häufig die kleinen oder schwachen Tiere. Erklärt das mit Äsops Leben.

Information **Fabeln**

Die Fabel ist ein **kurzer, lehrhafter Text,** in dem meist zwei **Tiere handeln und sprechen.** Dabei haben die Tiere **typische, menschliche Eigenschaften.** Zum Beispiel gilt der Fuchs als schlau, der Esel als dumm, der Löwe als mächtig und der Wolf als gierig. Die **Tiere sind häufig Gegner** (z. B. Fuchs gegen Rabe, Wolf gegen Kranich) und führen ein Streitgespräch, an dessen Ende der Listigere oder der Stärkere siegt.
Aus einer Fabel soll man eine **Lehre für das eigene Verhalten** ziehen. Oft wird die Lehre (Moral) der Fabel am Schluss in einem Satz zusammengefasst (z. B.: *Hüte dich vor Schmeichlern!*).
Fabeln können wie Gedichte in Versen oder in Form einer Erzählung geschrieben sein.
Meist haben Fabeln folgenden Aufbau:

1. Ausgangssituation: Die Tiere werden kurz vorgestellt und ein Ereignis oder ein Konflikt wird beschrieben.
2. Konfliktsituation: Die Tiere führen ein Streitgespräch oder das eine Tier fordert das andere heraus. Dieser Teil ist häufig als Dialog zwischen den Tieren gestaltet.
3. Lösung/überraschende Wende: Es kommt zu einer überraschenden Wende (Pointe), indem z. B. ein Tier hereingelegt wird oder das schwächere Tier gewinnt.

Rabe und Fuchs – Fabeln aus verschiedenen Zeiten vergleichen

Der Fuchs gehört neben dem Löwen, dem Wolf, dem Raben und dem Lamm zu den bekanntesten Fabeltieren. Viele Schriftsteller haben sich immer wieder mit diesem Fabeltier beschäftigt. Einige haben dabei auch die berühmte Fabel „Der Rabe und der Fuchs" von Äsop (▶ S. 138) neu erzählt und verändert und damit an ihre Zeit angepasst.

Gotthold Ephraim Lessing

Der Rabe und der Fuchs

Gotthold Ephraim Lessing (1729–1781) schrieb Theaterstücke und Fabelbücher. Als Kritiker von Missständen in der Gesellschaft war er zu seiner Zeit gefürchtet. Fabeln sollten seiner Meinung nach gesellschaftliche Probleme aufgreifen.

Ein Rabe trug ein Stück vergiftetes Fleisch, das der erzürnte Gärtner für die Katzen seines Nachbarn hingeworfen hatte, in seinen Klauen fort.

Und eben wollte er es auf einer alten Eiche verzehren, als sich ein Fuchs herbeischlich und ihm zurief: „Sei mir gesegnet, Vogel des Jupiter[1]!"

„Für wen siehst du mich an?", fragte der Rabe. „Für wen ich dich ansehe?", erwiderte der Fuchs. „Bist du nicht der rüstige Adler, der täglich von der Rechten des Zeus[2] auf diese Eiche herabkommt, mich Armen zu speisen? Warum verstellst du dich? Sehe ich denn nicht in der siegreichen Klaue die erflehte Gabe, die mir dein Gott durch dich zu schicken noch fortfährt?"

Der Rabe erstaunte und freute sich innig, für einen Adler gehalten zu werden. „Ich muss", dachte er, „den Fuchs aus diesem Irrtum nicht bringen."

Großmütig dumm ließ er ihm also seinen Raub herabfallen und flog stolz davon.

Der Fuchs fing das Fleisch lachend auf und fraß es mit boshafter Freude. Doch bald verkehrte sich die Freude in ein schmerzhaftes Gefühl: Das Gift fing an zu wirken und er verreckte.

Möchtet ihr euch nie etwas anderes als Gift erloben, verdammte Schmeichler!

1 Jupiter: der höchste Gott der Römer, entspricht dem griechischen Gott Zeus

2 Zeus: der höchste Gott der Griechen

1 Die Fabel von Lessing enthält einige schwierige Wörter und Textstellen.
- a Lest die Fabel zwei Mal sorgfältig durch und beachtet auch die Worterklärungen.
- b Versucht, die markierten Textpassagen (den Dialog der Tiere) ins heutige Deutsch zu übertragen. Lest dazu den Dialog mit verteilten Rollen.

2 Erzählt, wie es dem Fuchs in dieser Fabel ergeht. Wer ist der Gewinner in dieser Geschichte?

3 a Im letzen Satz der Fabel wird die Lehre formuliert. Gebt sie in euren eigenen Worten wieder.
b Besprecht, was ihr von der Lehre haltet. Welche Bedeutung hat sie für euch? Nennt Beispiele.

4 Vergleicht Lessings Fabel mit der von Äsop (▶ S. 138).
a Erklärt, was Lessing schon zu Beginn der Fabel verändert und welche Folgen dies für die Geschichte hat.
b Haltet in Partnerarbeit fest, welche Unterschiede und Gemeinsamkeiten es zwischen den beiden Fabeln gibt. Übertragt hierzu die folgende Tabelle in euer Heft.

	Äsop: Rabe und Fuchs (S. 138)	**Lessing: Rabe und Fuchs (S. 142)**
Fabeltiere	...	...
Ausgangssituation	...	...
Konflikt	...	...
Lösung/Wende	...	...
Gewinner	...	...
Lehre (Moral)	*Äsop warnt ...*	*Lessing beschimpft ...*

c Vergleicht eure Ergebnisse. Wenn ihr zu unterschiedlichen Feststellungen gekommen seid, lest noch einmal genau in den Texten nach.

James Thurber

Der Fuchs und der Rabe

James Thurber (1894–1961) war ein US-amerikanischer Schriftsteller und Zeichner und einer der bekanntesten Komiker des 20. Jahrhunderts.
In seinen Erzählungen, Fabeln und Zeichnungen, die er regelmäßig in der Zeitschrift „The New Yorker“ veröffentlichte, äußerte er sich liebenswürdig, aber kritisch über die amerikanische Gesellschaft.

Der Anblick eines Raben, der auf einem Baum saß, und der Geruch des Käses, den er im Schnabel hatte, erregten die Aufmerksamkeit eines Fuchses.
„Wenn du ebenso schön singst, wie du aussiehst“, sagte er, „dann bist du der beste Sänger, den ich je erspäht und gewittert habe.“
Der Fuchs hatte irgendwo gelesen – und nicht nur einmal, sondern bei den verschiedensten Dichtern –, dass ein Rabe mit Käse im Schnabel sofort den Käse fallen lässt und zu singen beginnt, wenn man seine Stimme lobt. Für diesen besonderen Fall und diesen besonderen Raben traf das jedoch nicht zu.
„Man nennt dich schlau und man nennt dich verrückt“, sagte der Rabe, nachdem er den Käse vorsichtig mit den Krallen seines rechten Fußes aus dem Schnabel genommen hatte. „Aber mir scheint, du bist zu allem Überfluss auch noch kurzsichtig. Singvögel tragen bunte Hüte und farbenprächtige Jacken und helle Westen und von ihnen gehen zwölf aufs Dutzend. Ich dagegen trage Schwarz und bin absolut einmalig.“
„Ganz gewiss bist du einmalig“, erwiderte der Fuchs, der zwar schlau, aber weder verrückt

noch kurzsichtig war. „Bei näherer Betrachtung erkenne ich in dir den berühmtesten und talentiertesten aller Vögel und ich würde dich gar zu gern von dir erzählen hören. Leider bin ich hungrig und kann mich daher nicht länger hier aufhalten."

„Bleib doch noch ein Weilchen", bat der Rabe. „Ich gebe dir auch etwas von meinem Essen ab."

1 a Lest den Anfang der Fabel aufmerksam durch.
b Gibt es Textstellen, die euch besonders gefallen? Begründet, warum.
c Erklärt, was mit der Redewendung „von ihnen gehen zwölf aufs Dutzend" (▶ Z. 22–23) gemeint ist.

2 a Sucht aus dem Text heraus, mit welchen Äußerungen und Wörtern sich Fuchs und Rabe gegenseitig beschreiben.
b Diskutiert, was die beiden wirklich voneinander denken.

3 Erinnert euch an die bisherigen Fabeln über Fuchs und Rabe. Was ist bei diesem Fabelanfang anders?

4 Die Fabel „Der Fuchs und der Rabe" geht noch weiter. Setzt die Fabel fort. Geht so vor:
a Legt einen Schreibplan an und haltet fest, welche Vorgaben euch der Fabelanfang macht.
b Überlegt, wie die Fabel weitergehen könnte:
   – Welche Lösung oder überraschende Wende könnte die Fabel haben?
   – Wer soll am Ende der Gewinner sein?
   Ergänzt den Schreibplan mit eigenen Ideen.
c Schreibt die Fabel weiter. Wenn ihr wollt, könnt ihr die Lehre eurer Fabel am Ende in einem Satz zusammenfassen, z. B.:
   - *Wer teilt, ist schlau.*
   - *Wer schlau ist, kommt oft an sein Ziel.*
   - *Wer sich hinterhältig etwas erschleichen will, fällt meistens auf die Nase.*

*Titel: **Der Fuchs und der Rabe***

Tierpaar mit gegensätzlichen Eigenschaften:
- ...
- ...

Ausgangssituation: ...
Konflikt: ...
Lösung/Wende: ...

Helmut Arntzen

Zwei junge Gänse trafen zum ersten Mal den Fuchs.
– „Wo wollt ihr hin?", fragte er sie.
– „Nach Hause, auf den Hof."
– „Das trifft sich gut", rief der Fuchs. „Da begleite ich euch. Ich bin der neue Hofhund."

5 Überlegt, warum sich der Fuchs in dieser Kurzfabel als hilfsbereiter Hofhund vorstellt.

6 Das Ende dieser Kurzfabel von Arntzen bleibt offen. Überlegt, wie die Geschichte weitergehen könnte, und schreibt die Fabel weiter.

Testet euch!

Fabeln verstehen

Äsop

Der Frosch und der Ochse

D Nun dachte der Frosch, dass nicht mehr viel fehlen könne, und blähte sich mit letzter Kraft noch mehr auf und noch mehr auf – und da zerplatzte er!

E „Warum bin ich nicht so groß wie er?", fragte sich der Frosch und es kränkte ihn, dass er kleiner war. „Aber ich kann mich aufblasen", sagte er, „und dann werde ich gewiss so groß sein wie er."

N Ein Frosch hockte mitten in einer Schar kleiner Frösche im Sumpf und sah zu, wie sie im moorigen Wasser umherplanschten und spielten. Da entdeckte er am Rande des Sumpfes einen Ochsen, der gemächlich die saftigen Sumpfpflanzen abfraß. Der Ochse war groß und fett und stark.

I Er blies sich auf, soviel er konnte, und rief den kleinen Fröschen zu:
„Bin ich nun so groß wie der Ochse?" „Nein", quakten die kleinen Frösche.
Der Frosch blies sich noch stärker auf und fragte wieder:
„Bin ich jetzt so groß?"
„Noch immer nicht", antworteten die kleinen Frösche.

1 a Bringt die einzelnen Abschnitte der Fabel in die richtige Reihenfolge. Schreibt hierzu die Buchstaben in der richtigen Abfolge der Handlung in euer Heft.
b Ergeben die Buchstaben hintereinander gelesen ein Lösungswort, das mit dem Thema der Fabel zusammenhängt?

2 a Welche beiden Eigenschaften passen am besten zum Verhalten des Frosches? Begründet eure Wahl.

frech • neidisch • zufrieden • dumm • schlau

b Vergleicht eure Lösung mit der auf Seite 350.

3 a Formuliert die Lehre der Fabel in einem Satz.
b Stellt euch gegenseitig eure Lehren vor und überprüft, ob sie auf den Inhalt der Fabel zutreffen.

7.2 Schreibwerkstatt – Fabeln umgestalten und erfinden

Eine Fabel zu Bildern schreiben

Wilhelm Busch

Fink und Frosch

Wenn einer, der mit Mühe kaum
Gekrochen ist auf einen Baum,

Schon meint,
Dass er ein Vogel wär,

So irrt sich der.

1 a Schaut euch die Bildergeschichte von Wilhelm Busch genau an. Achtet dabei auch auf die Körperhaltung und den Ausdruck der Tiere. Lest dann die Bildunterschriften.
b Erzählt, was auf den Bildern passiert. Überlegt euch auch eine Vorgeschichte zum ersten Bild.

2 Schreibt zu den Bildern eine Fabel. Geht so vor:
a Haltet eure Ideen in einem Schreibplan fest.
b Überlegt, was Frosch und Fink zueinander sagen könnten, und entwerft einen kurzen Dialog.
TIPP: Verwendet statt „sagen" abwechslungsreichere Verben für euren Dialog, z. B.: *antwortete, zwitscherte, quakte, rief ...*
c Überlegt euch einen treffenden Satz, der als Lehre am Ende der Fabel stehen könnte.
d Verfasst eine kurze Fabel zu den Bildern. Schreibt im Präteritum.

> *Titel: Fink und Frosch*
> *Tierpaar mit gegensätzlichen Eigenschaften:*
> *– ein eitler Fosch*
> *– ein ...*
>
> *1) Ausgangssituation: ...*
> *2) Konflikt: ...*
> *3) Lösung/Wende: ...*

3 Lest eure Fabeln vor und gebt euch gegenseitig eine Rückmeldung darüber, was euch besonders gut gefallen hat und was man noch verbessern könnte.

Einen Erzählkern zu einer Fabel ausgestalten

Ziegenbock aus Brunnen gerettet

Laudert. Gestern ist ein in den Brunnen gefallener Ziegenbock gerettet worden. Die Bewohner des Dorfes hatten die örtliche Feuerwehr alarmiert, nachdem sie zwei Tiere – einen Ziegenbock und einen Fuchs – in dem Dorfbrunnen entdeckt hatten.

Als die Feuerwehrleute anrückten, fanden sie jedoch nur noch eines der Tiere, den Ziegenbock, im Brunnen vor. Das erschöpfte Tier konnte mit einer Seilwinde gerettet werden. Wie der Fuchs aus dem tiefen Brunnen herausgekommen war, konnte zuerst nicht geklärt werden.

Ein Augenzeuge berichtete jedoch später, er habe beobachtet, wie die Tiere in der Mittagshitze in den Brunnen gesprungen seien, vermutlich seien sie auf Wassersuche gewesen. Später habe er gesehen, dass sich der Ziegenbock auf seine Hinterbeine gestellt und die vorderen Beine gegen die Brunnenwand gestemmt habe. In diesem Moment sei der Fuchs über den Rücken und die Hörner des Bocks auf den Brunnenrand gesprungen. Oben angekommen, habe der Fuchs angeblich kurz hinab zum Ziegenbock geblickt, fröhlich gejault und sei dann im Wald verschwunden.

1 Gebt den Inhalt des Zeitungsberichts mit eigenen Worten wieder. Beantwortet dabei die W-Fragen: Wer war beteiligt? Was geschah? Wann? Wie und warum (genaue Umstände)?

2 Schreibt den vorliegenden Zeitungsbericht (Erzählkern) in eine Fabel um. Geht so vor:

a Notiert Stichworte zu den Handlungsbausteinen. Berücksichtigt hierbei die Vorgaben aus dem Zeitungsbericht:
- Welche **Tiere** treten auf? Welche **gegensätzlichen Eigenschaften** haben sie?
- Was geschieht zu Beginn? Notiert knapp die **Ausgangssituation.**
- Worüber geraten die Tiere in **Streit?** Welches Problem haben sie? Formuliert ein Gespräch zwischen Fuchs und Ziegenbock.
- Wie sieht die **Lösung** aus? Wer gewinnt am Schluss?
- Welche **Lehre** kann man aus der Fabel ziehen?

b Schreibt mit Hilfe eurer Notizen eine Fabel. Beschreibt kurz die Ausgangssituation, lasst die Tiere miteinander sprechen und erzählt, wie die Fabel ausgeht. Verwendet treffende Adjektive und Verben.

Zeichensetzung bei der wörtlichen Rede:
- „Ich hab eine Idee", rief er.
- Er sprach: „Schau her."
- „He", blökte er, „du treuloser Fuchs."

Adjektive: alt • langsam • dumm • einfältig • schlau • pfiffig • listig • jung • müde • durstig

Verben: schlendern • laufen • springen • denken • sprechen • fragen • antworten • rufen

Fordern und fördern – Eine Fabel schreiben

Wenn zwei sich streiten, freut sich der Dritte.

Wer zuletzt lacht, lacht am besten.

Wer nicht wagt, der nicht gewinnt.

Wer andern eine Grube gräbt, fällt selbst hinein.

1 Die Lehre einer Fabel wird am Schluss häufig in einem Satz oder Sprichwort zusammengefasst.

a Erklärt, was mit den einzelnen Sprichwörtern gemeint ist.

b Sammelt weitere Sprichwörter oder Sätze, die man als Lehre für eine Fabel verwenden könnte. Erklärt auch diese Sprichwörter oder Sätze.

●●● **2** Entscheidet euch für ein Sprichwort oder einen Satz, den ihr als Lehre für eure Fabel verwenden wollt, und verfasst eine Fabel.

▷ Wenn ihr Hilfe beim Planen und Schreiben eurer Fabel braucht, schaut auf Seite 149 nach.

Methode **Eine Fabel schreiben**

1. Wählt ein Tierpaar mit gegensätzlichen Eigenschaften aus.
2. Überlegt euch eine passende Handlung, z. B. zu eurem Sprichwort/Satz:
   – Ausgangssituation: knappe Einführung
   – Konfliktsituation: Streitgespräch/Ereignis, um das es geht → Dialog der Tiere
   – Lösung/überraschende Wende
3. Verwendet treffende Adjektive, mit denen ihr die Eigenschaften der Tiere beschreibt, z. B.: *klug, gierig, mutig.*
   Wählt für die Verben „sagen“ und „gehen“ abwechslungsreiche Formulierungen, z. B.: statt sagen: *sprechen, antworten, rufen;* statt gehen: *schleichen, rennen, laufen.*

Aufgabe 2 mit Hilfen

Schreibt eine Fabel zu einem Sprichwort. Ihr könnt eines der Sprichwörter von Seite 148 nehmen oder ihr formuliert selbst ein Sprichwort oder einen Satz, den man als Lehre für eine Fabel verwenden könnte.

Geht so vor:

a Schreibt euer Sprichwort oder die Lehre auf.

b Sucht zwei Tiere aus, die als Gegenspieler auftreten sollen. Ihr könnt aus den folgenden Fabelkarten auswählen oder euch selbst zwei Tiere suchen, die für eure Fabel geeignet sind.

> *Sprichwort/Lehre: ...*
>
> - *Tier 1 (mit Eigenschaften): ...*
> - *Tier 2 (mit Eigenschaften): ...*

Wolf
gefräßig, gefährlich

Bär
gutmütig, stark

Lamm
sanft, schwach

Maus
listig, hilfsbereit

Löwe
mächtig, stolz

Fuchs
listig, schlau

Hase
vorlaut, schnell

Eule
klug, weise

c Plant nun eure Fabel und notiert in Stichworten eine Handlung (Situation), die zu eurem Sprichwort/eurer Lehre passt.

> *1. Ausgangssituation: ...*
>
> *2. Konfliktsituation: ...*
>
> *3. Lösung/überraschende Wende: ...*

Ausgangssituation
- Welche Tiere treffen wo (Ort) aufeinander?

Konfliktsituation:
- Welches Problem haben die Tiere, z. B.: Streit um etwas; ein Tier will das andere hereinlegen; Wette, wer der Klügere, Schnellere usw. ist?
- Wie handeln die beiden Tiere? Was könnten sie zueinander sagen (Dialog)?

Lösung/überraschende Wende:
- Wie wird der Streit oder das Problem gelöst?
- Welches Tier gewinnt?

d Verfasst mit Hilfe eurer Notizen eure Fabel. Schreibt im Präteritum.
- Verwendet treffende Adjektive, mit denen ihr die Eigenschaften der Tiere beschreibt, z. B.: *klug, gierig, mutig.*
- Wählt für die Verben „sagen“ und „gehen“ abwechslungsreiche Formulierungen, z. B.:
  sagen: *sprechen, antworten, rufen, entgegen ...*
  gehen: *schleichen, rennen, laufen ...*

Projekt: Ein Fabelbuch gestalten

Ihr habt in diesem Kapitel verschiedene Fabeln gelesen und selbst Fabeln verfasst. Gestaltet nun gemeinsam ein Fabelbuch, in dem ihr eigene Texte und Bilder zusammenstellt. Hier findet ihr Vorschläge für euer Fabelbuch:

Die Lieblingsfabel gestalten

Sucht eine Fabel, die euch besonders gut gefällt, und schreibt sie mit der Hand oder dem Computer ab (▸ Tipps zum Umgang mit dem Computer findet ihr auf Seite 348). Zeichnet zu der Fabel ein Bild, eine Bildergeschichte oder sucht eine passende Abbildung.
TIPP: Fabeln aus aller Welt findet ihr auch im Internet unter www.hekaya.de.

Eine eigene Fabel schreiben

Schreibt eine Fabel, die ihr selbst verfasst habt, auf ein Blatt Papier und malt dazu ein Bild oder sucht eine passende Abbildung. Ihr könnt eure Fabel auch mit dem Computer abschreiben und gestalten (▸ Tipps zum Umgang mit dem Computer findet ihr auf Seite 348).

Einen Fabel-Comic gestalten

Ein Comic erzählt eine Geschichte in einer Bilderfolge. Sucht euch eine Fabel aus, die ihr als Comic gestalten wollt. Notiert, welche Situationen aus der Fabel ihr darstellen müsst, damit die Geschichte für die Leser/-innen verständlich ist. Überlegt auch, was die Tiere sagen und denken. Gestaltet Sprech- und Denkblasen und verfasst Kommentare, wenn Erklärungen notwendig sind.

1 a Wählt aus den obigen Vorschlägen einen aus, den ihr für euer Fabelbuch umsetzen wollt. Ihr könnt auch Gruppen bilden, die sich jeweils mit einem Projektvorschlag beschäftigen.
b Überarbeitet eure Fabeln, bevor ihr sie in das Buch aufnehmt, z. B. in einer Schreibkonferenz (▸ S. 347).

2 a Erstellt ein Titelblatt und ein Inhaltsverzeichnis für euer Buch. Überlegt vorher, wie ihr euer Fabelbuch aufbauen wollt. In welcher Reihenfolge wollt ihr die Beiträge anordnen?
b Vervielfältigt die Blätter und stellt sie zu einem Buch zusammen.

7.3 Fit in ... – Eine Fabel zu Bildern schreiben

Die Aufgabenstellung verstehen

Stellt euch vor, ihr sollt in der nächsten Klassenarbeit folgende Aufgabe bearbeiten:

Schreibe zu den folgenden Bildern eine Fabel.

1 a Lest euch die Aufgabenstellung durch.

b Ist euch klar, was die Aufgabenstellung von euch verlangt? Schreibt die zwei richtigen Aussagen in euer Heft.

Ich soll ...
- zu der Handlung auf den Bildern eine Fabel schreiben.
- die Bildergeschichte weiterschreiben und dabei typische Fabelmerkmale verwenden.
- in meiner Fabel die beiden Tiere miteinander sprechen lassen (einen Dialog schreiben).
- in meiner Fabel typische Märchenformulierungen (z. B. *Es war einmal ...*) verwenden.

Ideen sammeln und einen Schreibplan erstellen

2 Seht euch jedes Bild genau an und findet heraus, was zwischen Hase und Schildkröte passiert. Achtet dabei auch auf Kleinigkeiten und schaut auf die Körperhaltung und den Ausdruck der Tiere.

3 a Sammelt Ideen für eure Fabel und notiert zu jedem Bild einige Sätze, z. B.:
Bild 1: Ein Hase macht sich über eine Schildkröte lustig, weil ...
Bild 2: ...

b Die Tiere in einer Fabel haben meist gegensätzliche Eigenschaften. Wählt für jedes Tier (Schildkröte und Hase) zwei Adjektive aus, die seine Eigenschaften am besten beschreiben.

dumm • groß • übermütig • langsam • listig • gefräßig • schnell • gefährlich • gewissenhaft

c Oft wird die Lehre der Fabel am Ende in einem Satz zusammengefasst.
Wählt eine treffende Lehre aus, die zur Begegnung von Hase und Schildkröte passt.
Vorsicht: Lest genau, nicht alle Lehren passen zu der Fabel.

- Wer rastet, der rostet.
- Nimm andere ernst, auch wenn sie unterlegen erscheinen.
- Wenn zwei sich streiten, freut sich der Dritte.
- Übermut tut selten gut.
- Wer zuletzt lacht, lacht am besten.

4 Plant den Aufbau eurer Fabel und legt einen Schreibplan wie im Muster rechts in eurem Heft an.

Titel: ...
Tierpaar mit gegensätzlichen Eigenschaften:
- eine ... Schildkröte
- ein ...

Handlung:
1) Ausgangssituation: ...
2) Konflikt: ...
3) Lösung/Wende: ...

Lehre: ...

5 In einer Fabel sprechen die Tiere miteinander. Überlegt, worüber Hase und Schildkröte sprechen könnten, und verfasst einen kurzen Dialog, z. B.:
Der Hase raste Haken schlagend um die Schildkröte herum und rief: „Schildkröte, du bist ja so lahm. Bis du zum nächsten Baum gekrochen bist, bin ich schon ...

Die Fabel schreiben und überarbeiten

6 Schreibt mit Hilfe eurer Notizen eine Fabel zu den Bildern. Beschreibt kurz die Ausgangssituation, lasst die Tiere miteinander sprechen und erzählt, wie die Fabel ausgeht.
Schreibt im Präteritum.

7 Überarbeitet eure Fabel mit Hilfe der folgenden Checkliste:

Checkliste

Eine Fabel schreiben

- Weist das Tierpaar unterschiedliche Eigenschaften auf?
- Hat eure Fabel einen klaren Aufbau: Ausgangssituation – Konfliktsituation – Lösung/überraschende Wende – evtl. Lehre?
- Sprechen die Tiere miteinander (Dialog)?
- Ist eure Fabel verständlich und lebendig geschrieben und enthält
  - wörtliche Rede?
  - treffende Adjektive?
  - ausdrucksstarke Verben?
  - abwechslungsreiche Satzanfänge?
- Steht eure Fabel im Präteritum?
- Sind Rechtschreibung und Zeichensetzung korrekt?

8 Naturbilder – Gedichte verstehen und gestalten

Jan van Kessel (1626–1679): Die vier Elemente

1 Die vier Elemente „Feuer, Wasser, Erde, Luft" werden in dem Gemälde durch Figuren dargestellt.

a Ordnet die Figuren den vier Elementen der Natur zu. Achtet dabei auch auf Kleinigkeiten wie z. B. Farben und Gegenstände.

b Erklärt, mit welchem Element ihr euch besonders verbunden fühlt.

2 a Überlegt, ob ihr Gedichte kennt, in denen Feuer, Wasser, Erde oder Luft eine Rolle spielen oder ein Ereignis aus der Natur beschrieben wird.

b Tragt zusammen, an welchen besonderen Merkmalen ihr Gedichte erkennen könnt.

In diesem Kapitel ...

- wiederholt ihr, welche besonderen Merkmale Gedichte haben,
- lernt ihr sprachliche Bilder kennen, durch die Gedichte besonders lebendig wirken,
- übt ihr, Gedichte ausdrucksvoll vorzutragen,
- schreibt ihr Naturgedichte.

8.1 Feuer, Wasser, Erde, Luft – Merkmale von Gedichten untersuchen

Regengedichte – Inhalt und Form von Gedichten vergleichen

Mascha Kaléko

Es regnet

Es regnet Blümchen auf die Felder,
Es regnet Frösche in den Bach.
Es regnet Pilze in die Wälder,
Es regnet alle Beeren wach!

Der Regen singt vor deiner Türe,
Komm an das Fenster rasch und sieh:
Der Himmel schüttelt Perlenschnüre
Aus seinem wolkigen Etui[1].

Vom Regen duften selbst die Föhren[2]
Nach Flieder und nach Ananas.
Und wer fein zuhört, kann das Gras
Im Garten leise wachsen hören.

1 das Etui (franz.): Behälter, z. B. für eine Brille
2 die Föhre: Kiefer (Nadelbaum)

Utagawa Hiroshige (1797–1858): Brücke im Regen

1 Erzählt von euren Gedanken oder Erlebnissen, wenn ihr euch Regen vorstellt.

2 Beschreibt, wie der Regen in diesem Gedicht dargestellt wird.
Welche Auswirkung hat er z. B. auf die Natur? Belegt eure Aussagen am Gedicht.

3 Regen und Himmel werden in diesem Gedicht als Personen dargestellt (Personifikation).
Nennt einige Textstellen, an denen dies deutlich wird. Wie wirkt dies auf euch?

4 Beschreibt die Form des Gedichts. Verwendet hierzu die Begriffe „Strophe", „Vers" und „Reimform".
Wenn ihr Hilfe braucht, schaut im Merkkasten auf Seite 156 nach.

5
a In der ersten Strophe beginnt jeder Vers gleich. Beschreibt die Wirkung.
b Tragt die erste Strophe so vor, dass sie trotz der Wiederholung nicht eintönig klingt.
c Schreibt nach dem Muster der ersten Strophe eine weitere Strophe, z. B.: *Es regnet Schnecken auf …*

Sarah Kirsch

Ausschnitt

Nun prasselt der Regen.
Nun schlägt er Löcher in den Sand.
Nun sprenkelt er den Weg.
Nun wird der Weg grau.
Nun wird das Graue schwarz.
Nun weicht der Regen den Sand auf.
Nun rieseln Bäche durch den Schlamm.
Nun werden die Bäche zu Flüssen.
Nun verzweigen die Flüsse sich.
Nun schließen die Flüsse die Ameise ein.
Nun rettet sich die Ameise auf eine Halbinsel.
Nun reißt die Verbindung ab.
Nun ist die Halbinsel eine Insel.
Nun wird die Insel überschwemmt.
Nun treibt die Ameise im Strudel.
Nun kämpft sie um ihr Leben.
Nun lassen die Kräfte der Ameise nach.
Nun ist sie am Ende.
Nun bewegt sie sich nicht mehr.
Nun versinkt sie.
Nun hört der Regen auf.

Gustav Klimt (1862–1918): Nach dem Regen

1 a Lest das Gedicht mehrmals leise. Tragt es dann laut vor.
b Tauscht euch über eure ersten Eindrücke aus und beschreibt die Wirkung des Regengedichts.

2 Gebt mit eigenen Worten das Geschehen wieder, das in diesem Gedicht geschildert wird. Welche Bedeutung haben in diesem Zusammenhang die Wiederholungen am Versanfang?

3 a Vergleicht die beiden Regengedichte (▶ S. 154/155) in Partnerarbeit. Berücksichtigt hierbei die folgenden Fragen und haltet eure Ergebnisse fest:
- Welches Gedicht gefällt euch besser? Begründet eure Meinung.
- Welche Unterschiede im Aufbau und in der Form könnt ihr feststellen? Verwendet hierfür die Begriffe „Strophe“, „Vers“ und „Reimform“.

b Tauscht euch über eure Ergebnisse aus.

4 Begründet, welches Bild eurer Meinung nach zu welchem Gedicht passt.

5 Das Gedicht „Ausschnitt“ von Sarah Kirsch endet mit dem Tod der Ameise. Schreibt das Gedicht nach dem zehnten Vers so um, dass die Ameise überlebt.

Paul Maar

Regen

Aus der Wolke
fällt der Regen
AUF DAS DACH
DAS MACHT KRACH
IM HAUS / HÄLT MAN'S AUS.
IM ZIMMER IST'S IMMER
TROCKEN. / DA BLEIBT MAN
HOCKEN. IST DER REGEN AUS,
DANN GEHT MAN R A U S .

1 Auch in diesem Gedicht geht es um den Regen. Schaut euch das Bildgedicht genau an und beschreibt, wie es gestaltet ist.

2 Erklärt, wodurch sich dieses Gedicht von den beiden anderen Regengedichten (▸ Seite 154/155) unterscheidet.

3
a Schreibt das Gedicht von Paul Maar in Versen in euer Heft.
b Besprecht eure Ergebnisse. Woran habt ihr gemerkt, dass ein neuer Vers beginnt?
c Vergleicht eure Gedichte in Versform mit dem vorliegenden Bildgedicht. Begründet, welche Gedichtform euch besser gefällt.

4 Verfasst ein eigenes Bildgedicht zum Thema Regen. Wenn ihr keine eigenen Ideen habt, versucht es mit folgenden Wortbausteinen: *von dem Baum / tropft der Regen / auf den Zaun / ...*

Information **Reimformen**

Oft werden die einzelnen Verse (Gedichtzeilen) durch einen Reim miteinander verbunden. Zwei Wörter reimen sich, wenn sie vom letzten betonten Vokal an gleich klingen, z. B.: *Haus – Maus, singen – entspringen.*
Die regelmäßige Abfolge von Endreimen ergibt verschiedene Reimformen. Dabei werden Verse, die sich reimen, mit den gleichen Kleinbuchstaben gekennzeichnet, z. B.:
- **Paarreim:** Wenn sich zwei aufeinanderfolgende Verse reimen, sprechen wir von einem Paarreim (aa bb).
- **Kreuzreim:** Reimen sich – über Kreuz – der 1. und der 3. sowie der 2. und der 4. Vers, dann nennt man das Kreuzreim (a b a b).
- **umarmender Reim:** Wird ein Paarreim von zwei Versen umschlossen (umarmt), die sich ebenfalls reimen, heißt dies umarmender Reim (a bb a).

Feuergedichte – Das Metrum bestimmen, den Gedichtvortrag üben

Anchise Picchi (1911–2007): Feuer auf dem Hügel

James Krüss

Das Feuer

Hörst du, wie die Flammen flüstern,
knicken, knacken, krachen, knistern,
wie das Feuer rauscht und saust,
brodelt, brutzelt, brennt und braust?

Siehst du, wie die Flammen lecken,
züngeln und die Zunge blecken,
wie das Feuer tanzt und zuckt,
trockne Hölzer schlingt und schluckt?

Riechst du, wie die Flammen rauchen,
brenzlig, brutzlig, brandig schmauchen,
wie das Feuer, rot und schwarz,
duftet, schmeckt nach Pech und Harz?

Fühlst du, wie die Flammen schwärmen,
Glut aushauchen, wohlig wärmen,
wie das Feuer, flackrig-wild,
dich in warme Wellen hüllt?

Hörst du, wie es leiser knackt?
Siehst du, wie es matter flackt?
Riechst du, wie der Rauch verzieht?
Fühlst du, wie die Wärme flieht?

Kleiner wird der Feuersbraus:
Ein letztes Knistern,
ein feines Flüstern,
ein schwaches Züngeln,
ein dünnes Ringeln –
aus.

1 In dem Gedicht von James Krüss sind alle Sinne bei der Wahrnehmung des Feuers beteiligt. Zeigt dies an einzelnen Versen auf.

2 a Sucht Wörter aus dem Gedicht heraus, mit denen das Geräusch des Feuers nachgeahmt wird.
b Lest die erste Strophe des Gedichts so, dass man das Feuer hören kann.

Lautmalerei
Mit den Klängen von Wörtern werden Naturlaute oder Geräusche nachgeahmt, z. B.: *klirren, rascheln, zischen.*

3 a Betrachtet das Gemälde. Sprecht über eure Eindrücke und Gefühle.
b Vergleicht die Darstellung des Feuers in dem Gemälde und in dem Gedicht.

4 Zum Schluss erlischt das Feuer. Beschreibt, wie sich dies in der letzten Strophe (► S. 157) zeigt.

5 Untersucht das Metrum (Versmaß) in dem Gedicht „Das Feuer" (► S. 157). Geht so vor:
- a Lest die ersten beiden Verszeilen laut und klatscht bei jeder betonten Silbe in die Hände.
- b Übertragt die erste Strophe in euer Heft. Lasst über jeder Gedichtzeile eine Zeile frei.
- c Setzt über jede Silbe ein X und markiert jede Silbe, bei der ihr geklatscht habt, mit einem Betonungszeichen X́.
- d Bestimmt mit Hilfe des Merkkastens unten das Metrum des Gedichts.

6 Bereitet das Gedicht „Das Feuer" für einen Vortrag vor. Arbeitet am besten mit einer Kopie des Gedichts, auf der ihr eure Betonungszeichen eintragen könnt, oder schreibt den Text ab.
- a Lest das Gedicht mehrmals und probiert unterschiedliche Betonungsmöglichkeiten aus.
- b Markiert das Gedicht wie im Beispiel mit entsprechenden Betonungszeichen.

TIPP: Überlegt, an welchen Stellen ihr laut oder leise, schnell oder langsam sprechen oder wo ihr eine Pause machen wollt, um dadurch die Entwicklung des Feuers hörbar zu machen.

Markierungen

———	Betonung
► ◄	leiser oder lauter sprechen
|	kurze Pause
||	längere Pause
——→	schneller oder
←——	langsamer sprechen
↵	über das Zeilenende hinaus weitersprechen

Hörst du, | wie die Flammen flüstern, ◄
knicken, knacken, krachen, knistern, |
wie das Feuer rauscht und saust, ——→
brodelt, brutzelt, brennt und braust? ||

Information **Metrum (Versmaß)**

In den Versen (Zeilen) eines Gedichts wechseln sich häufig betonte (X́) und unbetonte Silben (X) regelmäßig miteinander ab. Wenn die **Abfolge von betonten und unbetonten Silben** (Hebungen und Senkungen) einem bestimmten Muster folgt, nennt man dies **Metrum** (Versmaß). Die wichtigsten Versmaße sind:

Jambus (X X́): X X́ X X́ X X́ X X́ X
Es regnet Blümchen auf die Felder (Mascha Kaléko)

Trochäus (X́ X): X́ X X́ X X́ X X́ X
Feuerwoge jeder Hügel (Georg Britting)

Daktylus (X́ X X): X́ X X X́ X X X́ X X X́ X
Pfingsten, das liebliche Fest war gekommen (Johann Wolfgang Goethe)

Beim Vortrag müsst ihr die Abfolge von betonten und unbetonten Silben zwar beachten, ihr dürft aber nicht leiern. Dies gibt eurem Vortrag einen besonderen **Rhythmus.**

Wind- und Sturmgedichte – Gedichte hörbar machen und selbst schreiben

Justus Georg Schottelius (1612–1676)

Donnerlied

SWefel / Wasser / Feur und Dampf
Wollen halten einen Kampf;
Dikker Nebel dringt gedikkt /
Licht und Luft ist fast erstikkt.

Drauf die starken Winde bald
Sausen / brausen / mit Gewalt /
Reissen / werfen / Wirbelduft /
Mengen Wasser / Erde / Luft.

Plötzlich blikt der Blitz herein /
Macht das finstre feurig seyn /
Swefelklumpen / Strahlenlicht /
Rauch und Dampf herein mit bricht.

Drauf der Donner brummt und kracht /
Rasselt / rollet hin mit Macht /
Prallet / knallet grausamlich/
Puffet / sumsend endigt sich.

Bald das Blitzen wieder kommt /
und der Donner rollend brummt:
Bald hereilt ein Windesbraus /
und dem Wetter macht garaus.

Wolfgang Mattheuer (1927–2004): Gewitterlandschaft

1 Das Gedicht stammt von einem Dichter, der vor ca. 400 Jahren gelebt hat.
- a Lest das Gedicht laut vor.
- b Beschreibt die Stimmung des Gedichts.

2
- a Viele Wörter werden heute anders geschrieben oder sind nicht mehr gebräuchlich. Nennt Beispiele aus dem Gedicht.
- b Klärt unbekannte Wörter aus dem Textzusammenhang. Manche Wörter kann man wegen der alten Schreibweise besser „erhören" als lesen.
- c Bildet Gruppen, verteilt die einzelnen Strophen und schreibt das Gedicht in der heutigen Rechtschreibung auf.

3 Bereitet das „Donnerlied" von Schottelius für einen Vortrag vor. Geht hierbei so vor, wie auf Seite 158 (▶ Aufgabe 6) beschrieben.

4 Überlegt, wie ihr euren Gedichtvortrag durch passende Geräusche, Klänge oder Musik untermalen könnt. Ihr könnt dazu auch alltägliche Gegenstände nutzen, z. B. knisterndes Papier, scheppernde Kochtopfdeckel usw. Fragt vielleicht auch eure Musiklehrerin oder euren Musiklehrer, wenn ihr Anregungen braucht.

Haikus geben Eindrücke und Beobachtungen über die Natur und die Jahreszeiten wieder. Seit Jahrhunderten schreiben japanische Künstler sie mit Pinsel und Tusche auf Papier oder Seide. Oft werden zu den Haikus noch Bilder gezeichnet: Die Stimmung des Gedichts wird dann sichtbar.

Ein starker Sturm bläst
Und inmitten im Gras dort
Der Vollmond heute
(Miura Chora, 1729–1780)

So rot, so rot nun
Die Sonne und gnadenlos
Der Wind des Herbstes
(Matsuo Bashō, 1644–1694)

Sogar mein Schatten
Ist munter und kerngesund
Am Frühlingsmorgen
(Kobayashi Issa, 1763–1828)

Utagawa Hiroshige (1797–1858): Pflaumenbaum-Teehaus

1 Welche Bilder oder Szenen fallen euch ein, wenn ihr die Haikus lest? Beschreibt eure Vorstellungen oder zeichnet ein Bild.

2 a Schreibt selbst ein Haiku, in dem ein Naturelement (Feuer, Wasser, Erde, Luft), ein Augenblick in der Natur oder eine Jahreszeit eine Rolle spielt. Beachtet dabei die Form und die Silbenzahl des Haikus, z. B.:

Wind fegt durchs Fenster
Weht alles durcheinander
Dieser Einbrecher
Selina

Frisch weht der Wind nun
Treibt mein kleines Boot voran
An diesem Morgen
Moritz

b Zeichnet zu euren Haikus Bilder oder schreibt sie mit Tusche auf schönes Papier.

Methode **Ein Haiku schreiben**

Das Haiku ist eine alte Gedichtform aus Japan. 17 Silben werden auf drei Verse verteilt. Ein Haiku beschreibt oft einen Augenblick in der Natur.
1. Vers: fünf Silben
2. Vers: sieben Silben
3. Vers: fünf Silben

Testet euch!

Gedichte verstehen

Heinrich Heine

Der Wind zieht seine Hosen an

Der Wind zieht seine Hosen an,
Die weißen Wasserhosen!
Er peitscht die Wellen, so stark er ? ,
Die heulen und brausen und tosen.

Aus dunkler Höh', mit wilder ? ,
Die Regengüsse träufen[1];
Es ist, als wollt die alte Nacht
Das alte Meer ersäufen.

An den Mastbaum klammert die Möwe sich
Mit heiserem Schrillen und Schreien;
Sie flattert und will gar ängstiglich[2]
Ein Unglück prophezeien[3].

1 träufen: träufeln, schütten
2 ängstiglich: ängstlich
3 prophezeien: vorhersagen

William Turner (1775–1851): Schiffbruch

1 a Beantwortet die Testaufgaben zum Gedicht. Schreibt die Lösungen in euer Heft.
b Vergleicht eure Lösungen mit denen auf Seite 350. Errechnet dann eure Gesamtpunktzahl.

Testaufgaben zum Gedicht	Punkte
1 Wie heißen die fehlenden Reimwörter in Vers 3 und 5?	4
2 Notiert, welche Aussage zum Gedicht richtig ist: – In dem Gedicht gerät ein Dampfer in schwere Seenot. – Das Gedicht beschreibt einen Sturm, der ein Segelschiff in Seenot bringt. – Das Gedicht schildert, wie der Mastbaum eines Schiffes bei Sturm bricht. – Das Gedicht beschreibt, wie sich Menschen in Seenot an einen Mastbaum klammern.	4
3 Notiert drei Verben, welche die Gewalt des Sturms beschreiben.	3
4 Bestimmt die Reimform des Gedichts.	3
5 Bestimmt das Versmaß (Jambus, Trochäus oder Daktylus) in Vers 1 und Vers 2.	4

18–16 Punkte: Du kennst dich sehr gut mit Gedichten aus!
15–13 Punkte: Du kennst dich gut aus!
12–8 Punkte: Du hast einiges, aber noch nicht alles gelernt!
7–0 Punkte: Du solltest noch einmal auf den Seiten 323–324 nachlesen, welche besonderen Merkmale Gedichte haben.

8.2 Träume und Traumlandschaften – Sprachliche Bilder in Gedichten

Vergleiche veranschaulichen

Joseph von Eichendorff

Meeresstille

Ich seh von des Schiffes Rande
Tief in die Flut hinein:
Gebirge und grüne Lande
Und Trümmer im falben[1] Schein
Und zackige Türme im Grunde,
Wie ich's oft im Traum mir gedacht,
Das dämmert alles da unten
Als wie eine prächtige Nacht.

Seekönig auf seiner Warte[2]
Sitzt in der Dämmrung tief,
Als ob er mit langem Barte
Über seiner Harfe schlief:
Da kommen und gehen die Schiffe
Darüber, er merkt es kaum,
Von seinem Korallenriffe
Grüßt er wie im Traum.

Yves Tanguy (1900–1955): ohne Titel

1 falb: gelb, graubraun

2 die Warte: Beobachtungsposten, Turm

1 Lest das Gedicht still. Beschreibt, welche Bilder und Gedanken euch zu dem Gedicht einfallen.

2 a Beschreibt, in welcher Situation sich der Sprecher in dem Gedicht befindet.
b Tragt aus dem Gedicht zusammen, was der Sprecher in dieser geheimnisvollen Unterwasserwelt alles sieht.

3 a In dem Gedicht kommen an verschiedenen Stellen Vergleiche vor. Findet diese Vergleiche und erklärt, wozu sie dienen. Achtet dabei auf die Wörter „wie" und „als ob".
b Geht in das Bild hinein: Was seht und hört ihr? Beschreibt das Bild mit Hilfe von Vergleichen.

Information **Sprachliche Bilder: Vergleiche**

In unserer Sprache verwenden wir häufig Vergleiche, weil wir etwas besonders anschaulich mitteilen wollen, z. B.: *süß wie Honig, schnell wie der Wind.*
Bei einem Vergleich werden zwei verschiedene Vorstellungen durch ein „wie" oder ein „als ob" miteinander verknüpft, z. B.: *Das Meer glänzte schwarz wie die Nacht. In meinem Zimmer sah es aus, als ob ein Orkan durchgezogen wäre.*

Humberto Ak'abal

Zeichen

Es kommt Wind auf,
wenn die Wolken wie Frauenhaar sind.

Es nieselt,
wenn sie Taubenflügeln gleichen.

Es gibt Sturm,
wenn sie wie Schafswolle aussehen.

Wolkenbruch,
wenn sie ?

Und wenn sich am Morgen eine
Wolke vor den Sonnenaufgang schiebt,

werden Regen und Wind
andere Dörfer heimsuchen.

Humberto Ak'abal (*1952) stammt aus Guatemala.

Caspar David Friedrich (1774–1840): Ziehende Wolken

1 Humberto Ak'abal sieht in der besonderen Form der Wolken ein Zeichen dafür, dass sich das Wetter bald ändert.

a Untersucht, welche sprachlichen Vergleiche der Dichter nutzt, um die Form der Wolken zu beschreiben.

b Vervollständigt den 8. Vers. Verwendet dabei einen Vergleich.

c Schreibt wenigstens zwei weitere Verszeilen, die beginnen mit: *Es gibt ...* Lasst euch dabei von dem Gemälde von Caspar David Friedrich anregen.

2 Viele Vergleiche kann man in zusammengesetzte Adjektive umwandeln, z. B.:
kalt wie Eis → eiskalt; gelb wie eine Zitrone → zitronengelb.

a Wandelt die folgenden Vergleiche in zusammengesetzte Adjektive um.

schwarz wie die Nacht • schwer wie Blei • leicht wie eine Feder • klar wie Glas • rot wie Feuer • groß wie ein Riese • rund wie eine Kugel • gelb wie die Sonne • grün wie Moos • schnell wie ein Pfeil

b Verfasst ein Gedicht über eine Traumlandschaft. Verwendet Vergleiche mit „wie" und verkürzte Vergleiche in Form zusammengesetzter Adjektive. Euer Gedicht muss sich nicht reimen.

Ich träumte von einem schattigen Wald
mit moosgrünen Bäumen, die waren ...

Metaphern lassen Bilder entstehen

Gabriele Münter (1877–1962): Sonnenuntergang über dem Staffelsee

1 a Lasst das Bild auf euch wirken. Welche Vorstellungen weckt es in euch?
b Gabriele Münter hat in ihrem Gemälde einen Wolkenhimmel bei Sonnenuntergang dargestellt. Beschreibt das Bild und seine Wirkung. Achtet auf Farben und Formen.

Hans Manz

In die Wolken gucken

Im Himmel schwimmen
flockige Länder,
bauschige Kontinente.
Ihre Grenzen verfließen,
lösen sich auf,
ballen sich neu
zu noch nie gesehenen
Inseln und Staaten. –
Und ich ihr Entdecker,
ganz allein.

2 a Lest das Gedicht von Hans Manz und notiert eure ersten Leseeindrücke.
b Tauscht euch über eure Leseeindrücke aus.

3 Überlegt, ob das Bild zu dem Gedicht passt. Begründet eure Meinung.

4 In dem Gedicht kommt das Wort „Wolke“ nur in der Überschrift vor. Aber ihr könnt viele andere Wörter entdecken, die euch an Wolken denken lassen.

a Übertragt das Gedicht in euer Heft.

b Unterstreicht dann in Partnerarbeit die sprachlichen Bilder, mit denen die Wolken beschrieben werden.

c Tauscht euch in der Klasse über eure Ergebnisse aus. Woran habt ihr erkannt, dass mit den Sprachbildern im Gedicht Wolken gemeint sind?

5 a Lest die Informationen zur Metapher aus dem unten stehenden Merkkasten.

b Versucht zu erklären, warum die Metapher (wie auch der Vergleich) ein sprachliches Bild ist.

6 Erklärt die übertragenen Bedeutungen der Metaphern in dem Gedicht „In die Wolken gucken“. Legt dazu Schaubilder nach folgendem Muster an:

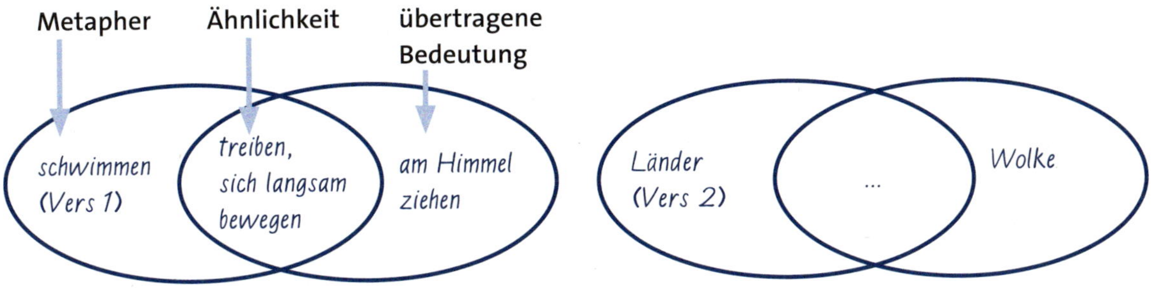

7 a In den folgenden Bildern verstecken sich Metaphern. Schreibt sie auf und erklärt, was sie bedeuten, z. B.: *Auf den Putz hauen* = ...

b Nennt weitere Beispiele für Metaphern, z. B. aus eurem alltäglichen Sprachgebrauch.

Information **Sprachliche Bilder: Metaphern**

Bei einer Metapher wird ein Wort nicht wörtlich, sondern in einer übertragenen (bildlichen) Bedeutung gebraucht, z. B.:

- *Nussschale für ein kleines Boot,*
- *Tränen des Himmels für Regen,*
- *Suppe für Nebel.*

Man verwendet Metaphern, weil sich zwei Dinge auf Grund einer Eigenschaft ähnlich sind und diese Eigenschaft durch die Metapher hervorgehoben wird, z. B.: *König der Tiere für Löwe* → Die Metapher hebt das majestätische Aussehen und die Stärke des Löwen hervor.

Im Unterschied zum direkten Vergleich fehlt bei der Metapher das Vergleichswort „wie“, z. B.: *Wolken sind (wie) flockige Länder.*

Personifikationen machen die Natur lebendig

Joseph von Eichendorff

Winternacht

Verschneit liegt rings die ganze Welt,
Ich hab nichts, was mich freuet,
Verlassen steht der Baum im Feld,
Hat längst sein Laub verstreuet.

Der Wind nur geht bei stiller Nacht
Und rüttelt an dem Baume,
Da rührt er seinen Wipfel sacht
Und redet wie im Traume.

Er träumt von künft'ger Frühlingszeit,
Von Grün und Quellenrauschen,
Wo er im neuen Blütenkleid
Zu Gottes Lob wird rauschen.

Cuno Amiet (1868–1961): Winterlandschaft

1 a Beschreibt, in welcher Situation sich der Sprecher im Gedicht befindet.
b Findet Erklärungen dafür, warum ihm gerade der Baum besonders auffällt.

2 a Baum und Wind treten in dem Gedicht als lebendige Personen auf. Nennt Beispiele aus dem Text.
b Gebt mit eigenen Worten wieder, wovon der Baum träumt.

3 Inwiefern spiegeln sich im Traum des Baumes die eigenen Träume des Sprechers wider?

4 Schreibt Eichendorffs Wintergedicht in ein Sommergedicht um, z. B.:

Sonnengelb strahlt rings die Welt,
Ich hab so viel, was ...

Information **Sprachliche Bilder: Personifikationen**

Die Personifikation (Vermenschlichung) ist eine besondere Form der Metapher. Leblose Gegenstände, Begriffe oder die Natur werden vermenschlicht, d. h., ihnen werden menschliche Verhaltensweisen und Eigenschaften zugesprochen, z. B.: *die Natur schläft, das Glück lacht, der Tag verabschiedet sich, das Veilchen träumt.*

Fordern und fördern – Bildhafte Gedichte schreiben

●●● 1 Schreibt ein Gedicht, in dem die Natur, z. B. der Wind, eine Blume, ein See, der Mond, eine Jahreszeit, personifiziert wird (▸ Personifikation, S. 166).
Euer Gedicht muss sich nicht reimen.
▹ Hilfen zu dieser Aufgabe findet ihr unten.

●●● 2 Schreibt ein Gedicht über eine Traumlandschaft. Verwendet eine bildhafte Sprache, z. B. Vergleiche (▸ S. 162), Metaphern (▸ S. 165), Personifikationen (▸ S. 166) und zusammengesetzte Adjektive (▸ S. 163).
▹ Hilfen zu dieser Aufgabe findet ihr unten auf der Seite.

●●○ **Aufgabe 1 mit Hilfen**

Wenn ihr ein Gedicht schreiben wollt, in dem die Natur vermenschlicht (personifiziert) wird, geht wie folgt vor:

a Entscheidet euch für ein Naturelement, über das ihr ein Gedicht schreiben wollt, z. B. über den Wind, das Feuer, eine Blume, den Mond, eine Jahreszeit usw.

b Sammelt zuerst Verben und Adjektive, die menschliche Tätigkeiten und Eigenschaften beschreiben. Überlegt, ob die Verben und Adjektive zu eurem Naturelement passen, z. B.:

Mein Naturelement: Wind

Verben, die menschliche Tätigkeiten bezeichnen	Adjektive, die menschliche Eigenschaften bezeichnen
rütteln, heulen, singen, seufzen ...	*sanft, wütend ...*

c Schreibt nun euer Gedicht, in dem ihr die Natur vermenschlicht. Euer Gedicht muss sich nicht reimen. Nutzt hierzu auch eure Sammlung von Verben und Adjektiven.

Der Wind, der heult in dunkler Nacht.
Er rüttelt wütend ...

●●○ **Aufgabe 2 mit Hilfen**

In eurem Gedicht über eine Traumlandschaft sollt ihr bildhafte Sprache verwenden. Wenn ihr Anregungen braucht, könnt ihr den folgenden Wortspeicher verwenden.

Vergleiche, z. B. mit „wie“	zusammengesetzte Adjektive	Metaphern	Personifikationen
(...) wie ein löchriger Käse	*pechschwarz*	*Blütenteppich (für Blumenwiese)*	*der Wald schläft*
(...) wie Riesen	*honiggelb*		*der Baum flüstert*
(...) wie Spinnenarme	*kirschrot*	*grünes Kleid der Bäume (für Blätterwerk)*	*die Sonne kriecht langsam ...*
(...) wie aus blauem Porzellan	*frühlingsgrün*		

8.3 Monat für Monat – Einen lyrischen Kalender gestalten

Ein selbst gebastelter lyrischer Kalender mit Gedichten und Bildern für jeden Monat ist nicht nur ein schönes Geschenk für Eltern und Großeltern, er könnte auch euren Klassenraum ein ganzes Jahr verschönern. Auf Seite 170 erhaltet ihr Tipps, wie ihr einen solchen Kalender gestalten könnt.

Peter Hacks

Der Winter

Im Winter geht die Sonn'
Erst mittags auf die Straße
Und friert in höchstem Maße
Und macht sich schnell davon.

Ein Rabe stelzt im Schnee
Mit graugeschneitem Rücken,
In seinen Fußabdrücken
Sieht man jeden Zeh.

Der Winter ist voll Grimm.
Doch wenn die Mutter Geld hat
Und viel Briketts[1] bestellt hat,
Dann ist er nicht so schlimm.

1 das Brikett: gepresste Kohle, Brennmittel

Johann Wolfgang Goethe

Frühling übers Jahr

Das Beet, schon lockert
Sich's in die Höh,
Da wanken Glöckchen
So weiß wie Schnee;
Safran[1] entfaltet
Gewalt'ge Glut,
Smaragden[2] keimt es
Und keimt wie Blut.

Primeln stolzieren
So naseweis,
Schalkhafte Veilchen
Versteckt mit Fleiß;
Was auch noch alles
Da regt und webt,
Genug, der Frühling,
Er wirkt und lebt.

1 der Safran: Pflanze, aus der rotgelber Farbstoff gewonnen wird

2 der Smaragd: grün leuchtender Edelstein

Paula Dehmel

Ich bin der Juli

Grüß Gott! Erlaubt mir, dass ich sitze.
Ich bin der Juli, spürt ihr die Hitze?

Kaum weiß ich, was ich noch schaffen soll,
die Ähren sind zum Bersten voll;

reif sind die Beeren, die blauen und roten,
saftig sind Rüben und Bohnen und Schoten.

So habe ich ziemlich wenig zu tun,
darf nun ein bisschen im Schatten ruhn.

Duftender Lindenbaum,
rausche den Sommertraum!

Seht ihr die Wolke? Fühlt ihr die Schwüle?
Bald bringt Gewitter Regen und Kühle.

Eduard Mörike

Septembermorgen

Im Nebel ruhet noch die Welt,
Noch träumen Wald und Wiesen:
Bald siehst du, wenn der Schleier fällt,
Den blauen Himmel unverstellt,
Herbstkräftig die gedämpfte Welt
In warmem Golde fließen.

Friedrich Hebbel

Herbstbild

Dies ist ein Herbsttag, wie ich keinen sah!
Die Luft ist still, als atmete man kaum,
und dennoch fallen raschelnd, fern und nah,
die schönsten Früchte ab von jedem Baum.

O stört sie nicht, die Feier der Natur!
Dies ist die Lese[1], die sie selber hält;
denn heute löst sich von den Zweigen nur,
was vor dem milden Strahl der Sonne fällt.

1 die Lese: Ernte, z. B. Traubenlese = Ernte von Weintrauben

Christine Nöstlinger

Abendgebet zum Nikolaus

Liebster, bester Nikolaus,
Schokozeug ist mir ein Graus.
Mag halt keine süßen Sachen,
würdest mir mehr Freude machen
mit einem Teller voller Fritten.
Auch um Hering tät ich bitten.
Sehr ergötzen würd mich auch
Gänseschmalz und Schweinebauch.
Ist in Deinem Säckel nicht vorhanden?
Dann versuch, anderswo zu landen.

Für euren lyrischen Kalender mit Gedichten und Bildern könnt ihr auf die Gedichte in diesem Kapitel zurückgreifen (▸ S. 154–169). Ihr könnt aber auch eigene Gedichte zu den verschiedenen Monaten schreiben oder aber in Gedichtsammlungen nach passenden Monatsgedichten suchen. Vielleicht kann euch auch eure Kunstlehrerin oder euer Kunstlehrer bei der Gestaltung des Kalenders helfen. Geht bei eurem Projekt so vor:

1. Schritt: Die Monate verteilen

1 a Bildet kleine Gruppen (2–4 Personen).
b Jede Gruppe wählt einen Monat aus. Ihr könnt euch z. B. an euren Geburtstagen orientieren oder ihr lost einfach aus. Ihr könnt auch einen Traum- oder Fantasiemonat als 13. Monat entwerfen, der alle eure Wünsche erfüllt. Erich Kästner hat ein Gedicht mit dem Titel „Der dreizehnte Monat" geschrieben. Recherchiert dazu im Internet.

2. Schritt: Die Materialien besorgen

2 a Besorgt euch für jeden Monat einen weißen Papierbogen oder Tonpapier in der gleichen Größe.
b Überlegt, welche Abbildung euer Kalenderblatt schmücken soll. Wollt ihr ein Bild malen oder eine Collage aus Zeitschriften und Prospekten anfertigen? Beschafft euch dementsprechend Wasserfarben, Wachsmal- oder Buntstifte, Zeitschriften, Prospekte, Scheren, Klebestifte usw.

3. Schritt: Das Kalenderblatt gestalten

3 Ihr habt nun verschiedene Möglichkeiten, mit Text und Bild ein Kalenderblatt zu gestalten. Überlegt auch, wie und wo die Tage auf dem Kalenderblatt angeordnet sein sollen.

A **Von einem Gedicht ausgehen:** Ihr sucht zuerst ein Gedicht aus oder schreibt ein Gedicht, das zu eurem Monat passt. Ihr könnt auch nur eine Strophe oder wenige Verse aussuchen. Malt dann ein passendes Bild oder stellt aus Zeitschriften und Reiseprospekten eine Collage zusammen.

B **Von einem Bild ausgehen:** Ihr malt zu eurem Monat ein Bild oder stellt aus Zeitschriften und Reiseprospekten eine Collage zusammen. Sucht dann ein Gedicht aus oder schreibt selbst eins, das zum Monat und eurem Bild passt. Ihr könnt dabei auch nur eine Strophe oder wenige Verse aufnehmen.

9 Konrad oder ... – Wir spielen Theater

1 Das Foto zeigt die erste Szene aus dem Stück „Konrad oder Das Kind aus der Konservenbüchse".
- **a** Sammelt Ideen, worum es in diesem Theaterstück gehen könnte.
- **b** Beschreibt die dargestellte Szene mit euch bekannten Begriffen aus dem Theaterbereich, z. B.: Schauspieler/-in, Mimik, Requisite.

2 Welche Erfahrungen habt ihr im Theater oder beim Theaterspielen gemacht? Erzählt davon.

In diesem Kapitel ...

- lernt ihr ein Theaterstück kennen, in dem sich manche Figuren anders verhalten, als man es erwartet,
- wiederholt ihr wichtige Gestaltungsmittel des Theaters,
- lest und spielt ihr Theaterszenen,
- schreibt ihr selbst Szenen weiter und erstellt ein Textbuch für eine Theateraufführung.

9.1 Noch ein Paket für Frau Bartolotti – Figuren und Handlung auf der Bühne

Christine Nöstlinger

Konrad oder Das Kind aus der Konservenbüchse – 1. Szene

Frau Bartolotti trägt gerne bunte Kleider und riesige Hüte, schaukelt beim Frühstücken, hat Goldfische in der Badewanne und isst am liebsten Essiggurken mit Honig. Ihre Lieblingsbeschäftigung besteht darin, allerlei nützliche und unnütze Dinge aus den Werbekatalogen zu bestellen und in ihrer Wohnung anzuhäufen. So lebt Berti Bartolotti ein ruhiges, aber chaotisches Leben, bis eines Tages etwas äußerst Sonderbares geschieht.

FRAU BARTOLOTTI *(freudig)*: Dreimal – das ist der Briefträger! *(Ruft laut.)* Herein, herein, die Tür ist offen!

(Lautes Rumoren vor der Zimmertür, Schnaufen, Briefträger macht die Zimmertür auf.)

BRIEFTRÄGER: Guten Morgen, Frau Bartolotti! *(Keucht, wischt sich den Schweiß von der Stirn, schleppt eine Kiste herein.)* Menschenskind, Frau Bartolotti! Das Ding hat ja seine fünfundzwanzig Kilo – oder mehr!

(Frau Bartolotti schleppt die Kiste zum Tisch.)

BRIEFTRÄGER: Also: Entweder, Verehrteste, Sie lassen einen Lift ins Haus einbauen oder Sie hören endlich auf, dauernd unnützen Kram zu bestellen, oder ich lasse mich in einen anderen Bezirk versetzen!

(Frau Bartolotti blickt schuldbewusst, sucht nach ihrer Geldbörse und kramt darin.)

Hundertundzwanzig Stufen mit dem Dings da! *(Stößt angewidert mit einem Fuß nach der Kiste.)* Haben Sie sich diesmal einen eisernen Geldschrank bestellt?

FRAU BARTOLOTTI: Nein, sicher nicht. *(Unsicher)* Das glaub ich denn doch nicht ...

BRIEFTRÄGER *(milde empört)*: Sie glaubt nicht, sie glaubt nicht ... *(Gütig, wie zu einem kleinen Kind)* Frau Bartolotti! So geht es doch nicht! Sie sind doch ein durch und durch erwachsener Mensch. Warum bestellen Sie denn dauernd Sachen, die Sie gar nicht brauchen? *(Zeigt auf Gartenzwerg, Samowar[1], Segelschiffsmodell und ähnlichen Kram.)* Was ich bei Ihnen schon angeschleppt habe, das geht doch auf keine Kuhhaut mehr! Ihnen werden die vereinigten Versandhäuser noch einmal ein Denkmal errichten. *(Höhnisch)* Dem allergrößten Konsumtrottel in tiefer Dankbarkeit!

FRAU BARTOLOTTI *(beginnt neugierig, die Kiste zu öffnen, aufmüpfig)*: Na schön, hab ich eben ei-

1 der Samowar: Teekocher

nen Tick! Jeder vernünftige Mensch hat einen Tick. *(Holt Geld aus der Geldbörse und drückt es dem Briefträger in die Hand.)* Sie haben sicher auch einen!

(Der Briefträger steckt das Geld ein. Frau Bartolotti entfernt die Kiste, die Riesenkonserve kommt zum Vorschein. Konservenoberteil hebt sich, halb nackter Konrad mit hellblauem Briefumschlag in der Hand steigt aus der Dose.)

KONRAD: Guten Tag, liebe Mutter!

(Frau Bartolotti wankt zu einem Sessel und lässt sich verdattert hineinsinken.)

KONRAD *(geht auf sie zu, legt ihr den Briefumschlag auf den Schoß, bleibt wartend vor ihr stehen):* Das sind meine Papiere. Und das Begleitschreiben der Herstellung.

(Frau Bartolotti fasst sich mühsam und holt mit zittrigen Fingern etliche Papiere aus dem Briefumschlag. Sie schaut ein Papier nach dem anderen kurz an und legt es dann auf den Tisch.)

KONRAD: Der Taufschein. Der Staatsbürgerschaftsnachweis. Die Impfzeugnisse. *(Frau Bartolotti hält nur noch ein Papier in der Hand.)* Der Begleitbrief.

FRAU BARTOLOTTI *(liest):* Liebe Eltern, hiermit ist euer sehnlichster Wunsch in Erfüllung gegangen. Unsere Firma hat alles getan, um Ihnen einen erfreulichen, angenehmen Nachwuchs zu gewährleisten. Unser Erzeugnis ist leicht zu handhaben, da naturbedingte Fehler bei unserem Fertigprodukt wegfallen. Aber vergessen Sie bitte nicht, dass unser Nachwuchs neben der üblichen Aufsicht und Wartung auch Zuneigung braucht! Viel Freude wünscht Ihnen die Firmenleitung.

(Legt das Schreiben weg und schaut den Konrad an, seufzt, fährt sich nervös durch die Haare.)

KONRAD: Kleider werde ich hier bekommen, hat es geheißen. Die Mode, hat man uns erklärt, wechselt so schnell. Da wäre es ein Unsinn, wenn sie uns einkleiden würden. Sonst kämen wir unter Umständen schon unmodern an.

FRAU BARTOLOTTI *(steht auf, holt eine Strickjacke und reicht sie Konrad, zögernd):* Hier bitte, nimm das da!

KONRAD *(schlüpft in die Jacke, erstaunt):* Ist das jetzt Mode für siebenjährige Jungen?

FRAU BARTOLOTTI: Nein ... nein ... *(stottert fast)* Siebenjährige Jungen tragen ganz andere Sachen. Das ist meine Jacke. Ich wusste ja nicht ...

KONRAD: Was wusstest du nicht, Mutter?

FRAU BARTOLOTTI: Na, dass sie dich schicken!

KONRAD *(vorwurfsvoll):* Wir werden nur auf Bestellung geschickt. *(Unsicher)* Oder hat sich der Vertrieb geirrt? Gehöre ich gar nicht hierher? *(Traurig)* Das wäre sehr unangenehm, denn dann müssten sie mich wieder umdosen und ...

FRAU BARTOLOTTI *(eifrig):* Nein, nein, du gehörst schon hierher!

(Konrads Gesicht hellt sich auf.)

Ganz gewiss! Nur, nur ... nur ... ich hab nicht gewusst, dass du heute kommst. Ich hab gedacht ...

(Zupft und zerrt aufgeregt an sich herum, fährt sich auch durch die Haare.) Ich hab gedacht, du kommst erst nächste Woche! *(Seufzt erleichtert auf.)* Ja, nächste Woche, das hab ich gedacht!

Konrad *(lächelt froh)*: Bist du froh, dass ich hier bin, liebe Mutter?

Frau Bartolotti *(schaut Konrad an, seufzt, räuspert sich, entschlossen)*: Ja! Ich bin froh, dass du hier bist *(greift nach dem Taufschein, schaut hinein)* – lieber Konrad! *(Konrad gähnt. Sie lächelt.)* Konrad! Das ist ein hübscher Name.

Konrad *(gähnend)*: Dürfte ich mich ein wenig hinlegen, liebe Mutter? Dosenöffnen nimmt einen nämlich ziemlich mit! Man hat uns ein, zwei Stunden Schlaf nachher vorgeschrieben. Sonst könnten Schäden entstehen.

Frau Bartolotti: Na klar, Konrad! *(Sie läuft zum Sofa und klopft es sauber, holt eine Decke und ein Kissen.)* Hier, mein Schatz! Ruh dich aus. Schlaf nur! *(Konrad legt sich aufs Sofa. Frau Bartolotti deckt ihn zu.)* Während du schläfst, werde ich dir Kleider besorgen, ja?

(Konrad nickt, gähnt, schläft ein.)

1 Lest den Text mit verteilten Rollen. Beachtet die Regieanweisungen in Kursivschrift.
TIPP: Ihr könnt dazu die Szene in die folgenden Abschnitte einteilen:
Z. 1–48: Dialog Briefträger und Frau Bartolotti
Z. 49–126: Dialog Frau Bartolotti und Konrad

Stimme, Gestik, Mimik
Mit eurer Stimme (Sprechweise), eurer Gestik (Körpersprache) und eurer Mimik (Gesichtsausdruck) könnt ihr ausdrücken, wie die Figur sich gerade fühlt oder wie eine Äußerung gemeint ist.

2 Tauscht euch über eure ersten Eindrücke aus.
- Was hat euch besonders gut gefallen?
- Was hat euch erstaunt?
- Gibt es etwas, was ihr nicht verstanden habt?

3 Fasst den Inhalt der ersten Szene kurz zusammen. Ihr könnt z. B. so beginnen:
In der ersten Szene geht es darum, dass …

4 Nach dieser 1. Szene führt Frau Bartolotti ein Selbstgespräch (einen Monolog). In diesem Monolog wird deutlich, welche Gedanken und Gefühle Frau Bartolotti bewegen.

a Schreibt gemeinsam mit einer Partnerin oder einem Partner diesen Monolog, z. B.:
Das kann doch nicht wahr sein. Ich kann einfach nicht glauben, dass …

b Tragt eure Monologe in der Klasse vor. Unterstreicht das Gesagte durch eure Sprechweise sowie durch eure Gestik und Mimik. Die anderen beobachten den Vortrag und geben anschließend eine Rückmeldung darüber, was besonders gut gelungen ist und was ihr noch verbessern könnt.

5 In den ersten Szenen eines Theaterstücks wird der Zuschauer in das Geschehen eingeführt und lernt die Hauptfiguren kennen. Überlegt, worin in dieser Ausgangssituation der Reiz liegt.

Information **Wichtige Theaterbegriffe**

Dialog: Gespräch von zwei oder mehreren Figuren. Sein Gegensatz ist der Monolog.
Monolog: Selbstgespräch einer Figur (im Gegensatz zum Dialog).
Regieanweisungen: Von der Autorin/vom Autor im Dramentext zusätzlich zu den Rollentexten bereits mitgelieferte Anregungen, wie sich die Figuren bewegen *(steht auf)*, wie sie schauen und sprechen sollten *(schaut Konrad an, seufzt)* und wie die Handlung auf der Bühne dargestellt werden sollte *(Frau Bartolotti entfernt die Kiste, die Riesenkonserve kommt zum Vorschein)*.

Christine Nöstlinger

Konrad oder Das Kind aus der Konservenbüchse – 2. Szene

(Wohn- und Arbeitszimmer von Frau Bartolotti. Konrad, in die Decke gewickelt, steht am Fenster und schaut auf die Straße hinunter, dann wandert er vom Fenster weg und versucht, Ordnung im Raum zu schaffen, hebt herumliegenden Kram vom Boden auf. Frau Bartolotti kommt keuchend mit unerhört vielen Tragetaschen, vollgestopft mit Kleidung, Süßigkeiten, Eis und Spielzeug, ins Zimmer. Sie schlüpft aus dem Pelzmantel, wirft ihn auf den Boden und strahlt Konrad freudig an.)

Konrad: Guten Tag, liebe Mutter!

Frau Bartolotti *(eilt auf Konrad zu und hebt ihn hoch)*: Servus, Konrad! *(Schaut ein wenig verzagt und stellt den Konrad wieder ab.)* Ich wollte dir einen Kuss geben, aber ich weiß nicht, ob du das magst. *(Zögernd)* Ich – weißt du – ich kenne mich bei Kindern nicht sonderlich aus. Es ist schon so lange her, dass ich eins gewesen bin.

Konrad: Kinder werden geküsst, wenn sie brav waren. *(Schaut sich um.)* Ich hab nichts angestellt, nichts beschädigt, bloß ein wenig Ordnung gemacht. Ich denke, man darf mich küssen.

Frau Bartolotti *(lacht, hebt ihn wieder hoch und küsst ihn mehrmals, stellt ihn wieder hin, aufgeregt)*: Und jetzt schau mal, was ich alles gebracht hab! *(Räumt irre Kinderkleidung aus den Tragetaschen.)* Schön! Nicht? *(Leise)* Alles auf Kredit. Aber das zahlen wir schon ab! Das machen wir schon. *(Konrad beäugt verdattert die Kleidungsstücke.)*

Frau Bartolotti *(enttäuscht)*: Gefällt es dir etwa nicht?

Konrad *(zögernd)*: Doch! Wenn es dir gefällt, bin ich zufrieden.

Frau Bartolotti: Dir soll's gefallen! Du musst das Zeug ja tragen.

1 a Welchen Eindruck habt ihr von den beiden Figuren, Frau Bartolotti und Konrad? Beschreibt die beiden Figuren. Verwendet dabei treffende Adjektive, z. B.: *verrückt, anständig …*

b Inwieweit unterscheidet sich die Beziehung zwischen Frau Bartolotti und Konrad von einer Mutter-Sohn-Beziehung, wie ihr sie kennt?

2 Stellt Vermutungen darüber an, bei welchen Themen die beiden unterschiedlicher Auffassung sein könnten.

Christine Nöstlinger

Konrad oder Das Kind aus der Konservenbüchse – 2. Szene, Fortsetzung

(Es klingelt an der Tür zweimal sanft. Frau Bartolotti springt auf.)

Frau Bartolotti: Zweimal! Das ist Egon! *(Geht zur Tür.)* Der Egon ist mein Freund, weißt du. Der hat die Apotheke an der Ecke. Und zweimal die Woche gehen wir zusammen aus. *(Es klingelt wieder zweimal sanft. Sie geht ins Vorzimmer.)* Ja, Egon, ich komme!

Egon *(sanft ermahnend):* Berti, du bist noch nicht umgezogen? *(Holt zwei Karten aus der Tasche, freudig.)* Kleide dich festlich! Ich habe zwei wundervolle Opernkarten.

Frau Bartolotti *(strahlend):* Ich habe einen wundervollen Sohn.

(Egon schaut verstört. Konrad geht zu ihm, macht einen Diener.)

Konrad: Guten Abend, Herr Egon!

Frau Bartolotti: Das ist mein Sohn. Sieben Jahre alt. Konrad mit Namen.

Egon *(entsetzt):* Nein!

Frau Bartolotti *(Ihr ist die Situation unangenehm; sie will den Konrad weghaben; ziemlich stammelnd):* Konrad, Herzblatt, ich glaube, im Fernsehen ist jetzt Kindersendung.

Konrad *(nickt ihr zu und geht zur Schlafzimmertür):* Ja, ich habe den Fernseher schon gesehen.

Egon *(milde, streng):* Was soll das, Bertilein?

Frau Bartolotti: Er war in der Dose! Irgendwann muss ich ihn bestellt haben.

Egon: Schick ihn zurück!

Frau Bartolotti *(empört):* Schäm dich, Egon! *(Führt Egon zur offenen Schlafzimmertür.)* Schau ihn doch an! Er ist doch lieb! *(Leise)* Und wenn ich ihn zurückschicke, dann müssen sie ihn umdosen – und außerdem ... außerdem ... *(Fest und entschieden)* Ich liebe ihn bereits! *(Egon geht zum Tisch zurück, setzt sich, seufzt.)*

Frau Bartolotti: Na?

Egon *(zögernd):* Ja, lieb ist er schon. Aber ...

Frau Bartolotti: Nix aber! *(Fernsehgeräusch verstummt. Konrad kommt zurück.)* Ist das Kasperltheater schon aus?

Konrad *(bekümmert):* Ich habe abgedreht. Sie haben ein Tier gequält – ein Krokodil. Der Mann mit der roten Mütze hat das Krokodil geschlagen!

(Egon hört aufmerksam und immer begeisterter zu.)

Frau Bartolotti *(nicht verstehend):* Ja, ja, natürlich, das ist ja das Schöne am Kasperltheater! *(Macht Kasperl-Haubewegungen nach.)* Bumm! Bumm! Immer feste druff! Immer dem bösen Krokodil eins über den Schädel!

KONRAD: Dieses Krokodil wollte bloß schlafen. Der Mann mit der Mütze ist dahergekommen, hat laut gebrüllt und das arme Tier aufgeweckt!

FRAU BARTOLOTTI: Aber Konrad! Krokodile sind hinterhältig!

KONRAD: Nein, bitte, Tiere sind niemals hinterhältig! Und durch ein Gebiet, wo Raubtiere leben, sollte der Mann mit der Mütze überhaupt nur in einem geschlossenen Wagen fahren.

FRAU BARTOLOTTI: Ja, aber ...

KONRAD: Das wäre sicherer. Für ihn und das Tier.

FRAU BARTOLOTTI: Ja, aber ...

EGON *(hocherfreut)*: Nichts: Ja, aber! Der Knabe hat Recht! Der Knabe ist für sein Alter überhaupt ungewöhnlich klug! Ich habe ja gar nicht gewusst, dass es auch solche Kinder gibt. Der Knabe ist ja unheimlich seriös[1]. Das ist ein Kind nach meinem Geschmack!

KONRAD: Bitte, ist es jetzt Zeit, ins Bett zu gehen?

FRAU BARTOLOTTI: Bist du schon müde?

KONRAD: Darauf kommt es nicht an. Die meisten Kinder sind zur Zu-Bett-geh-Zeit nicht müde.

FRAU BARTOLOTTI: Bleib auf, bis du müde wirst! *(Nimmt einen Sack mit Bonbons.)* Und da, mein Herzblatt! Nimm! Nugat!

KONRAD: Naschen am Abend ist nicht gut für die Zähne.

(Frau Bartolotti lacht und steckt ihm ein Bonbon in den Mund.)

EGON *(rügend)*: Bertilein, du hast keinen Verstand! Das Kind ist klüger als du. Sei doch froh, dass du ein Kind hast, das erkennt, wie schädlich Zucker für die Zähne ist!

FRAU BARTOLOTTI *(murmelt)*: Ach, papperlapapp! *(Schaut Konrad an, der ein unglückliches Gesicht macht.)* Schmeckt's dir nicht?

KONRAD: Danke, es schmeckt gut, aber es bedrückt mich.

FRAU BARTOLOTTI: Ein Zuckerl macht doch nicht Magendrücken!

KONRAD: Es drückt mich nicht im Magen, sondern im Gewissen. Bonbonessen vor dem Zubettgehen ist verboten. Alles, was verboten ist, bedrückt mich. Das hat man mir beigebracht. Das war unser Hauptgegenstand in der Endfertigung: „Schuldgefühls-Stunde". *(Traurig)* Und ich war Vorzugsschüler!

FRAU BARTOLOTTI: Entsetzlich!

1 seriös: anständig, ernsthaft

Egon *(begeistert)*: Das ist der prächtigste Knabe, den ich je gesehen habe! Wenn alle Kinder so wären, hätte ich längst eines.

Frau Bartolotti: Du bist ein Trottel!

Egon: Dieser Junge braucht die richtige Förderung! Dieser Junge braucht einen Vater!

Frau Bartolotti: Da sei Gott davor!

(Konrad will aus dem Zimmer gehen.)

Egon: Einen Moment noch, Konrad. *(Konrad bleibt stehen.)* Konrad … *(Zögert)* Hast du etwas dagegen, wenn ich dein Vater werde?

Frau Bartolotti *(empört)*: Moment!

Egon: Red nicht dazwischen, lass ihn frei entscheiden! Also, Konrad?

Konrad *(freundlich)*: Ja, ich glaube, das wäre gut und richtig. *(Frau Bartolotti seufzt gottergeben, Konrad geht zu Egon und küsst ihn.)* Grüß Gott, lieber Vater!

(Zu Berti Bartolotti) Ich gehe mich jetzt waschen!

(Er geht aus dem Zimmer.)

Frau Bartolotti: Ich protestiere!

1 In diesem Szenenauszug lernt ihr Egon kennen, den Freund von Frau Bartolotti.
- a Fasst zusammen, was ihr über Egon erfahrt.
- b Überlegt gemeinsam, warum Egon im Laufe der Szene seine Meinung über Konrad ändert.

2
- a Wählt aus dieser Szene (▸ S. 176–178) eine Textstelle aus, die typisch für Egon ist, und eine, die typisch für Frau Bartolotti ist. Arbeitet gemeinsam mit einer Partnerin oder einem Partner.
- b Mit welcher Stimme, Mimik und Gestik sprechen sie jeweils? Probiert in Partnerarbeit unterschiedliche Möglichkeiten aus.

  TIPP: Ihr dürft in eurer Sprechweise, Mimik und Gestik auch ruhig etwas übertreiben.
- c Tragt eure Textstellen vor. Begründet anschließend, warum ihr sie ausgewählt habt.

3 Beschreibt die Beziehung zwischen Egon und Frau Bartolotti. Passen die beiden zusammen? Begründet eure Meinung.

4 Bildet Kleingruppen und spielt die Szene in der Klasse. Geht so vor:
- a Schreibt Rollenkarten für Frau Bartolotti, Konrad und Egon. Verwendet dazu die Informationen zu den Figuren aus dem Text und denkt euch weitere passende Merkmale aus.

  Rollenkarte für Konrad

  Alter: sieben Jahre
  Aussehen/Eigenschaften: brav, …
  mögliche Interessen: …
  Stimme: …
  Gesichtsausdruck: …

  …
  …
  …

  Rollenkarten dienen dazu, sich in eine Figur hineinzuversetzen und ein möglichst genaues und lebendiges Bild von ihr zu gewinnen. Schauspieler/-innen erarbeiten solche Rollenkarten, wenn sie eine Figur darstellen wollen.

- b Besprecht, welche typischen Merkmale die einzelnen Figuren haben. Überlegt, wie ihr sie lebendig werden lassen könnt, z. B. durch eine besondere Sprechweise, Mimik und Gestik.
- c Verteilt die Rollen, probt die Szene und spielt sie dann in der Klasse vor. Wenn ihr die Szene aufteilt, könnt ihr die Rollen auch mehrfach besetzen, z. B. 1. Teil: Z. 1–43; 2. Teil: Z. 44–104; 3. Teil: Z. 105–126.

Testet euer Können!

Christine Nöstlinger

Konrad oder Das Kind aus der Konservenbüchse – 2. Szene, Ende

EGON: Du musst dich ändern, Bertilein! Du musst ordentlicher, mütterlicher und manierlicher werden! Und solider! Ab jetzt musst du täglich aufräumen und anständig kochen und vor allem darauf achten, dass du nur Sachen sagst, die für einen siebenjährigen Jungen von Konrads Qualität tragbar sind.

FRAU BARTOLOTTI *(wütend):* Ordentlich! Ordentlich! Wenn ich das schon höre! Ich kann dieses Wort nicht ausstehen! Es ist genauso hässlich wie solide und regelmäßig und manierlich. Pfui-Teufel-Wörter sind das! *(Springt auf, schreit.)* Zweck, Sinn, tagtäglich, lehrreich, Anstand, Sitte. Hausfrau, passend, gehörig! – Davor graust mir, Egon!

EGON *(lächelnd):* Ein Mutterherz hat sich zu überwinden.

(Frau Bartolotti will etwas erwidern. Konrad kommt im Nachthemd herein.)

KONRAD: Gute Nacht, liebe Eltern! *(Geht auf die Schlafzimmertür zu, bleibt an der Tür stehen.)* Liebe Mutter, morgen möchte ich mich auf die Schule vorbereiten. *(Deutet gegen den Fußboden.)* Dieses Kind unter uns, diese Kitti, könnte die mir ihre Schulbücher borgen? Zum Einarbeiten in die Materie[1].

FRAU BARTOLOTTI: Ja, willst du denn nicht in die erste Klasse gehen?

(Konrad schüttelt den Kopf.)

EGON: Lächerlich! Dieses Elite-Kind hat nichts in der Abc-Klasse verloren! *(Zu Konrad)* Morgen werden wir die Bücher dieser Kitti durchsehen und beschließen, in welche Klasse du gehörst!

FRAU BARTOLOTTI *(wütend):* Okay, okay. Beschließt! Beschließt! Aber ohne mich, bitte!

(Sie rennt aus dem Zimmer und knallt die Tür zu. Konrad und Egon schauen ihr entsetzt nach.)

1 die Materie: Gegenstand, Stoff; hier: Unterrichtsstoff

1 Spielt den Szenenausschnitt mit verteilten Rollen.
Geht so vor:

a Teilt euch in Kleingruppen auf und überlegt, wie ihr die Figuren darstellen wollt.
  – Wie verhalten sich Frau Bartolotti, Egon und Konrad in dieser Szene?
    Achtet dabei auch auf die Regieanweisungen.
  – Wie sollen die Figuren sprechen, welche Gestik und Mimik passen zu ihnen?
    Probiert verschiedene Möglichkeiten aus.

b Verteilt die Rollen und probt euer Spiel.

2 Spielt die Szene in der Klasse. Beobachtet und bewertet das Spiel eurer Mitschülerinnen und Mitschüler mit Hilfe eines Bewertungsbogens. Verwendet die Zeichen ☺, 😐 und ☹, z. B.:

	Egon	Frau Bartolotti	Konrad
Gestik und Mimik	☺	😐	...
Lautstärke und Deutlichkeit	☹	...	...
zur Figur passende Sprechweise	...	...	...

9.2 Und was wird aus Konrad? – Szenen ausgestalten und spielen

Eine Szene weiterschreiben

Christine Nöstlinger

Konrad oder Das Kind aus der Konservenbüchse – 5. Szene

(Vor dem Schulhaus. Frau Bartolotti steht neben dem Schultor und wartet ungeduldig. Egon kommt herbei.)

Frau Bartolotti: Schon wieder du? Was soll das? Meinst du, zwei Personen sind nötig, um ein Kind von der Schule abzuholen?

Egon: Entschuldige, ich dachte, du würdest dich sicher verspäten! Deine Unpünktlichkeit ...

Frau Bartolotti *(unterbricht empört)*: Meine Unpünktlichkeit? Du hast sie wohl nicht alle! Ich bin nie unpünktlich, wenn es wichtig ist! Aber das ist ja wieder einmal typisch. Leute wie du schieben einem alles in die Schuhe. Bloß weil man Teppiche webt und keinen Mann hat und viel Farbe im Gesicht, soll man unpünktlich sein! Das ist eine Frechheit!

Egon: Leiser bitte! Schrei doch nicht so!

Frau Bartolotti *(schaut auf die Uhr)*: Gleich muss er kommen, hoffentlich hat es ihm gefallen!

1 Lest den Szenenbeginn mit verteilten Rollen. Beachtet dabei die Art der Sätze (Fragesätze, Ausrufesätze). Nutzt die Möglichkeit, eure Stimme am Ende des Satzes zu heben und in unterschiedlicher Lautstärke zu sprechen.

2 Erläutert, welche Situation in dieser Szene dargestellt ist und wie sich die Figuren verhalten.

3 Diese Szene geht natürlich noch weiter: Konrad tritt auf und erzählt seinen beiden „Eltern“ von seinem ersten Schultag. Schreibt die Szene in Partnerarbeit weiter.

a Sammelt in Stichworten Ideen, wie die Szene weitergehen könnte:
- Was könnte Konrad erlebt haben und erzählen?
- Wie äußert sich Frau Bartolotti, was meint Egon dazu?

b Schreibt nun die Szene weiter. Notiert auch Regieanweisungen, die angeben, wie die Figuren reden und wie sie sich verhalten sollen.

c Lest eure Szenen vor und wählt die überzeugendsten aus. Begründet eure Auswahl.

> **EGON** *(stolz)*: Er wird bestimmt eine Eins bekommen haben!
> **FRAU BARTOLOTTI** *(abfällig)*: Ach, Noten sind doch Schall und Rauch!
> *(Sie blickt zum Schultor.)* Da ...

4 Tragt die ausgewählten Szenen mit verteilten Rollen vor oder spielt sie in der Klasse.

Der Konflikt und die Lösung: Konrad soll weg und lernt ein neues Verhalten

Konrad hat sich in seiner neuen Umgebung eingelebt: Er geht zur Schule und versucht, seine „Mutter", Frau Bartolotti, zu erziehen. Doch eines Tages kommt folgender Brief:

Werkdorf, den 5. Mai 2012

Sehr geehrte Frau Bartolotti,

wie wir bei Überprüfung unserer Auslieferungsabteilung bemerkt haben, ist uns ein bedauerlicher Irrtum unterlaufen. Durch ein Fehlverhalten unseres Computers wurden Sie mit einem siebenjährigen Jungen beliefert, der Ihnen in keiner Weise zusteht. Wir ersuchen Sie, den Knaben unverzüglich bereitzustellen, und werden ihn baldigst von unserem Servicedienst abholen lassen, um ihn den rechtmäßigen Eltern zuzustellen.

Mit nochmaligem Bedauern und freundlichen Grüßen

Der Fabrikdirektor

1 a Fasst den Brief in einem Satz zusammen, z. B.: *In den Brief geht es darum, dass ...*
b Woran erkennt ihr, dass es sich um ein offizielles Schreiben handelt? Nennt Beispiele aus dem Brief.

2 Natürlich sind alle entsetzt über das Schreiben und niemand will, dass Konrad wieder abgeholt wird, am allerwenigsten Konrad selbst.
a Verfasst eine Szene, in der die Figuren vom Inhalt des Briefes erfahren. Überlegt zuerst, wie die Figuren vom Inhalt des Briefes in Kenntnis gesetzt werden, z. B.:
- Frau Bartolotti hat den Brief bereits gelesen und erzählt Egon und Konrad davon.
- Der Brief wird gerade vom Briefträger zugestellt, der froh ist, diesmal nicht so viel schleppen zu müssen.
- Frau Bartolotti beginnt, den Brief zu lesen. Egon nimmt ihn ihr jedoch ab und liest entsetzt weiter.

b Tragt euch eure Szenen vor. Gebt euch ein Feedback zu euren Ideen.

3 Frau Bartolotti und Egon wollen natürlich alles tun, damit Konrad bei ihnen bleiben kann. Dazu muss Konrad allerdings sein Verhalten deutlich ändern. Er muss lernen, ein „normales", ja ein aufmüpfiges, freches Kind zu werden.
a Überlegt euch „Lernsituationen", in denen Konrad üben kann, sich wie ein „normales" Kind zu verhalten, z. B.: *Konrad lernt, lässig zu gehen, Konrad lernt schmatzen ...*
b Schreibt kurze Szenen zu diesen Situationen.

Fordern und fördern – Den Schluss gestalten

Christine Nöstlinger

Konrad oder Das Kind aus der Konservenbüchse – 12. Szene (Schlussszene)

Die Handlung spitzt sich zu. Der Fabrikbesitzer kommt zu Frau Bartolotti, zusammen mit zwei Mitarbeitern, die himmelblaue Uniformen tragen. Mit dabei ist auch die Frau, die den braven Konrad eigentlich bestellt hatte. Frau Bartolotti, Egon und Konrad haben alles vorbereitet.

Frau Bartolotti *(deutet zum Fenster):* Die werden gleich da sein. Halt sie auf, solange es geht! Jede Sekunde ist wichtig!
(Egon nickt. Frau Bartolotti und Konrad verschwinden im Nebenzimmer.)
Egon: Wenn das nur gut geht!
Stimme von Frau Bartolotti: Stinktier verdammtes!
Stimme von Konrad: Selber Stinktier!
(Gepolter und Krawall aus dem Nebenzimmer, auch Gekicher.)
Egon *(stöhnt):* O Gott, o Gott!
(Tür vom Flur her geht auf, Fabrikdirektor, die zwei Himmelblauen und eine Frau kommen herein. Die zwei Himmelblauen nehmen bei der Tür drohend Haltung an.)
Fabrikdirektor *(zur Frau):* So! Nun werden Sie aber gleich Ihren Liebling in die Arme schließen können.
Frau *(griesgrämig):* Das wird ja auch Zeit. Schließlich vertrösten Sie uns schon seit Wochen.
Fabrikdirektor *(zu Egon):* So! Nun rücken Sie mal den Jungen heraus! *(Gepolter und Gequietsche aus dem Nebenzimmer.)* Er ist mein Eigentum! Sie haben kein Recht darauf!
Egon *(kläglich, mit Zitterstimme):* Nur über meine Leiche!
Frau *(schrill):* Ich will meinen artigen kleinen Jungen haben! Ich habe ihn bezahlt!

●●● 1 Sammelt Ideen, wie diese Szene weitergehen könnte. Geht dabei folgendermaßen vor:
- a Notiert, welche neuen Figuren in dieser Szene auftreten. Welche Eigenschaften haben sie?
- b Gibt es in diesem Szenenanfang bereits Hinweise auf einen möglichen weiteren Handlungsverlauf? Begründet mit Textbelegen.
- c Sammelt Ideen, wie diese Szene weitergehen könnte. Erfindet keine weiteren Figuren hinzu.

▷ Hilfen zu diesen Aufgaben findet ihr auf Seite 183.

●●● 2
- a Schreibt nun die Szene weiter. Lasst dabei nach jeder Zeile eine Zeile frei, dann könnt ihr später noch einige Regieanweisungen ergänzen.
- b Lest eure Dialoge noch einmal und ergänzt gegebenenfalls Regieanweisungen.

▷ Wenn ihr Hilfe zu dieser Aufgabe braucht, schaut auf Seite 183 nach.

●●● 3 Überarbeitet eure Texte in einer Schreibkonferenz (▶ S. 347).

▷ Eine Hilfe zu dieser Aufgabe findet ihr auf Seite 183.

●●○ Aufgabe 1 mit Hilfen

Sammelt Ideen, wie die Szene weitergehen könnte. Geht so vor:

a Folgende Figuren kennt ihr bereits: Frau Bartolotti, Konrad und Egon. Notiert nun, welche neuen Figuren in dieser Szene auftreten und welche Eigenschaften sie haben. Berücksichtigt hierbei vor allem die Zeilen 17–25 (▶ S. 182).

b Wie ihr wisst, haben Frau Bartolotti und Egon versucht, Konrad zu einem frechen Kind umzuerziehen, denn seine rechtmäßigen Eltern erwarten einen artigen Jungen aus der Fabrik. Lest noch einmal den Szenenanfang. Findet ihr Textstellen, die verraten, ob diese Umerziehung geglückt ist oder nicht? Notiert euer Ergebnis in Stichworten.

c Wie könnte diese Szene weitergehen? Schreibt eure Ideen auf. Ordnet eure Ideen so, dass die Handlung einen roten Faden hat. Erfindet keine weiteren Figuren hinzu, z. B.:

Konrad verhält sich unartig.
↓
Fabrikbesitzer und Frau sind entsetzt, weil …
↓
Fabrikbesitzer und Frau gehen wütend weg.
↓
…

●●○ Aufgabe 2 mit Hilfen

a Schreibt nun die Szene weiter. Lasst dabei nach jeder Zeile eine Zeile frei, um später noch Regieanweisungen ergänzen zu können. Die Szene könnte so beginnen:

EGON *(schreit):* Nein, nein. Sie kriegen ihn nicht!
FRAU *(entnervt zum Fabrikdirektor):* So tun Sie doch endlich etwas, Sie Dumpfbacke!
FABRIKDIREKTOR *(lässig):* Meine Instantkinder gehorchen aufs Wort. *(schreit)* KONRAD!
KONRAD *(mit verschmiertem Pullover):* Na, ihr Weihnachtsmänner! Was gibt's zu feiern?

b Lest eure Dialoge noch einmal. Gibt es Stellen, an denen ihr Regieanweisungen ergänzen wollt? Schreibt sie auf die Leerzeilen und markiert mit einem Pfeil, wo diese hingehören.

●●○ Aufgabe 3 mit Hilfen

Überarbeitet eure Texte in einer Schreibkonferenz (▶ S. 347). Die Checkliste hilft euch.

Checkliste

Eine Theaterszene weiterschreiben
- Knüpft die Handlung logisch an das an, was vorher geschehen ist?
- Passen Text und Sprechweise zu den Figuren?
- Sind die Regieanweisungen klar und verständlich?
- Sind die Rechtschreibung und die Zeichensetzung korrekt? Steht z. B. ein Doppelpunkt nach den Sprecherinnen/den Sprechern, stehen die Regieanweisungen in Klammern und sind die Satzschlusszeichen (Fragezeichen, Ausrufezeichen oder Punkt) korrekt?

9.3 Das Stück inszenieren – Tipps und Übungen

Richtig atmen, deutlich sprechen

Ganz entscheidend für euer Spiel ist, dass ihr laut und deutlich sprecht. Hierfür müsst ihr ausreichend Luft zur Verfügung haben. Das ist vergleichbar mit einem Dudelsack, auf dem man auch nur spielen kann, wenn der Blasebalg gefüllt ist.
Mit den folgenden Übungen könnt ihr euer Stimmvolumen vergrößern und eure Atmung trainieren.

Richtiges Atmen: Luftballon
Stellt euch beim Atmen vor, dass ihr einen Luftballon in eurem Bauch auffüllt. Vermeidet also allzu flaches Atmen in den Brustbereich.
- Legt beim Einatmen die Hand unterhalb des Nabels auf den Bauch und atmet in die Hand hinein.
- Wiederholt diese Übung mehrmals.

Töne beim Ausatmen summen
- Alle atmen ein. Lasst dabei die Luft in den Bauch fließen.
- Wer kann am längsten einen leisen Ton summen, z. B. *sssss...* oder *fffff...*?

Konsonanten beim Ausatmen sprechen
- Atmet langsam in den Bauch ein.
- Beim Ausatmen sprecht ihr dreimal die Konsonantenreihe *p – t – k, p – t – k, p – t – k* deutlich und atmet dann mit dem Ton *sssss...* aus.

Vokaltonleiter
- Holt tief Luft, atmet dabei in euren Bauch.
- Lasst dann mit einer Handbewegung von oben nach unten die Vokale ineinandergleiten: *a – e – i – o – u.*

Treppensprechen
Wenn man laut sprechen möchte, neigt man dazu, mit der Stimme am Ende hochzugehen und im Hals zu pressen.
Sprecht jedes der folgenden Wörter zuerst leise und steigert dann die Lautstärke von Wortsilbe zu Wortsilbe. Dabei geht die Stimme aber, wie bei einer Treppe, nach unten. Sprecht die Konsonanten möglichst deutlich aus.

Konservenbüchse • Bartolotti • Menschenskind • Postwurfsendung • Produktionsverfahren • Staatsbürgerschaftsnachweis • Begleitschreiben • Fertigprodukt • Firmenleitung

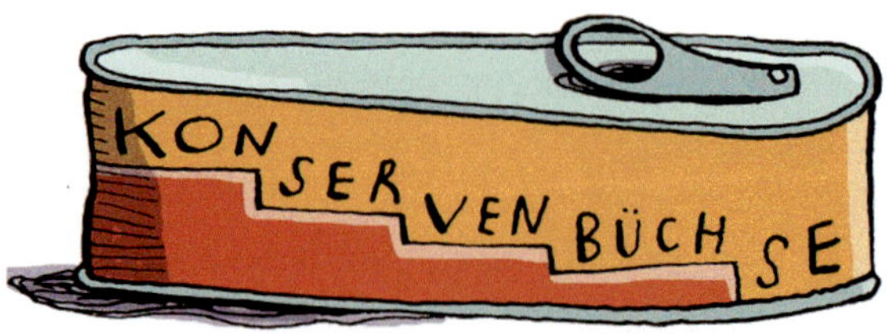

Das Theaterstück aufführen

Ein Regiebuch erstellen

1. Szene: Konrad wird angeliefert	
FRAU BARTOLOTTI: *(freudig)* Dreimal – das ist der Briefträger! *(Ruft laut.)* Herein, herein, die Tür ist offen!	Tisch mit Süßigkeiten, Katalogen; Kleidung und andere Dinge liegen auf dem Boden. Frau Bartolotti blättert in einem Katalog. Licht 70 %. *(Rumoren vor der Zimmertür, Schnaufen, Briefträger öffnet die Zimmertür.)*
BRIEFTRÄGER: Guten Morgen, Frau Bartolotti! Menschenskind, Frau Bartolotti! Das Ding hat ja seine fünfundzwanzig Kilo – oder mehr!	~~Licht auf Tür~~. *Licht 100 %* *(Keucht, wischt sich den Schweiß von der Stirn, schleppt Kiste herein.)*

1 Vergleicht diesen Auszug aus einem Regiebuch mit der entsprechenden Stelle aus dem Theaterstück (▸ S. 172, Z. 1–10). Welche Unterschiede könnt ihr feststellen?

2 Der vorliegende Auszug aus einem Regiebuch ist mit dem Computer erstellt worden. Während der Proben werden Anmerkungen ergänzt oder korrigiert.
a Untersucht, welche Informationen in der linken, welche in der rechten Spalte stehen.
b Überlegt, warum man für eine Theateraufführung ein Regiebuch erstellt.

3 Erstellt ein Regiebuch zu dem Stück „Konrad oder Das Kind aus der Konservenbüchse".
Legt dazu eine Tabelle mit zwei Spalten an. Tippt dann die Originalszenen von Christine Nöstlinger und eure eigenen Szenen ab.
TIPP: Nehmt in die rechte Spalte zuerst nur die notwendigen Regieanweisungen auf. Weitere Hinweise, z. B. zu den Requisiten, zum Licht usw., ergänzt ihr während der Proben.

Einen Projektfahrplan erstellen

4 Zur Aufführung eines Theaterstücks gehören verschiedene Aufgaben:
– Schauspielerinnen und Schauspieler
– Kostüme, Requisiten
– Bühnenbild, Licht
– Souffleusen/Souffleure
– Werbung: Einladung (Flyer) und Plakat entwerfen
Verteilt die Aufgaben auf einzelne Teams. Falls ihr mehrere Aufführungen plant, könnt ihr auch die Rollen doppelt besetzen. Das hat auch den Vorteil, dass ihr Ersatz habt, falls eine Schauspielerin oder ein Schauspieler krank wird.

Soufflieren (Vorsagen)
Souffleusen/Souffleure geben den Schauspielern ein Stichwort, falls diese im Text hängen bleiben.

5 Erstellt einen Projektfahrplan, in dem ihr die Aufgaben und die Termine der Teams notiert.

Projektfahrplan: *Konrad oder Das Kind aus der Konservenbüchse*

verantwortliches Team	Aufgabe	Termine
Team 1: Schauspieler/-innen	*– Texte auswendig lernen* *– ...*	...
...	...	...

Das gemeinsame Proben

6 Führt gemeinsam die Proben durch.

a Beobachtet die Schauspieler/-innen und gebt ihnen Hinweise, wie ihr Spiel auf das Publikum wirkt. Folgende Fragen helfen euch:
- Sind die Darsteller/-innen zu verstehen?
- Wirkt ihr Spiel überzeugend und zur Figur passend?
- Fallen die Darsteller/-innen aus ihren Rollen?
- Wie könnten sich die Darsteller/-innen anders verhalten oder sprechen?

b Übt während der Proben auch das Soufflieren.

Tipps zum Soufflieren
- Nicht zu früh hineinsprechen.
- Nur Wörter oder Teilsätze vorsagen.
- Verabredet ein Zeichen, wann ihr ein Stichwort geben sollt, z. B. Fingerschnipsen.

Werbung: Einladung (Flyer, Mail) und Plakat entwerfen

7 Wenn ihr das Stück für die Öffentlichkeit aufführen wollt, solltet ihr dafür werben, z. B. ein Plakat erstellen und per Flyer oder Mail zu eurer Aufführung einladen.

a Notiert wichtige Angaben für das Plakat und die Einladungen, z. B. Titel des Stücks, Ort, Datum, ...

b Teilt die Aufgaben auf: Wer entwirft das Plakat, den Flyer, die Mail?

c Überlegt, wie ihr die Flyer verteilen wollt, z. B. in Cafés auslegen oder in Briefkästen werfen. Wo könntet ihr eure Plakate aufhängen?
TIPP: Verteilt die Flyer ca. zehn Tage vor der Aufführung.

- Teilt ein DIN-A4-Blatt in drei Spalten.
- Überlegt: Was soll als Blickfang auf der ersten Seite stehen?
- Kopiert die DIN-A4-Blätter und faltet sie zu einem Flyer.

Eine Theateraufführung besuchen

8 Anregungen für eure Aufführung bekommt ihr auch, wenn ihr eine Theateraufführung besucht.

a Klärt vorher, ob einige das Stück bereits kennen, was ihr von der Aufführung erwartet und worauf ihr achten wollt.

b Nach der Aufführung kann man manchmal ein Gespräch mit den Schauspielerinnen/Schauspielern oder dem Regisseur/der Regisseurin führen. Für dieses Gespräch solltet ihr Fragen vorbereiten.

10 Alte und neue Weltwunder –
Sachtexte untersuchen

1 Notiert, was euch zum Stichwort „Weltwunder“ einfällt. Tauscht dann eure Ideen aus.

2
a Die Karte zeigt die Weltwunder der Antike. Beschreibt, wo diese Bauwerke einst standen.
b Habt ihr schon einmal etwas über diese Bauwerke gehört oder gelesen? Berichtet davon.
c Wo könnt ihr Informationen zum Thema „Weltwunder“ finden?

3
a Sammelt, was ihr über Sachtexte wisst.
b Erklärt, wie man einem Sachtext Informationen entnehmen kann.

In diesem Kapitel ...

- informiert ihr euch über die Weltwunder der Antike und neuere außergewöhnliche Bauwerke,
- übt ihr, wie ihr gezielt Informationen aus Sachtexten und Grafiken entnehmen könnt,
- informiert ihr euch über ein Weltwunder und stellt es in einem Kurzvortrag vor.

10.1 Antike Weltwunder – Informationen entnehmen

Einen Sachtext lesen und verstehen

Hans Reichardt: Der Koloss von Rhodos

Der Koloss von Rhodos war eine gewaltige Bronzestatue des Sonnengottes Helios. Das Weltwunder auf der Insel Rhodos ragte vermutlich 35 Meter in die Höhe.

Ein Denkmal für den Sonnengott

Die Einwohner der griechischen Stadt Rhodos verehrten den Sonnengott Helios als ihren Stadt- und Schutzgott. Als sich die Bewohner der Insel im Jahr 302 v. Chr. erfolgreich gegen ihre Feinde verteidigt hatten, errichteten sie dem Sonnengott aus Dankbarkeit über den Sieg eine gewaltige Statue. Zwölf Jahre lang arbeiteten die Griechen an diesem gewaltigen Standbild.

Der Bau der Riesenstatue

Die Arbeit begann im Jahr 302 v. Chr. Über die Ausführung und Technik bei dem Bau dieser Riesenstatue gibt es nur einen einzigen Bericht aus dem 5. Jahrhundert n. Chr. Demnach baute man als inneren Träger der Statue ein Eisengestell, das mit Lehm ummantelt wurde. Die so geschaffene Rohform hatte nahezu die endgültigen Maße der Statue. Um die Rohform herum wurde vermutlich nach und nach eine Erdrampe aufgeschüttet, die sich in einer Spirale um die entstehende Figur wand. Etage für Etage wurde dann das Eisengestell der Statue mit Bronzeteilen umschlossen. Insgesamt sollen dabei über 12 Tonnen Bronze verarbeitet worden sein. Um die Statue standfest zu machen, wurde sie bis zum Kopf mit kleinen und großen Felsbrocken gefüllt.

Kolossale Größe

Eine Statue von dieser Größe ist auch noch für die heutige Zeit ungewöhnlich. Zum Vergleich: Der Hamburger Bismarck ist 15 m und die Münchener Bavaria 18 m hoch, das Hermannsdenkmal im Teutoburger Wald misst ohne Sockel bis zur Speerspitze 26 m und die Freiheitsstatue am Hafeneingang von New York überragt den Helios von Rhodos gerade um 10 m. Jeder Finger des Helios war länger als ein erwachsener Mann und so dick, dass man ihn nicht mit beiden Armen umspannen konnte.

Vermutungen über den Standort

Dass die Riesenstatue – wie man früher annahm – mit gespreizten Beinen über der Hafeneinfahrt stand, ist nach neuesten Erkenntnissen unwahrscheinlich. Heute glaubt man, dass sie in der Stadt stand, das Gesicht nach Osten gerichtet, in jene Richtung also, in der die Sonne jeden Morgen aufgeht. Die Statue stand nur 66 Jahre. Bei einem Erdbeben im Jahr 224 v. Chr. brach Helios an den Knien ab und stürzte um.

1 a Lest nur die Überschriften (auch die Zwischenüberschriften) und die ersten zwei Zeilen. Betrachtet dann die Abbildung. Stellt Vermutungen an, worum es in diesem Text geht.
b Lest den ganzen Text zügig und prüft eure Vermutungen. Welche haben sich bestätigt?

2 Zu welchem Textabsatz passt die Abbildung? Begründet eure Meinung.

3 Häufig könnt ihr die Bedeutung unbekannter Wörter aus dem Textzusammenhang oder durch eigenes Nachdenken erschließen.
a Lest den Text ein zweites Mal.
b Erklärt, was die folgenden Wörter im Text bedeuten:

ummantelt (▸ Z. 18) • Rohform (▸ Z. 19) • Spirale (▸ Z. 22) • Sockel (▸ Z. 35)

4 a Im ersten Absatz sind die Schlüsselwörter schon markiert. Schreibt zu den anderen Absätzen die wichtigsten Schlüsselwörter heraus. Notiert sie jeweils mit den dazugehörigen Zwischenüberschriften.
b Überarbeitet eure Ergebnisse: Welche Wörter können gestrichen oder müssen noch ergänzt werden?

5 Stellt euch abwechselnd mit Hilfe eurer Schlüsselwörter zu jedem Textabschnitt Fragen und beantwortet sie, z. B.: *Warum wurde der Koloss von Rhodos gebaut? Wie ...?*

6 a Im dritten Textabsatz (▸ Z. 31–42) werden die Maße anderer Statuen genannt. Stellt diese Informationen in einer Tabelle dar. Bezieht auch den „Koloss von Rhodos“ mit ein.
b Erklärt, wie ihr die Informationen angeordnet habt.
c Informationen als Text oder als Tabelle? Bewertet die beiden Darstellungsformen.

7 Erstellt einen Steckbrief zu dem „Koloss von Rhodos“ mit den wichtigsten Daten und Fakten.

Methode **Einen Sachtext lesen und verstehen (Fünf-Schritt-Lesemethode)**

1. **Lest** zunächst nur die **Überschrift** (evtl. Zwischenüberschriften) und die ersten drei bis fünf Zeilen des Textes. **Betrachtet** dann die **Abbildungen.** Überlegt, worum es in dem Text gehen könnte, und ruft euch ins Gedächtnis, was ihr vielleicht schon über das Thema wisst.
2. **Lest** dann den **gesamten Text zügig durch,** ohne euch an Einzelheiten aufzuhalten, die ihr nicht sofort versteht. Macht euch klar, was das Thema des Textes ist.
3. Lest den Text ein zweites Mal sorgfältig durch. **Klärt** anschließend **unbekannte oder schwierige Wörter** aus dem Textzusammenhang, durch Nachdenken (Kennt ihr ein ähnliches Wort?) oder durch das Nachschlagen in einem Lexikon.
4. **Markiert die wichtigsten Schlüsselwörter** (Wörter, die für die Aussage des Textes besonders wichtig sind) und **gliedert den Text in Sinnabschnitte.** Oft stimmen diese mit den (Druck-) Absätzen überein. Gebt jedem Abschnitt eine treffende Überschrift. Ein neuer Sinnabschnitt beginnt dort, wo ein neues Unterthema angesprochen wird.
5. **Fasst** die wichtigsten **Informationen** des Textes in wenigen Sätzen **zusammen.**

Grafiken entschlüsseln

Die Hängenden Gärten der Semiramis in Babylon

von Kai Hirschmann

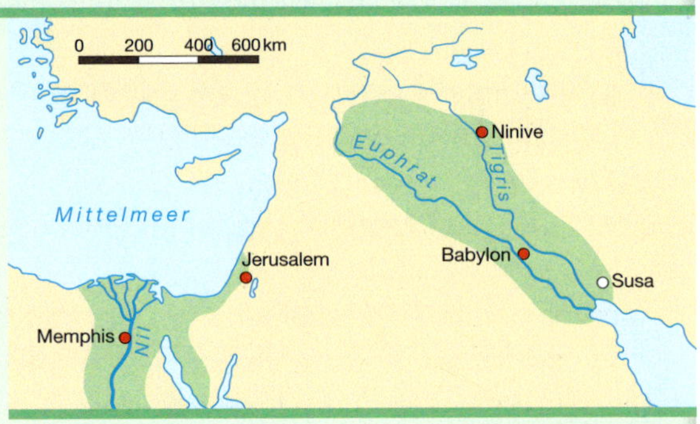

Der erste große botanische Garten entstand im heutigen Irak, in der sagenumwobenen Stadt Babylon. Diese prachtvolle, grüne Terrassenlandschaft lag in einer Gegend, die von Wüste umgeben war.

Der Legende nach baute Nebukadnezar II. die Gärten für seine Frau Amytis, die aus einer fruchtbaren Gebirgsregion in Persien, dem heutigen Iran, kam. In der Stadt Babylon wollte er ihr ein Stück ihrer grünen Heimat schenken.

Die Hängenden Gärten lagen mitten in der Stadt Babylon am Fuße des Königspalastes. Sie waren wohl etwa 100 Meter breit und 100 Meter lang. Angelegt waren sie als Stufenterrassen. Man vermutet, dass auf der untersten Ebene eine zweite, kleinere Ebene stand, die etwa fünf Meter hoch war. Auf dieser stand dann eine dritte usw. Insgesamt waren es wohl sieben Terrassen, auf jeder Terrasse pflanzte man einen Garten.

Die Mauern waren sehr stabil gebaut, da sie das Gewicht der Erde und der Pflanzen aushalten mussten. Sie wurden mit Schilf und Asphalt, dann einer doppelten Schicht gebrannter Ziegel bedeckt. Die Fugen wurden mit Gips ausgegossen. Damit keine Feuchtigkeit in die Mauern gelangen konnte, kam auf die Ziegel eine Schicht aus Blei. Darauf wurden schließlich drei Meter Erde geschüttet. So konnten alle exotischen Pflanzen hier Wurzeln schlagen, sogar große Bäume.

Die Soldaten Babylons brachten immer fremde Pflanzen von ihren Feldzügen mit – so hatte der Garten immer wieder etwas Neues zu bieten. Ein sehr gut durchdachtes Bewässerungssystem leitete Wasser von den oberen Terrassen nach unten. Besonders im Sommer, wenn es in Babylon bis zu 50 Grad Celsius heiß wurde, mussten Sklaven ständig Wasser aus den Brunnen in die Bewässerungsanlage füllen. Nur durch die ständige Bewässerung konnte die Oase mitten in der Wüste erblühen.

Ob es die Gärten tatsächlich gab, konnte bis heute nicht bewiesen werden. Der deutsche Archäologe Robert Koldewey entdeckte 1899 unter haushohem Schutt die Überreste eines Brunnens und eines Gewölbes, die unter den Hängenden Gärten gelegen haben könnten. Aber manchen Forschern reichen die Beweise nicht. Sie haben vor allem deshalb Zweifel, weil keiner der antiken griechischen Geschichtsschreiber die Gärten je mit eigenen Augen gesehen hat.

1 Lest den Text zügig durch. Besprecht anschließend, was ihr behalten habt und was euch noch unklar ist.

2 a Lest noch einmal genau nach. Was bedeuten die folgenden Wörter und Wendungen im Text? Arbeitet zu zweit und schreibt Erklärungen auf.

der Legende nach (▸ Z. 6) • am Fuße des Königspalastes (▸ Z. 12) • Stufenterrassen (▸ Z. 14) • Fugen (▸ Z. 24) • exotisch (▸ Z. 28) • Oase (▸ Z. 40) • Gewölbe (▸ Z. 46)

b Helft euch gegenseitig beim Klären weiterer unbekannter Wörter.

3 Ihr versteht einen längeren Text leichter, wenn ihr ihn in Sinnabschnitte gliedert und die wichtigsten Schlüsselwörter notiert.

a Gliedert den Text in Sinnabschnitte und schreibt die wichtigsten Schlüsselwörter heraus. Gebt dann jedem Abschnitt eine treffende Überschrift, z. B.:
1. Abschnitt (Z. 6–X): Ein Garten für die Frau von Nebukadnezar II. …

b Vergleicht eure Notizen. Wenn ihr zu unterschiedlichen Ergebnissen gekommen seid, lest noch einmal im Text auf Seite 190 nach.

4 a Schaut euch die Grafiken (▸ S. 190) an. Erklärt, welche Informationen aus dem Text durch diese Abbildungen jeweils veranschaulicht werden. Nennt die entsprechenden Zeilenangaben.

b Beschreibt, was auf den einzelnen Grafiken zu sehen ist. Nehmt dazu auch die Informationen aus dem unten stehenden Kasten zu Hilfe.

c Erklärt, wozu Grafiken in einem Text dienen.

5 a Formuliert in Partnerarbeit richtige und falsche Aussagen zum Text.

b Tauscht die Aussagen aus und berichtigt die falschen, z. B.:
- *Nebukadnezar baute die Gärten der Legende nach für seine Frau.* ✓
- ~~*Heute weiß man, dass es die Hängenden Gärten tatsächlich gab*~~. → *Es ist nicht sicher, …*

6 Fasst die für euch interessanten oder überraschenden Aussagen des Textes zusammen, z. B.:
Mich überrascht, dass … Ich finde interessant, … Spannend ist, …

7 Erstellt einen Steckbrief zu den Hängenden Gärten der Semiramis.

Methode **Grafiken entschlüsseln**

Eine Grafik stellt etwas bildlich dar. Sie kann z. B. zeigen, wo etwas liegt (z. B. Landkarten) oder wie etwas funktioniert oder aufgebaut ist (z. B. Schichten der Erde, Arbeitsweise eines Motors). Beim Entschlüsseln einer Grafik könnt ihr so vorgehen:

1 Stellt fest, worum es in der Grafik geht. Hierbei hilft euch die Überschrift, wenn es eine gibt.
2 Untersucht, was in der Grafik dargestellt wird: Erklärt sie einen Vorgang, den Aufbau oder die Funktion von etwas oder verdeutlicht sie die Lage von etwas, wie z. B. eine Landkarte?
3 Prüft, ob die Grafik Farben, Beschriftungen oder Symbole enthält, die erklärt werden.
4 Schreibt auf, worüber die Grafik informiert.

Informationen übersichtlich festhalten

? ? ? ? ? ? ?

Still ist Kairo nur am frühen Morgen. Wenn sich der Morgennebel langsam verzieht und der Muezzin[1] das erste Mal ruft, ist es auch für Urlauber Zeit aufzustehen. Denn nur zu dieser Zeit können sie den Höhepunkt jeder Ägyptenreise mit Muße besichtigen: die Pyramiden.

Kairo – Die größten Königsgräber liegen auf der linken Nilseite im Vorort Gizeh. Wie eine Fata Morgana erheben sich die Cheops-, die Chephren- und die Mykerinos-Pyramide aus dem goldgelben Wüstensand.
Blickfang ist die Cheops-Pyramide, die um 2550 vor Christus erbaut wurde. Mit 137 Metern – ursprünglich war sie sogar 146,50 Meter hoch – ist sie die größte der drei Pyramiden und ein Meisterwerk der Baukunst. Zwischen 20 000 und 30 000 Arbeiter haben Stein für Stein aufeinandergesetzt. Wobei „Stein" untertrieben ist, denn jeder einzelne Quader wiegt mindestens eine Tonne.
Wie die Erbauer und ihre Gehilfen die massiven Blöcke über Rampen auf das höher wachsende Bauwerk transportiert haben, darüber lässt sich nur spekulieren. Denn die alten Ägypter haben über den Bau keinerlei Aufzeichnungen hinterlassen.
Doch es ist nicht nur die Baukunst, die die Faszination der Pyramiden ausmacht. Es sind die Geschichten, die sich um sie ranken. So begannen die Pharaonen, die Könige Ägyptens, gleich bei der Thronbesteigung mit der Planung ihrer Pyramide. Schließlich zog sich der Bau dieser Totenstätte meist über Jahrzehnte hin. Mit auf den Weg gen Himmel nahmen sie die Güter, die bereits im Diesseits ihr Leben versüßten: Schmuck, Gold und Edelsteine. Je wichtiger der Pharao, desto kostbarer der Grabschmuck. Noch heute kommen Menschen aus der ganzen Welt, um die Grabstätten anzuschauen. Manche betreten sie sogar. Das Innere der Cheopspyramide sollte allerdings nur derjenige besuchen, der weder unter Platzangst noch unter Atemnot leidet. Als Tritthilfe dienen auf den Boden genagelte Bretter. Die Hände am Geländer hangeln sich die Besucher mühsam vorwärts und kämpfen sich durch die dünne Luft.
Mutig wie Archäologen müssen diejenigen sein, die sich die unterirdische Grabkammer der Cheops-Pyramide anschauen wollen: Nur auf allen vieren kriechend geht es durch den Gang vorwärts. Der Weg ist hier das Ziel. Denn am Ende ist nur eine leere Grabkammer zu sehen. Viele Teile des kostbaren Grabschmucks wurden im Laufe der Jahrhunderte gestohlen, nur ein Bruchteil fand seinen Weg in die ägyptischen Museen in aller Welt. Sarkophage[2] oder sonstige Überreste der einbalsamierten Pharaonen wurden übrigens nie entdeckt.

Vor ungefähr 4500 Jahren herrschten in Ägypten die Könige Cheops, Chephren und Mykerinos. Ihre letzten Ruhestätten, die Pyramiden, sind nicht nur das älteste, sondern auch das einzige erhaltene Weltwunder der Antike.

1 der Muezzin: ein Ausrufer, der die Muslime zum Gebet ruft

2 der Sarkophag: Steinsarg

1 a Lest den Text und formuliert dann das Thema in einem vollständigen Satz.
b Welche der folgenden Überschriften passt am besten zu dem Text? Begründet eure Wahl.

Kairo am frühen Morgen	Königsgräber am Nil	Sehenswürdigkeiten in Ägypten
Die Pyramiden von Gizeh	Grabschmuck gestohlen	Spekulationen über Pyramidenbau

2 Erklärt, was die folgenden Wörter und Wortgruppen im Text bedeuten:

mit Muße (▶ Z. 5)	spekulieren (▶ Z. 24)	Archäologen (▶ Z. 48)
wie eine Fata Morgana (▶ Z. 8–9)	Totenstätte (▶ Z. 33)	einbalsamiert (▶ Z. 58)
Quader (▶ Z. 19)	gen Himmel (▶ Z. 34)	

3 a Formuliert in Partnerarbeit W-Fragen zum Text, z. B.: *Wo liegen die Pyramiden?*
b Beantwortet die W-Fragen mit Hilfe des Textes.

W-Fragen, z. B.:
Wo ...? Wann ...? Wie ...? Was ...? Wozu ...?
Wer ...? Warum ...? Welche ...?

4 a Bildet Gruppen und haltet die Informationen über die Cheops-Pyramide in Form einer Mind-Map fest.

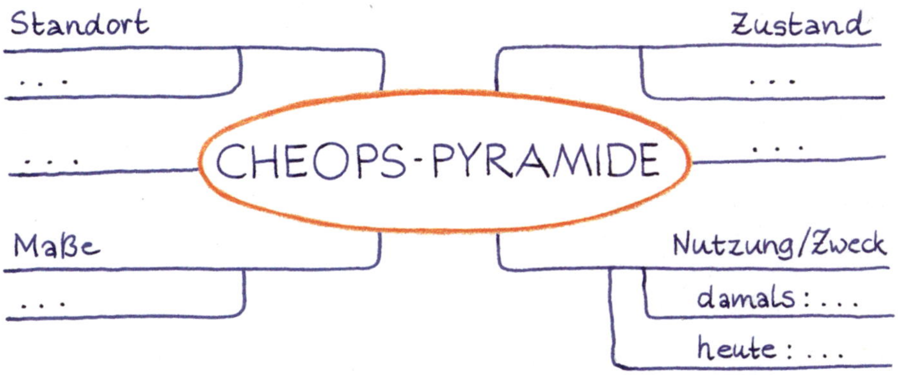

b Stellt die Cheops-Pyramide in der Klasse vor. Nutzt dazu nur eure Mind-Map als Gedächtnisstütze.

5 Fasst die wichtigsten Informationen über die Cheops-Pyramide in wenigen Sätzen zusammen. Beantwortet hierbei die W-Fragen.

Methode **Informationen ordnen und übersichtlich darstellen**

Häufig könnt ihr die Informationen eines Textes in einem Schaubild übersichtlich festhalten. Die Mind-Map (engl. = Gedankenlandkarte) ist dazu geeignet, Informationen oder Ideen anschaulich anzuordnen.

- Schreibt in die Mitte des Blattes das Thema.
- Ergänzt dann rund um das Thema Oberbegriffe (Teilthemen).
- Erweitert diese Oberbegriffe mit Zweigen, die ihr mit weiteren Informationen oder Unterbegriffen beschriftet.

Testet euch!

Sachtexte lesen und verstehen

Babylon

1 Babylon muss im 6. Jahrhundert v. Chr., zu Zeiten des berühmten Königs Nebukadnezar II., dem Reisenden einen fantastischen Anblick geboten haben: Aus tiefer Ebene erhob sich eine gewaltige Stadtmauer mit Hunderten von Türmen. Verkleidet mit farbigen Kacheln glänzte sie in der gleißenden Sonne. Dahinter erhob sich die Riesenstadt mit ihren Gärten und dem alles überragenden Turm von Babel.

2 Noch heute ist diese Stadt vor allem durch diese drei Bauwerke berühmt, die für den damaligen Stand der Technik sensationell waren: den Turm von Babel, die gewaltige Festungsmauer rund um die Stadt und schließlich die Hängenden Gärten der Semiramis.

3 Diese drei technischen Wunderwerke sollte der Archäologe Robert Koldewey finden und ausgraben. Aber Babylon war zur Zeit der Ausgrabungen vor allem ein gigantischer Trümmerhaufen; von den Bauwerken standen nur noch die Grundmauern.

4 Koldewey hatte jedoch Erfolg: Er fand Überreste des babylonischen Turms und der Stadtmauer von Babylon. Nach den Hängenden Gärten der Serimaris suchte Koldewey lange Zeit vergeblich – bis er auf die Ruine eines Kellergewölbes mit einem Brunnen stieß, das er für den Unterbau der Hängenden Gärten hielt. Ob er sie tatsächlich gefunden hat, ist jedoch bis heute ungewiss.

1 Überprüft bei jeder der folgenden Aussagen, ob sie richtig ist, falsch ist oder mit Hilfe des Textes nicht überprüft werden kann. Schreibt die Großbuchstaben ab und notiert daneben: *r* für richtig, *f* für falsch oder *kA* für keine Angaben im Text.

A Unter der Herrschaft Nebukadnezars II. war Babylon eine prächtige Stadt.
B Erst durch die Stadtmauer konnte sich Babylon erfolgreich gegen seine Feinde verteidigen.
C Die Suche nach den Überresten der Hängenden Gärten verlief lange Zeit ohne Ergebnis.
D Robert Koldewey fand den Turm von Babel unzerstört vor.

2 Was bedeuten die folgenden Wörter im Textzusammenhang? Notiert die Begriffe und dahinter die richtige Bedeutung. Lest dazu noch einmal genau im Text nach.
- verkleidet (▸ Z. 3): geschmückt – beklebt – versteckt – übermalt
- gleißenden (▸ Z. 3–4): farbenfrohen – leuchtenden – flackernden – prachtvollen
- sensationell (▸ Z. 7): ansehnlich – außergewöhnlich – merkwürdig – eigenartig
- vergeblich (▸ Z. 13): kraftlos – unpassend – grundlos – erfolglos
- Ruine (▸ Z. 14): Scherben – Überreste – Spuren – Baustelle
- ungewiss (▸ Z. 15): unsicher – unbeständig – unverständlich – undeutlich

3 Formuliert für jeden der vier Textabschnitte eine Überschrift, die den Kerngedanken wiedergibt.

4 Vergleicht eure Ergebnisse aus den Aufgaben 1 bis 3 in Partnerarbeit.

10.2 Vergessene und neue Weltwunder – Informationen auswerten und präsentieren

Neue und vergessene Weltwunder

Der griechische Gelehrte Herodot glaubte vor etwa 2500 Jahren, dass er die bedeutendsten Bauwerke der Welt gesehen hätte. Er nannte sie „Die Sieben Weltwunder" (▶ S. 187). Aber auch in anderen Teilen der Welt sind viele beeindruckende Bauten und Kunstwerke entstanden, die man durchaus als Weltwunder bezeichnen kann. So stehen zum Beispiel auf der Osterinsel riesige, rätselhafte Steinfiguren, deren Bedeutung man bis heute nicht genau kennt. Und auch das Taj Mahal (gesprochen: Tadsch Mahal), ein weißer Palast im Norden Indiens, den ein Schah (persisches Wort für König) als Grabstätte für seine Frau errichten ließ, kann man zu Recht als ein Weltwunder bezeichnen.

1 a Berichtet, was ihr über diese neuen bzw. vergessenen Weltwunder wisst.
b Auf welchen Kontinenten liegen diese Weltwunder?

2 Auf den folgenden Seiten (▶ S. 196–199) bereitet ihr einen Kurzvortrag über das Taj Mahal vor.
a Zu welchem Thema habt ihr schon einen Kurzvortrag gehalten? Wie seid dabei vorgegangen?
b Erklärt: Was ist wichtig, damit ein Kurzvortrag gelingt? Was können die Zuhörer/-innen beitragen?

3 a Was würdet ihr gerne über das Taj Mahal erfahren? Notiert W-Fragen, z. B.:
Wann wurde dieses Bauwerk errichtet? Wie ...?
b Notiert Vorschläge: Wo und wie könnt ihr Informationen zu euren Fragen sammeln?
c Tragt zusammen, wie ihr bei der Informationssuche (Recherche) vorgehen müsst.

Informationsquellen
– Lexikon
– ...

Informationen sammeln und auswerten

Text A

Kai Hirschmann

Das Taj Mahal

Das Taj Mahal (gesprochen: Tadsch Mahal) ist ein strahlend weißer Palast in der Nähe der Stadt Agra im Norden Indiens. Der Schah Jahan ließ ihn als Grabstätte für seine Frau Mumtaz Mahal errichten. Der Name „Taj Mahal“ bedeutet wörtlich „Kronenpalast“. Er sollte nach dem Willen Jahans das schönste Bauwerk aller Zeiten werden – prächtiger als alle bekannten Weltwunder. Der mächtige Herrscher wollte seiner Lieblingsfrau Mumtaz Mahal, die bei der Geburt ihres 14. Kindes gestorben war, eine Wohnstätte für die Ewigkeit bauen. Das strahlend weiße Gebäude sollte für alle Zeiten an die Liebe der beiden erinnern.

Schah Jahan ließ die besten Handwerksmeister aus ganz Süd- und Zentralasien kommen – insgesamt 20000 waren am Bau beteiligt. Und mehr als 1000 Elefanten brachten die edelsten Baumaterialien Asiens herbei: Marmor, Sandstein und 28 verschiedene Arten Edelsteine. Nach 18 Jahren Bauzeit wurde das prachtvolle islamische Mausoleum[1] dann 1648 fertig gestellt.

Der Legende nach wollte der Herrscher sicherstellen, dass sein Bauwerk einmalig blieb, und ließ deshalb viele Handwerksmeister verstümmeln, nachdem das Taj Mahal fertig war. Auf diese Weise wollte er angeblich verhindern, dass die Spezialisten noch einmal ein so schönes Gebäude errichten konnten.

Das Taj Mahal brachte Schah Jahan kein Glück. Denn es stellte sich heraus, dass der Prachtbau das ganze Vermögen des Herrschers verschlungen hatte. Einen zweiten, schwarzen Palast auf der anderen Seite des Flusses, der ihm als Grabstätte dienen sollte, konnte er sich nicht mehr leisten. Weil er so viel Geld ausgegeben hatte, wurde Schah Jahan 1658 sogar von seinem eigenen Sohn gestürzt und im Roten Fort von Agra bis zu seinem Tode unter Hausarrest gestellt. Von dieser Festungsanlage, die nicht weit entfernt vom Taj Mahal liegt, konnte er auf sein Lebenswerk blicken. Seine letzte Ruhe fand er 1666 neben seiner Frau im Taj Mahal.

1 das Mausoleum: Grabmal in Form eines Gebäudes

Text B

Das Taj Mahal im Überblick

Zahlen – Maße: Das Taj Mahal steht auf einer 100 m langen und 100 m breiten Marmorplatte, ist 58 m hoch und 56 m breit und umgeben von vier 40 m hohen Minaretten.
Das Grabmal liegt in einem 18 Hektar großen Garten mit einem länglichen Wasserbecken, in dem sich das Bauwerk spiegelt.
Auf dem Gelände des Taj Mahals stehen außerdem eine Moschee, ein Gästehaus und ein Eingangsgebäude.
Baumaterial: Für das Gebäude wurden Marmor, roter Sandstein sowie 28 verschiedene Arten von Edel- und Halbedelsteinen verwendet. Jade, Lapislazuli, Saphire und auch Diamanten sind in den Marmor eingefügt und nahezu jede Fläche wurde in irgendeiner Form verziert.
Besonderheiten: Die vier an den Eckpunkten stehenden Minarette, die für die Gebetsrufer (Muezzins) errichtet wurden, sind leicht vom Taj Mahal weggeneigt, damit sie im Falle eines Erdbebens nicht auf das Gebäude stürzen.
Bedeutung für die Menschen: Das Taj Mahal ist eines der schönsten Bauwerke überhaupt und zieht jedes Jahr viele Millionen Touristen an. Aber auch für frisch vermählte Ehepaare ist das Gebäude ein beliebtes Ausflugsziel, denn es gilt als Denkmal ewiger Liebe.

Text C

Luftverschmutzung

Taj Mahal wird gelb

Mega-Monument in Gefahr: Die schmutzige Luft im indischen Agra macht der marmorweißen Oberfläche des Taj Mahals derart zu schaffen, dass sich eine hässliche gelbe Verfärbung bildet.

Agra – Aus Marmorweiß wird Nikotingelb: Wegen Luftverschmutzung verändert eines der berühmtesten Monumente der Menschheitsgeschichte seine Farbe. Die glänzende Oberfläche des Taj Mahal ist in Gefahr. Die Verfärbung wird auf die hohe Luftverschmutzung zurückgeführt, die unter anderem durch Fahrzeuge und Fabriken verursacht wird. Mittlerweile dürfen sich Autos oder Busse dem Taj Mahal nur noch bis auf zwei Kilometer nähern. Von dem dortigen Parkplatz geht es entweder per batteriebetriebenem Bus, per Pferdekutsche oder zu Fuß weiter.

1 a Die Texte auf den Seiten 196–197 enthalten Informationen über das Taj Mahal. Lest alle Texte zügig durch, ohne euch an Einzelheiten aufzuhalten, die ihr nicht sofort versteht.
b Erklärt, warum so viele Menschen aus aller Welt das Taj Mahal besuchen.

2 Lest die Texte noch einmal genau. Klärt anschließend Wörter oder Textstellen, die euch unklar sind, z. B. aus dem Textzusammenhang, durch Nachdenken oder Nachschlagen.

3 a Besprecht, welche Informationen aus den Texten ihr überraschend oder besonders interessant findet. Begründet auch, warum.
b Überlegt, welche Informationen ein Kurzvortrag über das Taj Mahal enthalten sollte. Was könnte eure Zuhörer/-innen interessieren?

Fordern und fördern – Informationen auswerten

Bildet Kleingruppen und erarbeitet gemeinsam einen Kurzvortrag zum Taj Mahal. Geht so vor:

●●● 1 Überlegt gemeinsam, welche Fragen zum Taj Mahal in eurem Kurzvortrag beantwortet werden sollen. Schreibt W-Fragen auf.

▷ Hilfen zu dieser Aufgabe findet ihr unten.

●●● 2 a Sucht aus den Texten von Seite 196–197 Informationen zu euren Fragen (Aufgabe 1) heraus und notiert sie.

b Welche zusätzlichen Informationen habt ihr in den Texten gefunden, die ihr in euren Kurzvortrag aufnehmen wollt? Notiert auch diese.

▷ Hilfen zu dieser Aufgabe findet ihr unten.

●●○ Aufgabe 1 mit Hilfen

Welche Fragen zum Taj Mahal sollen in eurem Kurzvortrag beantwortet werden?
Schreibt W-Fragen auf, die ihr in eurem Vortrag beantworten wollt, z. B.:

- *Was ist das Taj Mahal?*
- *Wo steht das Taj Mahal?*
- *Warum wurde es ...?*
- *Wie sieht ...?*
- *Welche Materialien ...?*
- ...

●●○ Aufgabe 2 mit Hilfen

a Lest die Texte von Seite 196–197 noch einmal. Sucht dabei passende Antworten zu euren Fragen (Aufgabe 1) heraus und notiert sie.

Was ist das Taj Mahal?
- *ein weißer Palast*
- *Grabstätte für ...*
- *islamisches Mausoleum*

Wo liegt das Taj Mahal?
- *im Norden Indiens*
- *nahe der Stadt Agra*

Warum wurde es gebaut?
- *Schah Jahan wollte für seine Lieblingsfrau das schönste Bauwerk errichten*
- *als ewige Erinnerung an ihre Liebe*

b Gibt es in den Texten weitere Informationen, die ihr wichtig findet und in euren Kurzvortrag aufnehmen wollt? Notiert auch diese, z. B.:

- *die besten Handwerksmeister (20 000)*
- *18 Jahre Bauzeit, 1648 fertig gestellt*
- *Legende: Schah Jahan ließ Handwerksmeister verstümmeln, damit ...*
- ...

Den Kurzvortrag gliedern und halten

1 Entwickelt einen roten Faden für euren Kurzvortrag.

a Ordnet euer Material nach Unterthemen. Gebt dazu jedem Gesichtspunkt, über den ihr sprechen wollt, eine Überschrift.

b Legt für jedes Unterthema eine Karteikarte an und notiert die wichtigsten Informationen.

Gründe für den Bau
- …

Das Taj Mahal (wichtige Angaben)
- weißer Palast (Grabstätte)
- Nordindien (Stadt Agra)
- 1648 fertig gestellt (18 Jahre Bauzeit)
- Auftraggeber: …

Aussehen und Material
- …

c Bringt die Kärtchen in eine sinnvolle Reihenfolge und nummeriert sie.

2 Plant Einleitung und Schluss eures Kurzvortrags.

a Lest die Hinweise im Kasten unten. Überlegt, welche Funktion Einleitung und Schluss haben.

b Sammelt Vorschläge für die Einleitung und den Schluss und notiert mögliche Formulierungen.

3 a Übt eure Kurzvorträge in der Gruppe. Legt vorher fest, wer welchen Teil des Vortrags übernimmt, und verteilt die Karteikarten.

b Gebt der Rednerin/dem Redner ein Feedback: Was hat euch gut gefallen? Was könnte noch verbessert werden?

4 Haltet eure Kurzvorträge vor der Klasse. Klärt vorher, wann die Zuhörerinnen und Zuhörer fragen dürfen: sofort oder nach dem Vortrag?

5 Auf der Landkarte auf Seite 195 findet ihr weitere „vergessene Weltwunder". Wählt eines davon aus, sucht zu diesem Informationen und stellt es in einem Kurzvortrag vor.
TIPP: Wie ihr bei eurer Informationsrecherche vorgehen könnt, erfahrt ihr auf Seite 344–345.

Methode **Einen Kurzvortrag gliedern und halten**

1. Einleitung: Die Einleitung eines Kurzvortrags soll das Interesse eurer Zuhörerinnen und Zuhörer wecken und in das Thema einführen. Es gibt verschiedene Einstiegsmöglichkeiten, z. B. ein Bild zum Thema, ein passendes Zitat, ein interessantes Ereignis.
2. Hauptteil: Im Hauptteil werden die Informationen in einer sinnvollen Reihenfolge wiedergegeben. Beantwortet hierbei die W-Fragen (Was? Wo? Wie? Warum? …).
3. Schluss: Der Schluss rundet den Vortrag ab. Ihr könnt wichtige Informationen zusammenfassen oder eine persönliche Meinung zum Thema formulieren.

Tipps für den Vortrag:
- Sprecht langsam und deutlich, sonst können euch eure Zuhörer/-innen nicht folgen.
- Versucht, möglichst frei vorzutragen. Lest wenig ab, schaut euer Publikum an und gebt ihm Gelegenheit, Fragen zu stellen.

10.3 Fit in ... – Einen Sachtext untersuchen

Die Aufgabenstellung richtig verstehen

Stellt euch vor, ihr bekommt in der nächsten Klassenarbeit folgende Aufgabenstellung:

Lies den folgenden Text aufmerksam und bearbeitet dann die folgenden Aufgaben:

1. Begründe anhand von zwei Beispielen, warum der CN Tower ein außergewöhnliches Bauwerk ist.
2. Den CN Tower zu besteigen, erfordert einigen Mut. Erkläre, warum das so ist.
3. Stelle dar, warum der Turm eigentlich gebaut wurde und wie er heute vor allem genutzt wird.

DER CN TOWER IN TORONTO

In 58 Sekunden in die Höhe

Schwindelgefühle sind garantiert, wenn die Besuchermassen Tag für Tag auf den „Canadian National Tower“ (CN Tower) fahren. Touristen mit Höhenangst ist vom Betreten der Fahrstühle unbedingt abzuraten. Die Kabinen schießen schnell, innerhalb von 58 Sekunden, auf eine Höhe von 335 Meter. Dabei hat der Fahrgast durch die Glaswand einen freien Blick nach draußen.
Der Aufzug befindet sich nämlich an der Außenwand des Turmes. Wer diese Mutprobe besteht und auf kanadische Bauleistungen vertraut, wird dafür mit einer unglaublichen Aussicht über Toronto entschädigt.

Großartige Aussicht

Der CN Tower verfügt über einen kugelförmigen Turmkorb ca. 200 Meter unter der Spitze. Dieser Korb ist sieben Stockwerke hoch und beherbergt auf 351 Meter Höhe das größte Drehrestaurant der Welt. Hier

können bis zu 400 Gäste versorgt werden. Während des Essens ändert sich ständig die Aussicht, denn die gesamte Etage des Restaurants dreht sich um den Turm.
In den Stockwerken unterhalb des Restaurants sind verschiedene Aussichtspunkte untergebracht. Auf 346 Meter befindet sich ein Café und auf 342 Meter Höhe ein besonders abenteuerlicher Aussichtspunkt, denn hier sind Teile des Bodens aus Glas. Ursprünglich war der gesamte Boden durchsichtig. Doch viele Besucher trauten sich nicht, den Boden zu betreten. Daher ließen die Betreiber des Turms Teppiche auslegen, sodass jetzt nur noch einige Meter Glasboden zu sehen sind, durch die Mutige 342 Meter in die Tiefe blicken können.
Doch im CN Tower geht es noch höher hinaus. Der so genannte

1 Sky Pod: von engl. „sky“ = Himmel und „pod“ = Gehäuse, Schale

„Sky Pod“[1] ist nur vom Turmkorb aus erreichbar. Diesmal fährt der Fahrstuhl allerdings im Inneren des Gebäudes. Nach weiteren 100 Metern (auf 447 Meter Höhe) hält der Aufzug an. Hier können vier Außenkabinen besucht werden. Auch diese sind aus Glas und erlauben einen freien Rundblick.

Aufgabe des Zementriesen

Die eigentliche Aufgabe des beeindruckenden Bauwerks ist natürlich nicht die Unterhaltung von Touristen. Ursprünglich waren es sehr praktische Gründe, die den Bau notwendig machten. In den 1960er Jahren wurden in Toronto mehr und mehr Hochhäuser gebaut. Die neuen Bauten störten den Empfang von Radio- und Fernsehsignalen erheblich. In der Stadt war ein normaler Empfang nicht mehr möglich. So fiel 1972 der Entschluss, einen Rundfunkturm zu bauen, der die anderen Gebäude bei Weitem überragen würde.

1 a Richtig oder falsch? Prüft, ob ihr die Aufgabenstellung auf Seite 200 richtig verstanden habt. Schreibt die richtigen Aussagen in euer Heft.

A Ich soll die Baugeschichte des Turms darstellen.
B Ich soll begründen, ob ich diesen Turm gerne besuchen würde.
C Ich soll erklären, warum die Besucher des Turms mutig sein müssen.
D Ich soll einige Besonderheiten des CN Towers nennen und damit begründen, warum dieses Bauwerk außergewöhnlich ist.
E Ich soll den eigentlichen Zweck des Turms und die heutige Nutzung benennen.
F Ich soll von einem Besuch des Turms abraten.

b Vergleicht euer Ergebnis in Partnerarbeit.

Den Text lesen und verstehen

2 Lest den Text zweimal sorgfältig durch und betrachtet das Foto. Macht euch klar, was das Besondere an diesem Turm ist.

3 Prüft genau, welche Aussagen zum Text richtig sind. Schreibt die zutreffenden Sätze ab.

- Die Fahrt auf den Turm erfordert Mut, wird aber auch mit einer fantastischen Aussicht belohnt.
- Der Turmkorb des CN Towers hat sechs Stockwerke.
- Das Restaurant im Turmkorb dreht sich, sodass man immer eine andere Aussicht hat.
- Der Boden eines Aussichtspunktes, der aus Glas besteht, ist teilweise mit einem Teppich bedeckt, damit man nicht ausrutscht.
- Der CN Tower wurde als Aussichtsturm gebaut und ist heute das berühmteste Bauwerk Kanadas.
- Der gewaltige Turm wurde gebaut, um einen ungestörten Radio- und Fernsehempfang zu ermöglichen.

Die Aufgaben zum Text beantworten und den Aufsatz überarbeiten

4 Bearbeitet nun nacheinander die Aufgaben 1 bis 3 von Seite 200. Geht Schritt für Schritt vor.

Aufgabe 1:
Es gibt mehr als zwei Besonderheiten, die den CN Tower zu einem außergewöhnlichen Bauwerk machen. Hier könnt ihr also auswählen, was euch besonders interessant erscheint. Vergesst nicht, eure Meinung zu begründen, z. B.:

- *Für mich ist ... etwas Besonderes, denn normalerweise ...*
- *Beeindruckend/Interessant/Einmalig/Spannend ist auch ..., weil ...*
- *Auch ... stelle ich mir ... vor, da ...*

Aufgabe 2:
Es gibt mehrere Gründe, warum man Mut braucht, um diesen Turm zu besteigen. Wählt ein oder zwei Beispiele aus und erklärt, warum man hier besonders furchtlos sein muss. **TIPP:** Die Beispiele, die ihr nennen könnt, haben auch etwas mit den Besonderheiten des Turms zu tun (▶ Aufgabe 1).

- *Besonders mutig muss man sein, wenn man ... Denn der Blick ... ist bestimmt ...*
- *Außerdem ist ... bestimmt unheimlich, weil ...*

Aufgabe 3:
TIPP: Der eigentliche Grund für den Bau des Turms ist nicht derselbe, aus dem Touristen ihn besuchen.

5 Überarbeitet euren Text gemeinsam mit einer Partnerin oder einem Partner. Nehmt hierzu die folgende Checkliste zu Hilfe.

Checkliste

Einen Sachtext untersuchen

Aufgabe 1 (▶ S. 200):
- Habt ihr zwei Merkmale des CN Towers beschrieben, die ihr besonders interessant findet? Habt ihr auch begründet, warum sie für euch interessant sind?
- Habt ihr dabei nur die Informationen aus dem Text verwendet und nichts hinzuerfunden?

Aufgabe 2(▶ S. 200):
- Habt ihr erklärt, warum die Besteigung dieses Turms besonderen Mut erfordert?

Aufgabe 3(▶ S. 200):
- Habt ihr dargestellt, warum der Turm eigentlich erbaut wurde und wie dieses Bauwerk heute hauptsächlich genutzt wird?

Für alle Aufgaben:
- Ist das, was ihr geschrieben habt, sachlich richtig? Habt ihr euch verständlich ausgedrückt?
- Habt ihr eure Begründungen auch sprachlich gut dargestellt, z. B. mit den Wörtern *weil, da, denn, deshalb, aus diesem Grund?*
- Sind die Rechtschreibung und die Zeichensetzung korrekt?

11 „Emil und die Detektive“ – Medien vergleichen

1 a Schaut euch das Cover (Titelseite) des Buches und des Films an. Tragt zusammen, welche Informationen ihr über den Roman bzw. den Film erhaltet.

b Kennt ihr den Roman oder den Film „Emil und die Detektive“? Erzählt, was ihr über die Handlung wisst.

2 Habt ihr schon einmal ein Buch gelesen und anschließend die Verfilmung gesehen? Berichtet von Unterschieden, die euch zwischen Buch und Film aufgefallen sind.

In diesem Kapitel ...

- untersucht ihr die Figuren und die Handlung einer spannenden Detektivgeschichte,
- lernt ihr, wie die Sprache des Films funktioniert,
- vergleicht ihr verschiedene Jugendromane und deren Verfilmungen.

11.1 Dem Dieb auf der Spur – Einen Jugendroman untersuchen

Emil und der Herr im steifen Hut – Wichtige Figuren beschreiben

Erich Kästner

Emil und die Detektive (1)

„So“, sagte Frau Tischbein, „und nun bringe mir mal den Krug mit dem warmen Wasser nach!“ Sie selber nahm einen anderen Krug und den kleinen blauen Topf mit der flüssigen Kamillenseife und spazierte aus der Küche in die Stube. Emil packte seinen Krug an und lief hinter der Mutter her.

In der Stube saß eine Frau und hielt den Kopf über das weiße Waschbecken gebückt. Ihre Frisur war aufgelöst und hing wie drei Pfund Wolle nach unten. Emils Mutter goss die Kamillenseife in das blonde Haar und begann, den fremden Kopf zu waschen, dass es schäumte.

„Du hast's gut, Emil. Du fährst nach Berlin, wie ich höre“, meinte der Kopf. Und es klang, als spräche wer, der in Schlagsahne untergetaucht worden ist.

„Erst hatte er zwar keine rechte Lust“, sagte die Mutter und schrubbte die Bäckermeisterin. „Aber wozu soll der Junge die Ferien hier totschlagen? Er kennt Berlin überhaupt noch nicht. Und meine Schwester hat ihn schon immer mal einladen wollen. Ihr Mann verdient ganz gut. Er ist bei der Post. Ich kann freilich nicht mitfahren. Vor den Feiertagen gibt es viel zu tun. Na, er ist ja groß genug und muss eben unterwegs aufpassen. Außerdem holt ihn meine Mutter am Bahnhof Friedrichstraße ab. Sie treffen sich am Blumenkiosk.“

Es gab Makkaroni mit Schinken und geriebenem Parmesankäse. Emil futterte wie ein Scheunendrescher. Nur manchmal setzte er ab und blickte zur Mutter hinüber, als fürchtete er, sie könne ihm, so kurz vor dem Abschied, seinen Appetit übel nehmen.

„Und schreib sofort eine Karte. Ich habe sie dir zurechtgelegt. Im Koffer, gleich obenauf.“

„Wird gemacht“, sagte Emil und schob, möglichst unauffällig, eine Makkaroni vom Knie. Die Mutter merkte glücklicherweise nichts.

„So, Emil! Hier sind hundertvierzig Mark. Ein Hundertmarkschein und zwei Zwanzigmarkscheine. Hundertzwanzig Mark gibst du der Großmutter und sagst ihr, sie solle nicht böse sein, dass ich voriges Mal nichts geschickt hätte. Da wäre ich zu knapp gewesen. Und dafür brächtest du es diesmal selber. Und mehr als sonst. Die zwanzig Mark, die übrig bleiben, behältst du. Davon kaufst du dir die Fahrkarte, wenn du wieder heimfährst. Das macht ungefähr zehn Mark. Genau weiß ich's nicht. Und von dem Rest bezahlst du, wenn ihr ausgeht, was du isst und trinkst. Außerdem ist es immer gut, wenn man ein paar Mark in der Tasche hat, die man nicht braucht und für alle Fälle parat hat. Ja. Und hier ist das Kuvert von Tante Marthas Brief. Da stecke ich das Geld hinein. Pass mir ja gut auf, dass du es nicht verlierst! Wo willst du es hintun?"

Sie legte die drei Scheine in den seitlich aufgeschnittenen Briefumschlag, knickte ihn in der Mitte um und gab ihn Emil. Der besann sich eine Weile. Dann schob er ihn in die rechte innere Tasche, tief hinunter, klopfte sich, zur Beruhigung, noch einmal von außen auf die blaue Jacke und sagte überzeugt: „So, da klettert es nicht heraus."

„Und erzähle keinem Menschen im Coupé, dass du so viel Geld bei dir hast!"

„Aber Muttchen!" Emil war geradezu beleidigt. Ihm so eine Dummheit zuzutrauen!

Manche von euch werden sicher der Ansicht sein, man brauche sich wegen hundertvierzig Mark wahrhaftig nicht so gründlich zu unterhalten wie Frau Friseuse Tischbein mit ihrem Jungen. Und wenn jemand zweitausend oder zwanzigtausend oder gar hunderttausend Mark im Monat verdient, hat er das ja auch nicht nötig.

Aber, falls ihr es nicht wissen solltet: Die meisten Leute verdienen viel, viel weniger. Und wer pro Woche fünfunddreißig Mark verdient, der muss, ob es euch gefällt oder nicht, hundertvierzig Mark, die er gespart hat, für sehr viel Geld halten. Für zahllose Menschen sind hundert Mark so viel wie eine Million, und sie schreiben hundert Mark sozusagen mit sechs Nullen. Und wie viel eine Million in Wirklichkeit ist, das können sie sich nicht einmal vorstellen, wenn sie träumen.

Emil hatte keinen Vater mehr. Doch seine Mutter hatte zu tun, frisierte in der Stube, wusch blonde Köpfe und braune Köpfe und arbeitete unermüdlich, damit sie zu essen hatten und die Gasrechnung, die Kohlen, die Miete, die Kleidung, die Bücher und das Schulgeld bezahlen konnten.

Könnt ihr es begreifen und werdet ihr nicht lachen, wenn ich euch jetzt erzähle, dass Emil ein Musterknabe war? Seht, er hatte seine Mutter sehr lieb. Und er hätte sich zu Tode geschämt, wenn er faul gewesen wäre, während sie arbeitete, rechnete und wieder arbeitete. Da hätte er seine Schularbeiten verbummeln oder von Naumanns Richard abschreiben sollen? Da hätte er, wenn es sich machen ließ, die Schule schwänzen sollen? Er sah, wie sie sich bemühte, ihn nichts von dem entbehren zu lassen, was die anderen Realschüler bekamen und besaßen. Und da hätte er sie beschwindeln und ihr Kummer machen sollen?

1 Sicher sind euch beim Lesen einige Wörter aufgefallen, die man heute nicht mehr so häufig verwendet.

a Klärt, was die folgenden Wörter bedeuten, z. B. aus dem Textzusammenhang oder mit Hilfe eines Wörterbuchs: die Stube (▸ Z. 6), die Mark (▸ Z. 41), das Kuvert (▸ Z. 56), das Coupé (▸ Z. 68).

b Sucht in Partnerarbeit weitere Hinweise darauf, dass die Geschichte nicht heute, sondern in der Zeit um 1928 spielt.

2 Erklärt, warum Emil nach Berlin reisen soll und welche Aufträge er von seiner Mutter erhält.

3 In den letzten Textabschnitten (▸ Z. 72–111) spricht der Erzähler die Leserinnen und Leser direkt an. Begründet, warum er das macht.

4 Notiert, was ihr in diesem Textauszug über die Hauptfigur Emil erfahrt, z. B. über seine Lebensumstände, seine Eigenschaften, sein Verhalten.

5 Überlegt, wie die Handlung weitergehen könnte. Welche Probleme könnten auf Emil zukommen?

Erich Kästner

Emil und die Detektive (2)

Emil steigt in den Zug nach Berlin. Das Abteil ist zunächst gut besetzt. Ein Herr mit einem steifen Hut, der sich als Herr Grundeis vorstellt, bietet Emil Schokolade an und erzählt ihm verrückte Geschichten über Berlin.

„Kennst du Berlin schon?“
„Nein.“
„Na, da wirst du aber staunen! In Berlin gibt es neuerdings Häuser, die sind hundert Stockwerke hoch und die Dächer hat man am Himmel festbinden müssen, damit sie nicht fortwehen …
Und wenn es jemand besonders eilig hat und er will in ein andres Stadtviertel, so packt man ihn auf dem Postamt rasch in eine Kiste, steckt die in eine Röhre und schießt sie, wie einen Rohrpostbrief, zu dem Postamt, das in dem Viertel liegt, wo der Betreffende hinmöchte …
Und wenn man kein Geld hat, geht man auf die Bank und lässt sein Gehirn als Pfand dort und da kriegt man tausend Mark. Der Mensch kann nämlich nur zwei Tage ohne Gehirn leben; und er kriegt es von der Bank erst wieder, wenn er zwölfhundert Mark zurückzahlt. Es sind jetzt kolossal moderne medizinische Apparate erfunden worden und …“
„Sie haben wohl Ihr Gehirn auch gerade auf der Bank“, sagte der Mann, der so schrecklich schnaufte, zu dem Herrn im steifen Hut und fügte hinzu: „Lassen Sie doch den Blödsinn!“
Emil lachte gezwungen. Und zwischen den Herren kam es zu einer längeren Auseinandersetzung. Emil dachte: Ihr könnt mich gernhaben!, und packte seine Wurststullen aus, obwohl er eben erst Mittag gegessen hatte. Als er die dritte Stulle kaute, hielt der Zug an einem großen Bahnhof.
Und dann waren er und der Herr mit dem steifen Hut allein. Das gefiel Emil nicht sehr. Ein Mann, der Schokolade verteilt und verrückte Geschichten erzählt, ist nichts Genaues. Emil wollte zur Abwechslung wieder einmal nach dem Kuvert fassen. Er wagte es aber nicht, sondern ging, als der Zug weiterfuhr, auf die Toilette, holte dort das Kuvert aus der Tasche,

zählte das Geld – es stimmte immer noch – und war ratlos, was er machen sollte. Endlich kam ihm ein Gedanke. Er nahm eine Nadel, die er im Jackettkragen fand, steckte sie erst durch die drei Scheine, dann durch das Kuvert und schließlich durch das Anzugfutter durch. Er nagelte sozusagen sein Geld fest. So, dachte er, nun kann nichts mehr passieren. Und dann ging er wieder ins Coupé.

Herr Grundeis hatte es sich in einer Ecke gemütlich gemacht und schlief. Emil war froh, dass er sich nicht zu unterhalten brauchte, und blickte durchs Fenster. Wupp! Emil zuckte zusammen und erschrak. Beinahe wäre er eingeschlafen! Das durfte er unter keinen Umständen. Wenn doch wenigstens noch irgendjemand zugestiegen wäre! Der Zug hielt ein paarmal, aber es kam kein Mensch. Dabei war es erst vier Uhr und Emil hatte noch über zwei Stunden zu fahren. Er kniff sich in die Beine. In der Schule half das immer, wenn Herr Bremser Geschichte gab. Er versuchte es mit Knopfzählen. Er zählte von oben nach unten und dann noch einmal von unten nach oben. Von oben nach unten waren es dreiundzwanzig Knöpfe. Und von unten nach oben vierundzwanzig. Emil lehnte sich zurück und überlegte, woran das liegen könnte. Und dabei schlief er ein.

Als er aufwachte, setzte sich die Bahn eben wieder in Bewegung. Er war, während er schlief, von der Bank gefallen, lag jetzt am Boden und war sehr erschrocken. Er wusste nur noch nicht recht, weswegen. Sein Herz pochte wie ein Dampfhammer. Da hockte er nun in der Eisenbahn und hatte fast vergessen, wo er war. Da fiel es ihm portionsweise wieder ein: Richtig, er fuhr nach Berlin. Und war eingeschlafen. Genau wie der Herr im steifen Hut … Emil setzte sich mit einem Ruck bolzengerade und flüsterte: „Er ist ja fort!“ Die Knie zitterten ihm. Ganz langsam stand er auf und klopfte sich mechanisch den Anzug sauber. Jetzt war die nächste Frage: Ist das Geld noch da? Und vor dieser Frage hatte er unbeschreibliche Angst. Lange Zeit stand er an die Tür gelehnt und wagte nicht, sich zu rühren. Dort drüben hatte der Mann, der Grundeis hieß, gesessen und geschlafen und geschnarcht. Und nun war er fort. Natürlich konnte alles in Ordnung sein. Denn eigentlich war es albern, gleich ans Schlimmste zu denken. Es mussten ja nun nicht gleich alle Menschen nach Berlin-Friedrichstraße fahren, nur weil er hinfuhr. Und das Geld war gewiss an Ort und Stelle. Erstens steckte es in der Tasche. Zweitens steckte es im Briefumschlag. Und drittens war es mit einer Nadel am Futter befestigt. Also, er griff sich langsam in die rechte innere Tasche. Die Tasche war leer! Das Geld war fort!

Emil durchwühlte die Tasche mit der linken Hand. Er befühlte und presste das Jackett von außen mit der Rechten. Es blieb dabei: Die Tasche war leer und das Geld war weg.

1 Beschreibt, welchen Eindruck Emil von Herrn Grundeis hat. Erklärt, warum Emil ein ungutes Gefühl beschleicht und wie er damit umgeht.

2 Vergleicht eure Vorstellungen von Herrn Grundeis mit der Darstellung auf der Zeichnung von Seite 206.

3 Als Emil aufwacht, ist er sehr aufgeregt. Nennt Textstellen, in denen dies deutlich wird.

4 Emil muss feststellen, dass sein Geld tatsächlich verschwunden ist. Versetzt euch in Emils Lage und schreibt in der Ich-Form auf, wie er sich fühlt und welche Gedanken ihm durch den Kopf schießen.
Ihr könnt z. B. so beginnen:
Oh nein! Das Geld ist wirklich weg! Hundertvierzig Mark! Meine Mutter …

Die Jagd nach dem Dieb – Die Handlung untersuchen

Erich Kästner

Emil und die Detektive (3)

Emil blickt am Bahnhof Zoologischer Garten aus dem Zugfenster und entdeckt auf dem Bahnsteig den Herrn mit dem steifen Hut. Er steigt spontan aus, verfolgt den Mann bis zu einem Café und belauert ihn von einem Zeitungskiosk aus. Dort spricht ihn ein Junge, Gustav mit der Hupe, an. Emil erzählt ihm, was passiert ist, und Gustav verspricht, Hilfe zu holen, und läuft los.

Zehn Minuten später hörte Emil die Hupe wieder. Er drehte sich um und sah, wie mindestens zwei Dutzend Jungen, Gustav allen voran, die Trautenaustraße heraufmarschiert kamen. „Das Ganze halt! Na, was sagst du nun?", fragte Gustav und strahlte übers ganze Gesicht. „Ich bin gerührt", sagte Emil und stieß Gustav vor Wonne in die Seite.

„Also, meine Herrschaften! Das hier ist Emil aus Neustadt. Das andre hab ich euch schon erzählt. Dort drüben sitzt der Schweinehund, der ihm das Geld geklaut hat. Der rechts an der Kante, mit der schwarzen Melone auf dem Dach. Wenn wir den Bruder entwischen lassen, nennen wir uns von morgen ab nur noch Moritz. Verstanden?"

„Aber Gustav, den kriegen wir doch!", sagte ein Junge mit einer Hornbrille.

„Das ist der Professor", erläuterte Gustav und Emil gab ihm die Hand. Dann wurde ihm, der Reihe nach, die ganze Bande vorgestellt.

„Wir gehen nach dem Nikolsburger Platz", riet der Professor. „Zwei von uns bleiben hier am Zeitungskiosk und passen auf, dass der Kerl nicht durchbrennt. Fünf oder sechs stellen wir als Stafetten[1] auf, die sofort Nachricht geben, wenn's so weit ist. Dann kommen wir im Dauerlauf zurück." Er stellte die Stafetten auf. Und die anderen zogen, mit Emil und dem Professor an der Spitze, zum Nikolsburger Platz.

Der Junge, der Professor genannt wurde, hatte anscheinend auf diesen Tag gewartet. Er griff sich, wie sein Vater, der Justizrat, an die Hornbrille, hantierte daran herum und entwickelte ein Programm. „Es besteht die Möglichkeit", begann er, „dass wir uns nachher aus praktischen Gründen trennen müssen. Deshalb brauchen wir eine Telefonzentrale. Wer von euch hat Telefon?"

Zwölf Jungen meldeten sich.

„Und wer von denen, die ein Telefon haben, hat die vernünftigsten Eltern?"

1 die Stafette: Läufer, Läufergruppe

„Vermutlich ich!“, rief der kleine Dienstag.
„Eure Telefonnummer?“
„Bavaria 0579.“
„Hier sind Bleistift und Papier. Krummbiegel, mach dir zwanzig Zettel zurecht und schreibe auf jeden von ihnen Dienstags Telefonnummer. Aber gut leserlich! Und dann gib jedem von uns einen Zettel. Die Telefonzentrale wird immer wissen, wo sich die Detektive aufhalten und was los ist. Und wer das erfahren will, der ruft ganz einfach den kleinen Dienstag an und erhält von ihm Bescheid.“
„Wir werden auch eine Art Bereitschaftsdienst einrichten müssen“, meinte Emil.
„Selbstredend. Wer bei der Jagd nicht unbedingt gebraucht wird, bleibt hier am Nikolsburger Platz. Ihr geht abwechselnd nach Hause und erzählt dort, ihr würdet heute vielleicht sehr spät heimkommen. Ein paar können ja auch sagen, sie blieben zur Nacht bei einem Freund. Damit wir Ersatzleute haben und Verstärkung, falls die Jagd bis morgen dauert. Gustav, Krummbiegel, Arnold, Mittenzwey, sein Bruder und ich rufen von unterwegs an, dass wir wegbleiben ... Ja, und Traugott geht mit zu Dienstags, als Verbindungsmann, und rennt zum Nikolsburger Platz, wenn wir wen brauchen. Da hätten wir also die Detektive, den Bereitschaftsdienst, die Telefonzentrale und den Verbindungsmann. Das sind vorläufig die nötigsten Abteilungen.“
„Was zum Essen werden wir auch brauchen“, mahnte Emil. „Vielleicht rennen ein paar von euch nach Hause und holen Stullen ran.“
„Wer von euch wohnt am nächsten?“, fragte der Professor. „Los! Mittenzwey, Gerold, Friedrich der Erste, Brunot, Zerlett, schwirrt ab und bringt ein paar Fresspakete mit!“
„Eigentlich sollte ich meiner Großmutter ein paar Zeilen schreiben. Denn meine Verwandten haben ja keine Ahnung, wo ich bin. Womöglich rennen sie noch zur Polizei. Kann mir jemand, während wir den Kerl hetzen, einen Brief besorgen? Schumannstraße 15 wohnen sie. Es wäre sehr freundlich.“
„Mach ich“, meldete sich ein Junge, der Bleuer hieß. „Schreib nur schnell! Damit ich hinkomme, ehe das Haus geschlossen wird.“

1 a Die Detektive verteilen zahlreiche Aufgaben. Welche Aufgabe gefällt euch am besten?
b Untersucht die Aufgabenverteilung zwischen den Detektiven genauer. Übertragt dazu die folgende Tabelle in euer Heft und vervollständigt sie. Lest noch einmal genau im Text nach.

Detektive	Aufgabe	Bedeutung der Aufgabe
zwei Jungen	*am Zeitungskiosk den Dieb bewachen*	*dafür sorgen, dass der Dieb nicht entwischt; die anderen informieren, wenn er das Café verlässt*
fünf, sechs Jungen	*Stafetten*	...
der kleine Dienstag	...	...

2 Welcher der Detektive ist eurer Ansicht nach der Chef der Bande: Emil, Gustav oder eher der Professor? Begründet eure Meinung.

3 Am Schluss fällt Emil noch ein, dass er einen Brief an seine Großmutter schreiben sollte. Überlegt in Gruppenarbeit, was er schreiben könnte, um seine Oma nicht zu beunruhigen, und schreibt diesen Brief, z. B.:
Liebe Oma,
mach dir keine Sorgen. Ich ...

Erich Kästner

Emil und die Detektive (4)

Emil und die Detektive verfolgen Herrn Grundeis durch die halbe Stadt bis ins Hotel Kreid, wo er die Nacht verbringt. Im Hof des Hotels richten die Jungen ihr Standquartier ein. Hier taucht zum ersten Mal ein gleichaltriges Mädchen auf.

Da ertönte im Hof eine Fahrradklingel und in den Hof rollte ein kleines, vernickeltes Rad. Darauf saß ein kleines Mädchen und hinten auf dem Rad stand Kamerad Bleuer. Und beide riefen: „Hurra!" Emil sprang auf, half beiden vom Rad, schüttelte dem kleinen Mädchen begeistert die Hand und sagte zu den anderen: „Das ist meine Cousine Pony Hütchen."
Der Professor bot Hütchen höflich einen Stuhl an und sie setzte sich.
„Also, Emil, du Rabe", sagte sie, „kommt nach Berlin und dreht gleich 'nen Film! Wir wollten gerade noch mal nach dem Bahnhof Friedrichstraße zum Neustädter Zug, da kam dein Freund Bleuer mit dem Brief. Netter Kerl übrigens. Gratuliere."
Bleuer wurde rot und drückte die Brust raus.
„Na ja", erzählte Pony, „die Eltern und Großmutter sitzen nun zu Haus und bohren sich Löcher in den Kopf, was mit dir eigentlich los ist. Wir haben ihnen natürlich nichts erzählt. Ich habe bloß Bleuer noch vors Haus gebracht und bin ein bisschen mit ihm ausgekratzt[1]. Aber ich muss gleich wieder nach Hause. Sonst alarmieren sie das Überfallkommando. Denn noch'n Kind weg an ein und demselben Tag, das hielten ihre Nerven nicht aus."
Sie saß wie eine Schönheitskönigin auf dem Stuhl und die Jungen umstanden sie wie die Preisrichter.
„Und nun mach ich mich schwach[2]", sagte Pony Hütchen, „morgen früh bin ich wieder da. Wo werdet ihr schlafen? Gott, ich bliebe ja zu gern hier und würde euch Kaffee kochen. Aber was soll man machen? Ein anständiges Mädchen gehört in die Klappe[3]. So! Wiedersehen, meine Herren! Gute Nacht, Emil!"
Sie gab Emil einen Schlag auf die Schulter, sprang auf ihr Rad, klingelte fidel und radelte davon.

1 ausgekratzt: weggegangen, abgehauen
2 Nun mache ich mich schwach: Nun mache ich mich auf den Weg.
3 in die Klappe: ins Bett

1 Tauscht euch über euren Eindruck von Pony Hütchen aus.

2 a Lest noch einmal die folgende Textstelle, in der sich Pony Hütchen über ihre Rolle in der Gruppe der Detektive äußert.
Gott, ich bliebe ja zu gern hier und würde euch Kaffee kochen. Aber was soll man machen? Ein anständiges Mädchen gehört in die Klappe (► Z. 33–36).
b Diskutiert, was ihr von Ponys Auffassung haltet. Begründet eure Meinung.

Erich Kästner

Emil und die Detektive (5)

Am nächsten Morgen will Herr Grundeis sich auf den Weg zur Bank machen, um das gestohlene Geld zu wechseln. Vor dem Hotel haben sich derweil zahllose Kinder versammelt.

Der Mann im steifen Hut trat gerade in die Hoteltür, stieg langsam die Treppe herunter und wandte sich nach rechts, der Kleiststraße zu. Der Professor, Emil und Gustav jagten ihre Eilboten zwischen den verschiedenen Kindertrupps hin und her. Und drei Minuten später war Herr Grundeis umzingelt. Der Mann im steifen Hut wurde sichtlich nervös. Er ahnte dunkel, was ihm bevorstünde, und stiefelte mit Riesenschritten. Aber es war umsonst. Er entging seinen Feinden nicht. Plötzlich blieb er wie angenagelt stehen, drehte sich um und lief die Straße, die er gekommen war, wieder zurück. Da machten sämtliche Kinder kehrt; und nun ging's in umgekehrter Marschordnung weiter. Da hatte der Dieb einen Einfall. Er erblickte eine Filiale der Commerz- und Privatbank. Er durchbrach die Kette der Kinder, eilte auf die Tür zu und verschwand. Der Professor sprang vor die Tür und brüllte: „Gustav und ich gehen hinterher! Emil bleibt vorläufig noch hier, bis es so weit ist! Wenn Gustav hupt, kann's losgehn!"

Als Gustav und der Professor die Bank betraten, stand der Mann im steifen Hut bereits an einem Schalter, an dem ein Schild mit der Aufschrift „Ein- und Auszahlungen" hing, und wartete ungeduldig, dass er an die Reihe käme. Der Bankbeamte telefonierte. Der Professor stellte sich neben den Dieb und passte wie ein Schießhund auf. Gustav blieb hinter dem Mann stehen und hielt die Hand, zum Hupen fertig, in der Hosentasche. Dann kam der Kassierer an den Schalter und fragte den Professor, was er wolle.

„Bitte sehr", sagte der, „der Herr war vor mir da."

„Sie wünschen?", fragte der Kassierer nun Herrn Grundeis.

„Wollen Sie mir, bitte schön, einen Hundertmarkschein in zwei Fünfziger umtauschen und für vierzig Mark Silber geben?", fragte dieser, griff sich in die Tasche und legte einen Hundertmarkschein und zwei Zwanzigmarkscheine auf den Tisch. Der Kassierer nahm die drei Scheine und ging damit zum Geldschank.

„Einen Moment!", rief da der Professor laut. „Das Geld ist gestohlen!"

„Waaas?", fragte der Bankbeamte erschrocken, drehte sich um; seine Kollegen, die in den anderen Abteilungen saßen und kopfrechneten, hörten auf zu arbeiten und fuhren hoch, als hätte sie eine Schlange gebissen. Und jetzt hupte Gustav dreimal entsetzlich laut. Die Bankbeamten sprangen auf und liefen neugierig nach dem Kassenschalter. Der Herr Kassenvorsteher stürzte zornig aus seinem Zimmer. Und – durch die Tür kamen zehn Jungen

gerannt, Emil allen voran, und umringten den Mann mit dem steifen Hut.
„Einen Hundertmarkschein und zwei Zwanzigmarkscheine hat er mir gestohlen. Gestern Nachmittag. Im Zug, der von Neustadt nach Berlin fuhr! Während ich schlief."
„Ja, kannst du das denn auch beweisen?", fragte der Kassierer streng.

1 a Erklärt, was die Detektive unternehmen, um den Mann mit dem steifen Hut zu verunsichern.
b Beschreibt, wie Herr Grundeis darauf reagiert.

2 Emil wird vom Kassierer gefragt, ob er beweisen könne, dass ihm das Geld von Herrn Grundeis gestohlen wurde. Formuliert in einem Satz, was Emil auf diese Frage antworten könnte.

3 a Hätten die Detektive noch andere Möglichkeiten gehabt, um das Geld zurückzubekommen? Sammelt in Partnerarbeit verschiedene Vorschläge.
b Stellt eure Ergebnisse vor.

Den ganzen Roman lesen – Ein Lesetagebuch führen

Lest den Roman „Emil und die Detektive" von Erich Kästner und haltet eure persönlichen Leseeindrücke während der Lektüre in einem Lesetagebuch fest. Geht so vor:

> Ein Lesetagebuch ist ein Heft, das euch während eurer Lektüre begleitet und in das ihr fortlaufend eure persönlichen Leseeindrücke, Gedanken usw. eintragt.

1. Schritt: Das Lesetagebuch vorbereiten

1 a Besorgt euch einen Schnellhefter im DIN-A4-Format und Papier.
b Gestaltet die Titelseite eures Lesetagebuchs. Notiert den Autor und den Titel des Buches und euren Namen. Zeichnet dann z. B. ein Bild zum Roman oder sucht in Zeitschriften oder im Internet nach passenden Abbildungen.
c Erstellt ein Inhaltsverzeichnis, das ihr während des Lesens vervollständigt, z. B.:

Inhaltsverzeichnis

Kapitel	*Seite im Lesetagebuch*
1 Emil hilft Köpfe waschen	*S. 3*
2 Wachtmeister …	*S. 5*
…	

2. Schritt: Während der Lektüre das Lesetagebuch führen

2 Lest nun den Roman „Emil und die Detektive“ Kapitel für Kapitel. Verfasst während des Lesens zu jedem Kapitel einen Eintrag in eurem Lesetagebuch. Geht so vor:

a Nach jedem Kapitel, das ihr gelesen habt, bearbeitet ihr folgende Arbeitsaufträge:
- Notiert zu jedem Eintrag das Lesedatum sowie die Ziffer und die Überschrift des Kapitels.
- Gebt den Inhalt des Kapitels in zwei bis drei Sätzen wieder, z. B.:
  Jn dem Kapitel geht es um ...
- Schreibt anschließend eure Eindrücke und Gedanken zum Kapitel auf. Ihr könnt so beginnen:
  Mir gefällt/Jch finde wichtig, dass ...
  Mich stört/ärgert/macht traurig, dass ...
  Mich hat nachdenklich gemacht, dass ...
  Jch frage mich, ob ...

b Während ihr das gesamte Buch lest, wählt ihr mindestens drei der folgenden Aufgaben aus und bearbeitet sie:
- **Figurensteckbrief:**
  Stellt eine Romanfigur genauer vor, indem ihr einen Figurensteckbrief anlegt. Ihr könnt die Figur auch zeichnen.
- **Brief an eine Romanfigur**
  Schreibt einen Brief an eine Romanfigur und teilt dieser mit, wie ihr sein oder ihr Verhalten bewertet.
- **Einen Comic zeichnen**
  Zeichnet zu einer Textstelle einen Comic und stellt die Handlung in Bildern, Sprech- und Denkblasen dar.

> ***Figurensteckbrief***
>
> *Name: Pony Hütchen*
> *Aussehen: ...*
> *Verhalten: ...*
> *Eigenschaften: ...*
> *Sonstiges: ...*

- **Eine Textstelle umschreiben oder ausgestalten**
  - Habt ihr eine eigene Idee zu einer Textstelle? Könnte sich eine Figur z. B. anders verhalten? Schreibt diese Textstelle um.
  - Manche Ereignisse werden vom Autor nicht beschrieben. Gestaltet eine solche Textstelle aus. Schreibt z. B. auf, was im Haus der Großmutter nach dem Eintreffen von Emils Brief geschieht oder was Herr Grundeis im Hotel Kreid erlebt und denkt.

3. Schritt: Nach der Lektüre das Buch bewerten

3 Wenn ihr den gesamten Roman gelesen habt, bewertet ihr das Buch. Schreibt dazu einen kurzen Artikel für die Schülerzeitung, in dem ihr den Leserinnen und Lesern mitteilt, wie euch das Buch gefallen hat. Begründet eure Einschätzung.

Testet euch!

Rund um „Emil und die Detektive"

1

2

3

4

5

6

1 Die Zeichnungen stammen aus dem Roman „Emil und die Detektive" von Erich Kästner.

a Bringt die Zeichnungen in die richtige Reihenfolge. Schreibt dazu die Nummern der Bilder in der Reihenfolge des Handlungsverlaufs auf.

b Formuliert für jedes Bild einen treffenden Titel.

c Vergleicht eure Ergebnisse in Partnerarbeit.

2 Fasst nun in Partnerarbeit die Geschichte von Emil zusammen: Einer von euch erzählt zu den Bildern 1 bis 3, der andere zu den Bildern 4 bis 6. Gebt euch gegenseitig eine Rückmeldung darüber, wie gut ihr die Geschichte wiedergeben konntet.

3 a Die folgenden Satzanfänge geben wichtige Details der Geschichte wieder, die Sätze sind aber noch nicht vollständig. Schreibt sie in euer Heft und ergänzt sie.

- Frau Tischbein kann ihren Sohn nicht nach Berlin begleiten, weil ...
- Dass Emil ein „Musterknabe" ist, erkennt man daran, dass ...
- Der Herr mit dem steifen Hut verunsichert Emil, indem er ...
- Der Professor teilt die Jungen für folgende Aufgaben ein: ...
- Emil schreibt an seine Großmutter einen Brief, damit ...
- Als Herr Grundeis merkt, dass er von so vielen Kindern verfolgt wird, ...

b Vergleicht in Partnerarbeit eure Ergebnisse.

11.2 Der Film und seine Wirkung – Filmsprache verstehen

Der Inhalt – Roman und Film vergleichen

1 a Schaut euch die Bilder aus dem Film „Emil und die Detektive" genau an.
b Überlegt, welche Bilder euch an Szenen aus dem Roman erinnern, und beschreibt, worum es darin geht. Welche Bilder oder Figuren sind neu?

2 Beschreibt den Aufbau der Bilder: Was fällt zuerst ins Auge? Wie sind Figuren und Gegenstände angeordnet? An welchen Schauplätzen (Orten) finden die Ereignisse statt?

3 Der Film unterscheidet sich zum Teil von dem Roman „Emil und die Detektive". Stellt Vermutungen an, welche anderen Ereignisse im Film passieren könnten.

Der Film „Emil und die Detektive"

Emil Tischbein lebt zusammen mit seinem Vater in Streiglitz an der Ostsee. Seine Mutter hat die Familie vor einiger Zeit verlassen, sie schickt Emil gelegentlich Geld. Als sein arbeitsloser Vater endlich einen Job als Staubsaugervertreter bekommt, ist Emil überglücklich. Doch dann baut Herr Tischbein einen Autounfall, verliert seinen Führerschein und landet im Krankenhaus. Bis er wieder gesund ist, soll Emil seine Ferien bei der Pastorin Hummel, der Schwester seines Lieblingslehrers, und ihrem Sohn Gustav in Berlin verbringen.

Emil beschließt, seinem Vater in Berlin einen gefälschten Führerschein zu besorgen. Dafür will er sogar die 1500 Mark aus seiner streng gehüteten „Zukunftskasse" investieren. Im Zug nach Berlin trifft er auf Max Grundeis, der ihm per Handy ein Treffen mit Führerscheinfälschern vermittelt, ihm dann aber ein Schlafmittel verabreicht. Als Emil am Bahnhof in Berlin wieder zu sich kommt, ist Grundeis mit dem Geld verschwunden. In letzter Sekunde entdeckt er den Dieb auf dem Bahnhofsvorplatz und heftet sich an seine Fersen.

Vor einem Restaurant trifft Emil auf Pony Hütchen, die draufgängerische Chefin einer Berliner Kinderbande. Sie trommelt ihre Freunde zusammen und organisiert die Verfolgung des Diebes. Damit Emil an den Nachforschungen teilnehmen kann, wird zuerst das Bandenmitglied Gypsie als „falscher Emil" zur Pastorin Hummel geschickt. Während Gypsie nun Emils Rolle spielt, machen sich die Detektive an die Arbeit und verfolgen Max Grundeis mit dem Taxi bis zum Hotel Adlon. Es gelingt Emil, aus Grundeis' Zimmer einen Koffer zu entwenden, in dem er allerdings nicht sein Geld, sondern gestohlene Juwelen findet.

Das Treffen mit den Führerscheinfälschern scheitert. Inzwischen hat Grundeis bemerkt, dass sein Koffer mit dem wertvollen Diebesgut gestohlen wurde. Er nimmt die Verfolgung der Kinder auf. Emil kann entkommen, aber Pony Hütchen wird von Grundeis entführt, der nun die Kinderbande erpresst: Im Austausch gegen Pony fordert der Dieb den Koffer mit den geraubten Juwelen zurück. Der Austausch findet planmäßig statt, aber der Gauner freut sich zu früh. Gemeinsam mit Hunderten anderer Kinder verfolgen die Detektive Grundeis und bedrängen ihn so sehr, dass er vor ihnen ausgerechnet in die Kirche flieht, in der Pastorin Hummel gerade predigt. Dort wird der Dieb überführt und Emil erhält 5000 Mark Belohnung.

1 a Lest die Inhaltsangabe zum Film sorgfältig.
b Vergleicht den Inhalt des Films mit dem des Romans von Erich Kästner. Achtet auf die Handlung, aber auch auf die Figuren und ihre Rollen.
c Erklärt mit Hilfe der Inhaltsangabe, was auf den Filmbildern auf Seite 215 zu sehen ist.

2 Seht euch den Film an und achtet dabei auf die Unterschiede zum Roman. Verteilt die Beobachtungsaufgaben auf einzelne Teams, die sich während des Films Notizen machen, z. B.:

- **Team 1 „Figuren":** Welche Figuren tauchen auf? Wie werden Emil und Pony dargestellt?
- **Team 2 „Handlung":** Wie wird die Jagd nach dem Dieb organisiert und wie läuft sie ab?
- **Team 3 „Schauplatz und Zeit":** An welchen Schauplätzen (Orten) spielt die Handlung? Woran erkennt ihr, dass der Film 2001 spielt und nicht wie der Roman im Jahr 1928?

Die Kamera erzählt – Einstellungsgrößen und Perspektiven

Im Zug mit Max Grundeis

1 Schaut euch die vier Filmbilder genau an. Überlegt, um welche Szene es geht, und erzählt, was hier passiert.

2 a Beschreibt die Unterschiede zwischen den Filmbildern. Achtet darauf, wie nah oder wie weit die Kamera von den Figuren entfernt ist und worauf die Aufmerksamkeit gelenkt wird.
b Erklärt, wie Max Grundeis jeweils auf euch wirkt.
c Benennt die jeweilige Einstellungsgröße (▸ siehe Merkkasten unten).

3 Am Schluss dieser Szene schläft Emil ein.
a Beschreibt anhand des nebenstehenden Bildes, wie dies im Film verdeutlicht wird.
b Schaut euch die Szene an und erläutert die Wirkung des Tons (Musik, Geräusche).

Information **Die Einstellungsgrößen**

Je nachdem, wie nah die Kamera an das Geschehen heranführt oder wie weit sie entfernt bleibt, entstehen unterschiedliche Wirkungen.

- **Totale:** Eine Einstellung, in der die Figuren in einer größeren Umgebung gezeigt werden. Man erhält einen Überblick über den gesamten Schauplatz.
- **Halbnah:** Die Figuren werden etwa vom Knie an aufwärts gezeigt. Die unmittelbare Umgebung ist erkennbar.
- **Nah:** Man sieht Kopf und Schultern von Figuren. Die Einstellung wird häufig bei Dialogen verwendet.
- **Detail:** Nur ein Ausschnitt wird ganz groß dargestellt, z. B. Augen, Mund oder ein Detail eines Gegenstandes. Dadurch wird die Aufmerksamkeit auf das gezeigte Detail gelenkt.

Pony Hütchen taucht auf

1 Diese Filmbilder zeigen Emils erste Begegnung mit Pony Hütchen.

a Erläutert, was die Bilder jeweils über das Verhältnis zwischen Pony Hütchen und Emil aussagen. Wodurch wird diese Wirkung erzeugt?

b Bestimmt mit Hilfe der unten stehenden Informationen die Kameraperspektive der einzelnen Filmbilder.

2 Erinnert ihr euch noch an diese Szene im Film? Beschreibt, inwiefern sich das Verhältnis zwischen Pony und Emil im Verlauf ihres Gesprächs tatsächlich verändert.

3 a Vergleicht, wie die Figur Pony Hütchen im Film und im Roman dargestellt wird. Beachtet dabei die folgenden Fragen:

– Wie ist das Verhältnis zwischen Emil und Pony im Roman und im Film?

– Welche Rolle übernimmt Pony jeweils bei der Jagd nach dem Dieb?

b Erklärt, welche Pony euch besser gefällt. Begründet eure Meinung.

Information **Die Kameraperspektiven**

Der Standpunkt der Kamera und damit verbunden ihr Blickwinkel auf Figuren, Gegenstände, einen Raum oder eine Landschaft wird als Kameraperspektive bezeichnet. Man unterscheidet:

- **Normalperspektive:** Als Normalperspektive empfindet man eine Kameraposition auf Augenhöhe der handelnden Figuren.
- **Froschperspektive:** Die Froschperspektive führt den Blick von unten nach oben und lässt Gegenstände und Figuren häufig groß, mächtig oder bedrohlich wirken.
- **Vogelperspektive:** Bei der Vogelperspektive blickt die Kamera von oben auf eine Landschaft oder Figuren, die dadurch häufig klein oder unterlegen wirken.

11.3 Jugendbücher und Verfilmungen vorstellen

1 a Erich Kästner hat noch andere Romane geschrieben, von denen viele auch verfilmt wurden. Kennt ihr diese Bücher oder deren Verfilmungen? Tauscht euch darüber aus.

b Betrachtet die Cover der Romane und ihrer Verfilmungen. Überlegt, worum es in den Romanen und Filmen gehen könnte.

2 Wählt einen Roman von Erich Kästner oder eine Verfilmung aus und bereitet in Gruppen eine Buch- oder Filmvorstellung vor.

a Lest das Buch oder schaut den Film. Erstellt einen Steckbrief mit den wichtigsten Informationen.

b Wählt einen interessanten Textauszug aus, der sich als Leseprobe eignet. Oder sucht eine aussagekräftige Filmszene, die ihr vorspielt.

c Bewertet den Roman oder den Film. Begründet eure Einschätzung, z. B.:
Der Film ist spannend, weil .../Ihr solltet den Film sehen, weil ...

Filmsteckbrief
Titel: Pünktchen und Anton
Regisseur/-in: ...
Hauptfiguren: ...
Schauspieler/-innen: ...
Inhalt: ...

3 Teilt die einzelnen Teile des Vortrags untereinander auf und probt eure Buch- oder Filmvorstellung in der Gruppe. Gebt euch Tipps, was ihr noch verbessern könnt.

1. Informationen zum Roman oder Film (Buch- oder Filmsteckbrief)
Wir stellen euch den Film ... der Regisseurin ... vor.

2. Lese- oder Filmprobe
Ihr seht jetzt eine Szene aus dem Film, in der ...

3. Persönliche Bewertung
Der Film ist spannend, weil ...

4 a Stellt nun immer nacheinander einen Roman und die dazugehörige Verfilmung vor. Gebt den Vortragenden anschließend ein Feedback. Die Tipps zum Beurteilen eines Vortrags helfen euch dabei.

b Vergleicht anschließend den Roman mit seiner Verfilmung. Berücksichtigt dabei die Figuren, die Handlung sowie Ort (Schauplatz) und Zeit.

Methode **Einen Vortrag beurteilen**

- Wurde frei gesprochen und Blickkontakt zum Publikum gehalten?
- Waren die Informationen zum Roman/zum Film verständlich?
- Wurde die Leseprobe/der Filmausschnitt in den Handlungszusammenhang eingeordnet?
- Wurde der Textauszug ausdrucksvoll vorgelesen? War die Filmszene aussagekräftig?

Projekt: Eine Klassenbücherei einrichten

Ihr könnt die Werke anderer Jugendbuchautoren und deren Verfilmungen kennen lernen. Richtet dazu eine Klassenbücherei ein, in der ihr eure privaten Bücher und DVDs austauscht.

1 Erstellt für die Bücher und DVDs, die ihr ausleihen möchtet, Katalogkarten.

a Notiert auf der Vorderseite der Karte:
- Name der Autorin/des Autors oder der Regisseurin/des Regisseurs,
- Titel des Buchs oder Films,
- kurze Inhaltsangabe.

b Vermerkt auf der Rückseite die Ausleihdaten.

Autor:	*Paul Maar*
Titel:	*Lippels Traum*
Inhalt:	*In diesem Buch geht es um einen Jungen, der ...*

Ausgeliehen an:

Name	von ...	bis ...
...	...	
...	...	
...	...	

Jugendromane und deren Verfilmungen

- Roald Dahl: Hexen hexen; Film: Nicolas Roeg, 1990
- Cornelia Funke: Herr der Diebe; Film: Richard Claus, 2005
- Max von der Grün: Vorstadtkrokodile; Film: Christian Ditter, 2009
- Paul Maar: Lippels Traum; Film: Lars Büchel, 2009
- Joanne K. Rowling: Harry Potter und der Stein der Weisen; Film: Chris Columbus, 2001

12 Grammatiktraining – Wortarten, Wortbildung und Wortbedeutung

1 Werft gemeinsam mit Harry Potter einen Blick in das Zimmer des berühmten Zauberers Albus Dumbledore. Was seht ihr?

2 **a** Beschreibt Dumbledores Zimmer. Setzt dazu die Wörter auf dem Bild zu Sätzen zusammen. Ihr müsst nur wenige Wörter ergänzen, z. B.: *Von der Decke baumelt ein ...*

b Prüft, welche Wortarten ihr in euren Sätzen findet. Wie könnt ihr sie unterscheiden?

3 Besprecht, was die einzelnen Wortarten in euren Sätzen leisten. Was bezeichnen oder beschreiben sie?

In diesem Kapitel ...

- wiederholt ihr bekannte Wortarten und lernt neue Wortarten kennen,
- drückt ihr euch mit Hilfe von Wortzusammensetzungen und Ableitungen treffend aus,
- untersucht ihr die Bedeutung von Wörtern und erweitert spielerisch euren Wortschatz.

12.1 Fantasiewelten – Wortarten wiederholen und Wörter bilden

Wortarten wiederholen

Nomen, Adjektive und Präpositionen

Der Vogel Phönix

In den Wäldern rund um Hogwarts, aber auch in den Mauern der alten Zauberschule leben viele fantastische Wesen. Eines der *erstaunlichsten* Wesen ist sicher Albus Dumbledores Vogel Phönix. Sein Gefieder ist so rot wie Feuer und er ist *klüger* als die meisten Menschen und Zauberer. Seine Tränen heilen schwere Verletzungen und er ist – so unglaublich das klingen mag – unsterblich. Hat er ein *hohes* Alter erreicht, verbrennt er in hellen Flammen und wird aus der warmen Asche neu geboren.

Bereits die alten Ägypter, die vor mehr als 5000 Jahren lebten, verehrten den Phönix. Doch die Faszination für diesen brennenden Vogel mit dem ewigen Leben ist bis heute ungebrochen.

1 a Erklärt, was das Besondere am Vogel Phönix ist.
b Übertragt die folgende Tabelle in euer Heft. Sucht dann aus dem Text mehrere Bespiele für die Wortarten heraus und ordnet sie in die richtige Tabellenspalte ein.

Nomen	Adjektive	Präpositionen
...	...	...

2 Erklärt, woran ihr die Wortarten im Text erkannt habt.

3 a Lest die ersten beiden Sätze (▸ Z. 1–5) einmal mit und einmal ohne die Adjektive. Beschreibt dann die unterschiedliche Wirkung des Textes.
b Sucht die drei schräg gedruckten Adjektive aus dem Text heraus und schreibt sie untereinander auf. Ergänzt die fehlenden Steigerungsformen (▸ Steigerung der Adjektive, S. 329)

4 Findet im Text
– eine Präposition, die ein örtliches Verhältnis ausdrückt, und
– eine Präposition, die ein zeitliches Verhältnis ausdrückt.

5 Erfindet selbst ein Fantasiewesen.
– Beschreibt sein Aussehen mit Hilfe von anschaulichen Adjektiven.
– Vergleicht es mit anderen Lebewesen. Nutzt dazu gesteigerte Adjektive, z. B.: *Es ist größer als ...*
– Beschreibt seine Fähigkeiten mit Hilfe von örtlichen Präpositionen, z. B.:
Es kann auf einen hohen Turm springen.

Fordern und fördern – Adjektive, Präpositionen

Der gefährliche Hornschwanz

Bei einem Zauberturnier **1** Hogwarts müssen die <u>jungen</u> Magier Drachen besiegen und ihnen goldene Eier stehlen. Harrys Gegner ist der <u>gefährlichste</u> Drache: Ein ungarischer Hornschwanz. Er ist <u>größer</u> als die anderen Drachen, kann weiter Feuer speien und trägt spitze Stacheln **2** seinem Schwanz. Harry muss den Drachen ablenken, damit er das Ei stehlen kann, welches der Hornschwanz **3** seinen riesigen Tatzen bewacht. Dazu kreist er **4** seinem <u>schnellen</u> Besen **5** dem Kopf der gewaltigen Echse, um sie zu reizen. Durch geschickte Flugmanöver weicht er den <u>heißen</u> Flammen aus, die der <u>wilde</u> Drache **6** ihm herspeit. Schließlich erhebt sich der Drache **7** die Luft und gibt das Nest frei. **8** steilen Sturzflug rast Harry **9** dem Ei und schnappt es dem wütenden Hornschwanz **10** der Nase weg. Tief **11** ihm applaudieren die begeisterten Zuschauer.

○○ **1** **a** In welche Lücke des Textes müsst ihr welche Präposition einsetzen? Schreibt die Ziffern untereinander auf und notiert daneben die richtigen Präpositionen, z. B.: *1 = in*

in • auf • über • an • im • zwischen • hinter • vor • zu • unter

TIPP: Eine Präposition aus dem Kasten müsst ihr mehrmals verwenden.

●○ **b** Erklärt in einem Satz, welches Verhältnis die Präpositionen in diesem Text ausdrücken.
Die Präpositionen in diesem Text drücken ein … Verhältnis aus.

●● **c** Die meisten Präpositionen im Text beziehen sich auf ein Nomen. Nur an zwei Stellen beziehen sich die Präpositionen auf eine andere Wortart. Sucht diese beiden Beispiele und notiert, auf welche Wortart sich die Präpositionen beziehen.

○○ **2** **a** Übertragt die folgende Tabelle in euer Heft. Ordnet die unterstrichenen Adjektive aus dem Text oben in die richtige Tabellenspalte ein. Ergänzt dann die fehlenden Adjektivformen.

Grundform	Komparativ	Superlativ
…	…	…

●○ **b** Findet für die folgenden Adjektive jeweils ein anderes Adjektiv, das eine ähnliche Bedeutung hat.

riesigen (▸ Z. 10) • schnellen (▸ Z. 11) • steilen (▸ Z. 16) • wütenden (▸ Z. 18)

●● **c** Wählt sechs Adjektive aus dem Text aus und formuliert mit ihnen Vergleiche. Achtet hierbei auf die richtige Verwendung der Vergleichswörter *als* und *wie*.

Mit Verben Zeitformen bilden: Präteritum und Plusquamperfekt

Siegfrieds Kampf mit dem Drachen (1)

Die Nibelungensage erzählt von den Heldentaten Siegfrieds. Eines von Siegfrieds bekanntesten Abenteuern ist sein Kampf mit dem Drachen Fafner.

Siegfrieds Herz raste vor Erregung, seine Faust umklammerte den Schwertgriff. Jetzt stoppte das Ungeheuer, zog zischend den Atem ein: Es hatte den Menschen gewittert. Feuerdampf blies es aus seinen Nüstern, der Rückenkamm schwoll hoch vor Wut. Langsam wälzte sich der Drache auf den Stein zu, hinter dem sich Siegfried versteckt hatte. Doch bevor der mächtige Lindwurm sein Ziel erreichte, erhob er sich mit einem gellenden Schrei in die Höhe. Siegfried war blitzschnell aus seinem Versteck hervorgesprungen und griff nun die Flanke Fafners an. Es begann ein furchtbarer Kampf.

1 a Wisst ihr, wie der Kampf endet? Erzählt davon.
b Schreibt aus dem Text alle Verben im Präteritum heraus und bildet den dazugehörigen Infinitiv.
c Begründet, warum der Erzähler die Zeitform Präteritum verwendet.

2 Schreibt aus dem Text drei Verben im Plusquamperfekt heraus. Erklärt anschließend, wie die Zeitform Plusquamperfekt gebildet wird.

3 a Verdeutlicht den zeitlichen Ablauf in den folgenden Sätzen mit Hilfe der Konjunktion *nachdem*, z. B.:
Nachdem das Ungeheuer ...
- Das Ungeheuer zog den Atem ein, es hatte den Menschen gewittert.
- Fafner wälzte sich auf den Stein zu, hinter den Siegfried sich geduckt hatte.
- Siegfried war seitwärts weggesprungen und griff die Flanke Fafners an.

b In welchem zeitlichen Verhältnis stehen Präteritum und Plusquamperfekt zueinander?

4 Schreibt drei Sätze über den Kampf auf, in denen ihr Präteritum und Plusquamperfekt verwendet.

Information **Die Zeitformen Präteritum und Plusquamperfekt**

1 Das **Präteritum** ist eine einfache **Zeitform der Vergangenheit,** z. B.: *Er versteckte sich.*
- Bei den **regelmäßigen** (schwachen) **Verben** ändert sich im Präteritum der Vokal im Verbstamm nicht, z. B.: *ich lache* (Präsens) → *ich lachte* (Präteritum).
- Bei den **unregelmäßigen** (starken) **Verben ändert** sich im Präteritum der **Vokal** im Verbstamm, z. B.: *ich singe* (Präsens) → *ich sang* (Präteritum).

2 Wenn etwas vor dem passiert, wovon im Präteritum oder im Perfekt erzählt wird, verwendet man das **Plusquamperfekt,** z. B.: *Nachdem Siegfried Fafner besiegt hatte, badete er in dessen Blut.* Das Plusquamperfekt ist eine **zusammengesetzte Zeitform.** Es wird gebildet mit einer Form von **„haben"** und **„sein"** im Präteritum (z. B. *hatte, war*) und dem **Partizip II des Verbs** *(gelesen, aufgebrochen).*

Mit Verben Zeitformen bilden: Präsens und Futur

Siegfrieds Kampf mit dem Drachen (2)

Da – eine unbedachte Wendung reißt den Drachen auf die Seite, für einen Augenblick zeigt sich der weiße, weiche Bauch und tief stößt Siegfried sein Schwert in den Leib des Ungeheuers. Dickes Blut schießt hervor, der Feueratem verglüht, es bäumt sich der Leib, streckt sich, zuckt ein letztes Mal und bleibt still.

1 Schreibt den Text in euer Heft und unterstreicht alle Präsensformen.

2 Die beiden folgenden Sätze zeigen euch zwei mögliche Verwendungsweisen der Zeitform Präsens. Erklärt den Unterschied. Welche Art von Geschehen wird in Satz 1 beschrieben? Welche Art von Aussage wird in Satz 2 getroffen?
- Siegfried klettert auf eine Mauer.
- Alle Drachen sind gefährlich.

3 Überlegt gemeinsam, warum der Erzähler das Präsens verwendet. Was erreicht er damit?

4 Fafner ist tot. Gedankenlos taucht Siegfried seinen Finger in das Drachenblut und versteht plötzlich die Sprache der Vögel. Erstaunt vernimmt er, dass das Drachenblut die Haut unverwundbar macht. Schnell taucht er seinen ganzen Körper in das Drachenblut. Nach seinem Bad in Fafners Blut denkt Siegfried an die Zukunft.

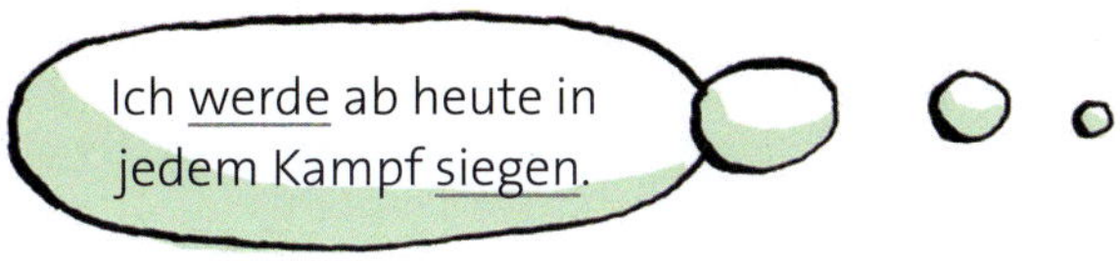

a Lest den Text in der Denkblase. Erklärt dann, wie das Futur gebildet wird.

b Welche Pläne und Hoffnungen könnte Siegfried haben? Schreibt Sätze in der Zeitform Futur. Ihr könnt die Stichworte rechts zu Hilfe nehmen.

Herrscher sein • nie mehr Angst haben • mutig sein • ein Königreich erobern

Information **Die Zeitformen Präsens und Futur**

1 Das **Präsens** wird verwendet,
- wenn etwas in der **Gegenwart** geschieht, z. B.: *Siegfried versteckt sich.*
- wenn eine **Aussage immer gilt,** z. B.: *Siegfried ist ein Held.*

Außerdem kann man **Zukünftiges ausdrücken.** Meist verwendet man dann eine Zeitangabe, die auf die Zukunft verweist, z. B.: *Morgen geht er zur Drachenhöhle.*

2 Die Zeitform **Futur** wird verwendet, um ein **zukünftiges Geschehen** auszudrücken, z. B.: *Siegfried wird Kriemhild heiraten.* Das Futur wird gebildet mit der Personalform von **„werden"** im Präsens und dem **Infinitiv des Verbs,** z. B.: *ich werde siegen, du wirst siegen.*

Mit Verben Zeitformen bilden: Perfekt

Nessie – der letzte Drache?

Drachen gibt es nur in Büchern und im Kino? Mag sein. Aber Herr Hunter aus Schottland behauptet, er habe einen Drachen gesehen: Nessie, das berühmte Ungeheuer von Loch Ness.

Zeitung: Herr Hunter, Sie haben das Ungeheuer von Loch Ness also wirklich gesehen?
Hunter: Oh ja! Natürlich habe ich meinen Augen zuerst gar nicht getraut.
Zeitung: Das ist verständlich. Aber können Sie uns Nessie denn nun genauer beschreiben?
Hunter: Das Tier, das vor mir aufgetaucht ist, hat mich an einen riesigen Aal erinnert.
Zeitung: Welche Farbe hat es denn gehabt?
Hunter: Es hat grünlich geschimmert.
Zeitung: Und Sie haben gar keine Angst verspürt?
Hunter: Und ob! Ich bin weggerannt.
Zeitung: Ach was, und dann?
Hunter: Dann habe ich mir ein Herz gefasst, bin umgekehrt und habe dieses Foto geschossen.
Zeitung: Unglaublich! Herr Hunter, ich danke Ihnen für dieses Gespräch.

1 Gibt es Nessie wirklich? Tauscht eure Gedanken darüber aus.

2 Drei Sätze stehen im Präsens. Sucht sie heraus und erklärt, warum sie im Präsens stehen.

3 Die übrigen Verbformen in diesem Text stehen in der Zeitform Perfekt. Erklärt, wann sich die Ereignisse zugetragen haben: in der Vergangenheit, in der Gegenwart oder in der Zukunft?

4 Übertragt die nebenstehende Tabelle in euer Heft. Sucht dann aus dem Interview alle Verbformen im Perfekt heraus und ordnet sie in die Tabelle ein.

haben + Partizip II	sein + Partizip II
…	…

5 Ergänzt das Interview durch weitere Fragen und Antworten. Verwendet dabei das Perfekt.

Information **Die Zeitform Perfekt**

Wenn man **mündlich von etwas Vergangenem** berichtet, verwendet man häufig das Perfekt, z. B.: *Ich habe einen Bericht über Nessie in der Zeitung gelesen.*
Das Perfekt ist eine **zusammengesetzte Zeitform,** weil es mit einer Form von **„haben“** oder **„sein“** im Präsens (z. B. *hast, sind*) und dem **Partizip II des Verbs** *(gesehen, weggerannt)* gebildet wird.

Pronomen stellen Bezüge her: Personal- und Possessivpronomen

Cornelia Funkes „Tintenherz" – Eine Buchvorstellung (1)

In der Klasse 6c stellen die Schülerinnen und Schüler reihum ihr Lieblingsbuch vor. Heute ist Lena an der Reihe:

Mein Lieblingsbuch ist Cornelia Funkes Roman „Tintenherz". Es ist im Jahr 2003 erschienen und ist der erste der drei Tintenweltromane. Um euch einen Eindruck von dem Buch zu vermitteln, will ich euch heute den Anfang vorlesen:

„In jener Nacht – mit der so vieles begann und so vieles sich für alle Zeit änderte – lag eins von Meggies Lieblingsbüchern unter ihrem Kissen, und als der Regen sie nicht schlafen ließ, setzte sie sich auf, rieb sich die Müdigkeit aus den Augen und zog das Buch unter ihrem Kissen hervor. Die Seiten raschelten verheißungsvoll, als sie es aufschlug. Meggie fand, dass dieses erste Flüstern bei jedem Buch etwas anders klang, je nachdem, ob sie schon wusste, was es ihr erzählen würde, oder nicht. Aber jetzt musste erst einmal Licht her. In der Schublade ihres Nachttisches hatte sie eine Schachtel Streichhölzer versteckt. Meggie liebte es, bei Kerzenlicht zu lesen."

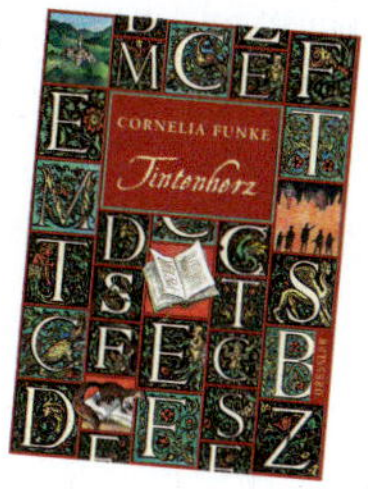

1 *Im Bett, in der Bahn oder …?* Berichtet, wann und wo ihr am liebsten lest.

2 „Die Seiten raschelten verheißungsvoll, als <u>sie</u> <u>es</u> aufschlug" (► Z. 10–12). Ersetzt die beiden unterstrichenen Personalpronomen durch einen Namen und ein Nomen.

3 Schreibt aus dem Text drei Possessivpronomen mit dem dazugehörigen Nomen heraus. Notiert, welche Zugehörigkeit die Possessivpronomen jeweils ausdrücken, z. B.:
<u>mein</u> Lieblingsbuch → das Lieblingsbuch Lenas

4 **a** Lasst Meggie ihre Geschichte selbst erzählen. Formt dazu den Text (► Z. 4–21) in eurem Heft um, z. B.: *In jener Nacht, …, lag eins <u>meiner</u> Lieblingsbücher …*
b Markiert in eurem Text die Personal- und Possessivpronomen mit unterschiedlichen Farben.

Information **Personalpronomen und Possessivpronomen**

Es gibt verschiedene Arten von Pronomen:

1. Mit den **Personalpronomen** *(ich, du, er, sie, es, wir, ihr, sie)* kann man **Nomen und Namen ersetzen,** z. B.: *<u>Meggie</u> liebt Bücher. <u>Sie</u> liest täglich.*
2. **Possessivpronomen** *(mein/meine – dein/deine – sein/seine, ihr/ihre – unser/unsere – euer/euer – ihr/ihre)* **geben an, zu wem etwas gehört,** z. B.: *<u>mein</u> Buch, <u>dein</u> Traum, <u>unsere</u> Eltern.* Possessivpronomen begleiten meist Nomen und stehen dann im gleichen Kasus (Fall) wie das dazugehörige Nomen.

Pronomen stellen Bezüge her: Demonstrativpronomen

Cornelia Funkes „Tintenherz" – Eine Buchvorstellung (2)

Der fließende Übergang zwischen Wirklichkeit und Fantasie, das ist es, was mich an Tintenherz am meisten fasziniert. Meggies Vater Mortimer hat nämlich die Gabe, Figuren aus den Büchern herauszulesen und in die Wirklichkeit zu holen. Er bemerkt dies an jenem verhängnisvollen Abend, an dem er seiner Frau aus dem Buch „Tintenherz" vorliest. Plötzlich stehen die Buchfiguren Staubfinger, Capricorn und Basta im Zimmer. Doch das ist noch nicht alles, denn derselbe Zauber funktioniert auch in die andere Richtung: Meggies Mutter verschwindet an diesem Abend im Buch „Tintenherz".

1 Welcher Figur aus einem Buch, das ihr gelesen habt, würdet ihr im wirklichen Leben gerne begegnen? Begründet eure Meinung.

2 Schreibt Wörter, Wortgruppen oder Sätze heraus, auf die die farbig markierten Demonstrativpronomen hinweisen, z. B.: *das (Z. 1) = der fließende Übergang zwischen Wirklichkeit und Fantasie*

3 Lena gibt ein Bild in der Klasse herum. Max betrachtet das Bild und fragt nach.
Lest das Gespräch mit verteilten Rollen.
Wie müsst ihr die markierten Wörter lesen?

Max: Wer ist das auf diesem Bild?
Lena: Das ist Staubfinger.
Max: Und wieso hat er diese brennende Fackel in der Hand?
Lena: Die soll nur zeigen, dass er in der Tintenwelt ein Feuerspucker ist.
Max: Stimmt, solche Fackeln habe ich auch schon auf dem Gauklerfest gesehen.

4 Setzt das Gespräch zwischen Max und Lena mit Hilfe der folgenden Informationen fort. Verwendet dabei in jeder Frage und in jeder Antwort ein Demonstrativpronomen.
– Die drei Narben wurden Staubfinger von seinem Feind Basta zugefügt.
– Der Marder ist ein treuer Begleiter Staubfingers.

Information **Das Demonstrativpronomen (hinweisendes Fürwort)**

Demonstrativpronomen *(der, die, das/dieser, diese, dieses/jener, jene, jenes/solcher, solche, solches/derselbe, dieselbe, dasselbe)* **weisen besonders deutlich auf eine Person oder Sache hin,** z. B.: *Von allen Jacken gefällt mir diese am besten.* Demonstrativpronomen können als Begleiter oder als Stellvertreter des Nomens verwendet werden.

Fordern und fördern – Das Demonstrativpronomen

Die Verfilmung von „Tintenherz“

1 Romane, die sich millionenfach verkaufen, werden fast immer auch verfilmt. Und genau dies passierte auch mit Cornelia Funkes Erfolgsroman „Tintenherz“. Als männlicher Hauptdarsteller wurde Brendan Fraser gewonnen. Diesem schien die Rolle des Vaters Mo wie auf den Leib geschneidert. Meggie dagegen wurde von Eliza Bennett verkörpert. Das ist besonders interessant, weil dieser erwachsenen Schauspielerin das Kunststück gelingt, ein zwölfjähriges Mädchen glaubwürdig darzustellen. So kann man im Ganzen wohl von einem jener Glücksfälle sprechen, die beim Casting nicht alle Tage vorkommen.

2 Als schwierig erwies es sich, einen geeigneten Drehort zu finden. Das allerdings kam nicht überraschend. Dieselben Probleme treten bei Fantasy-Geschichten immer wieder auf. Den „Herrn der Ringe“ hat es bekanntlich bis in jene zauberhaften Gegenden Neuseelands verschlagen. Der „Tintenherz“-Regisseur aber suchte nach einem verlassenen Ortskern mit grauen Steinhäusern. Und diesen hat er in dem italienischen Ort Balestrino schließlich auch gefunden.

3 Bücher werden häufig ohne Rücksprache mit ihren Autoren verfilmt. Damit ihr nicht ? passiert, hat sich Cornelia Funke frühzeitig ein Mitspracherecht gesichert. ? Mitspracherecht wird vertraglich festgeschrieben. Dennoch weicht das Ende des Films von dem des Buches ab. Hat ? ein eher offenes Ende, so hat ? auf Wunsch des vorab befragten Publikums ein Happy End. Cornelia Funke hat sich trotzdem zustimmend über die Verfilmung geäußert. Ihrer Ansicht nach hat ? einen eigenen künstlerischen Anspruch.

●○○ **1** **a** Untersucht den ersten Textabsatz (▶ Z. 1–15): Schreibt Wörter, Wortgruppen und Sätze heraus, auf die die markierten Demonstrativpronomen im ersten Absatz des Textes hinweisen, z. B.: *dies (Z. 3) = …*

b Ergänzt bei den nebenstehenden Reihen die fehlenden Demonstrativpronomen. Schreibt in euer Heft.

der • ? • das
? • diese • ?
? • ? • dasselbe

●●○ **2** **a** Findet vier Demonstrativpronomen im zweiten Absatz des Textes (▶ Z. 16–27).

b Schreibt Wörter, Wortgruppen und Sätze heraus, auf die die Pronomen hinweisen.

●●● **3** **a** Schreibt den dritten Absatz des Textes (▶ Z. 28–40) ab. Setzt hierbei passende Demonstrativpronomen in die Lücken ein.

b Unterstreicht Wörter, Wortgruppen und Sätze, auf die die Pronomen hinweisen.

c Ergänzt die folgende Unterhaltung um drei weitere Sätze. Verwendet dabei Demonstrativpronomen.

Sara: Wie findest du, dass der Film jetzt ein Happy End hat?
Lukas: Mir gefällt das.
Sara: Ich finde …, weil man Bücher doch nicht einfach so verändern darf.
Lukas: …

Mit Adverbien genauere Angaben machen

Der Drache vom Fels

Abends, wenn er sich zur Ruhe legte, stellte der große, alte Drache vom Fels sicherheitshalber immer sein Feuer ab. Nicht sein Herd- oder sein Kaminfeuer, nein, sein eigenes Drachenfeuer. Er hatte nämlich die dumme Angewohnheit, auch im Schlaf gerne mal Feuer zu spucken. Weil er die Leute unten im Dorf aber sehr mochte, wollte er ihnen weder die Wäsche an der Leine noch das Dach über dem Kopf anzünden. Neulich hat er aber doch vergessen, sein Feuer auszustellen. Er war gerade erst oben auf seinem Drachenfelsen eingeschlafen, als ...

1 Beantwortet die beiden folgenden Fragen mit Hilfe der markierten Wörter.
- Wann vergisst der Drache, das Feuer auszustellen?
- Wo lebt der Drache?

2 Übertragt die Tabelle in euer Heft und sortiert die markierten Wörter aus dem Text in die richtige Tabellenspalte ein.

Adverbien des Ortes	Adverbien der Zeit	Adverbien des Grundes	Adverbien der Art und Weise
...	...	...	...

3 Erzählt die Geschichte mit Hilfe der folgenden Bilder weiter. Verwendet dabei einige der Adverbien aus dem Merkkasten unten.

Information **Das Adverb (Umstandswort; Plural: die Adverbien)**

Adverbien *(dort, oben, hier, jetzt, kürzlich, heute, kaum, sehr, vergebens, gern, leider, deshalb, nämlich)* **machen nähere Angaben zu einem Geschehen.** Sie erklären genauer, **wo, wann, wie und warum** etwas geschieht, z. B.: *Hier sitze ich gern. Dieser Platz gefällt mir nämlich am besten.*
- Adverbien werden **kleingeschrieben.**
- Die Wortart des Adverbs kann man leicht mit dem Adjektiv verwechseln. Das **Adverb** ist aber im Gegensatz zum Adjektiv **nicht veränderbar** (nicht flektierbar).

Deutsch und Englisch – Der Unterschied beim Adverb

1 Übersetzt die beiden englischen Sätze ins Deutsche.

2 a Schreibt die beiden englischen Sätze ab und kennzeichnet mit einem Pfeil, auf welche Wortart sich die markierten Wörter jeweils beziehen.

b Haltet eure Ergebnisse fest, indem ihr die folgenden Sätze ergänzt.

- *Im ersten Satz bezieht sich „angry" auf ein …*
- *Im zweiten Satz bezieht sich „angrily" …*

3 a Untersucht die folgenden Sätze. Erklärt, auf welche Wortart sich die unterstrichenen Wörter jeweils beziehen, und begründet die jeweilige Form.

The night is silent. • He silently walks through the castle.
This train runs very slowly. • I am a slow walker.

b Korrigiert den falschen Satz und schreibt ihn richtig in euer Heft.

VORSICHT FEHLER!

He decides quick. • He makes a quick decision.

c Findet in Partnerarbeit selbst Beispielsätze, in denen ihr die folgenden Wörter im Englischen richtig verwendet. Nehmt hierzu die Informationen aus dem unten stehenden Merkkasten zu Hilfe.

easy – easily • kind – kindly • simple – simply

Information **Das Adverb im Englischen**

Im Englischen wird das Adverb häufig durch das Anhängen der **Endung -ly** an das Adjektiv gebildet.

Im Deutschen	Im Englischen
Adjektiv erläutert Nomen. *Siegfried ist ein geschickter Kämpfer.*	**Adjektiv** erläutert Nomen. *Siegfried is a skillful fighter.*
Adjektiv erläutert Verb. *Siegfried kämpft geschickt.*	**Adverb** erläutert Verb (meist mit ly-Endung) *Siegfried fights skillfully.*

Wortbildung

Wörter miteinander verbinden – Wortzusammensetzungen

1 Hobbits haben es gerne schön und gemütlich. Seht euch das Bild an. Was braucht ein Hobbit, um sich wohl zu fühlen?

2 a Benennt die Dinge und Gegenstände auf dem Bild nun genau. Setzt dazu die folgenden Nomen sinnvoll zusammen und schreibt sie in euer Heft, z. B.: *Garten + Bank = Gartenbank*

> Manchmal müsst ihr ein oder zwei Fugenelemente einsetzen, z. B.:
> *Sonne + Milch = Sonne**n**milch;*
> *Schiff + Junge = Schiff**s**junge;*
> *Ohr + Schutz = Ohr**en**schutz.*

Garten • Kerze • Wasser • Kringel • Ohr • Sonne • Bank • Sessel • Licht • Krug • Holz • Blume • Wurst • Gemüse • Tisch • Beet

b Übertragt die Tabelle in euer Heft. Ordnet die zusammengesetzten Nomen anschließend in die richtige Tabellenspalte ein.

Zusammensetzungen ohne Fugenelement	Zusammensetzungen mit Fugenelementen
Gartenbank	...

3 a Seht euch in eurem Klassenzimmer um und schreibt um die Wette Gegenstände auf, die aus zwei Nomen zusammengesetzt sind, z. B.: *Klassenzimmer, Federmäppchen* ...

b Ordnet eure Wörter anschließend in die Tabelle ein.

Mit Wortzusammensetzungen genau beschreiben

1 Wortzusammensetzungen bestehen aus einem Bestimmungswort und einem Grundwort.

a Setzt das Nomen „Feuer" mit den folgenden Nomen zusammen. Schreibt die Wörter mit den Artikeln in euer Heft, z. B.: *das Freudenfeuer, ...*

Freude • Stelle • Stein • Herd • Lager • Salamander • Schein • Kamin

b Erklärt die Bedeutung der zusammengesetzten Nomen mit eigenen Worten, z. B.:
Das Freudenfeuer ist ein Feuer, das aus einem erfreulichen Anlass entfacht wird.
Die Feuerstelle ist die Stelle, ...

c Das Bestimmungswort hat die Aufgabe, das Grundwort näher zu beschreiben. Unterstreicht in euren Wortzusammensetzungen jeweils das Grundwort rot. An welcher Stelle steht es immer?

d Überlegt: Richtet sich das Genus der Nomen nach dem Bestimmungswort oder dem Grundwort?

2 **a** Setzt die folgenden Nomen und Adjektive zu sinnvollen Wörtern zusammen. Arbeitet gemeinsam mit einer Partnerin oder einem Partner und achtet auf die Groß- und Kleinschreibung der neuen Wörter.

Butter • Glas • Bär • Sonne • Gläubigkeit • Metall • Brand • Stadt

weich • gelb • braun • klar • leicht • schwer • gefährlich • groß

b Übertragt die nebenstehende Tabelle in euer Heft und tragt die Zusammensetzungen in die richtige Spalte ein. Ergänzt anschließend weitere Wortzusammensetzungen aus Nomen und Adjektiv.

Nomen	Adjektive
...	*butterweich*

c Schaut euch die Wörter in eurer Tabelle an. Überlegt, ob das Bestimmungswort oder das Grundwort die Wortart bestimmt.

3 Um den Hobbits eine Freude zu machen, veranstaltet Gandalf ein großes Feuerwerk. Beschreibt das Feuerwerk mit Hilfe passender Farbadjektive, z. B.:
Ich sehe einen orangeroten Drachen, einen ... Kreis, ...

tannengrün • hellgrün • tiefrot • orangerot • senfgelb • neongelb • dunkelblau • himmelblau

Hobbits

Hobbits sind menschenscheu. Deswegen trifft man sie auch nur sehr selten, erklärt ihr Erfinder J. R. R. Tolkien. Die kleinen Auenlandbewohner sind nicht einmal zwergengroß und verfügen über keine besonderen Zauberkräfte. Hobbits lieben farbenfrohe, ganz besonders gelbgrüne Kleidung, knielange Hosen und Hosenträger, in die sie ihre Daumen einhängen können. Schuhe brauchen sie nicht, denn sie verfügen über lederartige Fußsohlen und ihre Füße sind mit einem starken, meist dunkelbraunen Haarwuchs ausgestattet. Hobbits sind fröhlich, oft in Feierlaune und haben einen Hang zu üppigen Mahlzeiten. Wenn man diesen netten Kerlen überhaupt etwas vorwerfen kann, dann höchstens, dass sie etwas zu leichtgläubig sind.

1 a Beschreibt: Was ist das Besondere am Aussehen der Hobbits?
b Der Text enthält viele Zusammensetzungen. Übertragt die Tabelle in euer Heft. Sucht aus dem Text zwölf Wortzusammensetzungen heraus und ordnet sie in die richtige Spalte ein.

Nomen + Nomen	Nomen + Adjektiv	Adjektiv + Adjektiv
...	...	...

2 Schreibt selbst einen Text, in dem ihr ein Lebewesen (z. B. ein Tier, ein Fantasiewesen) oder einen Gegenstand beschreibt. Verwendet dabei mindestens zehn Wortzusammensetzungen.

3 a Ohne Wortzusammensetzungen müssten wir vieles sehr umständlich beschreiben. Löst die folgenden Rätsel. Welche Wortzusammensetzungen werden hier umschrieben?
– Von diesen Bändern, die sich über Rücken und Brust spannen, werden Hosen gehalten.
– Von ihnen werden Glühbirnen beschirmt.
– Sie werden in der Schule aufgegeben und zu Hause erledigt.
b Erfindet selbst Umschreibungen. Die anderen nennen die gesuchte Wortzusammensetzung.

Information **Wortzusammensetzungen**

Die **Wortzusammensetzung** ist in der deutschen Sprache eine wichtige **Methode, um neue Wörter zu bilden.** Mit Hilfe dieser neu gebildeten Wörter kann man Dinge und Sachverhalte genauer und oft auch unkompliziert beschreiben, z. B.:
- *Kupfer + Kessel = Kupferkessel* (Nomen + Nomen),
- *bunt + Specht = Buntspecht* (Adjektiv + Nomen),
- *Blitz + schnell = blitzschnell* (Nomen + Adjektiv),
- *dunkel + blau = dunkelblau* (Adjektiv + Adjektiv),
- *schneiden + Brett = Schneidebrett* (Verb + Nomen).

Die Teile einer **Zusammensetzung** heißen **Grundwort** und **Bestimmungswort.** Das Grundwort steht immer an letzter Stelle, z. B.: *Suppenlöffel, Teelöffel, Rührlöffel.* Das Grundwort wird durch das Bestimmungswort näher beschrieben. **Die Wortart** der Zusammensetzung wird durch das **Grundwort bestimmt.**

Fordern und fördern – Wortzusammensetzungen

Orks

Schon der Name „Ork“ verheißt nichts Gutes, denn er erinnert an das Totenreich der alten Römer, den „orcus“. Bei J. R. R. Tolkien sind die Orks annähernd menschengroß, hässlich, von grauschwarzer Hautfarbe und krummbeinig. Da sie außerdem streitlustig sind und durch ihre Gewaltbereitschaft auffallen, sind sie mit Menschen, Elben und Zwergen verfeindet. In dem Jugendbuch „Der kleine Hobbit“ bilden sie gemeingefährliche Banden. Und in dem großen Romanwerk „Der Herr der Ringe“ stellen sie den Hauptteil der riesigen Armee von Sauron, dem bösen Magier. Doch obwohl sie so zahlreich sind, werden sie am Ende vom Hobbit Frodo und dem weißbärtigen Zauberer Gandalf besiegt.

●○○ **1** Die Orks bevorzugen Unterkünfte in Höhlen und Stollen, tief unter der Erde. Setzt das Nomen „Höhle“ mit den nebenstehenden Nomen zusammen. Schreibt die zusammengesetzten Wörter in euer Heft.

Eis • Forscher • Eingang • Räuber

●●○ **2** **a** Übertragt die Tabelle in euer Heft. Sucht für jede Spalte der Tabelle mindestens zwei Beispiele aus dem Text heraus und schreibt sie auf.

Nomen + Nomen	Nomen + Adjektiv	Adjektiv + Adjektiv
…	…	…

b Ergänzt jede Spalte der Tabelle um zwei weitere Beispiele. Ihr könnt dazu auch den obigen Text zu Hilfe nehmen.

●●● **3** **a** Findet selbst zehn Zusammensetzungen aus Verb + Nomen, z. B.: *Singvogel*.

b Erklärt die Bedeutung der zusammengesetzten Nomen mit eigenen Worten, z. B.: *Ein Singvogel ist ein Vogel …*

Mit Präfixen und Suffixen neue Wörter bilden – Ableitungen

Phantasialand

Das Phantasialand in Brühl ist einer der größten Freizeitparks Europas. Eine seiner Hauptattraktionen trägt den Namen „Mysteryland“.

Wer etwas (leben) und spannende Stunden (bringen) will, der ist im Mysteryland genau richtig. Hier kann er selbst aktiv werden und den Ablauf seines Abenteuers selbst (stimmen). Die Besucher können geheimnisvolle Burgen (treten) und in dunklen Höhlen Schätze (decken). Alle diese Abenteuer (fordern) großen Mut. Aber wenn die Besucher im Team fest zusammenhalten, werden sie feindliche Mächte (siegen) und alle Herausforderungen (stehen).

1 Wie müssen die Verben in Klammern heißen? Schreibt die Verben ab und ergänzt sie dabei durch passende Präfixe aus der folgenden Liste, z. B.: *erleben, …*

be- | ent- | er- | ver- | zer-

> Mit Präfixen (Vorsilben) bildet man neue Wörter.

2 **a** Bildet mit Hilfe der Präfixe auf der linken Seite und den Verben auf der rechten Seite so viele sinnvolle Ableitungen wie möglich, z. B.: *beleben, erleben, verleben …*

Präfixe: be- | ent- | er- | ge- | miss- | ver- | zer-

Verben: leben | fassen | bitten | arbeiten | stellen | legen | stehen | fahren | fallen

b Durch Ableitungen entstehen neue Wörter mit einer neuen Bedeutung. Erklärt die Ableitungen, die ihr gebildet habt, mit eigenen Worten in eurem Heft, z. B.: *beleben: erfrischen, aufmuntern*

3 Mit Präfixen könnt ihr auch neue Nomen bilden. Kombiniert die folgenden Präfixe und Nomen.

Präfixe: Un- | Ur- | Miss-

Nomen: Großmutter | Ordnung | Zeit | Recht | Wald | Erfolg | Ruhe | Mensch

4 Bildet neue Adjektive mit dem Präfix *un-* und erklärt, wie sich die Bedeutung der Adjektive durch dieses Präfix verändert.

5 a Verbindet die Wörter links mit den Suffixen (Nachsilben) auf der rechten Seite. Schreibt in euer Heft.

leiden • nähren • dumm • fähig • verzweifeln • erleben • entschlossen • bedrohen

-nis • -keit • -heit • -schaft • -ung

b Welche neue Wortart ergibt sich?

c Setzt eure neu gebildeten Wörter an der passenden Stelle in den Text ein. Achtet auf die Rechtschreibung.

Besucher des Phantasialands sprechen von einem einmaligen ? . Und darum geht es: In der Tortenfabrik sind die Mäuse los und bringen den Bäckermeister zur ? . Denn seitdem die Mäuse Käse verschmähen und ihre ? für süße ? entdeckt haben, sind sie eine ernste ? für Kuchen und Torten. In dieser Lage braucht es einen Mann mit einer besonderen ? : den Kammerjäger Oskar Koslowski. An Mut und ? mangelt es Koslowski nicht, doch als er die Mäuse ausgerechnet mit Sahne – ihrer neuen Lieblingsspeise! – beschießt, begeht er eine folgenschwere ? . Die Mäuse werden immer frecher! Doch jetzt kommt ihr ins Spiel. Könnt ihr die Mäuse fangen und die Torten retten?

6 Bildet mit Hilfe der Wörter links und den angegebenen Suffixen Adjektive.

Unterhaltung • Rost • essen • Sturm • wirken • danken • Gefahr • Angst • Riese • Glück

-ig • -bar • -sam • -isch • -lich

7 Bildet mit den folgenden Wortstämmen so viele Nomen und Adjektive wie möglich. Nutzt dazu die angegebenen Präfixe und Suffixe. Ihr könnt auch mehrere Präfixe und Suffixe in einem Wort verwenden, z. B.: *haltbar, unhaltbar, Haltbarkeit, enthaltsam, Erhaltung* ...

Präfixe: un- • ver- • ent- • be- • er-
Wortstämme: -halt- • -mann- • -glück- • -frei- • -ehr- • -herr- • -reich-
Suffixe: -lich • -ig • -bar • -sam • -isch • -lich • -heit • -keit • -tum • -nis • -chen • -ung

Information **Ableitungen**

Mit Präfixen (Vorsilben) und **Suffixen** (Nachsilben) kann man aus vorhandenen Wörtern **neue Wörter ableiten.** Diese neuen Wörter haben auch eine **neue Bedeutung** und helfen dabei, sich genau auszudrücken.

- **Neue Verben** bildet man z. B. mit den Präfixen *be-, ent-, er-, ge-, miss-, ver-, zer-.*
- **Neue Adjektive** bildet man z. B. mit den Suffixen *-ig, -bar, -lich, -sam, -isch.*
- **Neue Nomen** bildet man z. B. mit den Suffixen *-nis, -heit, -keit, -ung, -schaft, -tum.*

Achtung: Suffixe bestimmen die Wortart. Die Groß- und Kleinschreibung kann sich daher ändern.

Wortfamilien – Verwandte Wörter

1 a Die Wörter im mittleren Baum gehören zu einer Wortfamilie. Was haben sie alle gemeinsam?
b Ergänzt weitere Wörter mit dem Wortstamm „schreib“. Wer findet in zwei Minuten die meisten?

2 a Bildet Wortfamilien zu den Wortstämmen „kauf“ und „spiel“, z. B.:
Käufer, verkaufen, … Spielleiter, verspielt, …
b Vergleicht: Wer hat die meisten Nomen, Verben oder Adjektive gefunden?

3 Findet zu den folgenden Wörtern jeweils ein verwandtes Wort mit *a* oder *au*. Schreibt die Wörter nebeneinander auf, z. B.:
die Fähre – fahren

> Wörter einer Wortfamilie werden im Wortstamm **gleich oder ähnlich geschrieben:**
> *Traum – Träume, nah – Nähe*

die Fähre • täglich • die Nähe • die Ernährung • die Träume • lächeln • schäumen

4 Ersetzt die Wörter in den Klammern jeweils durch ein inhaltlich entsprechendes Wort aus dem Kasten. Achtet bei den Nomen auf den passenden Artikel und bei den Verben auf die richtige Zeitform.
– Großvater und Großmutter sind meine (Ahnen).
– Der Richter hat (den Prozess) eröffnet.
– Wir haben uns in der Stadt (verirrt).
– Mein Hund ist ein treuer (Begleiter).
– Wir haben (sehr sorglos) gehandelt.
– Melanie hat den Computer (angemacht).
– Er hat am Schalter (ein Ticket) gekauft.
– Der (Lift) ist stehen geblieben.
– Im Sommer nehme ich immer das (Rad).
– Meiner (Kenntnis) nach verhält sich das anders.

Fahrrad
Verfahren
verfahren
Fahrschein
Vorfahren
fahrlässig
Erfahrung
hochfahren
Fahrstuhl
Gefährte

5 a Wörter einer Wortfamilie können sich unterschiedlich weit von ihrer ursprünglichen Bedeutung entfernen. Übertragt die Tabelle in euer Heft. Ordnet dann in Partnerarbeit die Wörter aus dem Kasten von Aufgabe 4 (► S. 238) in die passende Spalte ein.
TIPP: ursprüngliche Bedeutung des Wortes „fahren“: sich mit einem Hilfsmittel fortbewegen.

Entspricht der ursprünglichen Bedeutung genau/ziemlich genau	Entspricht der ursprünglichen Bedeutung nicht
Fahrrad, verfahren (mit dem Auto),	*Verfahren,*

b Findet weitere Wörter, die zur Wortfamilie von „fahren“ gehören. Ordnet sie in die Tabelle ein.

6 Das Wort „laufen“ bedeutet ursprünglich „sich mit Hilfe der Füße schnell fortbewegen“.
a Seht euch die folgende Wörterwolke genau an. Die Wörter, die am größten geschrieben sind, entsprechen der ursprünglichen Bedeutung am meisten. Wie verhält es sich mit den Wörtern in mittelgroßer und kleiner Schrift?

b Überprüft die Wörterwolke, indem ihr die einzelnen Wörter erklärt, z. B.: *Marathonlauf: Laufwettbewerb, bei dem die Läufer 42 Kilometer zurücklegen (große Nähe zur ursprünglichen Bedeutung = große Schrift)*

7 Die Mitglieder einer Wortfamilie werden durch Ableitungen und Wortzusammensetzungen gebildet. Findet in der Wörterwolke Beispiele für Ableitungen und Zusammensetzungen.

8 Bildet Wörterwolken zu den Wortfamilien von „gehen“, „stehen“ und „halten“. Geht so vor:
- Notiert möglichst viele Ableitungen und Zusammensetzungen.
- Überlegt, ob die Wörter der ursprünglichen Bedeutung mehr oder weniger entsprechen.
- Zeichnet eure Wörterwolke auf ein DIN-A4-Blatt. Kennzeichnet Nähe und Entfernung von der ursprünglichen Bedeutung durch große, mittelgroße und kleine Schrift.

Information **Wortfamilie**

Wörter, die den **gleichen Wortstamm** (Grundbaustein) haben, gehören zu einer **Wortfamilie,** z. B.: *fahren, Fahrbahn, befahren, verfahren.*
Wörter einer Wortfamilie werden durch Ableitungen *(befahren, fahrbar)* und Zusammensetzungen *(Fahrbahn)* gebildet.
Der Wortstamm wird in allen verwandten Wörtern gleich oder ähnlich geschrieben, z. B.: *reisen → abgereist, verreisen, die Reise.*
Ist man bei der Schreibung eines Wortes mit *ä* oder *äu* nicht sicher, hilft die Suche nach einem verwandten Wort, z. B.: *e* oder *ä? → Gläser → Glas; eu* oder *äu? → Träume → Traum.*

Testet euch!

Zusammensetzungen und Ableitungen

1 a Übertragt die Tabelle in euer Heft und tragt die nebenstehenden Wörter in die richtige Spalte ein.

Zusammensetzungen	Ableitungen
…	…

Drachenboot • Bootssteg • steinreich • uralt • jugendlich • veralten • entfalten • Leerlauf • leichtfüßig • entlaufen • bedrohen • missachten • Erfahrung • Baumstamm • blitzschnell

b Sortiert die Zusammensetzungen nach den Wortarten, aus denen sie bestehen. Notiert hinter die Zusammensetzungen Ziffern, und zwar:
1 = Nomen + Nomen 2 = Nomen + Adjektiv 3 = Adjektiv + Adjektiv.

2 Übertragt die Tabelle in euer Heft und tragt die grammatischen Fachbegriffe in die richtige Spalte ein.

Zusammensetzungen	Ableitungen
…	…

Präfix • Grundwort • Bestimmungswort • Wortstamm • Suffix

3 a Schreibt den folgenden Text ab und korrigiert dabei die markierten Zusammensetzungen. Achtet darauf, dass ihr auch die Artikel vor den Nomen verändert.

Eine kleine Geschichte des Handschuhs

Schuhhände sind recht alt, sie werden schon in Griechenland erwähnt. Sie dienen in erster Linie der Schutzkälte. Viel später erst werden sie Artikelmode. Um 1200 gab es in Paris den Beruf des Macherhandschuhs. Handschuhseiden wurden aufwändig verziert und waren sehr kostspielig. Die Rüstungsritter wurden zum Teil durch Handschuhmetalle ergänzt.

b Notiert, warum sich in einigen Fällen auch der Artikel ändern muss.

4 Schreibt die folgenden Wörter in euer Heft und unterstreicht jeweils den Wortstamm.

Umleitung • Erfahrung • begreifen • Begriff • Gang • verhalten • lustig • endlich • Bedrohung • unteilbar

5 Vergleicht eure Lösungen zu den Aufgaben 1 bis 4 in Partnerarbeit.

12.2 Wortspiele – Bedeutungen untersuchen

Gleiches Wort, andere Bedeutung – Homonyme

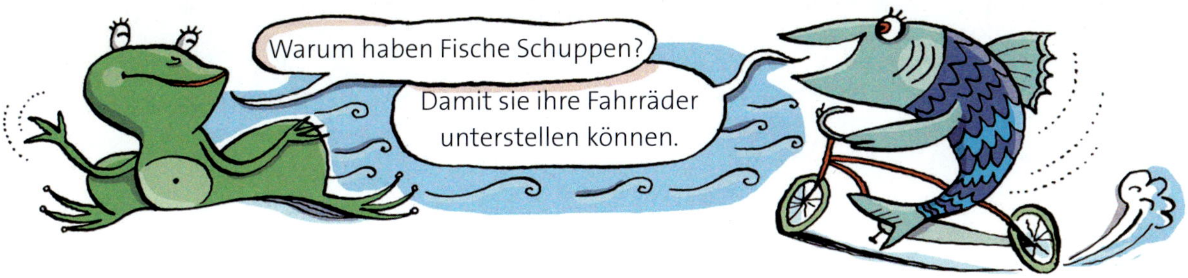

1 Überlegt gemeinsam, warum man über diesen Witz lacht.

2 Die folgenden Witze funktionieren nach demselben Muster. Findet jeweils das mehrdeutige Wort und erklärt seine verschiedenen Bedeutungen.

- Fragt eine Kerze die andere: „Sag mal, ist Wasser gefährlich?" „Davon kannst du ausgehen."
- Wie lange muss eine Katze trainieren, um ein Muskelkater zu werden?
- Ist ein Wintereinbruch eigentlich ein Verbrechen?

3 Erfindet eigene Wortspiele. Schreibt dazu jeweils die unterschiedlichen Bedeutungen der nebenstehenden Wörter auf und verknüpft sie auf witzige Weise miteinander, z. B.:

Bienenstich • Birne • faul • Decke • Blatt • Ton • Mandel • Flügel

- faul: verfault, schlecht geworden
- faul: bequem, untätig, arbeitsscheu
Fragt ein Bauer den andern: „Hast du dieses Jahr viele faule Äpfel?" „Ausschließlich!", antwortet der andere entrüstet. „Entweder sie hängen in den Bäumen herum oder sie liegen im Gras."

4 Spielt das Ratespiel „Teekesselchen". Zwei Spieler entscheiden sich gemeinsam für ein mehrdeutiges Wort, das erraten werden soll. Abwechselnd geben sie dann Hinweise zu je einer der beiden Bedeutungen.

Mein Teekesselchen trägt Nadeln.
Kiefer?
Mein Teekesselchen trägt Zähne.

Information **Homonyme**

Wörter, die **gleich lauten, aber unterschiedliche Bedeutungen** haben, nennt man **Homonyme.** Ihre Bedeutung kann nur im Sinnzusammenhang geklärt werden, z. B.:
Ball (Spielgerät, Tanzveranstaltung): Ich spiele mit dem Ball. Ich gehe auf einen Ball.

Übertragene Bedeutung – Redewendungen

1 Erklärt, wie es zu den oben abgedruckten Missverständnissen kommt.

2 a Versteht die folgenden Redewendungen wortwörtlich, das heißt: absichtlich falsch. Schreibt zu jeder Redewendung eine witzige Entgegnung in euer Heft.

- Ich habe den Kopf verloren.
- Dem sind die Pferde durchgegangen.
- Mir sind fast die Augen aus dem Kopf gefallen.
- Er hat mich an der Nase herumgeführt.
- Dem habe ich die Suppe versalzen.
- Ich sitze auf glühenden Kohlen.
- Wie wollen wir die Zeit bis zum Konzert totschlagen?
- Wir sind doch dicke Freunde, oder?

b Redewendungen verwenden sprachliche Bilder, die nicht wortwörtlich, sondern in einer übertragenen Bedeutung zu verstehen sind. Erklärt in Partnerarbeit, wie die Redewendungen aus der Aufgabe 2 a richtig zu verstehen sind. Schreibt die Erklärungen in euer Heft.

3 a Sammelt in der Klasse weitere Redewendungen.

b Schreibt in Gruppen eine kurze und witzige Geschichte, in der eine Redewendung wörtlich genommen wird. Dabei sollte jede Gruppe möglichst eine andere Redewendung wählen.

Information **Redewendungen (Redensarten)**

Redewendungen verwenden sprachliche Bilder, die **nicht wortwörtlich, sondern in einem übertragenen Sinn zu verstehen** sind. Wenn man zum Beispiel sagt, „jemand steht auf der Leitung", dann meint man nicht, dass derjenige tatsächlich auf einem Kabel steht, sondern dass er etwas nicht versteht.

Wörter mit gleicher und ähnlicher Bedeutung – Synonyme und Wortfelder

1 a Ergänzt die folgenden Wörterlisten mit weiteren Verben, die das Gleiche oder fast das Gleiche bedeuten.

- flüstern: raunen, ...
- schreien: krakeelen, ...
- schimpfen: tadeln, ...
- jubeln: jauchzen, ...

Wörter mit gleicher oder fast gleicher Bedeutung nennt man **Synonyme.**

b Vervollständigt eure Listen mit Hilfe des „Thesaurus" auf eurem PC:
- Tippt die unterstrichenen Wörter aus Aufgabe 1a untereinander.
- Markiert ein Wort und klickt mit der rechten Maustaste auf das Wort.
- Wählt den Menüpunkt „Synonyme" und öffnet den „Thesaurus".

Der **„Thesaurus"** ist eine Sammlung bedeutungsähnlicher Wörter (▶ S. 349).

Catweazle

Der alte Zauberer Catweazle wird durch einen falschen Zauberspruch aus dem Jahr 1066 in das Jahr 1977 versetzt. Er versteckt sich auf einem Bauernhof und lernt dort „Karotte", den Sohn des Hauses, kennen. Karotte zeigt Catweazle eine Welt, die dem alten Zauberer völlig fremd ist.

Text	Regieanweisungen
Der Hof war dunkel und Karotte überquerte ihn auf Zehenspitzen. Als er durch das Tor in die Scheune schlüpfte, sagte er: „Sind Sie noch da?"	leise
Der alte Mann sagte: „Ja, Junge."	laut
„Psst. Wo?", sagte Karotte.	leise
„Hier", sagte Catweazle.	laut
Karotte knipste ein grelles Licht an. Catweazle schoss aus seinem Fass empor.	
„Geblendet! Durch Zauberei geblendet!", sagte er.	laut
Karotte knipste das Licht rasch wieder aus. „Was ist denn bloß los mit Ihnen?", sagte er.	ärgerlich
„Ich kann wieder sehen!", sagte Catweazle. „Hast du den Fluch aufgehoben?"	fröhlich
„Nein, ich habe nur das Licht wieder ausgeschaltet", sagte Karotte. „Es ist ganz einfach Elektrizität."	genervt

2 a Lest den Text und ersetzt dabei das Wort „sagen" durch treffendere Verben. Die Regieanweisungen am Textrand helfen euch bei der Auswahl.
b Beschreibt, wie sich der Text durch die Verwendung der Synonyme verändert.

3 Überlegt, was Catweazle in der modernen Welt noch begegnen könnte. Setzt das Gespräch fort.

4 a Hier findet ihr Verben aus dem Wortfeld „gehen". Übertragt das Koordinatensystem in euer Heft und ordnet die Wörter ein.

schreiten • wandern • marschieren • spazieren • wandeln • bummeln • schlendern • laufen • rennen • eilen • hasten • jagen • stürmen • flüchten • springen • trippeln • trotten • stolzieren • schlurfen • flitzen • torkeln • waten • stampfen • hinken • humpeln • stolpern • tappen • taumeln • fortgehen

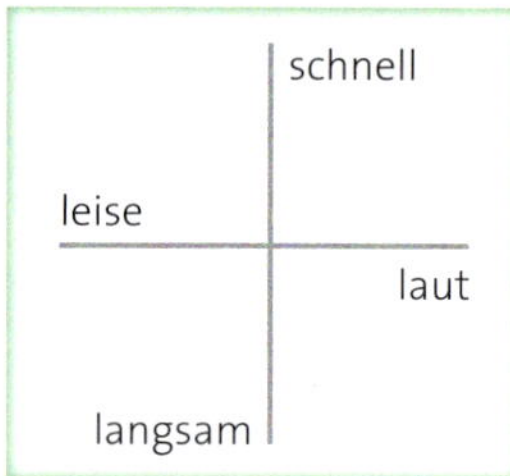

b Findet weitere passende Verben und ordnet sie in euer Koordinatensystem ein.

c Tauscht euch darüber aus, welche sinnvollen Achsen (neben den vorgegebenen Achsen „schnell – langsam" und „laut – leise") ihr für das Wortfeld „gehen" noch einführen könntet.

Ein Sonntagsspaziergang mit Hindernissen

5 Schreibt zu der Bildergeschichte einen kurzen Text. Verwendet dabei eure Wörterliste aus Aufgabe 4.

Information **Das Synonym (bedeutungsgleiches Wort; Plural: die Synoyme)**

- **Synonyme:** Wörter mit **gleicher oder fast gleicher Bedeutung** bezeichnet man als Synonyme. Mit Hilfe von Synonymen können wir unsere Ausdrucksweise abwechslungsreicher gestalten. So können wir in einem Aufsatz, einem Brief oder einer E-Mail **Wiederholungen vermeiden,** indem wir ein anderes, ähnliches Wort verwenden, z. B.: statt *sagen: reden, mitteilen, sprechen.*
- **Antonyme:** Wörter, die in ihrer Bedeutung **gegensätzlich** sind, nennt man Antonyme, z. B.: *groß – klein, stark – schwach.*
- **Wortfeld:** Wörter oder Wendungen, die eine **ähnliche Bedeutung** haben, bilden ein Wortfeld. Je mehr Wörter eines Wortfeldes man kennt, desto größer ist der eigene Sprachschatz.

Testet euch!

Homonyme, Synonyme, Wortfelder

1 Erklärt den Witz in dem folgenden Gedicht von Heinz Erhardt mit Hilfe eines der folgenden Fachbegriffe:

Synonym • Antonym • Homonym

Das Leben kommt auf alle Fälle
Aus einer Zelle.
Doch manchmal endet's auch bei Strolchen
In einer solchen.

2 Übertragt die Tabelle in euer Heft und ergänzt in jeder Spalte jeweils vier weitere Beispiele.

Klingt gleich und wird gleich geschrieben	Klingt gleich, aber wird nicht gleich geschrieben
Bank – Bank	*Arm – arm*

3 Findet zu jedem der folgenden Wörter zwei Synonyme, z. B.:
schreiben: verfassen, ...
- schreiben
- nachdenken
- sehen
- rennen
- traurig
- fröhlich
- wütend

4 Bringt Ordnung in das Wortfeld von „essen". Übertragt dazu das Koordinatensystem in euer Heft und schreibt die Wörter in die richtigen Felder.

stopfen • fressen • sich laben • naschen • kosten • schwelgen • schlemmen • futtern • dinieren • verschlingen • speisen • verzehren • reinhauen • probieren

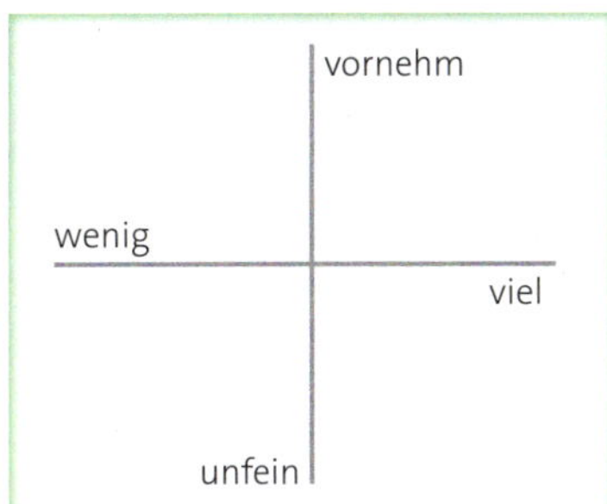

5 Vergleicht eure Lösungen zu den Aufgaben 1 bis 4 in Partnerarbeit.

12.3 Fit in ... – Einen Text überarbeiten

Stellt euch vor, ihr bekommt in der nächsten Klassenarbeit folgende Aufgabenstellung:

Lars hat über die letzte Lesenacht einen Artikel geschrieben, der in der Schülerzeitung veröffentlicht werden soll. Überarbeite den Bericht, indem du
– umständliche und ungenaue Formulierungen durch geeignete Wortzusammensetzungen ersetzt und
– Wiederholungen mit Hilfe von Pronomen und Synonymen vermeidest.

Die Nacht des Buches!

Die Vorfreude auf die lange Nacht des Lesens war riesig. Fast alle Sechstklässler machten mit und es mussten insgesamt 78 Plätze hergerichtet werden, auf denen geschlafen werden sollte. Jeder musste seine Decke, seine Matte zum Liegen und natürlich das Wichtigste mitbringen: sein Buch. Ich hatte „Krabat" von Otfried Preußler im Gepäck. Die Geschichte der zwölf Müllersburschen, die in einer Mühle die Zauberkunst erlernen und in Raben verwandelt werden, hat mich sehr fasziniert.

Aus allen Klassen gab es viele freiwillige Helfer. Viele Helfer sind bei so einer Veranstaltung unerlässlich. Die Helfer schmierten unzählige Brötchen und kochten literweise Tee. Außerdem richteten die Helfer gemütliche Leseinseln her. Die Leseinseln waren bei allen beliebt. Viel Mühe gaben sich die Helfer auch mit der Gestaltung des Lichts. Das Licht lud richtig zum Lesen ein.

In dieser Nacht wurde sehr viel gelesen. Manche lasen ganz für sich alleine, bis ihnen die Augen zufielen. Andere fanden sich in Gruppen zusammen und lasen. Neben vielen spannenden und lustigen Geschichten wurden auch Bilderbücher gelesen und Fotobände gelesen. Alle fanden die Lesenacht toll und niemand hat seinen Fernseher vermisst. Lesen, konnten wir feststellen, ist noch immer in Mode. Man muss es nur machen! Und weil das so ist, machen wir auch im nächsten Jahr wieder eine lange Lesenacht.

1 a Lest die Aufgabenstellung aufmerksam durch.
b Tauscht euch mit einer Partnerin oder einem Partner über die folgenden Fragen aus:
– Was sind Wortzusammensetzungen? Wozu dienen sie?
– Welche Arten von Pronomen gibt es? Was leisten Pronomen in einem Text?
– Was sind Synonyme? Wie können euch Synonyme beim Schreiben helfen?

2 Überarbeitet nun den Artikel von Lars und schreibt eine verbesserte Fassung in euer Heft. Die Markierungen im Text helfen euch. Geht so vor:
a Überarbeitet den ersten Textabschnitt (▸ Z. 1–6) mit Hilfe von Wortzusammensetzungen. Verbessert Formulierungen, die zu umständlich oder zu ungenau sind.
b Verbessert den zweiten Abschnitt des Textes (▸ Z. 7–11), indem ihr an Stelle der wiederholten Nomen Personalpronomen oder Demonstrativpronomen einsetzt.
c Überarbeitet den dritten Textabschnitt (▸ Z. 12–17) mit Hilfe von Synonymen.

13 Grammatiktraining – Sätze und Satzglieder

Diebstahl im Römischen Museum

Mitten am Tag wird eine wertvolle Marmorbüste im Museum gestohlen. Der Dieb hinterlässt nur ein paar Blutspuren, weil er sich beim Einschlagen der Vitrine verletzt hat.
Wegen der Fluchtgefahr sperrt die Polizei sofort alle Ausgänge ab.
„Da ist ja die Büste", zischt Philipp seinem Freund zu, „und dort der Dieb."

1 Lest den Text und betrachtet das Bild. Wo hat der Dieb die Marmorbüste versteckt? Wo befindet sich der Dieb? Woran habt ihr ihn erkannt?

2 Bestimmt die unterstrichenen Satzglieder mit Hilfe der Frageprobe. Formuliert jeweils die Frage und benennt das erfragte Satzglied.

3 Erklärt, was man unter der Umstellprobe versteht.

In diesem Kapitel ...

- wiederholt ihr bekannte Satzglieder und lernt neue Satzglieder kennen,
- überarbeitet ihr Texte mit Hilfe verschiedener Proben,
- bildet ihr Satzreihen und Satzgefüge und verbindet die Teilsätze durch passende Konjunktionen,
- lernt ihr die Funktion von Attributen kennen und nutzt diese zum Beschreiben von Personen und Gegenständen.

13.1 Knifflige Fälle – Satzglieder und Sätze unterscheiden

Tatumstände erfragen – Satzglieder bestimmen

Subjekt, Prädikat, Akkusativ- und Dativobjekte

Der Einbruch in die Villa

In die Villa der reichen Frau Goldschmied wurde eingebrochen. Nun ist die Polizei vor Ort und sichert die Spuren. Johanna und Selina befragen inzwischen die Nachbarn.

1 Stellt fest, aus wie vielen Satzgliedern die Sätze der drei Zeugen bestehen.
Wendet hierzu die Umstellprobe an (▶ S. 249) und schreibt die neu geordneten Sätze in euer Heft.
Trennt die einzelnen Satzglieder mit senkrechten Strichen voneinander ab, z. B.:
Die Alarmanlage | hörte | ich.

2 Bestimmt nun die Prädikate, die Subjekte und die Objekte in euren Sätzen aus Aufgabe 1. Nehmt hierzu den Merkkasten unten zu Hilfe. Geht so vor:

a Ermittelt zuerst die Prädikate und unterstreicht sie rot.

b Erfragt dann – ausgehend vom Prädikat – die übrigen Satzglieder. Unterstreicht
- die Subjekte grün,
- die Akkusativobjekte blau und
- die Dativobjekte gelb.

Wenn Detektive eine Tat aufklären, stellen sie **W-Fragen**. Wenn ihr **Satzglieder** bestimmen wollt, tut ihr das Gleiche.

Wer oder **was ...?**
→ **Subjekt**

Wen oder **was ...?**
→ **Akkusativobjekt**

Wem ...?
→ **Dativobjekt**

3 Selina und Johanna schauen sich die Zeugenaussagen noch einmal genau an. Sie erkennen, dass einer der Zeugen einer der Diebe ist. Erklärt, wer es ist und wie er sich verraten hat.

Information **Satzglieder erkennen: Subjekt, Prädikat, Akkusativ- und Dativobjekte**

Mit der **Umstellprobe** könnt ihr feststellen, wie viele Satzglieder ein Satz hat. Wörter und Wortgruppen, die bei der Umstellprobe immer zusammenbleiben, bilden ein Satzglied, z. B.:

Die Kinder	geben	der Polizei	den entscheidenden Hinweis .
Den entscheidenden Hinweis	geben	die Kinder	der Polizei .

Das **Prädikat** ist der **Kern des Satzes** und wird durch Verben gebildet.
In einem Aussagesatz steht die Personalform des Verbs (der gebeugte Teil) immer **an zweiter Satzgliedstelle**, z. B.: *Detektive klären eine Tat auf.*
Ein Prädikat kann aus mehreren Teilen bestehen. Mehrteilige Prädikate bilden eine **Prädikatsklammer**, z. B.:
- bei mehrteiligen Prädikaten, z. B.: ankommen: *Die Polizei kommt am Tatort an.*
- bei zusammengesetzten Zeitformen, z. B. Perfekt: *Der Dieb hat den Schmuck gestohlen.*

Mit der **Frageprobe** könnt ihr weitere Satzglieder ermitteln:

Frageprobe	**Satzglied**	**Beispiel**
Wer oder was ...?	**Subjekt**	*Wer oder was brach in die Villa ein?* *Der Dieb brach in die Villa ein.*
Wen oder was ...?	**Akkusativobjekt**	*Wen oder was stahl der Dieb?* *Der Dieb stahl den Schmuck.*
Wem ...?	**Dativobjekt**	*Wem übergab der Dieb die Beute?* *Der Dieb übergab seinem Komplizen die Beute.*

Präpositionalobjekte

Zwei Meisterdetektivinnen

Die Polizisten danken Selina und Johanna für ihren tatkräftigen Einsatz. Nun wollten sie aber genau wissen, wie die beiden Mädchen Herrn Schlaumeier als Einbrecher überführt haben.

„Wir haben die Zeugen nach ihren Beobachtungen gefragt“, erklärt Johanna.

„Dabei haben wir genau auf jedes Wort geachtet“, ergänzt Selina. „Und als wir wussten, wer der Dieb ist, haben wir Sie gleich über unsere Erkenntnisse informiert.“

„Das habt ihr großartig gemacht“, sagt einer der Polizisten, „ihr seid ja zwei echte Meisterdetektivinnen.“ Die beiden Mädchen freuen sich sehr über das Lob.

„Wo ist denn nun der Täter?“, fragt Johanna neugierig.

„Der Einbrecher befindet sich in Untersuchungshaft. Um ihn kümmert sich bald das Gericht“, erklärt der Polizist. „Er hofft bestimmt auf eine milde Strafe“, vermutet seine Kollegin.

„Und sein Komplize?“, erkundigt sich Selina.

„Den kennen wir noch nicht. Wir fahnden weiterhin nach ihm.“

1 Im Text wurden zwei Objekte markiert.

a Formuliert in Partnerarbeit Fragen, mit denen ihr das jeweilige Objekt bestimmen könnt. Schreibt die vollständigen Sätze mit dem jeweils passenden Fragewort auf, z. B.:

> *W... danken die Polizisten Selina und Johanna?*
> *→ für ihren tatkräftigen Einsatz*

b Vergleicht die beiden Fragewörter. Erklärt, was euch auffällt.

Nach den **Präpositionalobjekten** fragt man z. B. mit: Wofür ...?/Für wen ...? Wonach ...?/Nach wem ...? Womit ...? Wovon ...? Worüber ...? Woran ...?

2 a Erfragt im Text alle weiteren Präpositionalobjekte. Notiert die Fragen und die Antworten in eurem Heft. Arbeitet gemeinsam mit einer Partnerin oder einem Partner.

b Vergleicht eure Ergebnisse.

3 Am nächsten Tag findet das Verhör mit dem Einbrecher, Herrn Schlaumeier, statt.

a Schreibt die Fragen der Polizisten und des Täters auf und beantwortet sie. Verwendet dabei Präpositionalobjekte, z. B.:

– Wovor fürchten Sie sich?

– Ich fürchte mich vor …

b Unterstreicht die Fragewörter und die Präpositionalobjekte.

4 Am Schluss des Verhörs nennt Herr Schlaumeier seinen Komplizen. In einem ausführlichen Geständnis beschreibt er die Zusammenarbeit mit ihm.

a Formuliert dieses Geständnis mit Hilfe der Verben aus dem Wortspeicher.

b Unterstreicht die Präpositionalobjekte in euren Texten, z. B.:
Mein Komplize war mein bester Freund, Kalle Klauer. Wir haben den Einbruch gemeinsam geplant und beide auf eine reiche Beute gehofft. Weil wir uns vor … gefürchtet haben, …

c Vergleicht eure Texte in Partnerarbeit. Prüft mit Hilfe der Frageprobe, ob ihr die Präpositionalobjekte richtig unterstrichen habt.

> hoffen auf
> sich fürchten vor
> warten auf
> denken an
> sich erinnern an
> sich entscheiden für

Information **Präpositionalobjekte**

Präpositionalobjekte stehen **nach Verben**, die fest **mit einer Präpositionen** verbunden sind, z. B.: *lachen über, achten auf, denken an, warten auf.*
Diese Präposition ist auch im Fragewort enthalten, z. B.:
*Die Einbrecher hoffen **auf** eine reiche Beute.* → *Wor**auf** hoffen die Einbrecher?*
*Sie fürchten sich **vor** der Polizei.* → *Wo**vor** fürchten sie sich?*
Nach den Präpositionalobjekten fragt man z. B. mit: Wofür …?/Für wen oder was …? Wonach …?/Nach wem oder was …? Womit …? Wovon …? Worüber …? Woran …?

Genitivobjekte

Liebe Frau Goldschmied,
ich möchte mich bei Jhnen für den Einbruch in Jhre Villa entschuldigen. Jch war mir der Schwere meiner Tat nicht bewusst. Mein Komplize und ich haben nur daran gedacht, dass wir durch einen Einbruch schnell zu viel Geld kommen können. Dabei waren wir uns unserer Sache sehr sicher.
Jch schäme mich, weil ich Sie Jhres Eigentums beraubt habe. Nun werde ich zu Recht des Diebstahls bezichtigt und habe eine hohe Strafe zu erwarten.
Jch bitte nochmals um Verzeihung und wünsche Jhnen alles Gute!
Viele Grüße
Horst Schlaumeier

1 Erklärt, was ihr von dieser Entschuldigung haltet. Wie würdet ihr auf diesen Brief reagieren?

2 **a** Mit welchem Fragewort könnt ihr das markierte Objekt im Brief bestimmen? Formuliert einen vollständigen Satz.
b Ermittelt mit Hilfe der Frageprobe alle Genitivobjekte in dem Brief.

3 Wie gut kennt ihr euch mit den verschiedenen Arten von Objekten aus?
a Schreibt den Zeitungsartikel ab und setzt dabei die passenden Objekte aus dem Wortschatzkasten ein. Nutzt hierzu die Frageprobe.

Einbrecher entlarvt!

Letzten Freitag wurde in einer Villa eingebrochen. Die Täter stahlen ? und konnten ? zunächst entkommen. Während die Polizisten noch ? sicherten, befragten zwei zwölfjährige Mädchen ? ?. Dabei hat sich einer der Einbrecher verraten. Im Verhör nannte er ? dann ?. Nun werden die beiden Einbrecher ? angeklagt und sicher ? verurteilt werden.

- der Polizei
- des Diebstahls
- zu einer Haftstrafe
- einen Koffer voll Schmuck
- den Polizisten
- nach ihren Beobachtungen
- die Nachbarn
- die Spuren
- den Namen seines Komplizen

b Unterstreicht in eurem Text die Akkusativobjekte blau, die Dativobjekte gelb, die Genitivobjekte violett und die Präpositionalobjekte orange.

Information **Genitivobjekte**

Das Genitivobjekt ist ein Satzglied, das man mit der Frage **Wessen ...?** ermittelt, z. B.:
Er wird des Diebstahls angeklagt. → Wessen wird er angeklagt?

Das Genitivobjekt wird heute nur noch selten verwendet. Es gibt nur wenige Verben, die ein Genitivobjekt fordern, z. B.: *gedenken (der Toten gedenken), sich rühmen (sich des Sieges rühmen), sich bedienen (sich einer guten Ausdrucksweise bedienen).*

Adverbiale Bestimmungen

Ursel Scheffler

Einer zu viel beim Kurkonzert

An einem glühend heißen Julitag beschließt Kommissar Kugelblitz, sich zum Mittagessen mit sich selbst zu verabreden und einen Urlaubstag einzulegen! Da fällt sein Blick auf ein Plakat an der gegenüberliegenden Hauswand. Ein Kurkonzert! Wegen seiner Lieblingskomponisten Mozart und Luigi Boccherini wird dies ein Genuss werden, den er sich nicht entgehen lassen möchte. Da stutzt er und starrt auf einen Gast, der soeben das Lokal verlässt. „Ich fresse einen Besen, wenn das nicht Conny Knete ist!“, brummt Kugelblitz überrascht, denn er vermutete diesen äußerst begabten und begehrten Safe-Knacker hinter sicheren Gefängnismauern. Und doch ist kaum ein Irrtum möglich!

Aber Kugelblitz verscheucht diesen Gedanken. Zwei Stunden später sitzt KK mit geschlossenen Augen im Konzertsaal des Casinos und lässt Mozarts Musik auf sich einwirken. Die zarten Violinen übertönen sehr effektvoll das Zischen des Schweißbrenners, mit dem Conny Knete in der Zwischenzeit dem Innenleben des Spielbank-Tresors auf die Spur kommen will. Die hübsche Figaro-Arie wird von der Sängerin Amanda Tear gesungen.

Es folgt das Violinkonzert von Boccherini, das Kugelblitz immer an „Ladykillers“ erinnert, einen uralten, aber sehr komischen Kriminalfilm, in dem die Gangster das geraubte Geld in ihren Geigenkästen verbergen. Auch Conny Knete stopft gerade den Inhalt des Tresors in einen solchen Geigenkasten.

Das unerlaubte Hantieren am Tresor hat in der nahe gelegenen Polizeiwache einen stillen Alarm ausgelöst. Nach dem Konzert sind alle Türen verschlossen. Die Leute werden gebeten, wieder ihre Plätze aufzusuchen. Und die Musiker, die als Quartett[1] das letzte Musikstück gespielt haben, nehmen wieder auf der Bühne Platz.

Ein Sprecher der Polizei betritt die Bühne und bittet die Leute um Verständnis für die nun folgende Maßnahme: Jeder soll sich genau umsehen, ob vor ihm, neben ihm oder hinter

1 das Quartett: Ein Quartett ist in der Musik eine Gruppe von vier Musikern.

ihm jemand sitzt, der vorher nicht da gesessen hat oder der während des Konzerts den Raum verlassen hat.

Während die Polizei die Zeugen noch verhört, arbeitet es in Kugelblitz' Kopf fieberhaft. Er ist sicher, dass Conny Knete der Täter war! Conny Knete ist kein Anfänger, er arbeitet immer allein und ist wegen seiner fantasievollen Verkleidungen oft nicht zu erkennen. Darauf muss KK unbedingt seine Kollegen aufmerksam machen. Aber dazu kommt es nicht mehr, denn jetzt betritt Amanda Tear die Bühne und stellt sich neben die fünf Musiker. KK stutzt und weiß plötzlich, wo sich Conny Knete, der gerissene Gauner, versteckt hat. Er gibt seinen Kollegen von der Polizei den Tipp, der unmittelbar zur Festnahme des Verdächtigen führt.

1 Lest die Kriminalgeschichte genau und betrachtet auch das Bild. Erklärt, durch welche Beobachtung Kommissar Kugelblitz den gerissenen Dieb entdeckt und wo dieser seine Beute versteckt hat.

2 **a** Euer Auftrag ist es nun, die genauen Tatumstände zu ermitteln. Sucht dazu alle adverbialen Bestimmungen aus dem Text heraus. Übertragt hierzu die folgende Tabelle in euer Heft und ordnet die adverbialen Bestimmungen in die passende Spalte ein.

Adverbiale Bestimmung			
des Ortes	**der Zeit**	**des Grundes**	**der Art und Weise**
…	*an einem glühend heißen Julitag (Z. 1)*	…	…

b Überlegt, welche adverbialen Bestimmungen besonders dazu beigetragen haben, dass ihr den Täter und das Versteck seiner Beute erkannt habt. Markiert diese in der Tabelle.

Information **Adverbiale Bestimmungen (auch Adverbiale)**

Adverbiale Bestimmungen liefern zusätzliche Informationen über den **Ort**, die **Zeit**, den **Grund** und die **Art und Weise** eines Geschehens oder einer Handlung.

Durch die **Frageprobe** kann man ermitteln, welche adverbiale Bestimmung vorliegt.

Frageprobe	**Satzglied**	**Beispiel**
Wann? Wie lange? Seit wann? Wie oft?	**adverbiale Bestimmung der Zeit**	*Wann fand das Konzert statt?* *Das Konzert fand um 19 Uhr statt.*
Wo? Wohin? Woher?	**adverbiale Bestimmung des Ortes**	*Wo versteckte der Dieb das Geld?* *Der Dieb versteckte das Geld im Geigenkasten.*
Warum? Weshalb? Weswegen?	**adverbiale Bestimmung des Grundes**	*Warum stahl der Dieb?* *Der Dieb stahl aus Geldgier.*
Wie? Auf welche Weise? Womit?	**adverbiale Bestimmung der Art und Weise**	*Wie öffnete der Dieb den Tresor?* *Der Dieb öffnete den Tresor gewaltsam.*

3 a Präpositionalobjekte und adverbiale Bestimmungen sind nicht immer leicht zu unterscheiden. Erklärt den Unterschied anhand der folgenden beiden Sätze.
TIPP: Achtet besonders auf das Fragewort, mit dem ihr die jeweiligen Satzglieder ermittelt.
- *Kugelblitz wartet auf den Beginn des Konzerts.*
- *Kugelblitz wartet auf einer Bank.*

b Erläutert in Partnerarbeit den Unterschied zwischen Präpositionalobjekt und adverbialer Bestimmung anhand eines eigenen Beispiels, z. B. aus dem Text (▸ S. 253–254).

4 Ihr kennt euch nun perfekt mit dem Kriminalfall aus. Verfasst einen Zeitungsbericht, in dem ihr über den Raub im Casino informiert. Beantwortet hierbei die W-Fragen.

a Sucht aus dem Text (▸ S. 253–254) alle wichtigen Informationen für euren Bericht heraus.
- *Wer? (Täter):* ...
- *Was? (Tat):* ...
- *Wo? (Tatort):* ...
- *Wann? (Tatzeit):* ...
- *Wie? Auf welche Weise? (Tatwerkzeug, Art und Weise der Tat):* ...
- *Warum? (Tatmotiv):* ...

b Schreibt den Zeitungsbericht. Formuliert sachlich und macht die Zusammenhänge deutlich.

c Unterstreicht in eurem Bericht alle adverbialen Bestimmungen. Notiert am Rand, um welche adverbiale Bestimmung es sich jeweils handelt.

5 a Verfasst in Gruppen eine eigene kleine Kriminalgeschichte. Geht so vor:
- Sammelt Ideen für eure Geschichte: Jeder notiert auf einem Blatt Papier einen Tatort, eine Tatzeit, ein Tatwerkzeug und Angaben zur Art und Weise der Tat sowie ein Tatmotiv. Tauscht dann die Notizzettel aus.
- Schreibt jetzt mit den adverbialen Bestimmungen auf eurem Zettel eine Geschichte.

b Lest euch eure Geschichten vor. Unterstreicht anschließend alle adverbialen Bestimmungen in euren Texten.

Tatorte
(adverbiale Bestimmung des Ortes)
im Spielzeugladen · auf der Kirmes · in einem Hotel · am Bahnhof

Tatzeiten
(adverbiale Bestimmung der Zeit)
kurz nach Mitternacht · mitten am Tag · in der Dämmerung · um 16 Uhr

Tatwerkzeuge / Art und Weise der Tat
(adverbiale Bestimmung der Art und Weise)
mit einer Brechstange · mit dem Dietrich · mit einer langen Strickleiter · sorgfältig · hastig · leise · lautlos · ohne Furcht

Tatmotive
(adverbiale Bestimmung des Grundes)
aus Habgier · aus Eifersucht · aus Langeweile · aus Rache

Fordern und fördern – Mit Proben Texte überarbeiten

Die Umstellprobe

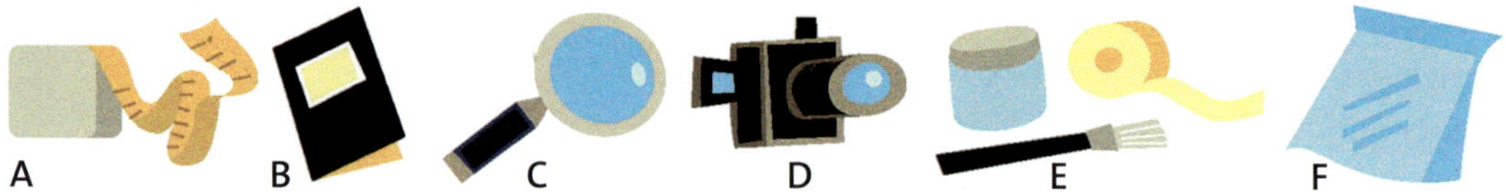

Ein Detektiv verwendet bei seiner Arbeit am Tatort eine umfangreiche Ausrüstung: Er vermerkt in einem Notizbuch alle wichtigen Informationen. Der Detektiv fotografiert mit einer Kamera Details am Tatort. Er hält Plastiktüten für Beweisstücke bereit. Er braucht auch eine Lupe zum Finden und genauen Betrachten von Spuren. Er misst Spuren, Gegenstände und Fundorte mit einem Maßband aus. Der Detektiv kann mit Hilfe von Pinsel, Pulver und Klebefilm Fingerabdrücke sichtbar machen.

●○○ **1** a Die Bilder entsprechen nicht der Reihenfolge der im Text aufgezählten Gegenstände. Wie müssen die Bilder umgestellt werden? Notiert die Buchstaben in der richtigen Reihenfolge.

b Der Satzbau des Textes ist sehr eintönig. Überarbeitet den Text mit Hilfe der Umstellprobe (▶ Merkkasten, S. 257) und schreibt eine verbesserte Fassung in euer Heft.

Die Ersatzprobe

Fingerabdrücke sind ein wichtiges Beweismittel für Detektive, weil jeder Mensch ein anderes Rillenmuster an seinen Fingerspitzen hat. Menschen lassen vor allem auf glatten, glänzenden Oberflächen Fingerabdrücke zurück. Um einen Fingerabdruck sichtbar zu machen, verteilt der Detektiv ein spezielles Pulver oder Bleistiftminenstaub mit einem weichen Pinsel auf der Fundstelle. Mit Hilfe eines Klebefilms kann der Detektiv dann den Fingerabdruck von der Oberfläche abnehmen und auf ein weißes Blatt Papier kleben. Dann vergleicht der Detektiv den Fingerabdruck eines Verdächtigen mit dem gesicherten Fingerabdruck.

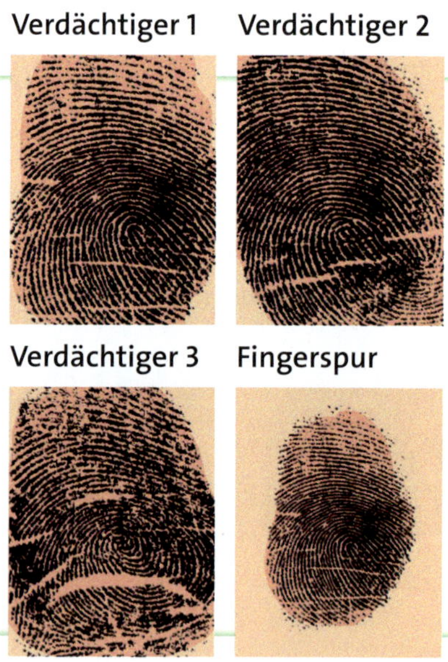

●●○ **2** a Der Täter hat nur eine kleine Fingerspur am Tatort hinterlassen. Erkennt ihr trotzdem, mit welchem Abdruck der Verdächtigen die Spur übereinstimmt?

b Prüft, an welchen Stellen sich unnötige Wortwiederholungen finden lassen, und ersetzt diese Wörter durch andere (▶ Ersatzprobe, Merkkasten auf S. 257), z. B.: „Fingerabdruck“ durch „Fingerspur“, „Abdruck“ oder ein Pronomen. Schreibt eine verbesserte Fassung in euer Heft.

Die Weglass- und die Erweiterungsprobe

Bei der Untersuchung des Tatorts geht der Detektiv sehr gründlich, genau und sorgfältig vor, während er den Tatort absucht. Größere Räume werden dabei von klugen Detektiven in Teilgebiete eingeteilt oder spiralförmig im oder gegen den Uhrzeigersinn durchsucht, um den Tatort genau zu untersuchen.

Profitipps für das Verhalten am Tatort:
- Der Detektiv betrachtet den Tatort, ohne etwas anzufassen.
- Ein Profiermittler notiert seine Eindrücke.
- Schutzanzüge verhindern, dass Kleidungsfasern oder Haare an den Tatort geraten.
- Fundstücke werden eingetütet.
- Der Detektiv fertigt Skizzen an.

●● **3** a Betrachtet das Bild des Tatorts genau.
Was hat der Dieb wohl weggenommen?
Was hat er vermutlich am Tatort zurückgelassen?

b Bei der Weglass- und der Erweiterungsprobe entscheidet ihr, welche Wörter ihr streicht oder welche ihr hinzufügt. Prüft,
- welche Formulierungen man im ersten Absatz streichen könnte (▸ Weglassprobe, Merkkasten unten), und
- an welchen Stellen die Profitipps für das Verhalten am Tatort noch ungenau sind und ihr etwas ergänzen würdet (▸ Erweiterungsprobe, Merkkasten unten), z. B.:
Zunächst betrachtet der Detektiv den Tatort sorgfältig, ohne etwas anzufassen.

c Erstellt eine verbesserte Fassung des Textes.

Information **Texte mit Hilfe von Proben überarbeiten**

- Durch die **Umstellprobe** könnt ihr eure **Texte abwechslungsreicher gestalten**. Ihr stellt z. B. Satzglieder so um, dass die Satzanfänge nicht immer gleich sind, z. B.:
Der Detektiv benötigt ein Notizbuch. Der Detektiv braucht auch eine Lupe.
→ Der Detektiv benötigt ein Notizbuch. Auch eine Lupe braucht der Detektiv.
- Mit der **Ersatzprobe** könnt ihr **Satzglieder, die sich in eurem Text häufig wiederholen**, durch andere Wörter **ersetzen**, z. B.:
Der Detektiv macht Fingerspuren mit einem Pulver sichtbar.
~~Der Detektiv~~ (→ Er) vergleicht ~~die Fingerspuren~~ (→ diese) mit denen der Verdächtigen.
- Mit der **Weglassprobe** könnt ihr prüfen, welche **Wörter in einem Text gestrichen** werden sollten, weil sie überflüssig sind oder umständlich klingen, z. B.: *Bei der Spurensuche muss der Detektiv sehr genau arbeiten~~, während er den Tatort nach Spuren absucht~~.*
- Mit der **Erweiterungsprobe** könnt ihr prüfen, ob die Aussage genau genug oder anschaulich genug ist oder ob ihr **noch etwas ergänzen** solltet, z. B.:
Der Detektiv betrachtet den Tatort. → Zunächst betrachtet der Detektiv sorgfältig den Tatort.

Zusammenhänge sehen – Satzreihe und Satzgefüge

Die Satzreihe – Hauptsätze verknüpfen

Erpressung im Supermarkt

Herr Kaufmann, der Geschäftsführer eines Supermarktes, ruft völlig verzweifelt die Polizei an.

Ich habe eben den Briefkasten geöffnet. Darin habe ich einen großen Umschlag gefunden. Der Brief war nicht mit dem Computer geschrieben. Der Text bestand aus Buchstaben, die aus der Zeitung ausgeschnitten waren. Ein Erpresser fordert 100.000 Euro. Ein Kunde wird sonst an einer vergifteten Marmelade sterben. Ich habe sofort bei Ihnen angerufen. Sie können mir sicher helfen.

1 Lest die Aussage von Herrn Kaufmann laut vor.
Beschreibt, wie der Satzbau auf euch wirkt.

2 Überarbeitet den Text, indem ihr einige Hauptsätze sinnvoll miteinander verknüpft.
Verwendet hierfür passende Konjunktionen. Achtet auf die Kommasetzung.
Wenn ihr Hilfe braucht, schaut im unten stehenden Merkkasten nach.

3 Vergleicht eure überarbeiteten Texte mit dem Text in der Sprechblase. Erklärt, was sich durch die Verknüpfung der Hauptsätze verändert hat.

4 Überlegt, was die Polizei zu Herrn Kaufmann sagen könnte. Formuliert dazu drei Satzreihen.
Ihr könnt z. B. so beginnen: *Wir werden sofort zu Ihnen kommen und …*

Information **Die Satzreihe**

- Ein **Satz**, der aus **zwei oder mehr Hauptsätzen** besteht, wird **Satzreihe** genannt.
  Die einzelnen Hauptsätze einer Satzreihe werden durch ein **Komma** voneinander getrennt, z. B.:
  Herr Kaufmann wird erpresst, der Erpresser fordert Geld.
- Häufig werden die Hauptsätze durch die nebenordnenden **Konjunktionen** *und, oder, aber, sondern, denn, doch* miteinander verbunden. Nur vor den Konjunktionen *und* bzw. *oder* darf das Komma entfallen, z. B.:
  Der Geschäftsführer rief die Polizei an, denn er war sehr verzweifelt.
  Der Verbrecher schrieb einen Erpresserbrief und er vergiftete die Marmelade.

Das Satzgefüge – Haupt- und Nebensätze verknüpfen

Dem Erpresser auf der Spur

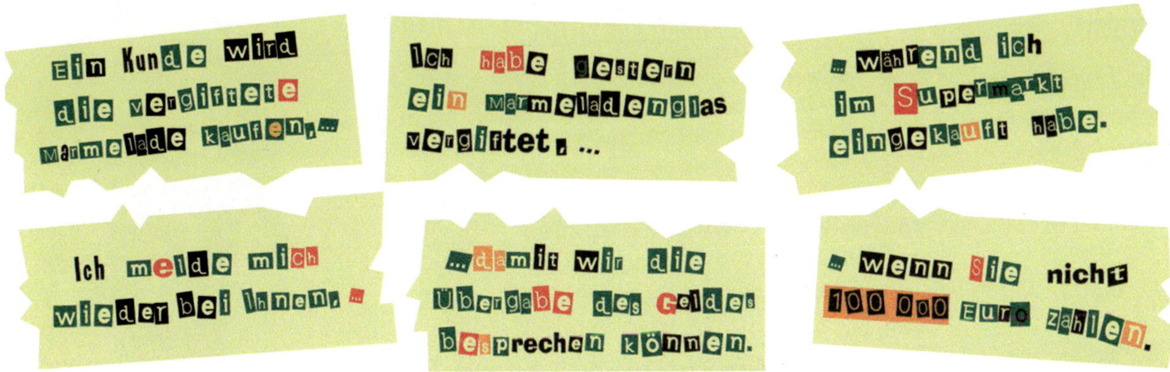

1 In seinem Ärger hat der Geschäftsführer den Erpresserbrief zerrissen. Könnt ihr ihn wieder richtig zusammensetzen?

a Verbindet immer zwei Sätze sinnvoll miteinander und schreibt sie in euer Heft.

b Umkreist die Konjunktionen und unterstreicht die Personalformen der Verben.

c Vergleicht: An welcher Stelle steht die Personalform des Verbs in den Hauptsätzen, an welcher Stelle in den Nebensätzen?

2 Bei der Befragung der Mitarbeiter des Supermarkts erhält die Polizei eine ganze Reihe von Aussagen, die aber zusammenhanglos nebeneinanderstehen.

a Verbindet die folgenden Sätze zu sinnvollen Satzgefügen. Achtet auf die Kommasetzung.

Ich habe die Kunden nicht genau beobachtet.
Ich war mit dem Einräumen der Regale zu beschäftigt.

Zahlen Sie dem Erpresser die 100.000 Euro.
Sie werden unsere Kunden nicht gefährden.

Ich bin aus der Mittagspause zurückgekommen.
Neben dem Marmeladenregal habe ich eine verdächtige Person gesehen.

Ich war die ganze Zeit in der Nähe des Marmeladenregals.
Ich habe nichts Auffälliges beobachten können.

b Umkreist die Konjunktionen und unterstreicht die Personalformen der Verben.

c Erklärt mit Hilfe des Tippkastens, welche Bedeutung die Konjunktionen jeweils haben.

Man unterscheidet **Konjunktionen** für
- Begründungen,
- Einschränkungen,
- zeitliche Zusammenhänge,
- Bedingungen.

3 Findet in Partnerarbeit für jede Gruppe von Konjunktionen aus dem Tippkasten mindestens ein Beispiel.

4 Schaut euch die Aussagen der Mitarbeiter auf Seite 259 noch einmal genau an. Erklärt, wer sich mit seiner Aussage für die Polizei ein wenig verdächtig gemacht hat.

5 Man kann Sätze auch in einem Satzbauplan darstellen.
Vergleicht die folgenden Satzbaupläne und erklärt die Unterschiede.

Der Erpresser gestand seine Tat, nachdem er festgenommen worden war.
——— HS ———,
——— NS ———.

Nachdem er festgenommen worden war, gestand der Erpresser seine Tat.
——— HS ———.
——— NS ———,

Der Erpresser gestand, nachdem er festgenommen worden war, seine Tat.
——— HS ———, — *Fortsetzung HS.*
——— NS ———,

6 **a** Zeichnet zu den folgenden Sätzen Satzbaupläne.

> Während er die Regale aufgeräumt hat, hat der Mitarbeiter das Marmeladenglas vergiftet.
>
> Der Mitarbeiter hat 100.000 Euro erpresst, weil er sich ein schönes Leben machen wollte.
>
> Der Erpresser wird, obwohl er die Tat gestanden hat, eine harte Strafe erhalten.

b Stellt die Teilsätze in den Satzgefügen so um, dass bei jedem der Sätze der Nebensatz einmal am Anfang, einmal in der Mitte und einmal am Ende steht.

c Vergleicht den Aufbau der einzelnen Sätze. Erklärt, welche Bedeutung die Teilsätze bekommen, die am Anfang des Satzes stehen.

Information **Das Satzgefüge**

Einen **Satz**, der **aus** mindestens einem **Hauptsatz und** mindestens einem **Nebensatz** besteht, nennt man **Satzgefüge**. Der Nebensatz kann vor, zwischen oder nach dem Hauptsatz stehen. Zwischen Hauptsatz und Nebensatz muss **immer ein Komma** stehen.
Der **Nebensatz** wird meist mit einer **unterordnenden Konjunktion** eingeleitet, z. B. *während, weil, obwohl, nachdem, wenn.*
Die **Personalform des Verbs** (das gebeugte Verb) steht im Nebensatz immer an **letzter Satzgliedstelle**. Im Hauptsatz steht die Personalform des Verbs (das gebeugte Verb) immer an zweiter Satzgliedstelle.

Hauptsatz		**Nebensatz**
Die Polizisten haben den Erpresser erkannt	,	*weil sie sehr aufmerksam waren* .
Personalform des Verbs an zweiter Stelle	Komma	Konjunktion … Personalform des Verbs an letzter Stelle

Fordern und fördern – Satzgefüge

Tipps zur Befragung eines Verdächtigen

1. Schlaue Detektive stellen besonders geschickte Fragen. Der Verdächtige verwickelt sich in Widersprüche.
2. Manchmal kann man einen Täter schnell erkennen. Er wirkt nervös und vermeidet Blickkontakt.
3. Der Verdächtige hat ein Alibi. Das sollte ein cleverer Detektiv genau überprüfen.

●○○ **1** **a** Verbindet die Sätze mit treffenden Konjunktionen, sodass die Zusammenhänge deutlich werden. Achtet auf die Kommasetzung.
b Umkreist die Konjunktionen und unterstreicht die Personalformen der Verben.

Einen Verdächtigen unauffällig beobachten

Man kann eine Person unbemerkt überwachen, indem man sie durch ein Loch in der Zeitung beobachtet. Ein guter Detektiv hält, während er einem Verdächtigen folgt, immer etwas Abstand. Wenn die Zielperson plötzlich stehen bleibt, geht er zunächst weiter. Damit er dann unauffällig anhalten kann, bindet er sich als Vorwand zum Beispiel die Schnürsenkel zu.

●●○ **2** **a** Zeichnet zu den Satzgefügen Satzbaupläne wie im Beispiel auf Seite 260.
b Stellt die ersten beiden Sätze so um, dass der Nebensatz am Anfang steht.

●●● **3** Ihr kennt nun schon viele Tipps für Detektive.
a Formuliert selbst drei Satzgefüge zum Thema „Was macht einen guten Detektiv aus?“. Achtet dabei darauf, dass der Nebensatz in jedem Satz an einer anderen Stelle steht. Ihr könnt z. B. so beginnen:
Wenn ein Profidetektiv einen Tatort betritt, ...
b Umkreist in euren Sätzen die Konjunktionen und unterstreicht die Personalformen der Verben.
c Zeichnet zu euren Satzgefügen Satzbaupläne wie im Beispiel auf Seite 260.

Testet euch!

Satzglieder und Sätze

Geheimtinte

Der Geheimtext wird mit Pinsel und Milch auf ein weißes Blatt geschrieben.

D Dativobjekt **A** Akkusativobjekt **I** Subjekt

Nach dem Trocknen kann man davon nichts mehr sehen.

I Subjekt **N** Prädikat **M** adverbiale Bestimmung der Zeit

Mit einem Bügeleisen kann man das Papier dann gleichmäßig erhitzen.

S Akkusativobjekt **E** Dativobjekt **P** Genitivobjekt

Die Schrift färbt sich wegen der Hitze bräunlich und wird so wieder lesbar.

E Genitivobjekt **A** Dativobjekt **C** adverbiale Bestimmung des Grundes

1 Bestimmt in den Sätzen die unterstrichenen Satzglieder. Schreibt die Buchstaben der richtigen Antworten in euer Heft.

Bücherbotschaften

Satzbauschema	**–HS–** **–NS–**	**–NS–** **–HS–**	**–HS–** **–NS–** **–HS–**
Wenn zwei Detektive zwei völlig gleiche Bücher besitzen, können sie sich gegenseitig Geheimbotschaften zukommen lassen.	**M**	**H**	**O**
Der eine Detektiv umkreist, nachdem er eine transparente Folie auf eine bestimmte Buchseite gelegt hat, die Buchstaben der geheimen Nachricht.	**E**	**A**	**U**
Der zweite Detektiv legt diese Folie dann in seinem Buch auf die richtige Seite, damit er die Botschaft entschlüsseln kann.	**H**	**N**	**D**

2 Prüft, welches Satzbauschema zu den jeweiligen Sätzen passt. Notiert die Buchstaben der richtigen Lösungsfelder in eurem Heft.

3 Wenn ihr die Aufgaben 1 und 2 richtig gelöst habt, erfahrt ihr, wo ihr Geheimbotschaften gut verstecken und befördern könnt. Hintereinander ergeben die Buchstaben die Lösung.

13.2 Genaue Angaben machen – Attribute

Attribute erläutern Nomen

Wer ist der Taschendieb?

Auf der Kirmes wurde Florians Geldbörse gestohlen. Timur und Kilian haben den Dieb beobachtet. Nun nimmt die Polizei ihre Zeugenaussagen auf.

Kilian: Ein dunkelhaariger Mann hat sich von hinten an Florian herangeschlichen. Er trug eine blaue Krawatte und einen braunen Mantel mit Löchern. Außerdem ist mir sein rundes Gesicht aufgefallen. Er hat Florian in die Jackentasche gegriffen und ist blitzschnell weggelaufen.

Timur: Ich habe einen Mann beobachtet. Er hat sich Florian langsam genähert und Florians Geldbörse aus seiner Jackentasche gezogen. Dann ist er schnell in der Menschenmenge verschwunden.

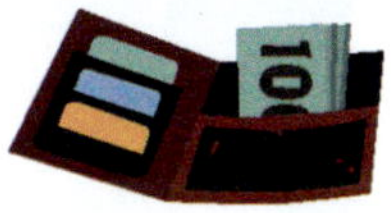

1 a Lest die Aussagen von Timur und Kilian und schaut euch die Bilder aus der Täterkartei der Polizei genau an.
b Erklärt, welche Person der Taschendieb sein könnte.
c Nennt die Informationen, die euch beim Finden des Verdächtigen geholfen haben.

2 a Stellt die Satzglieder des folgenden Satzes um: *Außerdem ist mir sein <u>rundes</u> Gesicht aufgefallen.*
b Beschreibt, was mit der Position des unterstrichenen Wortes passiert.

3 a Lest die Informationen im Merkkasten auf Seite 264. Erläutert mit eigenen Worten, welche Aufgabe Attribute haben.
b Sucht in Partnerarbeit aus der Zeugenaussage von Kilian alle Attribute mit ihren Bezugswörtern heraus. Unterstreicht die Attribute und kennzeichnet mit einem Pfeil, auf welches Bezugswort sich das Attribut bezieht, z. B.:

<u>dunkelhaariger</u> → Mann

4 Attribute bestimmen ein Bezugswort näher. Sie können vor und nach ihrem Bezugswort stehen.

a Schreibt die folgenden Sätze ab. Unterstreicht die Attribute und macht mit einem Pfeil kenntlich, auf welches Bezugswort sie sich beziehen.

b Prüft eure Ergebisse in Partnerarbeit.

A Der untersetzte Mann mit der Sonnenbrille konnte schnell entkommen.
B Schnell rannte er durch die Menschenmenge zum Ausgang der Kirmes.
C In der Eile verlor er seine kleine Tasche.
D Darin fand die Polizei die Geldbörse von Florian.

5 a Beschreibt selbst eine der abgebildeten Personen von Seite 263 möglichst genau. Der Wortspeicher rechts hilft euch dabei.

b Tauscht eure Personenbeschreibungen aus. Unterstreicht in dem Text alle Attribute. Notiert zum Schluss, welche der abgebildeten Personen beschrieben wurde.

Gesichtsform: eckig, länglich, rund
Nase: lang, breit, groß, klein
Haare: kurz, lang, viel, wenig, rot, schwarz, blond, braun, lockig, glatt, Pony, Scheitel, Glatze
Form der Sonnenbrille: rund, eckig
Mantelfarbe: ...
Besonderheiten: Krawatte ...

6 Nachdem die Geldbörse gefunden wurde, muss Florian der Polizei diese beschreiben.

a Beschreibt die Geldbörse genau und anschaulich. Verwendet dabei möglichst viele Attribute. Ihr könnt so beginnen:
Meine ... Geldbörse hat eine ... Klappe. Darauf ist ein ... mit ... abgebildet.

b Überarbeitet eure Beschreibungen in der Gruppe. Prüft, an welchen Stellen man den Gegenstand mit Hilfe von Attributen noch genauer beschreiben könnte.

Information **Attribute (Beifügungen)**

Attribute **bestimmen ein Bezugswort** (meist ein Nomen) **näher**. Sie sind **immer Teil eines Satzglieds** und bleiben bei der Umstellprobe fest mit ihrem Bezugswort verbunden, z. B.:
Der große Mann / stiehlt / die Tasche.
Die Tasche / stiehlt / der große Mann.
Attribut Bezugswort

Attribute stehen **vor oder nach** ihrem **Bezugswort**.
Man kann sie mit **„Was für ...?"** erfragen.
Was für ein Mann? → ein großer Mann → ein Mann mit schwarzen Haaren
Attribut Bezugswort Bezugswort Attribut

Verschiedene Attribute unterscheiden

Thomas C. Brezina

Lösegeld löst sich in Luft auf

Lilo saß zu Hause und blätterte in der Zeitung. Ihr war langweilig, da Axel, Dominik und Poppi, ihre Knickerbocker-Freunde, alle beschäftigt waren und sie sie nicht treffen konnte.
Auf Seite sieben der Zeitung blieb ihr Blick auf einer Überschrift hängen. „Lösegeld löst sich in Luft auf“, stand da.
Lilo las weiter und erfuhr Folgendes: Vorgestern war die kleine Tochter eines reichen Fabrikbesitzers entführt worden. Die Erpresser forderten 300.000 Euro in kleinen Scheinen. Das Lösegeld sollte in einer Sporttasche mit großen Tragegriffen an der Brücke über dem Forellenbach hinterlegt werden. Der Fabrikbesitzer, Markus Gerold, hatte große Angst und zahlte.
Erst als er das Kind wieder in den Armen hielt, verständigte er die Polizei. Die Kriminalbeamten untersuchten sofort den Platz der Geldübergabe und fanden die Tasche. Allerdings war sie leer. Das Geld war verschwunden. Rund um die Tasche konnten nur die Schuhabdrücke von Herrn Gerold festgestellt werden, weil er das Lösegeld persönlich hingebracht hatte.
Die Entführer hatten das Geld abgeholt, ohne dabei den Boden auch nur zu berühren. Es waren nirgends Spuren zu finden, was eine Verfolgung unmöglich machte.
Wie hatten sie das nur geschafft?

1 Um den Kriminalfall zu lösen, solltet ihr die Attribute genauer betrachten.
Sucht aus dem Text alle Attribute mit ihren Bezugswörtern heraus. Ordnet sie nach ihren unterschiedlichen Formen in eine Tabelle ein. Nehmt hierzu den Merkkasten unten zu Hilfe.

Adjektivattribut	präpositionales Attribut	Genitivattribut	Apposition
<u>kleine</u> Tochter (Z. 9)	...	...	...

2 Wisst ihr auch, wie die Entführer das Geld abgeholt haben könnten?
Erklärt, welches der Attribute euch dafür einen wichtigen Hinweis geliefert hat.

Information **Formen des Attributs**

Es gibt verschiedene Formen des Attributs:
- **Adjektivattribut**, z. B.: *die <u>große</u> Tasche*
- **präpositionales Attribut**, z. B.: *das Versteck <u>hinter dem Baum</u>*
- **Genitivattribut**, z. B.: *der Komplize <u>des Erpressers</u>*
- **Apposition** (nachgestelltes Nomen im gleichen Kasus wie das Bezugswort), z. B.: *Herr Schummel, <u>der Geldfälscher</u>, tauchte unter.*

Relativsätze – Ein vorausgehendes Nomen erläutern

Thomas C. Brezina

Der rasende Roboter

Poppis Vater hatte einen Kollegen, der sich mit dem Bau von Robotern befasste. Es handelte sich dabei aber nicht um menschenähnliche Wesen aus Blech wie in Zeichentrickfilmen, sondern um komplizierte technische Geräte, die wie fahrende Schränke mit Türen, Fächern und Lämpchen aussahen.

Professor Alfons hieß der Techniker, der die Maschinen konstruierte und die Probemodelle in seiner eigenen Werkstatt anfertigen ließ. Seine neueste Entwicklung war ein Roboter, der in Gärtnereien das Gießen und Unkrautjäten übernehmen sollte. Ein japanisches Unternehmen war an diesem Gartenroboter sehr interessiert und hatte deshalb um eine Vorführung gebeten.

Die Vorführung fand in einem kleinen Glashaus statt, das Professor Alfons ausschließlich für diesen Tag hatte aufbauen lassen.

Um Punkt drei begann die Vorführung. „Meine Damen und Herren, Ladys und Gentlemen. Es ist mir eine große Ehre, Ihnen unseren Gartenroboter Antonius den Ersten vorstellen zu dürfen."

Der Professor deutete auf die offene Tür, durch die ein Ding gefahren kam, das wie eine kleine Tonne auf Rollen aussah. Hinter sich her schleifte Antonius der Erste ein langes Kabel.

„Dieses Kabel ist bei unserem Testmodell notwendig, da Antonius mit Strom versorgt werden muss. Geht der Gartenroboter in Serie, können ihm starke Batterien eingesetzt werden", erklärte der Erfinder. „Und nun wird Antonius der Erste mit der Pflege der Pflanzen beginnen."

Antonius der Erste schien aber etwas ganz anderes vorzuhaben. Aus einer Düse an seiner Vorderseite kam nämlich ein harter Wasserstrahl, der die japanischen Geschäftsleute von

Kopf bis Fuß nass spritzte. Dann setzte sich der Roboter in Bewegung und fing an, die Pflanzen auszureißen. Mit scharfen Messern und zischenden Drahtschlingen verarbeitete er seine Beute zu winzigen Schnipseln.

„Fritz! Drehen Sie sofort den Strom ab!", tobte der Professor mit hochrotem Kopf.

Ein großer junger Mann mit strubbeligem Haar erschien in der Tür. „Ich habe den Hauptschalter auf null gestellt. Auf dem ganzen Grundstück gibt es keinen Strom mehr, Chef. Aber der Roboter reagiert nicht!"

Lilo entdeckte auf dem Boden einen Hammer, den ein Handwerker liegen gelassen haben musste. Sie hob ihn auf und zerschlug damit die Glasscheibe hinter sich. Die japanischen Gäste und die vier Freunde stürzten ins Freie. Der Gartenroboter aber randalierte noch einige Zeit, bis plötzlich Rauch aus ihm aufstieg und er schließlich stehen blieb.

Als die Besucher das Grundstück verlassen hatten, war klar, dass sie nie wiederkommen würden.

„Ich ... ich kann mir das nicht erklären. Ich verstehe das einfach nicht! Jemand muss heimlich an Antonius dem Ersten herumgebastelt

haben!", sagte der Professor. Ob einer seiner Konkurrenten dahintersteckte? Es gab auch noch andere Erfinder, die sich auf Roboter spezialisiert hatten.
Im Büro von Professor Alfons erwartete sie eine seltsame Nachricht: Im Faxgerät steckte ein vor Kurzem eingetroffenes Fax mit folgender Nachricht in Großbuchstaben: ALFONS, DU BIST ERLEDIGT! Was sollte das heißen? Wer schrieb so etwas?

1 Lest den Text genau und überlegt, wer Professor Alfons wohl schaden wollte.

2 Vergleicht die unterstrichenen Attribute in den beiden Sätzen. Beschreibt die Unterschiede.
- Der auf Rollen fahrende Gartenroboter wurde von Professor Alfons erfunden.
- Der Gartenroboter, der auf Rollen fuhr, wurde von Professor Alfons erfunden.

3 Nebensätze, die ein Nomen näher erklären, heißen Relativsätze.
a Schreibt aus dem Text (► S. 266–267) alle Relativsätze mit ihren Bezugswörten (Nomen) heraus. Kennzeichnet mit einem Pfeil, auf welches Nomen sich der Relativsatz bezieht.
b Umkreist das Relativpronomen, das den Relativsatz einleitet, z. B.:
... einen Kollegen, der sich mit dem Bau von Robotern befasste.

4 a Formt die beiden aufeinanderfolgenden Hauptsätze jeweils in ein Satzgefüge mit Relativsatz um. Achtet auf die Kommasetzung.

- Die Polizisten befragen die Kinder. Die Kinder haben den wütenden Roboter beobachtet.
- Der Mann wird verhaftet. Der Mann wollte Professor Alfons ruinieren.
- Der Roboter ist zerstört. Der Roboter sollte das Gießen und Unkrautjäten übernehmen.

b Unterstreicht die Relativsätze und umkreist die Relativpronomen.
c Vergleicht eure Satzgefüge mit den obigen Sätzen und erklärt die Unterschiede.

5 Sucht im Text drei Attribute und formt sie in einen Relativsatz um.
Unterstreicht jeweils das Attribut und den Relativsatz. Achtet auf die Kommasetzung, z. B.:
menschenähnliche Wesen aus Blech → Wesen aus Blech, die Menschen ähnlich sehen

Information **Der Relativsatz**

Relativsätze sind Nebensätze, die ein vorausgehendes Bezugswort (Nomen oder Pronomen) näher erklären. Sie werden mit einem **Relativpronomen** eingeleitet, z. B.: *der, die, das* oder *welcher, welche, welches.*
Ein Relativsatz wird **immer** durch ein **Komma** vom Hauptsatz abgetrennt. Wird er in einen Hauptsatz eingeschoben, dann setzt man vor und hinter dem Relativsatz ein Komma.

Die Kinder suchen den Mann, **der** dem Professor schaden wollte.
Hauptsatz — Relativpronomen — Relativsatz

Relativsätze nehmen im Satz die Rolle eines Attributs ein. Man kann sie also auch mit „Was für ...?" erfragen. Relativsätze werden deshalb auch **Attributsätze** genannt.

Testet euch!

Attribute

Der bekannteste Detektiv der Welt

Sherlock Holmes gilt bis heute als der bekannteste Detektiv der Welt. Er wurde vor mehr als 100 Jahren von einem britischen Schriftsteller, Sir Arthur Conan Doyle, erfunden.
Der Detektiv aus London löst gemeinsam mit Dr. Watson, seinem besten Freund, die kompliziertesten Kriminalfälle. Von den Verbrechen erfährt der clevere Ermittler meist aus der Zeitung, von ratlosen Kunden oder von der Polizei, die ihn manchmal um Unterstützung bittet.
Themen der Kriminalgeschichten sind beispielsweise schwere Diebstähle, Erpressungen, das Verschwinden von Personen oder Todesfälle, die rätselhaft sind.
Bemerkenswert ist dabei die Arbeitsmethode des Privatdetektivs: Er löst die Fälle stets durch genaue Beobachtungen und logische Schlussfolgerungen.

1 a Schreibt aus dem Text alle Attribute mit ihren Bezugswörtern heraus. Unterstreicht die Attribute und kennzeichnet mit einem Pfeil, auf welches Bezugswort sich das jeweilige Attribut bezieht, z. B.:
der <u>bekannteste</u> Detektiv

b Notiert hinter den Beispielen, um welche Form des Attributs es sich handelt:
- Adjektivattribut,
- präpositionales Attribut,
- Genitivattribut,
- Apposition oder
- Relativsatz.

c Vergleicht eure Ergebnisse mit dem Lösungsteil auf den Seiten 350–351.

2 a Formuliert selbst drei Sätze, in denen ihr das Aussehen von Sherlock Holmes beschreibt.
Verwendet dabei verschiedene Formen von Attributen.

b Vergleicht eure Ergebnisse in Partnerarbeit. Unterstreicht gemeinsam alle Attribute, die ihr verwendet habt.

13.3 Fit in … – Einen Text überarbeiten

Stellt euch vor, ihr bekommt in der Klassenarbeit folgende Aufgabenstellung:

Der folgende Artikel über einen außergewöhnlichen „Kriminalfall" soll in der Schülerzeitung veröffentlicht werden. Überarbeite den Text:
Prüfe,
- an welchen Stellen du mit Hilfe von adverbialen Bestimmungen genauere Angaben machen kannst und
- welche Sätze du durch passende Konjunktionen verknüpfen kannst, um die Zusammenhänge zu verdeutlichen.
  Achte dabei auch auf die richtige Kommasetzung.

Diebstahl am Badesee

Wir, die Klasse 6a, machten eine Radtour. Das Wetter war wunderbar. Wir wollten schwimmen gehen. Wir zogen unsere Badesachen an. Wir sprangen in den See.
Die ersten Kinder kamen wieder ans Ufer zurück. Tim stellte fest, dass seine Uhr verschwunden war. Er suchte nach seiner Uhr. Auch einige andere bemerkten, dass ihr Schmuck oder ihre Uhren nicht mehr da waren. Ein Dieb musste uns bestohlen haben. Wir waren im Wasser.
Einige von uns suchten die ganze Umgebung nach verdächtigen Spuren ab. Wir konnten nichts Ungewöhnliches entdecken.
Thea und Mick tauchten aus dem nahe gelegenen Wald auf. In den Händen hielten sie unsere Uhren und den Schmuck. Sie hatten nach Spuren gesucht. Dabei hatten sie ein Vogelnest mit den verschwundenen Gegenständen entdeckt.
Unsere Lehrerin erklärte uns, dass es sich dabei um das Nest einer Elster gehandelt haben muss. Diese Vögel interessieren sich für glänzende Gegenstände. Sie untersuchen diese Gegenstände, tragen sie weg und verstecken sie.

1 a Lest euch die Aufgabenstellung sorgfältig durch.
b Schreibt die Sätze in euer Heft, die erklären, was von euch verlangt wird.

- Ich soll den Artikel für die Schülerzeitung verbessern.
- Durch das Einfügen von adverbialen Bestimmungen soll ich die Umstände des Ereignisses genauer beschreiben.
- Ich soll Attribute zu Relativsätzen umformen, um den Text abwechslungsreicher zu gestalten.
- Alle einfachen Sätze soll ich zu Satzgefügen verbinden.
- Ich soll Sätze mit passenden Konjunktionen verknüpfen, wenn das sinnvoll ist.
- Ich muss in dem Text die Kommafehler korrigieren.

2 Überlegt, an welchen Stellen ihr genauere Angaben machen solltet. Notiert passende adverbiale Bestimmungen, die ihr in den Text einfügen könnt, z. B.:

adverbiale Bestimmung der Zeit (Wann?)
Wann fand die Radtour statt? → ...

adverbiale Bestimmung des Ortes (Wo? Wohin? Woher?)
Wohin führte die Radtour? → ...

adverbiale Bestimmung der Art und Weise (Wie? Auf welche Weise?)
Wie sprangen wir in den See? → lachend, schnell, vergnügt, ...

adverbiale Bestimmung des Grundes (Warum? Weshalb?)
Warum interessieren sich die Vögel für diese Gegenstände? → wegen ihres Spieltriebs

3 Mit Hilfe von Konjunktionen könnt ihr Sätze miteinander verknüpfen und so die Zusammenhänge deutlich machen.
Legt euch in eurem Heft eine Übersicht zu den verschiedenen Konjunktionen an.
Ordnet hierzu die Konjunktionen aus dem Kasten rechts nach ihrer Bedeutung, z. B.:
Einschränkung: obwohl
Aneinanderreihung: ...

Bedeutung von Konjunktionen
Einschränkung
Aneinanderreihung
Begründung
zeitliche Zusammenhänge

Konjunktionen
obwohl
und
da, weil
nachdem, während, als, bevor

4 a Überarbeitet den Artikel für die Schülerzeitung, indem ihr
- passende adverbiale Bestimmungen einfügt und
- einzelne Sätze sinnvoll miteinander verknüpft.

b Prüft, ob ihr alle Kommas richtig gesetzt habt.

14 Rechtschreibung – Spielend leicht

1 a Das Gemälde heißt „Die Kinderspiele". Beschreibt, welche Spiele ihr erkennen könnt.
b Überlegt: Was wäre wohl auf einem Bild mit heutigen Kinderspielen zu sehen?

Heute spielen wir kinder öfter im haus und spielen am computer. (Paul)
So ein bild würde heute fast genauso aussehen. Die kinder hätten nur modernere kleider an. (Marlen)

2 a Schreibt die beiden Beiträge zu heutigen Spielen an die Tafel. Korrigiert dabei die Fehler bei der Großschreibung.
b Erläutert, an welchen Begleitwörtern ihr die Nomen erkennen könnt.

3 Regeln beim Spielen – Regeln beim Schreiben. Sammelt Unterschiede und Gemeinsamkeiten.

In diesem Kapitel ...

- vertieft ihr eure Kenntnisse über die Groß- und Kleinschreibung,
- trainiert ihr die Schreibweisen bei kurzen und langen Vokalen,
- wiederholt ihr die Regeln zur Schreibung des s-Lautes,
- übt ihr, Kommas und andere Satzzeichen richtig zu setzen.

14.1 Sicher im Schreiben – Regeln anwenden

Groß- und Kleinschreibung

Nomen an ihren Begleitwörtern erkennen

Yutnori – Ein Spiel aus Korea

Nach Hause – auf dem schnellsten Weg, so heißt das Ziel in diesem pfiffigen Legespiel. Kinder in Korea spielen es für ihr Leben gern. Besondere hölzerne Wurfstäbchen bestimmen, wie schnell die Spieler ihre Figuren nach Hause bringen und wer eine Abkürzung nutzen darf. Yutnori ist das beliebteste Gesellschaftsspiel in Korea und dort seit Jahrhunderten bekannt. Heute noch wird am koreanischen Neujahrstag in zahlreichen Familien dieses Spiel gespielt, bei dem gute Nerven gefragt sind. Yutnori ist eines von bisher acht Spielen aus der Reihe „SOS-Kinderdörfer – Spiele aus der ganzen Welt“. Mit dem Verkauf dieser Spiele werden die SOS-Kinderdörfer unterstützt. Diese geben vielen Kindern, die in Not geraten sind, ein Zuhause.

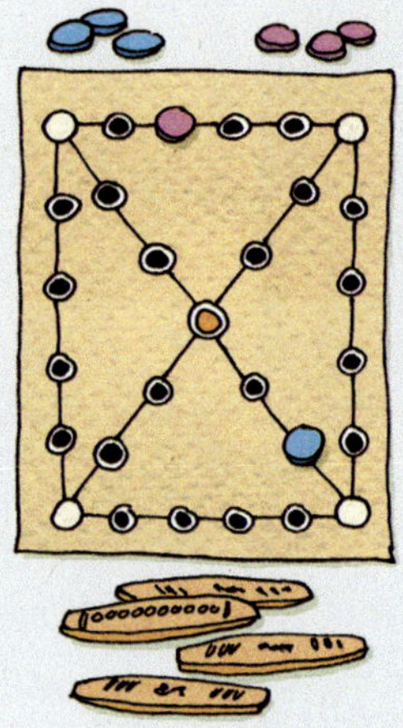

1 Wie spielen Kinder in anderen Ländern? Erzählt von euren Erfahrungen, z. B. aus Urlauben oder aus dem Herkunftsland eurer Familie.

2 **a** Sucht aus dem Text alle Nomen heraus und benennt, an welchen Begleitwörtern ihr sie jeweils erkannt habt.

b Ein Nomen kann in einem Text auch ohne Begleitwort stehen. Wie könnt ihr in solchen Fällen prüfen, ob es sich um ein Nomen handelt?

3 Wer findet die meisten Nomen, die in dem Wort „SPIELEN“ stecken? Schreibt jedes Nomen in dreifacher Form auf: mit Artikel, mit Artikel + Adjektiv, mit Präposition + Artikel, z. B.:
das Ei, ein weißes Ei, in dem Ei.

Information **Nomen haben Begleitwörter**

Nomen kann man meist an ihren **Begleitwörtern** erkennen, die den Nomen vorausgehen. Begleitwörter sind:

- ein **Artikel** (bestimmter/unbestimmter), z. B.: *das Spiel, ein Spiel.*
- ein **Pronomen** (z. B. Possessiv- oder Demonstrativpronomen), z. B.: *mein Lieblingsspiel, dieses Spiel.*
- eine **Präposition,** die mit einem Artikel verschmolzen sein kann, z. B.: *bei Nacht, auf der Straße, im (in dem) Garten, beim (bei dem) Fußballspiel.*
- ein **Adjektiv,** z. B.: *spannende Spiele, das beste Spiel.*
- ein **Zahlwort,** z. B.: *zwei Würfel, zehn Spielfiguren.*

Nominalisierungen – Aus Verben und Adjektiven können Nomen werden

Spielverhalten bei Tieren (1)

Wer schon einmal junge Katzen oder Hunde beobachtet hat, weiß: Auch Tiere sind spielfreudig! Wissenschaftler sagen, dass das Spielen für die Entwicklung junger Tiere sehr wichtig sei. Denn beim Spielen üben sie Verhaltensweisen ein, die sie als ausgewachsene Tiere brauchen. Außerdem halten sich die Tiere durch munteres Spielen körperlich fit. Bei Affen kann man das so genannte „Spielgesicht" beobachten: Mit ihm zeigt ein Affe gegenüber einem Artgenossen seine Bereitschaft zum Spielen.

1 a Sucht im Text alle Stellen, an denen das Wort SPIELEN vorkommt.
b Stellt Vermutungen an, warum SPIELEN hier großgeschrieben wird. Überprüft eure Vermutungen mit Hilfe des Merkkastens unten.

VORSICHT FEHLER!

Spielverhalten bei Tieren (2)

junge katzen packen ihre spielkameraden mit bewegungen, die dem fangen und töten von beute ähneln. beim herumbalgen trainieren die tiere fähigkeiten, die sie zum überleben brauchen. junge wölfe vertreiben sich zum beispiel die zeit mit langen verfolgungsjagden. die erfahrungen beim raufen und toben nützen den tieren später bei der flucht oder jagd. durch eine besondere mimik und gestik wird dabei dem spielpartner signalisiert, dass es nur um das gemeinsame spielen geht. das spielgesicht beim affen ähnelt zum beispiel dem menschlichen lachen. das anlächeln wird von den artgenossen sogar erwidert. lachen steckt also auch bei den affen an!

2 Schreibt den Text in der richtigen Groß- und Kleinschreibung in euer Heft. Achtet dabei besonders auf die Großschreibung der nominalisierten Verben.

Information **Nominalisierungen: Großschreibung von Verben und Adjektiven**

Verben und Adjektive schreibt man **groß,** wenn sie im Satz **als Nomen gebraucht** werden, z. B.: *das Spielen* (Verb), *das Neue* (Adjektiv). Diesen Vorgang nennt man **Nominalisierung.** Ihr könnt solche Nominalisierungen wie Nomen meist an ihren **Begleitwörtern** erkennen, z. B.:

- ein **Artikel,** z. B.: *das Spielen, ein Gutes.*
- ein **Pronomen,** z. B.: *dieses Laufen, unser Bestes.*
- ein **Adjektiv,** z. B.: *fröhliches Lachen.*
- eine **Präposition,** die mit einem Artikel verschmolzen sein kann, z. B.:
  vor Lachen, bei Rot, beim (bei dem) Spielen, im (in dem) Großen und Ganzen.

TIPP: Nicht immer wird ein nominalisiertes Wort durch einen Nomenbegleiter angekündigt. Macht die Probe: Wenn ihr einen Nomenbegleiter (z. B. einen Artikel) ergänzen könnt, schreibt ihr groß, z. B.: *Nicht nur (das) Rätseln ist ein schöner Zeitvertreib.*

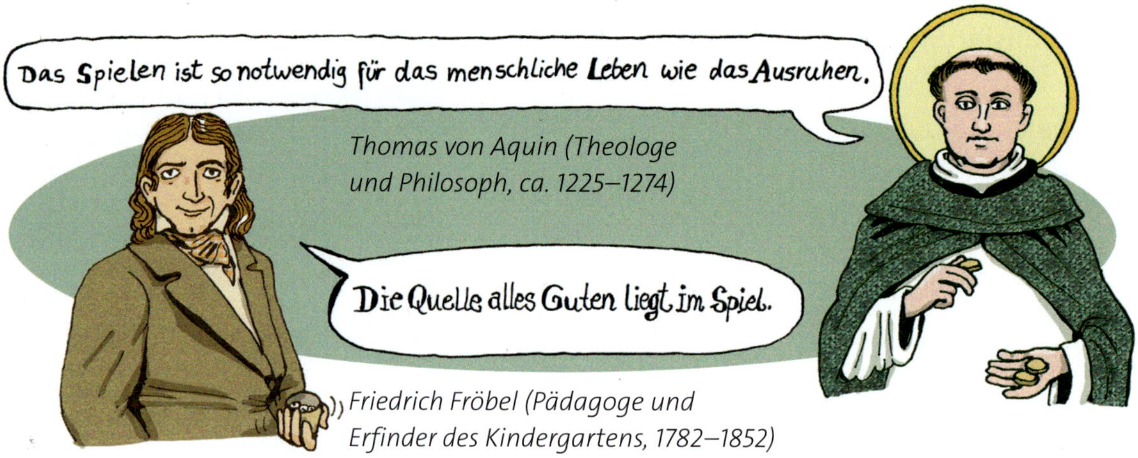

Thomas von Aquin (Theologe und Philosoph, ca. 1225–1274)

Friedrich Fröbel (Pädagoge und Erfinder des Kindergartens, 1782–1852)

1 Diskutiert die beiden Aussagen: Haben Thomas von Aquin und Friedrich Fröbel eurer Meinung nach Recht? Begründet eure Meinung.

2 Erläutert beim ersten Zitat die Großschreibung bei „Spielen“ und „Ausruhen“. Welche Erklärung habt ihr für die Großschreibung von „Guten“ im zweiten Zitat?

Spiele sind vielfältig (1)

Das Besondere am menschlichen Spiel ist seine Vielfältigkeit. Für Junge und Alte, für Schlaue und Denkfaule, für Sportliche und Träge – für jeden Menschen gibt es passende Spiele! Der Geduldige beschäftigt sich stundenlang mit einem Puzzle, der Gesellige schart Freunde um sich und greift zum Gesellschaftsspiel, der Pfiffige knobelt an Rätselspielen herum und der Ehrgeizige misst sich in Wettkampfspielen. Manche suchen den Reiz des Neuen und warten jedes Jahr auf spannende Neuerscheinungen. Andere lieben das Bekannte und treffen sich jeden Monat, um Skat, Backgammon oder Monopoly zu spielen.

3 Schreibt aus dem Text oben alle nominalisierten Adjektive mit ihren Begleitwörtern heraus. Unterstreicht die Begleitwörter und bestimmt sie genau, z. B.: *das Besondere → Artikel als Begleitwort*

Spiele sind vielfältig (2)

Freya: „Zum Spielen kann man alles Mögliche gebrauchen. Manches Unbrauchbare kann für ein Spiel noch mal nützlich sein. Mir ist schon viel Witziges eingefallen, was man mit alten oder ausrangierten Sachen machen kann.“

Tom: „Ich kann gar nicht genau sagen, was mein Lieblingsspiel ist. Jedes Spiel hat sein Gutes. Dieses Gute kann zum Beispiel sein, dass etwas Lustiges oder etwas Unvorhersehbares passiert.“

4
a Kommentiert die Äußerungen der beiden Kinder und vergleicht sie mit euren Erfahrungen.
b Lest die Information im Merkkasten auf Seite 275 unten. Legt dann eine Tabelle mit drei Spalten an und ordnet die markierten, nominalisierten Adjektive nach Art der Pronomenbegleiter ein.

Spielenacht im Erich-Kästner-Gymnasium

In dieser Nacht konnten wir in unserer Schule wirklich viel NEUES entdecken und alles MÖGLICHE ausprobieren. Zuerst wurde die Schule in eine richtige Spielhölle verwandelt und den GROßEN und KLEINEN wurden alle Spielstationen vorgestellt. Beim AUSWÄHLEN einer Station hatte man WIRKLICH die Qual der Wahl. Für jeden war etwas PASSENDES dabei. Die SPORTLICHEN konnten GEMEINSAM Fußball spielen oder sich beim TURNEN und KLETTERN ausprobieren. Die FANTASIEVOLLEN unter uns bemalten T-Shirts, die GEDULDIGEN experimentierten mit INTERESSANTEN Geschicklichkeitsspielen und natürlich gab es auch eine riesige Auswahl von Brett- und Kartenspielen. Beim gemeinsamen SPIELEN, BASTELN und KNOBELN ging es nicht HAUPTSÄCHLICH um das GEWINNEN oder das ERREICHEN des besten Ergebnisses. Es ging vor allem darum, gemeinsam etwas SCHÖNES zu erleben und sich besser kennen zu lernen. Diese Nacht war wirklich etwas BESONDERES.

5 a Groß oder klein? Untersucht in Partnerarbeit, wie die Verben und Adjektive in Großbuchstaben jeweils geschrieben werden müssen. Begründet eure Entscheidung.

b Schreibt alle nominalisierten Verben und Adjektive mit ihren Nomenbegleitern aus dem Text heraus. Unterstreicht die Begleiter und notiert, welche Wortart nominalisiert wurde, z. B.:
viel Neues (nominalisiertes Adjektiv)

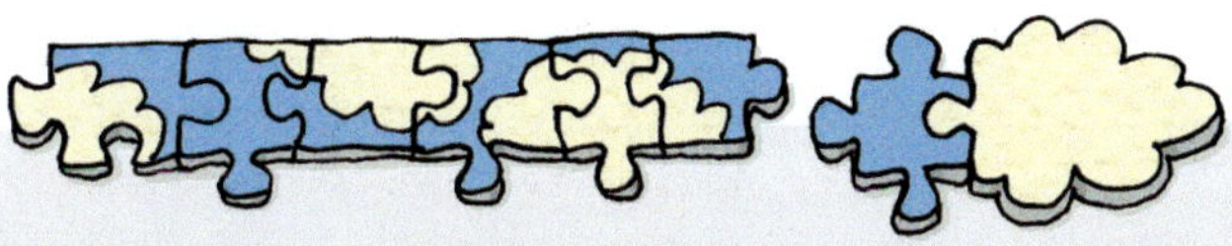

Puzzle-Rekord

Große Puzzles haben 1000 oder sogar 2000 Teile. Noch größere Puzzles entstehen, wenn mehrere von ihnen zu einem Puzzle zusammengelegt werden. Am größten war bislang ein Puzzlebild, das im Jahr 2008 in Ravensburg aus 4088 einzelnen Puzzles zusammengefügt wurde.

6 Beschreibt, was bei der markierten Stelle im Text auffällig ist. Formuliert eure Beobachtung in Form einer Regel, z. B.: *Adjektive im Superlativ mit „am" werden* ?, *z. B.: schnell – schneller –* ?

7 Wie sind eure Erfahrungen mit Spielen? Ergänzt die Sätze und schreibt sie in euer Heft.
- Ein spannendes Spiel ist ... Noch spannender finde ich ... Am ? ist meiner Meinung nach ...
- Das Spiel ... dauert lange. Länger dauert ... Am ? dauert ...
- Beim Spielen bin ich glücklich, wenn ... Noch glücklicher macht es mich ... Am ? ...

Information **Indefinitpronomen (unbestimmte Fürwörter) als Nomenbegleiter**

Ihr wisst: Auch Pronomen sind Begleitwörter. Neben den Possessivpronomen (► S. 227) und den Demonstrativpronomen (► S. 228), gibt es auch noch die **Indefinitpronomen** (unbestimmte Fürwörter). Diese **stehen häufig vor nominalisierten Adjektiven,** z. B.: *etwas Neues, alles Gute.*
- Indefinitpronomen sind Wörter, mit denen man **eine ungefähre Menge oder Anzahl** angibt, z. B.: *etwas, manches, alles, nichts, einige, kein, viel, (ein) paar.*

Fordern und fördern – Nominalisierungen

●○○ **1** Übertragt die Tabelle in euer Heft und ordnet die nominalisierten Wörter mit ihren Nomensignalen in die passende Spalte ein.

das Größte • langes Grübeln • unser Musizieren • ein Jubeln • beim Mischen • viel Neues • zum Gewinnen • etwas Spannenderes • schnelles Rennen • manches Überflüssige • dieses Warten • solches Pfuschen • beim Würfeln • nichts Neues • kurzes Zögern • im Guten

Nomensignal	nominalisierte Verben	nominalisierte Adjektive
Artikel		
Pronomen		
Präposition (+ Artikel)		
Adjektiv		

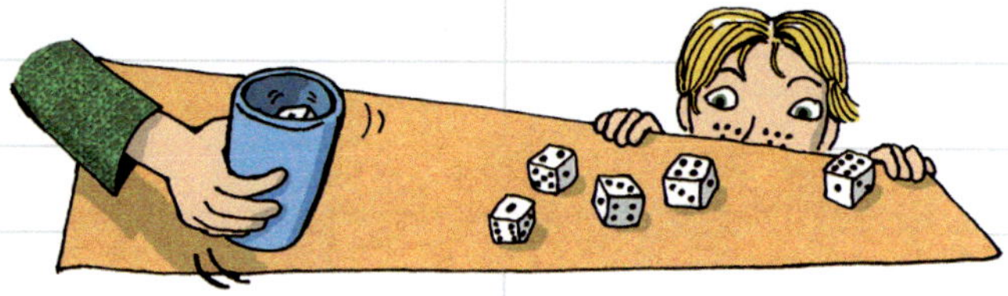

●●○ **2** a Nominalisiert vier Adjektive und vier Verben und verwendet sie in vollständigen Sätzen, z. B.:
Heute probiere ich etwas Neues aus. Beim Malen höre ich gerne Musik.
b Unterstreicht die Nomensignale (Nomenbegleiter) in euren Beispielsätzen.

nichts	schön		malen
etwas	schwierig		musizieren
viel(e)	lustig	zum	vorführen
manche(s)	gut	beim	üben
einige(s)	riskant	vom	trainieren
alle(s)	klebrig		basteln
kein(e)	neu		wetten

●●● **3** Groß oder klein? Schreibt die Sätze ab und entscheidet, wie die Wörter in den Klammern geschrieben werden.

Spiele und Regeln

- Beim (SPIELEN) auf der Straße niemals ohne (HINGUCKEN) auf die Straße rennen!
- Nicht gleich (SCHIMPFEN), wenn einer etwas (LEICHTES) nicht sofort kapiert.
- Während des (SPIELENS) die Regeln zu (ÄNDERN), ist etwas ÄRGERLICH.
- Kleinere Kinder nicht (AUSSCHLIEßEN), sondern sie etwas (EINFACHES) mitmachen lassen.
- Das (ERFINDEN) von (NEUEN) Spielen ist nichts (VERBOTENES)!

Kurze Vokale – Doppelte Konsonanten

Wassergraben – Ein Hüpfspiel

Hüpfe auf dem rechten Bein in der Reihenfolge der Nummern von einem Spielfeld zum nächsten. Balanciere dabei einen Stein auf dem angewinkelten linken Oberschenkel. Wenn du den Stein fallen lässt, auf eine Linie oder in den „Wassergraben“ springst, musst du für den nächsten Spieler Platz machen. In der nächsten Runde darfst du dann dort anknüpfen, wo du ausgeschieden bist. Die Felder vier und elf mit den Kreuzchen sind Ruhefelder – hier darfst du den Stein für einen Moment in die Hand nehmen und dich auf beide Beine stellen.

Wenn du bei Feld sieben angekommen bist, nimmst du den Stein in die Hand und wechselst das Bein. Nun trittst du mit dem Stein auf dem rechten Oberschenkel den Rückweg an, indem du auf dem linken Fuß die Felder in umgekehrter Reihenfolge durchhüpfst. Wer als Erster den Hin- und Rückweg geschafft hat, hat gewonnen.

1 Wassergraben: Erläutert den Unterschied bei der Aussprache des ersten und des zweiten „a“. Wie wirkt sich dieser Unterschied jeweils auf die Schreibung nach dem Vokal aus?

2 Übertragt die Tabelle in euer Heft und ordnet die markierten Wörter richtig ein.

kurzer Vokal + Doppelkonsonant	kurzer Vokal + tz	kurzer Vokal + ck
…	…	…

Auf den sie(b)en Ro(b)enkli(p)en si(z)en sie(b)en Ro(b)ensi(p)en, die sich in die Ri(p)en sti(p)en, bis sie von den Kli(p)en ki(p)en.

Die Ka(z)e tri(t) die Tre(p)e kru(m), der Ka(t)er trit(t) sie gerade.

Drei di(k)e und drei dü(n)e Da(m)en do(n)ern durch das Dorf.

3 a Schreibt die Zungenbrecher ab. Entscheidet dabei jeweils, ob der Buchstabe in Klammern einfach oder verdoppelt eingesetzt werden muss (statt zz schreibt man tz, statt kk schreibt man ck).
b Übt, die Zungenbrecher möglichst fehlerfrei und schnell zu sprechen.

Information **Kurze Vokale – doppelte Konsonanten**

Wenn ihr bei einem Wort mit einem betonten, kurzen Vokal nur einen **Konsonanten** hört, dann wird er in der Regel verdoppelt, z. B.: *der Gewinner, die Wette, wissen, treffen, irren, sonnig, satt.* Beachtet: Statt kk schreibt man **ck** und statt zz schreibt man **tz,** z. B.: *verstecken, die Decke, verletzen, die Katze.*

Schreibweise bei langen Vokalen

Wörter mit einfachem Vokal und Wörter mit h

	REICH	VERGLEICH	SCHICK	ALTER	
	SONDER	WALD	FURCHT	GEMÜTLICH	-tum
ur-	TRÜB	BESITZ	TEIL	GEWALT	-sal
	CHRISTEN	OMA	IRR	WUNDER	-sam
	BRAUCH	GRAU	ESS	HÖR	-bar
	KOMISCH	HEILIG	RITTER	EIGEN	

1 a Bildet mit den Wortbausteinen oben neue Wörter. Achtet auf die korrekte Groß- und Kleinschreibung der neuen Wörter.
b Verwendet die Wörter in vollständigen Sätzen. Ihr könnt auch lustige Unsinnssätze erfinden.
c Diktiert euch gegenseitig eure Sätze.

2 a Wer findet zu den nebenstehenden Wörtern am schnellsten ein Reimwort mit einem **h** nach langem Vokal? Spielt in zwei Gruppen gegeneinander.
b Überprüft die Schreibung eurer Reimwörter mit Hilfe eines Wörterbuches.

zählen • kühlen • strahlen • er nahm • sie bezahlt • mehr • der Kahn • die Ohren • die Gefahren

Belagern und verteidigen

Seit Urzeiten sahen sich die Menschen immer wieder genötigt, sich gegen Angreifer zu schützen und zu wehren. Deshalb ist es nicht erstaunlich, dass sich solche Erfahrungen auch in Form von Spielen niedergeschlagen haben. Die frühesten Spuren führen nach Island, wo um 1300 n. Chr. das Fuchsspiel erwähnt wird. Auch alle später entstandenen Varianten, wie zum Beispiel „Fuchs und Gänse“ oder „Bären und Hunde“, verfahren nach der gleichen Grundidee: Eine kleine Anzahl von Verteidigern kämpft gegen eine große Schar von Angreifern oder Jägern, wobei die Verteidiger beweglicher sind. Das Spielfeld dieser Belagerungsspiele ist häufig kreuzförmig.

3 a Partnerdiktat: Diktiert euch gegenseitig den Text „Belagern und verteidigen“.
b Prüft anschließend, ob ihr alle Wörter richtig geschrieben habt. Achtet dabei besonders auf die markierten Wörter.
c Sucht zu den Wörtern *genötigt, Spuren, verfahren, Anzahl, große* jeweils zwei verwandte Wörter. Schreibt sie in euer Heft.

Information **Schreibweise bei langen Vokalen**

1 Wörter mit einfachen, langen Vokalen
In den meisten Wörtern wird der betonte, lange Vokal (a, e, o, u) oder Umlaut (ä, ö, ü) nur **mit** einem **einfachen Buchstaben** geschrieben, z. B.: *raten, legen, der Löwe, die Düse.*
Das gilt besonders für
- einsilbige Wörter, z. B. *wen, zu, so, los,*
- die Suffixe (Nachsilben) -tum, -sal, -bar, -sam, z. B.: *der Reich**tum**, das Schick**sal**, wunder**bar**, ein**sam**,*
- für das Präfix (Vorsilbe) ur-, z. B.: ***ur**alt, der **Ur**wald.*

2 Lange Vokale mit h
Hinter den lang gesprochenen Vokalen **a, e, o, u** sowie den Umlauten **ä, ö, ü** steht manchmal ein **h,** vor allem in der Verbindung mit den nachfolgenden Konsonanten **l, m, n** und **r,** z. B.: *wä**h**len, ne**h**men, die Bo**h**ne, ungefä**h**r.*

Wörter mit langem i

Hase und Igel

Kennt ihr „Hase und Igel"? Das ist ein außergewöhnliches Spiel, das zu Recht viele Auszeichnungen erhielt. Es ist deshalb besonders bemerkenswert, weil es sich im Spielaufbau nicht an ältere Vorbilder anlehnt, sondern vollkommen neue Wege geht. Nicht schnelles Vorpreschen führt zum Sieg. Auch der Langsame kann gewinnen, wenn er es schlau anstellt. Neuartig bei diesem Spiel ist die Art der Fortbewegung durch Energie-Einheiten, die geschickt eingesetzt und ergänzt werden müssen. Wie bei einem Autorennen das Benzin geben hier Karotten die Kraft voranzukommen. Es geht darum, den eigenen Karottenvorrat richtig zu kalkulieren. Gewonnen hat derjenige, der das Ziel zuerst erreicht und nicht mehr als zehn Karotten übrig hat.

1 Kennt ihr die Geschichte vom Hasen und vom Igel?
Erzählt sie und stellt Vermutungen an, warum dieses Spiel so heißt.

2 **a** In den markierten Wörtern gibt es verschiedene Schreibweisen des langen i-Lauts. Übertragt die Tabelle in euer Heft und ordnet diese Wörter nach ihrer Schreibweise in die Tabelle ein.

langes i als ie	langes i nur mit i	langes i als ih
...	...	...

b Was fällt euch bei der Anzahl der Wörter in den einzelnen Spalten auf?

Die S ? dler von Catan • T ? gersp ? l •
Ch ? na-Schach • V ? r gewinnt! •
T ? rkampfschach • S ? ben Leoparden •
Lotter ? • Der Kr ? g der Könige •
Emil und die Detekt ? ve •
Der fl ? gende Holländer

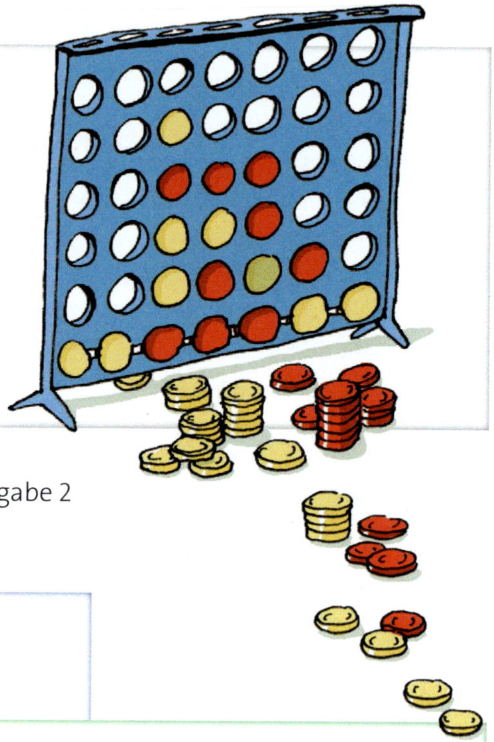

3 Ordnet auch die Spielenamen oben in die Tabelle aus Aufgabe 2 (► S. 279) ein. Unterstreicht dann den langen i-Laut.

Was man beim Spielen nicht alles tun muss!
- Eltern, Geschwister oder Freunde zum Mitspielen ...
- Den Spielaufbau ...
- Über die Spielregeln ...
- Sich in kritischen Situationen ...
- Bei Gefahr nicht die Nerven ...
- Bekannte Pfuscher ...
- Blitzschnell richtig ...
- Dem Sieger ...

reagieren • gratulieren • verlieren • motivieren • organisieren • informieren • konzentrieren • kontrollieren

4 Viele Verben haben die Endung -ieren. Schreibt die Sätze ab und ergänzt dabei ein passendes Verb aus dem Kasten rechts.

5 Viele unregelmäßige (starke) Verben haben im Präteritum ein langes **i**, das mit **ie** geschrieben wird. Schreibt zu den Infinitiven aus dem Kasten rechts die 1. Person Präteritum auf, z. B.:
braten – ich briet

braten • laufen • stoßen • rufen • raten • reiben • lassen • schlafen • schreien

Information **Wörter mit langem i**

- **Wörter mit ie:** Mehr als drei Viertel aller Wörter mit lang gesprochenem **i** werden mit **ie** geschrieben. Das ist also die häufigste Schreibweise, z. B.: *der Sp**ie**ltrieb, s**ie**, v**ie**l, s**ie**gen.* Viele Verben haben zudem die Endung -ieren, z. B.: *inform**ie**ren, interess**ie**ren.*
- **Wörter mit i:** Manchmal wird das lang gesprochene i durch den Einzelbuchstaben **i** wiedergegeben, z. B.: *m**i**r, d**i**r, w**i**r, der **I**gel, der St**i**l, die Masch**i**ne, das Benz**i**n.*
- **Wörter mit ih:** Nur in den Pronomen ***ih**m, **ih**n, **ih**r, **ih**nen, **ih**re* wird der lange i-Laut als **ih** geschrieben.

Die Schreibung der s-Laute: s, ss oder ß?

1 a Wer findet die meisten Wörter mit **ss**? Spielt zu zweit im Team. Geht so vor:
- Besorgt euch eine Spielfigur (z. B. eine kleine Münze).
- Einer springt mit der Spielfigur so von Feld zu Feld, dass sich ein Wort mit **ss** ergibt, z. B. *Wasser*.
- Der andere schaut genau hin, versucht, das Wort zu erkennen, und schreibt es auf.
  Wenn das Wort richtig erkannt wurde, darf nun der andere ein Wort mit Doppel-s erhüpfen.
  Wurde das Wort nicht richtig oder gar nicht erkannt, ist der andere noch einmal dran.
- Bei jedem Spielzug muss ein neues Wort mit **ss** erhüpft werden.
- Gewonnen hat, wer die meisten Wörter auf seinem Blatt gesammelt hat.

b Kontrolliert die Schreibung der gesammelten Wörter in Zweifelsfällen mit einem Wörterbuch.

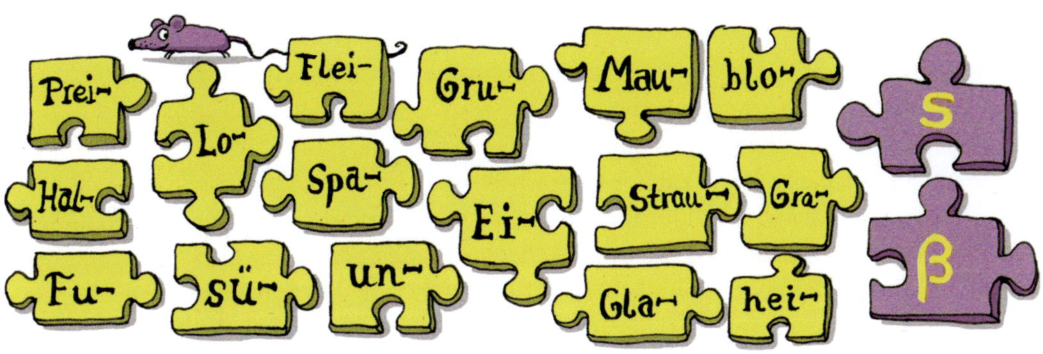

2 Zu jedem Puzzleteil auf der linken Seite passt eines der beiden Puzzleteile auf der rechten Seite. Schreibt die Wörter in euer Heft und ergänzt dabei die richtigen s-Laute: **s** oder **ß**.
TIPP: Die Verlängerungsprobe (▶ Merkkasten, S. 282) hilft euch, die richtige Schreibweise zu finden.

Glück mu ? man haben

Beim Glücksspiel entscheidet blo ? das Schicksal, der Zufall, eben das Glück. Alle haben die ? elbe Chance, kein äu ? erer Einflu ? verändert den Lauf der Ereigni ? e. Es gibt keinen Wettbewerb, keinen Kampf, kein Me ? en der Geschicklichkeit. Glücksspieler genie ? en den Reiz absoluter Ungewi ? heit, der kurz vor dem Fallen der Würfel oder dem Ausrollen der Kugel am grö ? ten ist. Au ? erdem locken teilwei ? e unfa ? bar hohe Gewinne. Aber der Prei ? kann zu hoch sein, denn man sollte nicht verge ? en, dass man süchtig nach Spielen werden kann, wenn man das rechte Ma ? verliert.

3 a Schreibt den Text ab und ergänzt die fehlenden s-Laute (s, ss oder ß).
b Tauscht eure Erfahrungen aus: Welche Glücksspiele kennt ihr? Habt ihr schon einmal das Gefühl gehabt, süchtig nach einem bestimmten Spiel zu sein?

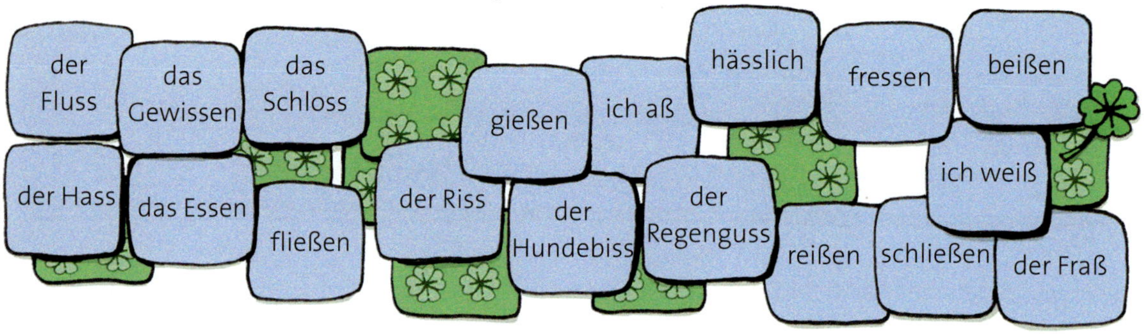

4 a Bei diesem Memory-Spiel gehören immer zwei Kärtchen zusammen, auf denen verwandte Wörter stehen. Findet die Wortpaare und schreibt sie nebeneinander in euer Heft.
b Begründet bei jedem Wortpaar die Schreibung des s-Lauts. Der Merkkasten unten hilft euch.

5 Sucht zu zweit weitere Wörter aus einer Wortfamilie, in denen die Schreibung des s-Lauts wechselt (ss und ß). Bastelt ein Memory-Spiel nach dem obigen Muster, z. B. mit kleinen Papierkärtchen.

Information **Die Schreibung des s-Lautes**

1 Das **stimmhafte s** (= weicher, gesummter Laut) wird **immer mit einfachem s** geschrieben, z. B.: *die Reise, schmusen, also, seltsam.*

2 Das **stimmlose s** (= harter, gezischter s-Laut) wird
- **nach einem kurzen, betonten Vokal** mit **ss** geschrieben, z. B.: *der Fluss, lassen;*
- **nach einem langen Vokal oder Diphthong** (ei, ai, au, äu, eu) mit **ß** geschrieben, wenn es bei der Verlängerungsprobe stimmlos bleibt, z. B.: *heiß → heißer; der Kloß → die Klöße.* Wenn der s-Laut bei **der Verlängerungsprobe stimmhaft** wird (gesummtes s), wird das Wort mit einfachem **s** geschrieben, z. B.: *das Glas → die Gläser; uns → unser.*

Wechsel bei der Schreibung des s-Lauts: Manche Verben haben in ihren Verbformen einen Wechsel von **ss** und **ß**, z. B.: *lassen – sie ließ – gelassen.* Auch bei verwandten Wörtern können **ss** und **ß** wechseln, z. B.: *fließen – der Fluss.* Auch hier gilt: Nach kurzem Vokal schreibt man **ss**, nach langem Vokal oder Diphthong schreibt man **ß**.

Fordern und fördern – Kurze und lange Vokale, s-Laute

Die folgenden Diktattexte haben verschiedene Schwierigkeitsstufen:

- **Level 1 für Murmeltiere** (kein Problem): Hier habt ihr nichts zu befürchten. Aber beschwert euch hinterher nicht, wenn es zu einfach war!
- **Level 2 für Turnierpferde** (mit kleinen Hindernissen): Ein bisschen anstrengen müsst ihr euch schon, aber wer trainiert hat, schafft das locker!
- **Level 3 für Füchse** (ganz schön knifflig): Ihr sucht also die Herausforderung. Aber einen echten Fuchs kann das nicht schrecken!

1 a Entscheidet euch für einen Diktattext und diktiert euch die Texte als Partnerdiktat (▸ S. 338).
b Prüft anschließend, ob ihr alle Wörter richtig geschrieben habt. Achtet dabei besonders auf die markierten Wörter.

●○○ Level 1

Man braucht neun kleine Kegel, ein aufstellbares Tor und eine Kokosnuss. Das Tor sollte mindestens doppelt so groß sein wie die Kokosnuss. Zuerst stellt man das Tor auf, dahinter baut man in beliebiger Reihenfolge die Kegel auf. In einigen Metern Entfernung wird vor dem Tor eine Startlinie markiert. Jeder Spieler hat zwei Versuche. Er muss die Nuss durch das Tor kullern lassen und dabei versuchen, so viele Kegel wie möglich umzustoßen. Pro umgefallenem Kegel gibt es einen Punkt. Gewinner ist, wer die meisten Kegel umgestoßen hat. (86 Wörter)

●●○ Level 2

Die römische Spielkultur zeichnete sich durch einen großen Ideenreichtum aus. Dabei nutzten die Römer als Spielzeug zahlreiche Gegenstände des Alltags, zum Beispiel Nüsse oder Steine. Nüsse gehörten zu den Nahrungsmitteln, kamen in der Natur vor und konnten leicht beschafft werden. Vor allem bei Kindern standen Spiele mit Nüssen an erster Stelle. Ein römischer Dichter beschreibt die Beliebtheit des Spielens mit folgenden Worten: „Traurig lässt der Knabe die Nüsse liegen, wenn er vom Lehrer wieder in den Unterricht gerufen wird." Durch antike Grabfunde weiß man, dass ein Kind bei seinem Tod sogar mit seinem Spielzeug bestattet wurde. Neben Schmuckstücken fand man auch Bälle, Geschirr und Puppen. (105 Wörter)

●●● Level 3

Im alten Rom war das Spielen nicht ungewöhnlich. Alltäglich konnte man Kinder beim Spielen mit Nüssen, Steinchen, Murmeln und kleinen Knöchelchen beobachten. Das Besondere beim Spielen war das Zurschaustellen der Geschicklichkeit. Zum Beispiel wurden Pyramiden mit Nüssen gebaut und durch einen Nusswurf zerstört. Oder es wurden Nüsse aus einiger Entfernung in ein Gefäß geworfen. Stand man an der Schwelle zur Jugend, war das Spiel mit Nüssen verpönt. Dies zeigt die Redewendung „die Nüsse hinter sich lassen", womit das Ende der Kindheit gemeint war. Als Quellen für die Spiele im alten Rom dienen Wandmalereien und Abbildungen auf Vasen. Außerdem geben Schriften römischer Gelehrter Auskunft über die Spiele der Antike. Aus diesen vielfältigen Aufzeichnungen können zu einem Großteil die Regeln der Spiele abgeleitet werden. Hinzu kommen interessante Funde von Archäologen, die neben Schmuckstücken und Geschirr auch Spielzubehör wie Bälle und Puppen in den Gräbern entdeckten. (143 Wörter)

Die Rechtschreibprüfung am Computer nutzen

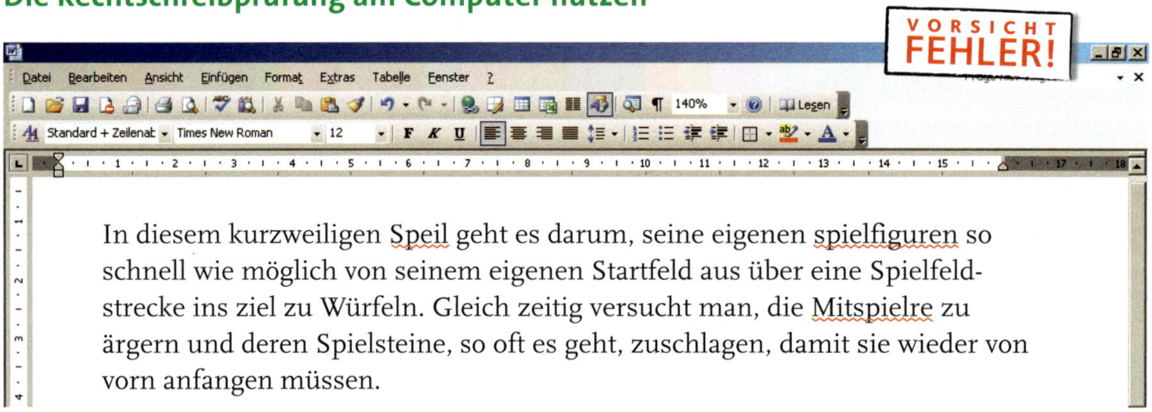

In diesem kurzweiligen Speil geht es darum, seine eigenen spielfiguren so schnell wie möglich von seinem eigenen Startfeld aus über eine Spielfeldstrecke ins ziel zu Würfeln. Gleich zeitig versucht man, die Mitspielre zu ärgern und deren Spielsteine, so oft es geht, zuschlagen, damit sie wieder von vorn anfangen müssen.

1 a Lest den Text genau. Prüft, was an den Wörtern falsch ist, die das Textverarbeitungsprogramm rot unterschlängelt hat.
b Das Programm findet nicht alle Fehler: Welche Wörter sind falsch geschrieben und wurden nicht rot markiert? Versucht zu erklären, warum das Programm hier versagt hat.

2 a Überlegt: Von welchem Spiel ist im Text oben die Rede?
b Tippt eine vollständige Beschreibung dieses Spiels am Computer.
c Probiert die automatische Rechtschreibprüfung aus.
Die Informationen unten helfen euch.

Pachisi – Ein Spiel aus Indien

„Pachisi" (sprich: Patschisi) oder „Chaupad" ist eines der Spiele, auf die die Spielkultur Europas zurückgeht. Es stammt aus Indien, wo es auch heute noch mit großer Leidenschaft gespielt wird. Im Laufe der Zeit entstanden in vielen Kulturen der Erde zahllose Variationen.

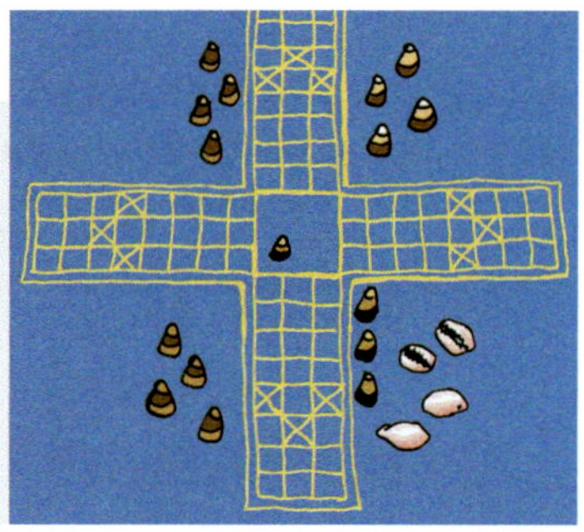

3 Schreibt den Text mit dem Computer ab und kontrolliert genau die Rechtschreibung.

4 Erklärt mit Hilfe des Bildes, welche Beziehung es zwischen „Pachisi" und dem oben beschriebenen Spiel gibt.

Methode **Die Rechtschreibprüfung am Computer nutzen**

Die Rechtschreibprüfung am Computer hilft euch, in einem Text falsch geschriebene Wörter zu finden. So könnt ihr das Rechtschreibprogramm aktivieren:
In der Menüleiste Extras anklicken, dann Rechtschreibung und Grammatik auswählen. Das Programm markiert nun mögliche Rechtschreibfehler rot und mögliche Grammatikfehler grün.
Achtung: Das Programm kann nicht alle Fehler finden und ist nicht immer zuverlässig. Schlagt in Zweifelsfällen in einem Wörterbuch nach. Bei Wörtern, die das Programm nicht kennt (z. B. einige Namen), zeigt es auch Fehler an, die keine sind.

Testet euch!

Rechtschreibung spielend trainieren

Das A-bis-Z-Spiel

Dieses Spiel wird zu zweit gespielt.
Ihr braucht: zwei verschiedenfarbige Spielfiguren, ein Blatt Papier, einen Stift, eine Zehn-Cent-Münze als Würfel (Zahl = einen Schritt vorwärts, Bild = zwei Schritte vorwärts).
Auf dem Spielfeld findet ihr farbige Felder. Für jedes Farbfeld gibt es zwei Aufgaben auf der nächsten Seite (▶ S. 286). Wer auf ein solches Feld kommt, muss die entsprechende Aufgabe (B 1, G 1 usw.) lösen. Wer die Aufgabe falsch oder gar nicht beantwortet, setzt einmal aus. Wird das gleiche Feld vom zweiten Mitspieler besucht, bekommt er die zweite Aufgabe, z. B.: B 2, G 2 usw. Gewonnen hat, wer als Erstes das Ziel erreicht.
Auf den Seiten 351–352 findet ihr die Lösungen. Schlagt nach, ob eure Antworten richtig sind.

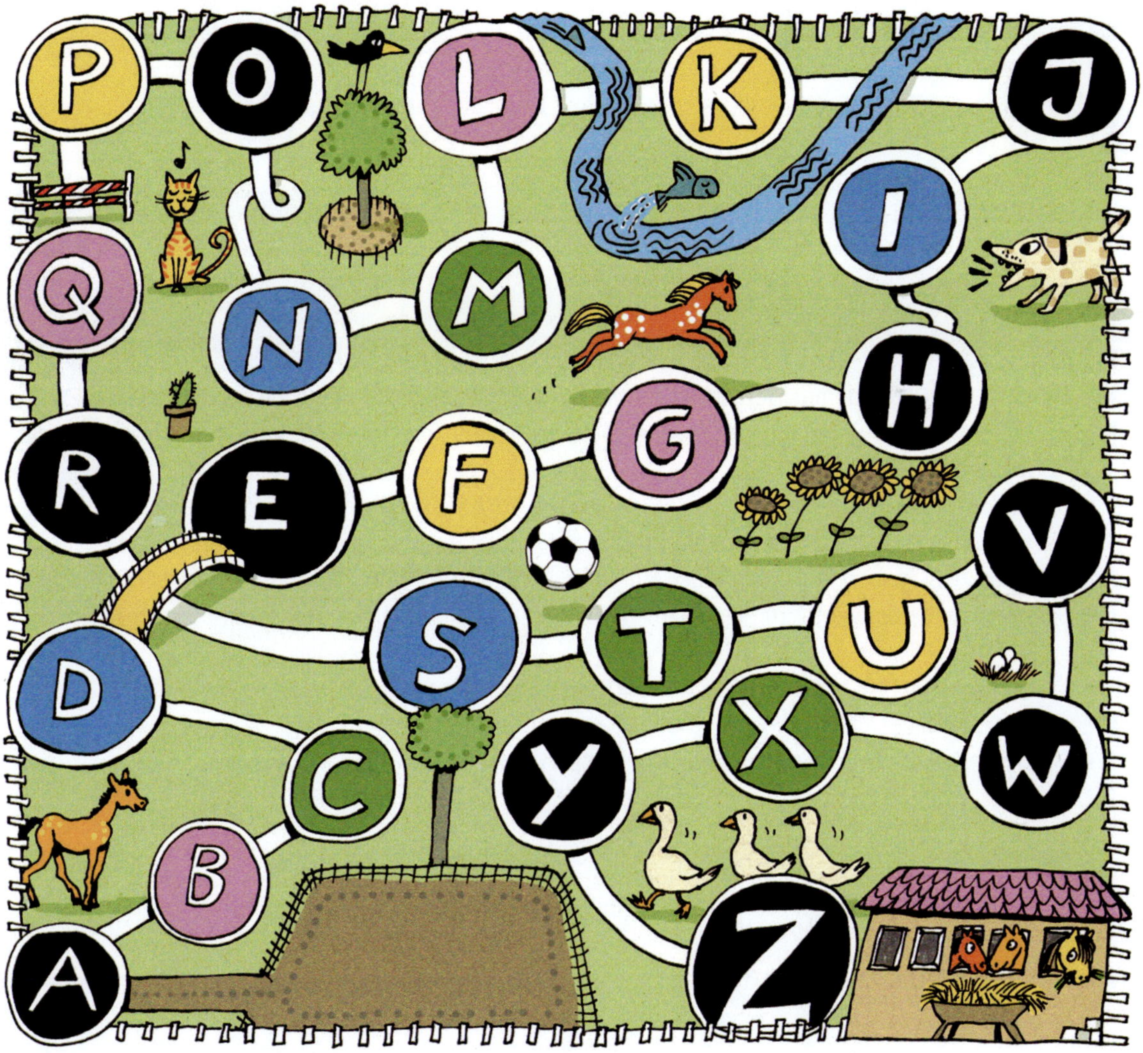

Rosa Felder: Groß- und Kleinschreibung

B 1 Groß oder klein? Schreibe richtig: DER NEUE LÄDT ALLE NEUGIERIGEN ZUM SPIELEN EIN.
B 2 Groß oder klein? Schreibe richtig: DAS FANGEN DES BALLS HAT ETWAS BEGLÜCKENDES.
G 1 Richtig oder falsch? Wird ein Verb im Satz wie ein Nomen gebraucht, schreibt man es groß.
G 2 Richtig oder falsch? Indefinitpronomen wie *etwas* oder *manches* weisen oft auf ein nominalisiertes Adjektiv hin.
L 1 Richtig oder falsch? Nur wenn bei einem Wort ein Nomensignal steht, schreibt man es groß.
L 2 Richtig oder falsch? Präpositionen, Artikel und Adjektive können Nomensignale sein.
Q 1 Schreibe richtig: DASHÜPFENAUFEINEMBEINISTETWASZIEMLICHSCHWIERIGES.
Q 2 Schreibe richtig: AMBESTENRECHNETMANBEIMZÄHLENDERPUNKTENOCHEINMALNACH.

Blaue Felder: Kurze Vokale

D 1 Statt verdoppeltem k schreibt man ck: Schreibe hierzu sieben Beispielwörter auf (3 Minuten Zeit).
D 2 Statt verdoppeltem z schreibt man tz: Schreibe hierzu sieben Beispielwörter auf (3 Minuten Zeit).
I 1 Schreibe drei Reimwörter zu dem Wort „platt“ auf (2 Minuten Zeit).
I 2 Schreibe drei Reimwörter zu dem Wort „drinnen“ auf (2 Minuten Zeit).
N 1 Finde die drei Fehler und korrigiere sie: Himel und Hölle ist ein spanendes Wetrennspiel.
N 2 Finde die drei Fehler und korrigiere sie: Bestimte Brettspiele sind in aller Welt bekant und belliebt.
S 1 Bei Fremdwörtern gibt es manchmal auch zz: Richtig oder falsch? Suche ein Beispiel.
S 2 Auch bei Fremdwörtern gibt es niemals kk: Richtig oder falsch? Suche ein Beispiel.

Gelbe Felder: Lange Vokale

F 1 Richtig oder falsch? Die Kombination von i + h gibt es nur in Pronomen wie *ihn, ihr, ihnen.*
F 2 Richtig oder falsch? Zwischen langem Vokal und l, m, n, r steht immer ein h.
K 1 E-I-R-T-S-B-L-P: Bilde aus den Buchstaben vier Wörter mit ie. Schreibe sie auf (2 Minuten Zeit).
K 2 R-E-M-L-A-H-Z-W: Bilde aus den Buchstaben vier Wörter mit langem Vokal + h. Schreibe sie auf (2 Minuten Zeit).
P 1 Der le ? mige Bo ? den kle ? bte an der Schu ? so ? le. → An welchen Stellen fehlt ein h?
P 2 Die kü ? ne Da ? me wurde für i ? ren Mu ? t gerü ? mt. → An welchen Stellen fehlt ein h?
U 1 Schreibe zwei Reimwörter mit einfachem langem Vokal zum Wort „Namen“ auf (2 Minuten Zeit).
U 2 Schreibe zwei Reimwörter mit langem Vokal + h zum Wort „Fohlen“ auf (2 Minuten Zeit).

Grüne Felder: s-Laut

C 1 Schreibe zwei Reimwörter mit ss zu dem Wort „essen“ auf (2 Minuten Zeit).
C 2 Schreibe zwei Reimwörter mit ß zu dem Wort „Fleiß“ auf (2 Minuten Zeit).
M 1 Schreibe ab und ergänze s, ss oder ß: Apfelmus mu ? man hei ? e ? en.
M 2 Schreibe ab und ergänze s, ss oder ß: Aus der Gie ? kanne flo ? Wa ? er.
T 1 Richtig oder falsch? Das stimmhafte s kann mit s oder ß geschrieben werden.
T 2 Richtig oder falsch? Das stimmlose s kann bei Verlängerung zu einem stimmhaften s werden.
X 1 H-R-ß-I-U-F-E-L-G: Bilde aus den Buchstaben drei Wörter mit ß. Schreibe sie auf (3 Minuten Zeit).
X 2 N-S-S-E-L-K-A-F: Bilde aus den Buchstaben drei Wörter mit ss. Schreibe sie auf (3 Minuten Zeit).

14.2 Punkt und Komma – Zeichensetzung üben

Satzzeichen bei der wörtlichen Rede

René Goscinny/Jean-Jacques Sempé

Der kleine Nick

„Mama, kann ich meine Schulfreunde für morgen Nachmittag zum Spielen einladen?", habe ich gefragt.
„Nein", hat Mama geantwortet, „beim letzten Mal, als deine Freunde da waren, mussten zwei Fensterscheiben im Wohnzimmer erneuert und dein Zimmer neu gestrichen werden."
Ich war ziemlich enttäuscht. Nämlich ist doch wahr! Es macht immer sehr viel Spaß, wenn wir bei einem von uns zu Hause spielen – nur ich darf nie einen zu uns einladen! Es ist immer das Gleiche: Wenn ich es mal lustig haben möchte, dann darf ich nicht. Da habe ich gesagt: „Wenn ich meine Freunde nicht einladen darf, dann halte ich die Luft an!" Das ist ein Trick, den ich manchmal anwende, wenn ich was durchsetzen will. Nur – das funktioniert jetzt nicht mehr so gut wie früher, als ich noch kleiner war. Und da ist Papa auch schon gekommen und hat gesagt: „Nick! Was soll das Theater?" Da hab ich wieder Luft geholt und ich habe gesagt, wenn ich meine Freunde nicht einladen darf, dann geh ich weg von zu Hause und dann werdet ihr mich noch vermissen.
„Na gut", hat Papa gesagt, „du kannst deine Freunde einladen, aber ich sage dir gleich: Wenn sie auch nur einen Gegenstand im Haus kaputt machen, wirst du bestraft. Wenn aber alles gut abläuft, nehme ich dich mit zum Eisessen! Einverstanden?"
„Schokolade-Erdbeer?", habe ich gefragt. – „Ja", hat Papa geantwortet. – „Gut, einverstanden!", habe ich gerufen. Mama ist nicht so einverstanden gewesen, aber Papa hat zu ihr gesagt, ich bin doch schon ein großer Junge und ich kann Verantwortung übernehmen, und Mama hat gesagt, na gut – sie hat Papa gewarnt. Und ich hab Papa und Mama umarmt, weil sie so nett zu mir sind.
Meine Freunde sind alle gekommen: Otto, Georg, Roland, Franz, Max, Chlodwig und Joachim. Sie kommen immer, wenn man sie einlädt, außer wenn ihre Eltern es ihnen verbieten, aber das kommt nicht so oft vor. Nämlich die Eltern freuen sich immer, wenn die Freunde woanders eingeladen sind.
„Wir spielen im Garten", hab ich zu ihnen gesagt. „Wir dürfen nicht ins Haus rein, denn wenn ihr ins Haus kommt, sind nachher alle Sachen kaputt!" Und ich habe ihnen die Sache mit dem Schokolade-Erdbeer-Eis erklärt.

1 Kennt ihr den kleinen Nick? Erzählt Geschichten von ihm, die ihr aus Büchern, Filmen oder aus dem Fernsehen kennt.

2 a Untersucht die wörtliche Rede in der Geschichte. Erklärt dann, wie die Anführungszeichen und Kommas bei der wörtlichen Rede gesetzt werden.

b Findet für die folgenden drei Fälle jeweils zwei Beispiele aus dem Text und schreibt sie auf: Der Redebegleitsatz steht vor, nach oder zwischen der wörtlichen Rede.

3 Gestaltet in Partnerarbeit die markierte Textstelle (▸ S. 287, Z. 33–39) zu einem Dialog aus. Achtet auf die richtige Zeichensetzung bei der wörtlichen Rede. Die Informationen im Merkkasten unten helfen euch.

4 Die folgenden Zitate stammen aus der Fortsetzung der Geschichte vom kleinen Nick. Schreibt sie ab und setzt dabei bei der wörtlichen Rede die richtigen Satzzeichen.

VORSICHT FEHLER!

- Gut hat Georg gesagt wir können Verstecken spielen. Ihr habt ja einen Baum im Garten.
- Sollen wir Murmeln spielen? hat Franz gefragt.
- Aber wir wollen nicht mehr im Garten spielen hat Max gerufen.
- Mama hat gesagt Nick, geh mit deinen Freunden rauf in dein Zimmer – und denk daran, was Papa dir gesagt hat!
- Na hör mal hat Otto geschrien das ist ja wohl ein starkes Stück!
- Hört zu, Leute hab ich gesagt ihr seid doch alle prima Kumpel! Wenn ihr keinen Quatsch macht, versprech ich euch was.
- Da hat Max gerufen Es regnet nicht mehr, wir können nach Hause!

5 a Stellt Vermutungen an, wie die Geschichte weitergeht. Welche Hinweise geben euch die Zitate aus der Geschichte (▸ Aufgabe 4)?

b Wenn ihr wissen wollt, ob der kleine Nick sein Schokolade-Erdbeer-Eis bekommen hat, könnt ihr euch das Buch „Der kleine Nick erlebt eine Überraschung" besorgen. Dann könnt ihr die Geschichte in der Klasse gemeinsam zu Ende lesen.

Information **Zeichensetzung bei der wörtlichen Rede**

Die wörtliche Rede steht in einem Text in Anführungszeichen. Die Satzzeichen ändern sich, je nachdem, ob der Redebegleitsatz vor, nach oder zwischen der wörtlichen Rede steht.

- Der **Redebegleitsatz vor der wörtlichen Rede** wird durch einen Doppelpunkt von der wörtlichen Rede abgetrennt, z. B.: *Ich fragte: „Sollen wir Fußball spielen?"*
- Der **Redebegleitsatz nach der wörtlichen Rede** wird durch ein Komma von der wörtlichen Rede abgetrennt, z. B.: *„Moment, ich hole schnell den Ball", rief Jana.*
- Der **Redebegleitsatz zwischen der wörtlichen Rede** wird durch Kommas von der wörtlichen Rede abgetrennt, z. B.: *„Ach nein", ruft Max, „dazu habe ich heute keine Lust."*

Das Komma bei Aufzählungen

Erste Hilfe bei Langeweile

Klar: lesen, malen oder fernsehen geht immer. Manchmal habt ihr jedoch auch dazu keine Lust und könnt noch eine Idee gebrauchen. Wie wär's damit:

- Eine Murmelbahn bauen aus verschiedenen Papprollen oder Staubsaugerrohren, Dosen, Schüsseln und was sonst noch zu finden ist.
- Aus alten Illustrierten oder Zeitungen Bilder ausschneiden und zu komischen Collagen auf ein großes Blatt kleben. Große Fotos von Gesichtern mit wasserfesten Filzstiften verzieren. Zum Beispiel mit ausgefallenen Schnurrbärten, langen Wimpern, roten Wangen …
- Aus Dosen, Eimern, Kartons und Schüsseln ein Schlagzeug aufbauen, zwei Kochlöffel verkehrt herum in die Hand nehmen und loslegen.

1 Begründet mit Hilfe der Regeln im Merkkasten unten die Kommasetzung in den markierten Aufzählungen.

2 Schreibt die folgenden Sätze ab. Markiert die Aufzählungen und setzt Kommas an den richtigen Stellen.

- Ihr könnt eine Modenschau mit alten oder neuen Kleidern Gürteln Schuhen Hüten und Kopftüchern veranstalten.
- Für ganz besondere Musik könnt ihr leere Gläser zusammensuchen unterschiedlich hoch mit Wasser füllen und ein Gläserkonzert damit aufführen.
- Aus Kissen Decken und Tüchern lässt sich ein gemütliches Spielhaus bauen: Nehmt etwas Nasch- Hör- sowie Lesevorrat mit und macht die Tür zu!
- Aus einer großen Pappe kann man einen Bildschirm ausschneiden und ein eigenes Fernsehprogramm machen: Nachrichten Talkshow mit Stofftieren Kochsendung praktische Tipps für die Hausaufgaben Interview mit einer Zahnbürste …

3 Was macht ihr, wenn es euch langweilig ist? Formuliert vollständige Sätze, in denen ihr eure Ideen aufzählt. Tauscht anschließend eure Hefte aus und kontrolliert die Kommasetzung.

Information **Das Komma bei Aufzählungen**

Wörter und Wortgruppen in Aufzählungen werden **durch Kommas abgetrennt,** z. B.:
Mit Wolle, Garn, Stoffen, Perlen kann man immer etwas anfangen.
Dies gilt auch, wenn das Wort oder die Wortgruppe durch einschränkende Konjunktionen wie *aber, jedoch, sondern, doch, jedoch* eingeleitet wird, z. B.:
Langeweile ist unschön, aber kein unlösbares Problem.
Achtung: Kein Komma steht vor den nebenordnenden Konjunktionen *und, oder, sowie, entweder … oder, sowohl … als auch,* z. B.: *Zum Fußballspielen wünscht sich Niklas neue Turnschuhe und ein Trikot. Hier gibt es sowohl Sportkleidung als auch Sportgeräte.*

Das Komma in Satzreihen und Satzgefügen

VORSICHT FEHLER!

Rätsel

– Paul spielt ein Instrument er trainiert auch beim Fußballclub.
– Felicia spielt kein Instrument und sie macht keinen Sport.
– Alev spielt nicht Klavier sondern sie spielt Geige.
– Welches Kind spielt Klavier welches Kind spielt Theater und welches Kind spielt Fußball?

1 Kombiniert die Aussagen und löst das Rätsel.

2 In den Sätzen fehlen die Kommas bei den Satzreihen (Hauptsatz + Hauptsatz).
a Lest die Sätze mit Sprechpausen. Überlegt, an welchen Stellen Kommas zu setzen sind.
b Überprüft eure Überlegungen anhand der Regeln im Merkkasten auf Seite 291.
c Schreibt die Sätze ab und setzt dabei die fehlenden Kommas.
d In den obigen Sätzen kann man an zwei Stellen ein Komma setzen, muss aber nicht. Erklärt, warum.

Das Fußballspiel

VORSICHT FEHLER!

Am ersten Wochenende im Juni versammeln wir uns auf dem Sportplatz und spielen Fußball. Eltern gegen Kinder. Eigentlich sind es eher Jungs gegen Papas weil wir nur drei Mädchen in der Mannschaft sind. Alle stürmen nachdem der Schiedsrichter das Spiel angepfiffen hat drauflos. Die Zuschauer drängen sich an die Spielfeldlinie und feuern uns an. Ich freue mich riesig dass mein Vater bei der Elternmannschaft dabei ist. Als er nach nur wenigen Minuten drei Tore geschossen hat zeigt ihm der Schiedsrichter die Gelbe Karte. „Du kennst die Regeln", zischt er Papa zu. „Ihr spielt bis die Kinder gewonnen haben. Wenn du so weitermachst werden wir nie fertig."

3 In dem Text fehlen die Kommas bei den Satzgefügen (Hauptsatz + Nebensatz).
a Schreibt den Text ab und setzt dabei die fehlenden Kommas.
b Unterstreicht die Hauptsätze rot und die Nebensätze grün. Umkreist dann die Konjunktionen, mit denen die Nebensätze eingeleitet werden.

4 In Satzgefügen kann der Nebensatz vor, zwischen oder nach dem Hauptsatz stehen.
Sucht hierfür jeweils einen Beispielsatz aus dem Text heraus. Zeichnet zu diesen drei Sätzen jeweils einen Satzbauplan.
TIPP: Wenn ihr nicht mehr wisst, wie Satzbaupläne aussehen, schaut auf Seite 260 nach.

5 Sollen Erwachsene Kinder beim Spielen gewinnen lassen? Formuliert eure Meinung und stützt sie durch Argumente. Achtet auf die Kommasetzung in euren Texten.

Astrid Lindgren

Pippi Langstrumpf

Pippi ist allein in die Villa Kunterbunt eingezogen. Eines Tages kommen zwei Polizisten, um sie in ein Kinderheim zu bringen. Aber Pippi denkt nicht daran, sich einfangen und wegbringen zu lassen.

Und ehe der Polizist sich's versah hatte Pippi einen Sprung auf das Verandageländer gemacht. Mit ein paar Sätzen war sie oben auf dem Balkon der über der Veranda war. Die Polizisten liefen ins Haus und in das obere Stockwerk hinauf. Aber als sie auf den Balkon kamen war Pippi schon halb auf dem Dach. Sie kletterte ungefähr so, als ob sie ein Affe wäre. Im Nu stand sie auf dem Dachfirst und sprang schnell auf den Schornstein. Unten auf dem Balkon standen die beiden Polizisten und rauften sich die Haare. Nachdem die Polizisten eine Weile überlegt hatten gingen sie runter und holten eine Leiter die sie gegen den Hausgiebel lehnten. Und nun kletterten sie hinauf. Doch sie sahen etwas ängstlich aus als sie auf dem Dachfirst ankamen und auf Pippi zubalancierten.

1 Sicher kennt ihr diese Geschichte von Pippi Langstrumpf. Erzählt, wie sie weitergeht.

2 **a** Schreibt den Text ab und ergänzt die fehlenden Kommas.
b Unterstreicht die Hauptsätze rot und die Nebensätze grün.
c Der Text enthält zwei Relativsätze. Findet sie in Partnerarbeit. Kennzeichnet dann mit einem Pfeil, auf welches Nomen sich der Relativsatz bezieht.
d Umkreist die Relativpronomen und die Konjunktionen, mit denen die Nebensätze eingeleitet werden.

Information **Das Komma in Satzreihen und Satzgefügen**

1 Die Kommasetzung in der Satzreihe (Hauptsatz + Hauptsatz)
Ein Satz, der aus zwei oder mehr Hauptsätzen besteht, wird **Satzreihe** genannt.
- Die einzelnen Hauptsätze einer Satzreihe werden durch ein **Komma** voneinander getrennt, z. B.: *Der Nachmittag ist lang, die Langeweile ist groß, die Freunde sind alle unterwegs.* *Jasmin würde gerne in ihrem Krimi lesen, aber sie muss noch Hausaufgaben machen.*
- Nur vor den Konjunktionen *und* bzw. *oder* darf das Komma entfallen, z. B.:
Jonas trifft sich heute mit Jan(,) und sie gehen ins Kino.
Mathilda geht heute zu Beata(,) oder sie fährt mit ihrer Mutter in die Stadt.

2 Die Kommasetzung im Satzgefüge (Hauptsatz + Nebensatz)
Einen **Satz,** der **aus** mindestens einem **Hauptsatz und** mindestens einem **Nebensatz** besteht, nennt man **Satzgefüge.** Der Nebensatz kann vor, zwischen oder nach dem Hauptsatz stehen. Zwischen Hauptsatz und Nebensatz muss **immer ein Komma** stehen, z. B.:
Erwachsene haben meistens keine Gewinnchance, wenn sie mit Kindern Memory spielen.
Weil sie dann leicht die Lust verlieren, sollten die Kinder sie ruhig mal gewinnen lassen.
Das Gedächtnis, das bei diesem Spiel trainiert wird, funktioniert bei Kindern einfach besser.

Fordern und fördern – Zeichensetzung

Timo Parvela

Im Bus auf Klassenfahrt

VORSICHT FEHLER!

1 Timo dachte sich ein spannendes Spiel aus und das ging so:
2 Wenn wir an einem Traktor vorbeifuhren musste man auf einen der roten Knöpfe über den Sitzen oben an der Decke des Busses drücken.
3 Am Anfang entdeckte keiner einen Traktor weil wir ja noch in der Stadt waren.
4 Außerhalb der Stadt gab es auch keine Traktoren da war ewig nur Wald.
5 Und als der Wald zu Ende war kam eine andere Stadt in der es auch keine Traktoren gab.
6 Die sind heute vielleicht still, sagte die Frau des Lehrers.
7 Abwarten, sagte der Lehrer.
8 Und genau da kamen wir an einer Traktorfabrik vorbei.
9 Das war toll.
10 Aber hinterher ärgerten wir uns weil der Lehrer uns das Spiel nicht weiterspielen lassen wollte obwohl es gerade so schön begonnen hatte.
11 Der Nächste, der auf einen Notknopf drückt, kann den Rest der Strecke zu Fuß gehen, drohte der Lehrer.
12 Kennt ihr das Spiel, bei dem man immer ganz laut Muh brüllen muss, wenn man eine Kuh sieht?, fragte Timo.
13 Diesmal hatten wir Riesenglück weil wir gleich darauf an einem Rindermarkt vorbeikamen.

1 Erklärt, welches Spiel die Kinder auf dieser Busfahrt spielen.

●○○ **2** In den Sätzen 6, 7, 11 und 12 gibt es wörtliche Rede, aber es fehlen die Anführungszeichen. Schreibt diese Sätze vollständig ab und setzt die Anführungszeichen bei der wörtlichen Rede (▶ Zeichensetzung bei der wörtlichen Rede, S. 288).

●●○ **3** In den Sätzen 4 und 13 findet ihr ein Beispiel für eine Satzreihe und für ein Satzgefüge.
a Schreibt die Sätze in euer Heft und setzt dabei die fehlenden Kommas.
b Zeichnet zu jedem Satz einen Satzbauplan (▶ Satzbaupläne, Seite 260).

●●● **4** **a** Schreibt die Sätze 1, 2 und 10 in euer Heft und setzt dabei die fehlenden Kommas.
b Zeichnet zu jedem Satz einen Satzbauplan (▶ Satzbaupläne, Seite 260).

●●● **5** „Das war toll", heißt es in Satz 9. Erläutert diesen Satz, indem ihr drei Sätze mit den Konjunktionen „denn", „weil" und „aber" bildet. Denkt an die Kommasetzung.
Das war toll, weil …

denn • weil • aber

Testet euch!

Zeichensetzung

Timo Parvela

Das Krippenspiel

„Fürchtet euch nicht, denn ich verkünde euch eine große Freude!“, sagte Hanna in ihrem Engelskostüm. Sie sah unseren Lehrer in der ersten Reihe fragend an und er nickte.
Der Saal war voll mit Vätern, **1** Müttern, Brüdern, Schwestern, Omas, Opas, Paten und anderen Angehörigen. Der Lehrer lächelte das erste Mal seit Wochen. Die Hirten standen fromm neben ihren Schafen und schauten verwundert auf die Engel. Das heißt, Mika schaute nicht verwundert, **2** weil er sie gar nicht sah mit seinem verrutschten Hut. „Geht nach Bethlehem und das soll euch als Zeichen dienen. Ihr werdet ein Kind finden, in Windeln gepickelt“, rief der Engel freudig. Im Publikum hörte man ein nervöses Kichern, **3** aber es verstummte, als Hannas Mutter Hannas Vater mit dem Ellbogen anstieß. Der Lehrer machte die Augen zu und Mika versuchte, unter dem Hut vorzuspicken, aber er schaffte es nicht. Von da an konzentrierte er sich wie bei der Probe darauf, den Umhang vor sich im Blick zu behalten. Als die Hirten sich dann auf den Weg nach Bethlehem machten, **4** wunderte sich das Publikum ein bisschen, dass einer von ihnen einem Engel hinter die Bühne folgte. Mika hatte in der Aufregung wohl den falschen Umhang erwischt. „Wir sind gekommen, uns vor dem Kind zu verneigen“, sagte einer der Hirten, **5** die den richtigen Weg genommen hatten. „Wehe, du lachst, du Uhu, dann reiß ich dir die Flügel aus!“, **6** hörte man Mikas weinerliche Stimme von irgendwo hinter den Kulissen.
Kurz darauf kam auch der verirrte Hirte schniefend in Bethlehem an. Er verbeugte sich vor dem Jesuskind und schlug dabei mit seinem Hirtenstab die Stern-von-Bethlehem-Lampe in tausend Stücke. Es gab erst ein lautes Krachen, **7** dann ein Klirren und dann war es still. Josef, die anderen Hirten und ich erstarrten, das Publikum hielt die Luft an und der Lehrer hatte wieder die Augen geöffnet, um zu sehen, woher das schreckliche Geräusch gekommen war.
„Ich hab's gewusst“, kreischte Mika. Dann schubste er vor Wut ein Schaf von der Bühne und rannte heulend hinter die Kulissen. Alle warteten gespannt, was als Nächstes passieren würde.

1 Ordnet jedem nummerierten Komma die passende Regel zu, nach der dort ein Komma gesetzt werden muss, z. B.: *1 = S, 2 =* ... Ergeben die Buchstaben ein Lösungswort?

Kommaregeln:

- **E** Das Komma trennt einen Hauptsatz vom folgenden Nebensatz in einem Satzgefüge.
- **R** Das Komma trennt einen Nebensatz vom folgenden Hauptsatz in einem Satzgefüge.
- **T** Das Komma trennt zwei gleichartige Wortgruppen in einer Aufzählung.
- **H** Das Komma trennt zwei Hauptsätze, die mit „aber“ verbunden sind.
- **U** Das Komma trennt die wörtliche Rede vom Redebegleitsatz.
- **S** Das Komma trennt einzelne Wörter in einer Aufzählung.
- **G** Das Komma trennt einen Relativsatz vom vorangegangenen Hauptsatz.

14.3 Fit in ... – Richtig schreiben

Mit diesem Kapitel könnt ihr testen, wie fit ihr bereits in der Groß- und Kleinschreibung seid und wie sicher ihr die Zeichensetzung beherrscht. Ihr geht so vor:

1 **Textüberarbeitung:** Zuerst überarbeitet ihr zwei Fehlertexte.
2 **Fehlerschwerpunkte finden:** Danach wertet ihr euer Ergebnis aus und stellt fest, in welchen Bereichen ihr noch Probleme habt.
3 **Training an Stationen:** Auf den Seiten 297–302 übt ihr wie bei einem Zirkeltraining gezielt die Bereiche der Rechtschreibung, die für euch noch schwierig sind.

Langeweile (1)

VORSICHT FEHLER!

1 manche tage sind einfach zum langweilen gemacht.
2 zum beispiel regentage verbringt man am besten im warmen und wartet, bis es etwas gutes zu essen gibt.
3 an sonntagen ohne ausflug ins grüne hilft nur konsequentes liegenbleiben im bett.
4 ferientage, an denen alle freunde im urlaub sind, bieten sich bei gutem wetter zum dösen in der sonne an.
5 gerade an solchen tagen kommt meistens auch nichts sehenswertes im fernsehen.
6 es besteht dann noch die hoffnung, dass sich etwas lesenswertes im regal findet.
7 am glücklichsten ist man aber, wenn doch noch jemand zum quatschen oder spielen auftaucht.

Langeweile (2)

VORSICHT FEHLER!

1 Mir ist so langweilig jammert Clara.
2 Was soll ich machen? fragt sie.
3 Ich hab gar keine Lust zu spielen seufzt Clara.
4 Papa antwortet Schau mal in dein Zimmer da gibt es Bücher Puzzles Malsachen CDs und tausend andere Sachen.
5 Aber auf die Sachen die es da gibt habe ich keine Lust.
6 Dann triff dich mit deinen Freundinnen wenn sie Zeit haben.
7 Ich weiß genau dass sie heute alle etwas anderes vorhaben.
8 Du kannst mir beim Aufräumen Putzen und Kochen helfen.
9 Gerade fällt mir ein dass ich doch total viel Lust zum Puzzeln habe.

1 a Schreibt den Text „Langeweile (1)" in der richtigen Groß- und Kleinschreibung in euer Heft.
b Unterstreicht in eurem Text die nominalisierten Verben blau und nominalisierte Adjektive grün.
c Umkreist bei den nominalisierten Verben und Adjektiven die Nomensignale.

2 Schreibt den Text „Langeweile (2)" ab. Setze dabei alle fehlenden Satzzeichen. Achtet auf
– die Zeichensetzung bei der wörtlichen Rede (Anführungszeichen, Doppelpunkt, Komma),
– die Kommasetzung in Satzreihen, Satzgefügen und Aufzählungen.

Die eigenen Fehlerschwerpunkte finden

3 Überprüft in Partnerarbeit die Rechtschreibung in euren Texten „Langeweile (1)“ und „Langeweile (2)“. Geht so vor: Vergleicht eure Texte Wort für Wort und Satzzeichen für Satzzeichen mit den Lösungen auf Seite 352. Markiert alle Fehler, die ihr gemacht habt.

4 Findet eure Fehlerschwerpunkte. Geht so vor:
- a Alle Fehler, die ihr gemacht habt, markiert ihr auf einer Kopie des folgenden Fehlerbogens.
- b Zählt, wie viele Fehler ihr in jedem Kästchen gemacht habt. Tragt eure Fehlerzahl in die mittlere Spalte ein.
- c In der rechten Spalte der Tabelle mit dem Namen „Trainingsstationen“ seht ihr, bei welchen Stationen ihr üben solltet. Markiert diese Stationen und die entsprechenden Seitenzahlen und schreibt sie dann auf ein Blatt Papier. Dieses Blatt ist euer Trainingsplan.

5 Übt eure Rechtschreibung an euren Trainingsstationen.

Fehlerbogen

Fehlerschwerpunkte	Fehlerzahl	Trainingsstationen
Text: Langeweile (1)		
Großschreibung von Nomen Tage, Beispiel, Regentage, Sonntagen, Ausflug, Bett, Ferientage, Freunde, Urlaub, Wetter, Sonne, Tagen, Fernsehen, Hoffnung, Regal		Mehr als drei Fehler gemacht: ▸ Training an der Station 1, S. 297–298 ▸ Hilfen im Buch, S. 272
Großschreibung von nominalisierten Verben und Adjektiven **nominalisierte Verben** (+ Nomensignale) zum Langweilen, konsequentes Liegenbleiben, zum Dösen, zum Quatschen oder Spielen **nominalisierte Adjektive** (+ Nomensignale) im Warmen, etwas Gutes, ins Grüne, nichts Sehenswertes, etwas Lesenswertes		Mehr als zwei Fehler gemacht: ▸ Training an der Station 2, S. 298–299 ▸ Hilfen im Buch, S. 273–275
Kleinschreibung von Adjektiven (im Superlativ mit *am*) am besten, am glücklichsten; weitere Adjektive, die großgeschrieben wurden ...		Ab einem Fehler: ▸ Training an der Station 3, S. 299 ▸ Hilfen im Buch, S. 329

Fehlerschwerpunkte	Fehlerzahl	Trainingsstationen
Text: Langeweile (2)		
Zeichensetzung bei der wörtlichen Rede 1 „Mir ist so langweilig“, jammert Clara. 2 „Was soll ich machen?“, fragt sie. 3 „Ich hab gar keine Lust zu spielen“, seufzt Clara. 4 Papa antwortet: „Schau mal in dein Zimmer, da gibt es [...] andere Sachen.“ 5 „Aber auf die [...] keine Lust.“ 6 „Dann triff [...] Zeit haben.“ 7 „Ich weiß genau [...] vorhaben.“ 8 „Du kannst [...] helfen.“ 9 „Gerade fällt [...] habe.“ Statt der Punkte am Satzende in 1 und 3 ist auch ein Ausrufezeichen korrekt.		Mehr als drei Fehler gemacht: ► Training an der Station 4, S. 300 ► Hilfen im Buch, S. 287–288
Kommasetzung bei Aufzählungen 4 [...] da gibt es Bücher, Puzzles, Malsachen, CDs und tausend andere Sachen.“ 8 „Du kannst mir beim Aufräumen, Putzen und Kochen helfen.“		Mehr als einen Fehler gemacht: ► Training an der Station 5, S. 301 ► Hilfen im Buch, S. 289
Kommasetzung in Satzreihen und Satzgefügen 4 Papa antwortet: „Schau mal in dein Zimmer, da [...].“ 5 „Aber auf die Sachen, die es da gibt, habe ich keine Lust.“ 6 „Dann triff dich mit deinen Freundinnen, wenn sie Zeit haben.“ 7 „Ich weiß genau, dass sie heute alle etwas anderes vorhaben.“ 9 „Gerade fällt mir ein, dass ich doch total viel Lust zum Puzzeln habe.“		Mehr als einen Fehler gemacht: ► Training an der Station 6, S. 302 ► Hilfen im Buch, S. 290–291
Andere Fehler:		Sprecht mit eurer Lehrkraft über diese Fehler. Sie gibt euch Tipps und Übungen für diese Fehlerbereiche.
Fehler insgesamt:		

Keine oder nur ganz wenige Fehler gemacht?
Bearbeitet an den Stationen 1 bis 6 (► S. 297–302) die Aufgaben „Für Spezialisten“.

Training an Stationen

Station 1: Großschreibung von Nomen

1 Hier findet ihr die Nomen (mit ihren Begleitern) aus dem Text „Langeweile (1)“.

manche Tage • zum Beispiel • Regentage • an Sonntagen • ohne Ausflug • im Bett • Ferientage • alle Freunde • im Urlaub • (bei) gutem Wetter • in der Sonne • (an) solchen Tagen • im Fernsehen • die Hoffnung • im Regal

Nicht immer haben Nomen einen Nomenbegleiter. Macht die Probe: Wenn ihr einen Nomenbegleiter (z. B. Artikel, Adjektiv) ergänzen könnt, schreibt ihr groß, z. B.: *Ich esse (den/einen) Kuchen.*

a Übertragt die Tabelle in euer Heft.

b Ordnet die Nomen nach ihren Begleitwörtern in die Tabelle ein. Die Nomen „Regentage“ und „Ferientage“ ergänzt ihr um einen Artikel und ordnet sie dann in die Tabelle ein (▶ Hilfen im Buch S. 272).

Nomenbegleiter (Nomensignale)			
Artikel	**Präpositionen (+ Artikel)**	**Pronomen oder Zahlwort**	**Adjektive**
...	...	– *manche Tage*	...

2 Sucht alle Nomen aus der folgenden Wortkette heraus und ordnet sie nach ihren Begleitwörtern in eure Tabelle ein. Ergänzt ein mögliches Begleitwort bei den Nomen, bei denen ihr kein Nomensignal findet.

3 a Für Spezialisten: Findet im folgenden Text die sechs Fehler bei der Groß- und Kleinschreibung und schreibt die Fehlerwörter richtig in euer Heft. Nomen, nominalisierte Verben und nominalisierte Adjektive schreibt ihr mit ihren Begleitwörtern auf.

b Begründet bei jedem Fehlerwort, warum Groß- oder Kleinschreibung hier richtig ist.

VORSICHT FEHLER!

Spielfelder selbst entwerfen

Bei Hüpfspielen müsst ihr oft in vorgezeichnete Kästchen springen. Auf festem, Asphaltiertem Boden verwendet ihr zum aufzeichnen der Felder am Besten Kreide. Habt ihr keine Kreide zur Hand, malt ihr die Spielfelder mit einem weichen Stein auf den Asphalt. Auf Sand- oder waldböden könnt ihr mit stöcken Linien in den weichen Untergrund ziehen. Und wenn ihr auf einer Wiese spielen wollt, legt ihr einfach felder aus Stöcken oder Steinen auf den Boden.

Station 2: Großschreibung von nominalisierten Verben und Adjektiven

1 a Formuliert vollständige Spielregeln. Verwendet dazu die Verben in den Klammern in nominalisierter Form, z. B.:
Beim Aufdecken von zwei gleichen Kärtchen darf man das Pärchen an sich nehmen.
(▶ Hilfen im Buch, S. 273–275)

> Macht die Probe: Wenn ihr einen Nomenbegleiter (z. B. einen Artikel, eine Präposition) ergänzen könnt, schreibt ihr groß, z. B.: *(das) Spielen, (beim) Spielen,*

b Unterstreicht in euren Sätzen die nominalisierten Verben mit ihren Begleitern.

- (zwei gleiche Kärtchen aufdecken) darf man das Pärchen an sich nehmen.
- (Spielsteine vertauschen) ist nicht gestattet.
- (Spielkarten verstecken) ist strengstens verboten.
- (eine Spielfigur überspringen) ist bei diesem Spiel nicht erlaubt.
- (eine Karte ziehen) sollte ihr Bild nicht zu sehen sein.
- (einen Joker legen) darf man sich etwas wünschen.
- (das Zielfeld erreichen) ist die passende Augenzahl nötig.

2 a Groß oder klein? Schreibt die markierten Wörter in der richtigen Schreibweise in euer Heft. Sortiert die Nominalisierungen dabei in zwei Listen: nominalisierte Verben – nominalisierte Adjektive.

b Unterstreicht in euren Listen die Nomenbegleiter.

Sonntagnachmittag

Beim SPIELEN am Sonntagnachmittag passiert eigentlich immer etwas LUSTIGES. Schon beim AUSWÄHLEN des Spiels gibt es ein lautes LACHEN, wenn Papa mal wieder nichts BESSERES einfällt, als ein Loblied auf sein geliebtes Doppelkopfspiel anzustimmen. Wenn er dann beim VERTEILEN der Karten den KÜRZEREN gezogen hat, erzählt er allerlei

UNSINNIGES, um von seinem Spielpech abzulenken. Wenn Mama beim ABLEGEN ihrer Karten über das ganze Gesicht zu GRINSEN anfängt, verheißt das für uns nichts GUTES. Wir versuchen dann zwar noch alles MÖGLICHE, um ihr GEWINNEN zu verhindern, aber meistens ist da nichts MEHR zu machen. Zum Glück gibt es an diesen Nachmittagen immer auch etwas SÜßES zum KNABBERN – so ein Stückchen Schokolade kann etwas SEHR TRÖSTLICHES sein.

3 **a** Für Spezialisten: Überlegt, warum die unterstrichenen Adjektive in den folgenden Sätzen trotz Begleiter kleingeschrieben werden müssen.
TIPP: Prüft, ob ihr ein Nomen ergänzen könnt, auf das sich das Adjektiv bezieht.

- Die teuersten Fußballschuhe sind nicht immer die besten.
- Große Sporthallen gefallen mir besser als die kleinen.
- Die ruhigsten Trainer sind oft die erfolgreichsten.

b Schreibt die Sätze in euer Heft und ergänzt dabei das „fehlende" Nomen hinter dem unterstrichenen Adjektiv.

Station 3: Kleinschreibung von Adjektiven bei Superlativ mit „am"

1 Vergleicht die Merkmale und Eigenschaften der drei Kinder miteinander. Verwendet hierfür die Adjektive aus der Tabelle, z. B.: *Luise ist groß. Clemens ist größer. Clara ist am größten.*
(► Hilfen im Buch, S. 275)

	Größe (groß)	**Alter (jung)**	**gewonnen (häufig)**	**Punktzahl (hoch)**	**verlieren können (schlecht)**
Luise	134 cm	10	3 x	23	☹
Clemens	146 cm	11	6 x	56	☹☹☹
Clara	150 cm	12	5 x	49	☹☹

2 Für Spezialisten: Entscheidet, wie die Wörter in Großbuchstaben geschrieben werden müssen, und schreibt die Sätze in euer Heft.

Diese Probe hilft: Wenn *am* beim Superlativ steht, kann man es nicht in *an dem* auflösen.

- Am SCHÖNSTEN ist es, gemeinsam mit seinen Freuden zu spielen.
- Am NACHMITTAG haben wir hierfür Zeit.
- Das BESTE ist, wenn jeder mal gewinnt.
- Am CLEVERSTEN ist es, in allen Situationen ein „Pokerface" zu bewahren.
- Am CLEVERSTEN in der Spielrunde sollte man sich ein Beispiel nehmen.

Station 4: Zeichensetzung bei der wörtlichen Rede

– Wiebke sagt zu Thomas: „Du spielst mit Lilli Gitarre."
– Anja sagt zu Pauline und Julius: „Ihr geht nach draußen."
– Johannes sagt zu Elena: „Du gewinnst dieses Spiel."
– Peter sagt zu Mathilda und Carla: „Das räumt ihr wieder auf."

1 Stellt den Redebegleitsatz hinter die wörtliche Rede. Formuliert dann die wörtliche Rede zu einer Aufforderung, danach zu einer Frage um. Achtet auf die richtige Zeichensetzung und verwendet treffende Verben für „sagen" und „fragen" (▶ Hilfen im Buch, S. 287–288), z. B.:
- *„Du spielst mit Lilli Gitarre", sagt Wiebke zu Thomas. (Redebegleitsatz hinter der wörtlichen Rede)*
- *„Spiel mit Lilli Gitarre!", fordert Wiebke Thomas auf. (Wörtliche Rede als Aufforderung)*
- *„Spielst du mit Lilli Gitarre?", fragt Wiebke Thomas. (Wörtliche Rede als Frage)*

Astrid Lindgren

Pippi soll ins Kinderheim

A „Ich habe schon einen Platz in einem Kinderheim", sagte Pippi. „Was sagst du? Ist das schon geregelt?", fragte der eine Polizist. „Wo ist das Kinderheim?" „Hier", sagte Pippi stolz. „Ich bin ein Kind und das hier ist mein Heim. Also ist es ein Kinderheim." „Liebes Kind", sagte der Polizist und lachte, „das verstehst du nicht. Du musst in ein richtiges Kinderheim."
B „Kann man in eurem Kinderheim Pferde haben?", fragte Pippi. „Nein! Natürlich nicht!", sagte der Polizist. „Das habe ich mir gedacht", sagte Pippi düster. „Aber Affen?" „Natürlich nicht! Das musst du doch verstehen." „Ja", sagte Pippi, „dann müsst ihr euch von anderswoher Kinder für euer Kinderheim besorgen."

2
a Sucht euch einen Lernpartner oder eine Lernpartnerin, der/die ebenfalls an der Station 4 trainiert.
b Diktiert euch gegenseitig jeweils einen Abschnitt des Textes (A und B), ohne die Satzzeichen zu nennen. Setzt die Satzzeichen beim Schreiben selbstständig.
c Kontrolliert gegenseitig die Zeichensetzung in euren Texten. Vergleicht dazu eure Diktate mit der Vorlage im Buch. Markiert und berichtigt die Fehler.

3
a Für Spezialisten: Erklärt den Unterschied, der sich durch die Zeichensetzung ergibt:
– „Er hat gepfuscht!", sagte ein Mitspieler, als er vom Tisch aufstand.
– „Er hat gepfuscht", sagte ein Mitspieler, „als er vom Tisch aufstand."
b Gebt den folgenden Sätzen zwei unterschiedliche Bedeutungen, indem ihr unterschiedliche Satzzeichen bei der wörtlichen Rede setzt.
– Die sind gerade gegangen riefen Michael und Hans als die Runde zu Ende war.
– Robin las das Buch sagte Jens sehr langsam.
– Susanne ist die Beste bemerkt Moni die immer gewinnt.

Station 5: Kommasetzung bei Aufzählungen

VORSICHT FEHLER!

Kofferpacken

Ich packe eine Zahnbürste in den Koffer. – Ich packe eine Zahnbürste **1** und eine Taschenlampe in den Koffer. – Ich packe eine Zahnbürste **2**, eine Taschenlampe **3**, und mein Kuscheltier in den Koffer. – Ich packe eine Zahnbürste, eine Taschenlampe **4** mein Kuscheltier und ein Buch in den Koffer. – Ich packe eine Zahnbürste, eine Taschenlampe **5**, ein Kuscheltier, ein Buch **6** sowie einen Schlafanzug **7** oder ein Nachthemd in den Koffer. Ich packe eine Zahnbürste, eine Taschenlampe, mein Kuscheltier in den Koffer **8**, das Buch wieder aus **9** dann noch einen Schlafanzug hinein.

1 Kontrolliert die Kommasetzung bei den Aufzählungen. Ordnet hierzu jedes nummerierte Komma (1 bis 9) einem der folgenden Punkte zu (▶ Hilfen im Buch, Seite 289):
- *richtig gesetztes Komma: Nr. ...*
- *falsch gesetztes Komma: Nr. ...*
- *fehlendes Komma: Nr. ...*
- *richtig weggelassenes Komma: Nr. ...*

VORSICHT FEHLER!

Gruselzimmer

Das bereiten die Kinder für die Erwachsenen vor:

1 Ihr hängt Lappen oder Decken auf spannt Fäden quer durchs Zimmer verteilt Stolperkissen auf dem Boden haltet Heul- Quietsch- oder Rasselinstrumente sowie genügend Taschenlampen bereit.

2 Nun werden die Erwachsenen in den stockdunklen Raum gelassen machen sich auf den Weg durch das Gruselzimmer werden plötzlich von Gespenstern angeleuchtet und angefasst oder spüren einen nassen Waschlappen im Gesicht. Aber lasst sie wieder heil herauskommen!

2 Schreibt die Sätze 1 und 2 ab und setzt dabei die fehlenden Kommas bei den Aufzählungen.

3 **a** Für Spezialisten: Übertragt die Tabelle in euer Heft und ordnet die Konjunktionen richtig ein.
b Übertragt die beiden Regeln in euer Heft und ergänzt sie.
c Formuliert zu jeder Konjunktion einen Beispielsatz entsprechend den Regeln.

aber • und • entweder ... oder • jedoch • sowie • sondern • sowohl ... als auch • doch • oder

nebenordnende Konjunktionen	einschränkende Konjunktionen
und, ... *Regel: In Aufzählungen steht vor nebenordnenden Konjunktionen ... (ein/kein) Komma.*	*...* *Regel: In Aufzählungen steht vor einschränkenden Konjunktionen ... (ein/kein) Komma.*

Station 6: Kommasetzung im Satzgefüge

1 Welcher Satz passt zu welchem Satzbauplan? Schreibt das Ergebnis in euer Heft, z. B.: *1* = …
(▶ Hilfen im Buch, S. 260, 290–291)

A —— HS ——, —— NS ——.
B —— NS ——, —— HS ——.
C —— HS ——, —— NS ——, — Fortsetzung HS —.
D —— HS ——, —— NS ——, —— NS ——.

1 Weil in der Schule lustige Sachen passieren, gehen Ella und ihre Freunde gerne dorthin.
2 Besonders lustig war es, als ihnen der Lehrer und die Direktorin vormachen wollten, wie Sackhüpfen geht.
3 Die Direktorin hätte gewonnen, wenn da nicht die Gießkanne gewesen wäre.
4 Diese Gießkanne, die ihren Sieg verhinderte, hatte sie selbst auf dem Schulhof abgestellt.

Timo Parvela

Ella – Unser Lehrer als Bestimmer

Unser Lehrer war die ganze Woche gut gelaunt weil er die Direktorin vertreten durfte. Am Montag bestimmte er dass wir ihn „Herr Direktor“ nennen sollten. Am Dienstag bestimmte er dass wir uns vor ihm verbeugen und mit der Stirn die Knie berühren sollten wann immer er an uns vorüberging. Am Mittwoch bestimmte er dass die Köchin ihm sein Essen so auf dem Teller anrichten musste dass die Fischstäbchen und der Kartoffelbrei sich nicht berührten. Am Donnerstag bestimmte er dass der Hausmeister kommen und ihm die Tasche aus dem Klassenzimmer ins Lehrerzimmer tragen musste. Am Freitag hatte er dann den Verdacht dass die anderen Lehrer an der Schule einen Aufstand gegen ihn planten. Der Lehrer hatte uns gerade zu seiner Leibgarde bestimmt als die richtige Direktorin zurückkam. Schnell nahm der Lehrer die Krone aus Goldpapier vom Kopf die er seit dem Morgen trug.

2 **a** Schreibt den Text ab und setzt dabei die fehlenden Kommas.
b Unterstreicht die Hauptsätze rot und die Nebensätze grün. Umkreist die Konjunktionen und die Relativpronomen, mit denen die Nebensätze eingeleitet werden.

3 **a** Für Spezialisten: Bestimmt bei jeden Satz, ob es sich um eine Satzreihe oder um ein Satzgefüge handelt, z. B.: *A* = …
b Begründet bei jedem Satz die Kommasetzung.

A Manche Spiele sind sehr alt, sie wurden schon von euren Großeltern gespielt.
B Manche Spiele sind sehr alt, sodass sie schon von euren Großeltern gespielt wurden.
C Manche Spiele sind sehr alt und sie wurden schon von euren Großeltern gespielt.

15 Lernen lernen – Leicht gemacht

1 Betrachtet die Abbildung. Beschreibt, wie ihr euch einen Tag vor der Klassenarbeit fühlt.

2 **a** Berichtet, wie ihr euch auf Klassenarbeiten vorbereitet: Welche Probleme habt ihr vielleicht und wie geht ihr damit um?
b Stellt Ratschläge zusammen, wie ihr euch sinnvoll auf eine Klassenarbeit vorbereiten könnt.

In diesem Kapitel ...

- erhaltet ihr Tipps, um euch gezielt auf eine Klassenarbeit vorzubereiten,
- erfahrt ihr, wie ihr den Lernstoff wiederholen und üben könnt,
- lernt ihr, in Lexika und im Internet gezielt nach Informationen zu suchen,
- bereitet ihr einen Kurzvortrag vor.

15.1 Gut geplant ist halb gewonnen – Klassenarbeiten vorbereiten

Die Zeit zur Vorbereitung sinnvoll einteilen

1 Der Erfolg einer Klassenarbeit hängt von der Vorbereitung ab.

a Die Lern-Etappen sind hier durcheinandergeraten. Schaut euch die einzelnen Etappen an. Berichtet von euren Erfahrungen.

b Bringt die einzelnen Lern-Etappen in eine Reihenfolge, die euch sinnvoll erscheint.

2 Legt euch einen Kalender wie im nebenstehenden Muster an. Übertragt die Etappen in euren Kalender. Überlegt:
- Gibt es Etappen, die ihr an einem Tag erledigen wollt?
- Wie viele Stunden könnt ihr täglich lernen?

1	Mo	
2	Di	
3	Mi	
4	Do	
5	Fr	
6	Sa	
7	So	
8	Mo	*Deutscharbeit*

3 a Überlegt, in welchen Phasen der Vorbereitung ihr gut zu zweit oder in der Gruppe üben könnt. Begründet eure Meinung.

b Begründet, warum ihr folgende Tipps berücksichtigen solltet:
- Schwierigen Lernstoff sollte man öfter wiederholen.
- Am Tag vor der Arbeit sollte man nichts Neues mehr lernen.

Den Lernstoff wiederholen – Spickzettel und Schaubilder

1 Es gibt viele verschiedene Methoden, um den Lernstoff zu üben und zu wiederholen.

a Tragt zusammen, mit welchen Methoden ihr den Untrrichtsstoff wiederholt und übt, z. B.:

> - *Den Lernstoff auf Karteikarten schreiben.*
> - *Den Lernstoff in einem Schaubild veranschaulichen.*
> - …

b Besprecht, welche Vor- und Nachteile die einzelnen Methoden haben.

2 Selbstverständlich ist ein **Spickzettel** während der Klassenarbeit verboten – vorher aber nicht.

a Überlegt, warum ein Spickzettel als Vorbereitung auf eine Klassenarbeit hilfreich ist.

b Stellt euch vor, ihr sollt in der nächsten Arbeit eine Gegenstandsbeschreibung verfassen. Erstellt hierzu einen Spickzettel. Die Informationen unten helfen euch.
TIPP: Informationen zur Gegenstandsbeschreibung findet ihr auf den Seiten 75–79 und 319.

3 Prüft, ob die Angaben auf eurem Spickzettel hilfreich sind. Wählt einen Gegenstand aus (z. B. euer Mäppchen) und beschreibt ihn.

4 Häufig kann man wichtige Informationen auch in einem **Schaubild** übersichtlich anordnen. Erstellt eine Mind-Map zur Groß- und Kleinschreibung. Ergänzt dazu das folgende Schaubild.
TIPP: Informationen zur Groß- und Kleinschreibung findet ihr auf den Seiten 272–275 und 340–341.

Methode **Einen Spickzettel erstellen**

Ein guter Spickzettel ist die beste Vorbereitung auf eine Klassenarbeit oder einen Test.

1. Schritt: Schreibt den gesamten Lernstoff in Stichworten auf und prägt ihn euch ein.

2. Schritt: Schreibt den Lernstoff noch einmal auf. Notiert dabei nur das Wichtigste, sodass sich der Umfang verkleinert.

3. Schritt: Verkleinert euren Spickzettel noch einmal, sodass er auf eine Karteikarte passt. Ihr könnt auch Zeichnungen und Symbole verwenden.

Rechtschreibtraining – Mit Diktaten und der Rechtschreibkartei üben

Ursachen für das Aussterben von Tierarten

Für das Aussterben von Tierarten gibt es viele Ursachen. Besonders schädlich für frei lebende Tiere ist die Zerstörung ihrer Lebensräume. Viele Gebiete des Regenwaldes werden zum Beispiel abgeholzt, um Weidefläche für Kühe oder Schweine zu schaffen. Die frei lebenden Tiere haben dadurch immer weniger Platz zum Leben und finden nicht mehr genügend Futter.
Die starke Umweltverschmutzung ist eine weitere Ursache dafür, dass Tierarten aus ihren ursprünglichen Lebensräumen verschwinden. Das größte Problem ist hier die Verschmutzung der Meere durch Erdöl, giftiges Abwasser und Müll. Aber auch die Jagd bedroht den Bestand vieler Tierarten. Oft sind die Knochen, die Zähne, das Fleisch oder das Fell dieser Tiere sehr begehrt. So ist zum Beispiel der Tiger stark gefährdet und in einigen Teilen der Welt sogar schon ausgestorben. Um das Artensterben zu stoppen, werden für einige Tierarten Schutzgebiete eingerichtet.
Dort können die Tiere dann in Ruhe leben und sich wieder weiter vermehren.

1 a Lest den Text. Erklärt, warum viele Tierarten vom Aussterben bedroht sind und was dagegen unternommen wird.
b Nennt Wörter aus dem Text, deren Schreibweise euch schwierig erscheint, z. B. lange Wörter wie Umweltverschmutzung (► Z. 11).

2 Schreibt den Text als Diktat. Wählt dazu aus den folgenden Diktatformen (► S. 306–307) eine aus.

Partnerdiktat
- Lest zuerst den gesamten Text und achtet auf schwierige Wörter.
- Diktiert euch abwechselnd den ganzen Text, am besten in Wortgruppen.
- Jeder überprüft am Ende seinen eigenen Text auf Rechtschreibfehler und verbessert sie.
- Tauscht dann eure Texte aus und korrigiert sie gegenseitig.
- Unterstreicht alle Wörter, die ihr falsch geschrieben habt, und verbessert die Fehler.

Laufdiktat
- Legt den Text auf einen freien Platz im Raum.
- Geht zum Text und prägt euch ein kurzes Stück ein.
- Geht zurück zu eurem Platz und schreibt auf, was ihr euch gemerkt habt.
- Wiederholt dies, bis ihr den ganzen Text aufgeschrieben habt.
- Vergleicht zum Schluss euren Text mit der Vorlage. Unterstreicht alle Wörter, die ihr falsch geschrieben habt, und verbessert die Fehler.

Hördiktat
- Nehmt den Text auf, z. B. mit Hilfe eines Diktiergeräts. Lest ihn dazu langsam und laut vor. Achtet auf sinnvolle Pausen.
- Spielt euch den Text Satz für Satz vor und schreibt ihn auf.
- Vergleicht euren Text zum Schluss mit der Vorlage. Unterstreicht alle Wörter, die ihr falsch geschrieben habt, und verbessert die Fehler.

3 Jeder macht andere Fehler. Deshalb solltet ihr eure Fehlerwörter sammeln und immer wieder üben. Dabei hilft euch eine Rechtschreibkartei.
Nehmt die Fehlerwörter aus dem Diktat (► S. 306) in eine Rechtschreibkartei auf. Geht so vor:
- Schreibt das Wort, bei dem ihr oft Fehler macht, in der richtigen Schreibweise auf eine Karteikarte.
- Markiert die Stelle, die ihr falsch geschrieben habt.
- Schreibt verwandte Wörter auf. Bei Verben notiert ihr auch die Personalformen. Schreibt auch einen Satz auf, in dem das Fehlerwort vorkommt.

gefährden

ich gefährde, ich gefährdete, ich habe gefährdet

die Gefahr, gefährlich

Viele Tierarten sind durch die Zerstörung ihrer Lebensräume gefährdet.

4 Übt eure Fehlerwörter alleine oder zu zweit mit Hilfe eurer Rechtschreibkartei. Übt mehrmals in der Woche, dann werdet ihr schnell sicher in der Rechtschreibung sein.

Methode **Mit der Rechtschreibkartei üben**

- Sortiert alle Karteikarten zunächst in das erste Fach ein.
- Nehmt bis zu zehn Kärtchen aus der Rechtschreibkartei und übt sie, z. B.:
  - **Einprägen:** Lest das Fehlerwort und prägt es euch ein. Schreibt es dann aus dem Gedächtnis auf.
  - **Partnerdiktat:** Lasst euch Fehlerwörter oder Sätze mit euren Fehlerwörtern diktieren.
- Überprüft die Schreibweise mit Hilfe eurer Karteikarten. Wenn alles richtig ist, kommt die Karte in das zweite Fach, sonst legt ihr sie wieder ins erste.
- Ins dritte Fach kommen alle Karten, bei denen ihr auch beim zweiten, späteren Üben (= Wörter aus dem zweiten Fach) alles richtig schreibt.

15.2 Gewusst wo! – Informationen recherchieren

In Lexika nachschlagen

Stichwörter

Leitwörter

Querverweise zu anderen Artikeln

Biathlon – Bicycle Motocross

Biathlon [griech. = Zweikampf] *das:* Wintersportdisziplin aus Skilanglauf und Scheibenschießen. Der eigentliche Lauf wird je nach Streckenlänge von zwei bis vier Schießübungen (jeweils mit fünf Schuss) unterbrochen, die liegend und stehend absolviert werden. Fehlschüsse werden je nach Wettbewerb mit Strafzeiten oder Strafrunden geahndet.

Bibel [griech.] *die:* zusammenfassende Bezeichnung für die Schriften des ▸ Alten Testaments und des ▸ Neuen Testaments: von den christlichen Kirchen als „Heilige Schrift" bezeichnet. Das Alte Testament ist ursprünglich im Wesentlichen in hebräischer Sprache geschrieben, in geringen Teilen aramäisch. Das Neue Testament ist in griechischer Sprache verfasst worden. Die Bibel wurde bis heute in etwa 2000 Sprachen übersetzt.

Biber *der:* ein bis 1 m langes, gesellig lebendes Säugetier, das zur Ordnung der ▸ Nagetiere gehört. Mit seinem dichten, Wasser abweisenden Fell, seinen Schwimmhäuten und seinem breiten, mit lederartiger Haut bedeckten Schwanz (Kelle) ist er perfekt an das Leben im Wasser angepasst. Der Biber ist ein sehr guter Schwimmer und kann bis zu 15 Minuten lang tauchen, wobei ihm die Kelle als Steuer dient. Er frisst Rinde, Blätter und junge Schösslinge. Bäume bis 60 cm Durchmesser kann der Biber seitlich keilförmig annagen und fällen. Er verwendet sie teils zum Bauen, teils als Nahrung. Durch groß angelegte Bauten (Erd- und Schlammburgen, Biberdämme) verändert er Flusslandschaften. Er wird ca. 50 Jahre alt. In Deutschland gehört der Biber zu den vom Aussterben bedrohten Tierarten und ist gesetzlich geschützt.

Bibernelle [lat.] *die:* Pflanze aus der Gattung der Doldenblütler mit etwa 150 Arten.

Bibliothek [griech. = Büchergestell] *die:* Bücherei, planmäßige Sammlung von Büchern und anderen ▸ Medien. Meist eine öffentliche Einrichtung, in der Bücher u. a. Medien, z. B. DVDs, CDs, CD-ROMs, ausgeliehen werden können. Die Bestände einer Bibliothek sind nach Sachgebieten geordnet, z. B. „Sport", „Technik", „Fremde Länder". So genannte Kataloge geben einen Überblick über den gesamten Bestand der Bibliothek.

Bicycle Motocross [baißikl; engl.]: Abk. BMX, Radrennen mit Spezialrädern auf Hindernisbahnen von 200 bis 350 m Länge im Gelände.

Markenzeichen des Bibers sind die großen Nagezähne und der breite, platte Schwanz (Kelle).

1 Wenn ihr euch über ein bestimmtes Thema oder einen Begriff informieren wollt, könnt ihr in einem Lexikon nachschlagen.

a Berichtet von euren Erfahrungen: Welche Lexika (Nachschlagewerke) habt ihr schon einmal benutzt? Was habt ihr dort gesucht und wie seid ihr vorgegangen?

b Erläutert, wie die vorliegende Seite aus einem Lexikon aufgebaut ist.

2 Erklärt anhand der Einträge zu den Stichwörtern „Bibliothek“ und „Bicycle Motocross“, wo ihr die folgenden Angaben finden könnt:
Artikel, Herkunft des Wortes, Worterklärung, Betonung, Aussprache

3 Oft tauchen in Lexikoneinträgen Abkürzungen auf. Schlagt das Inhaltsverzeichnis eines Lexikons auf und notiert, was die folgenden Abkürzungen bedeuten.

Abk. = *Abkürzung*	ca. = ...	n. Chr. = ...	v. a. = ...
allg. = ...	Jh. = ...	s. = ...	v. Chr. = ...
bzw. = ...	Mio. = ...	u. a. = ...	z. B. = ...
		usw. = ...	z. T. = ...

Im Internet recherchieren

1 Berichtet über eure Erfahrungen bei der Informationsrecherche im Internet: Wie geht ihr vor? Welche Suchmaschinen verwendet ihr?

2 Für Kinder und Jugendliche gibt es spezielle Suchmaschinen, z. B. www.blinde-kuh.de.
Beschreibt die abgebildete Seite:
– Wie lautet der Suchbegriff?
– Wie viele Treffer (Suchergebnisse) wurden insgesamt gefunden?
– Wo werden die Treffer angezeigt?

Dein Suchergebnis zum Thema: Biber Lebensraum

Kinder-Tierlexikon, der Biber

Der **Lebensraum:** Der **Biber** wohnt an stehenden und fließenden Gewässern. Er lebt in Biberburgen, das sind aus Stämmen und Ästen selbst gebaute Dämme, …

http://www.kinder-tierlexikon.de/b/biber.htm

Sumpfbiber-Nutria I Tierlexikon für Kinder I SWR Kindernetz Oli's …

Sie sehen aus wie eine Mischung aus Biber und Bisamratte. Aussehen. Gruppe Sumpfbiber (Bild: SWR). Trotz ihres Namens Sumpfbiber gehören diese Tiere …

http://www.kindernetz.de/oli/tierlexikon/sumpfbiber-nutria/-/id=74994/nid=74994/did=84680/i02xax/index.html

Homo heidelbergensis

… Wildpferd, Hirsch, Reh, Elch, Wildschwein, Flusspferd, **Biber** und Wildkatze. … dass der **Lebensraum** des Homo heidelbergensis nicht ungefährlich war …

http://www.kinder-hd-uni.de/fossilien/homo.html

3 Prüft die drei Suchergebnisse. Begründet, welchen Link ihr aufrufen würdet, um etwas über den Lebensraum des Bibers zu erfahren.

4 Recherchiert in Partnerarbeit im Internet zum Thema Biber. Nehmt hierzu die Informationen aus dem unten stehenden Kasten zu Hilfe. Geht so vor:

a Überlegt, was euch besonders interessiert, und notiert geeignete Suchbegriffe, z. B.:
Biber + Lebensraum *Biber + aussterben* …

b Ruft im Internet eine Suchmaschine auf und gebt in das Eingabefeld eure Suchbegriffe ein.

c Wertet eure Suchergebnisse aus. Welche Seiten liefern brauchbare Informationen?

5 Tauscht euch über eure Erfahrungen bei der Internetrecherche aus. Diskutiert mögliche Gründe, wenn ihr mit dem Suchergebnis nicht zufrieden seid.

6 Sucht eine andere Tierart, die vom Aussterben bedroht ist, und recherchiert hierzu im Internet.

Methode **Im Internet recherchieren**

Mit Suchmaschinen kann man im Internet gezielt nach Informationen suchen, z. B.: www.google.de; www.bing.de. Für Jugendliche gibt es spezielle Suchmaschinen, z. B.: www.blinde-kuh.de; www.fragfinn.de; www.helles-koepfchen.de.

Um brauchbare Informationen zu finden, müsst ihr euch geeignete Suchbegriffe überlegen. Es gibt verschiedene Möglichkeiten:

- Eingabe eines Suchbegriffs, z. B. *Biber:* Internetseiten, die dieses Wort enthalten, werden angezeigt.
- Eingabe mehrerer Suchbegriffe, z. B. *Biber + Lebensraum:* Die Suche beschränkt sich auf die Seiten, die beide Begriffe enthalten.
- Eingabe eines Themas oder eines Namens in Anführungszeichen, z. B. *„europäischer Biber“:* Der genaue Wortlaut oder der vollständige Name wird gesucht.

15.3 Einen Kurzvortrag halten – Informationen anschaulich darstellen

Den Vortrag vorbereiten

1 Bereitet gemeinsam mit einer Partnerin oder einem Partner einen Kurzvortrag über eine Tierart vor, die vom Aussterben bedroht ist.
Sammelt Fragen oder Stichpunkte, die euch interessieren, z. B. in einem Cluster:

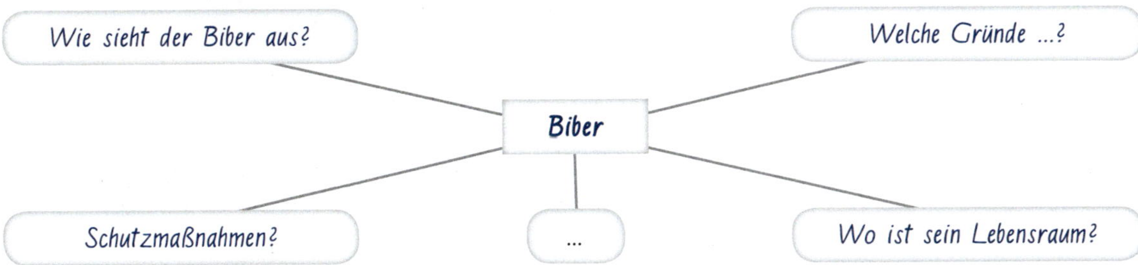

2 Recherchiert in Lexika und im Internet nach Informationen zu euren Fragen und Begriffen. Notiert für eure Internetrecherche geeignete Suchbegriffe (► Internetrecherche, S. 309–310).
- Sucht aus den Texten Informationen zu euren Fragen und Stichworten aus Aufgabe 1 heraus und notiert sie.
- Kopiert wichtige Texte für eure Materialsammlung oder druckt sie aus. Notiert die Quelle (Autor/-in, Titel des Textes/Buches, Internetadresse mit Datum des Aufrufs).

3 Entwickelt eine Gliederung (einen roten Faden) für euren Kurzvortrag.
a Ordnet euer Material nach Unterthemen. Legt für jedes Unterthema eine Karteikarte an und schreibt die wichtigsten Informationen in Stichworten auf.

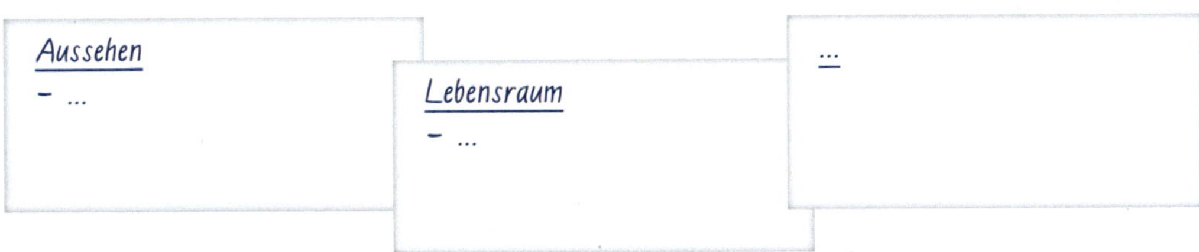

b Bringt die Kärtchen in eine sinnvolle Reihenfolge und nummeriert sie.

4 **a** Notiert Ideen für die Einleitung eures Vortrags, z. B.: *Bis zu 23000 Haare wachsen auf einem Quadratzentimeter der Biberhaut. Bei einem Menschen sind es gerade mal 600. Das Fell, das den Biber vor dem kalten Wasser schützt, ist einer der Gründe, warum er fast ausgerottet wurde ...*
b Formuliert einen möglichen Schlusssatz für euren Kurzvortrag.

Einstiegsmöglichkeiten, z. B.: ein Bild, ein Zitat, eine überraschende Erkenntnis, ein interessantes Ereignis, Überblick über den Vortrag
Schlussmöglichkeiten, z. B.: persönliche Einschätzung, Ausblick, Anknüpfung an den Anfang

Mit Anschauungsmaterial informieren

1 Unterstützt euren Vortrag durch Anschauungsmaterial, dann können sich eure Zuhörerinnen und Zuhörer noch besser vorstellen, worüber ihr sprecht.

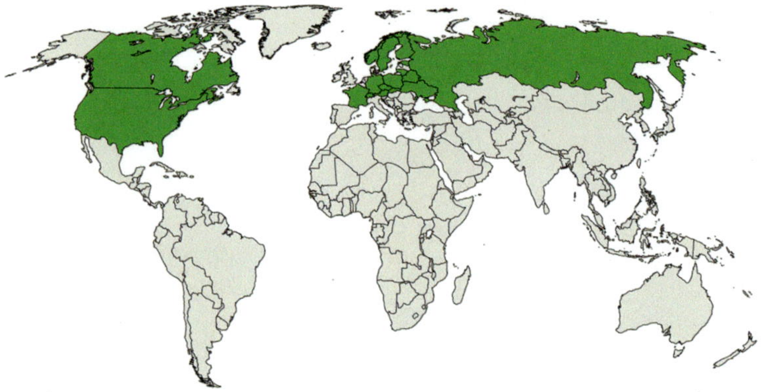

heutige Verbreitung des Bibers

a Die Abbildungen gehören zu einem Kurzvortrag über den Biber. Erläutert, was man mit diesem Anschauungsmaterial erklären kann.

b Überlegt, zu welchen Informationen eures Vortrags ihr welches Anschauungsmaterial zeigen könnt, und sucht nach geeignetem Material, z. B.:
- Bilder, Fotos
- Landkarten, Grafiken
- Gegenstände, Anschauungsobjekte

c Prüft, welche technischen Hilfsmittel (Beamer, Notebook, Tageslichtprojektor usw.) ihr benötigt und worauf ihr beim Einsatz besonders achten müsst.

2 Bei einem Vortrag solltet ihr eure Notizen nicht einfach vorlesen. Sie sollten vielmehr eine Hilfe für das freie Sprechen sein. Das muss man jedoch üben, auch Profis üben ihre Vorträge.

a Nehmt eure Karteikarten und formuliert mündlich zu den Stichpunkten ganze Sätze.

b Notiert auf die jeweilige Karteikarte, an welcher Stelle ihr euer Anschauungsmaterial zeigen wollt.

c Übt mehrmals mit einer Partnerin oder einem Partner und sucht Blickkontakt zu eurem Zuhörer. Gebt euch eine Rückmeldung: Was war gut, was könnt ihr noch verbessern?

3 Der spannendste Vortrag bleibt wirkungslos, wenn das Publikum nicht zuhört.

a Überlegt, wie ihr der Rednerin oder dem Redner während des Vortrags Interesse zeigt.

b Zum aktiven Zuhören gehören auch Fragen: Klärt, wann ihr fragen dürft.

4 a Haltet eure Vorträge. Die Zuhörer/-innen machen sich während des Vortrags Notizen.

b Gebt dem/der Vortragenden anschließend ein Feedback: Was hat euch besonders gut gefallen? Was kann verbessert werden? Welche Fragen sind noch offengeblieben?

Orientierungswissen

Sprechen und Zuhören

Gesprächsregeln

Gespräche, in denen verschiedene Meinungen oder Wortbeiträge ausgetauscht werden, sollten nach bestimmten Regeln ablaufen, damit die Verständigung erleichtert wird.
Die wichtigsten Gesprächsregeln sind:
- Jede/r äußert sich nur zu dem Thema, um das es geht.
- Wir melden uns zu Wort und reden nicht einfach los.
- Wir hören den anderen Gesprächsteilnehmern aufmerksam zu.
- Wir fallen den anderen Gesprächsteilnehmern nicht ins Wort.
- Niemand wird wegen seiner Äußerungen beleidigt, verspottet oder ausgelacht.
- Wir befolgen die Hinweise des Gesprächsleiters oder der Gesprächsleiterin.

Die eigene Meinung überzeugend begründen

▶ S. 36–37

In einer Diskussion können verschiedene Meinungen aufeinanderprallen. Um andere für seine Interessen zu gewinnen, muss man seine Meinung überzeugend begründen. Das nennt man Argumentieren. Beim Argumentieren stellt man eine Meinung (Behauptung) auf, die man durch Begründungen (Argumente) stützt und durch Beispiele veranschaulicht bzw. erklärt, z. B.:
- **Meinung (Behauptung):** *Unsere Eltern sollten zur Klassenparty eingeladen werden.*
- **Begründung (Argument):** ..., *weil sie uns bei dem Fest helfen können.*
- **Beispiel:** *Tobias aus der Parallelklasse hat berichtet, dass sich die Eltern bei ihrer Klassenparty um die Verpflegung gekümmert haben.*

TIPP: Argumente könnt ihr z. B. mit folgenden **Konjunktionen** einleiten: *weil, da, denn.*

Diskutieren

▶ S. 38–39

In einer Diskussion tauschen sich mehrere Personen zu einer Frage aus. Sie können dabei unterschiedliche Meinungen vertreten. Diskussionsfrage, z. B.: *Sollen wir ein Klassensprecher-Team wählen?*
- **Bildet euch eine Meinung** und drückt sie in einem Satz aus, z. B.: *Ich bin der Meinung, dass wir ein Klassensprecher-Team wählen sollten.*
- **Begründet eure Meinung** durch Argumente, z. B.: *Ich bin für die Wahl eines Klassensprecher-Teams, weil die Schüler dann zwei Ansprechpartner haben.*
- **Veranschaulicht eure Meinung mit Beispielen,** z. B.: *Seitdem in der Klasse meiner Schwester solche Teams gewählt werden, fühlen sich die meisten Schüler besser vertreten.*

Schreiben

Einen Vorschlag schriftlich begründen (Stellung nehmen)

► S. 40–41; 49–52

In einer Stellungnahme äußert ihr euch zu einer Frage oder zu einem Thema (z. B.: *Sollte Ismael am Debattierclub teilnehmen?*).

- Ihr bildet euch eine **Meinung** und formuliert sie in einem vollständigen Satz.
- Dann führt ihr **überzeugende Begründungen** (Argumente) für eure Meinung an und veranschaulicht diese durch **Beispiele.**
- Zum Schluss **fasst** ihr eure **Meinung** oder eure Forderung/Bitte noch einmal **zusammen.**

(► mehr zu Meinung, Argument und Beispiel auf S. 313)

Beispiel: Einen Vorschlag schriftlich begründen (in einer E-Mail).

Anrede	Lieber Ismael,/Hallo Ismael,
Einleitung: Anlass des Schreibens	in unserem Gespräch über den Debattierclub habe ich dir gesagt, dass ich dich ... Trotzdem glaube ich, dass du noch nicht richtig überzeugt bist. Deshalb maile ich dir jetzt.
Hauptteil: Meinung Argument 1 Stützendes Beispiel 1 Argument 2 Stützendes Beispiel 2	 Ich bin der Meinung, dass ... Ein wichtiger Grund hierfür ist, dass ... Ich kenne dich schon lange und weiß, wie gut du dich zum Beispiel in der Schulbibliothek ... Außerdem ... Wenn ich zum Beispiel ...
Schluss: Wunsch/Vorschlag	 Ich hoffe, dass ...
Grußformel	Viele Grüße
Name (Unterschrift)	dein Scobie

Formulierungsbausteine für die Argumentation

Meinung: *Wir sind der Meinung/Ansicht, dass ... • Wir finden, dass ...*

Argumente: *Ein Argument/Grund für ... ist, dass ... • Außerdem spielt eine Rolle, dass ... • Ein weiterer Grund ist, ... • Besonders wichtig ist, dass ...*

Beispiele: *Das sieht man daran, dass ... • Zum Beispiel ... • Aus eigener Erfahrung weiß ich, ... • In einem Interview sagte ..., dass ... • Die Erfahrung des Heine-Gymnasiums zeigt, dass ...*

Satzverknüpfungen: *weil • denn • da • aus diesem Grund • deshalb • darum*

Einen persönlichen Brief schreiben

Briefe werden an einen oder mehrere Empfänger geschickt. Danach richten sich Inhalt und Wortwahl des Schreibens. Einen Brief an euren Opa könnt ihr anders formulieren als den an eure Lehrerin oder euren Lehrer. Briefe sind nach dem folgenden Muster aufgebaut:

Briefkopf
Ort und Datum

Anrede
Nach der Anrede setzt ihr entweder ein Ausrufezeichen und beginnt danach groß oder ihr setzt ein Komma und schreibt klein weiter.
Wenn ihr jemanden siezt, schreibt ihr die Anredepronomen groß, z. B.: *Sie, Ihnen, Ihr* usw. Sonst könnt ihr sie kleinschreiben, z. B.: *dir, dein, euch, euer.*

Brieftext
- Geht auf die Empfängerin/den Empfänger ein: Überlegt, was sie/ihn interessiert.
- Gliedert euren Brief in Einleitung, Hauptteil und Schluss. Trennt die einzelnen Teile durch Absätze.
- Sprecht zu Beginn den Empfänger direkt an. Beantwortet Fragen und stellt selbst welche.
- Schreibt über ein Erlebnis und teilt Neuigkeiten mit.
- Sagt auch etwas über eure Gedanken und Gefühle.
- Baut im Schlussteil Anreize ein, die die Empfängerin/den Empfänger dazu anregen, einen Antwortbrief zu schreiben. Stellt z. B. Fragen. Sendet gute Wünsche.

Grußformel und Unterschrift
Die Grußformel und die Unterschrift stehen jeweils in einer eigenen Zeile. Am Ende setzt man weder Punkt noch Ausrufezeichen.

Burgdorf, den 1. Oktober 2012

Liebe Frau Pütz,	*Hallo Rudi!*
sicher wollen ***Sie*** *wissen, wie es mir geht.*	*Sicher bist* ***du*** *neugierig, wie es bei mir so läuft.*

Vielen Dank für ...
Wie geht es dir?
Jch habe mich so über ... gefreut.

Die letzten Wochen waren ...
Mir gefällt ...

Wie war die erste Woche bei dir?
Hast du schon ...?

Jch hoffe, du meldest dich bald.

Herzliche Grüße	*Liebe Grüße*
Viele Grüße	*Bis bald*
Jhre Jana	*dein Manuel*

Erzählen

Erlebnisse erzählen (Erlebniserzählung)

▶ S. 16–23; 33–34

Beim Erzählen wird ein wirkliches oder ein erdachtes Erlebnis wiedergegeben.
Eine Erzählung hat meist folgenden Aufbau (roten Faden):

- **Einleitung:** Mit der Einleitung führt man in die Handlung ein. Hier informiert man den Leser in der Regel über Ort (Wo?) und Zeit (Wann?) des Geschehens und stellt mindestens eine Hauptfigur (Wer?) vor. (▶ Hinweise, wie ihr die Einleitung gestalten könnt, findet ihr auf Seite 17.)
- **Hauptteil:** Der Hauptteil ist der Kern der Geschichte. Hier wird die Spannung schrittweise bis zum Höhepunkt der Geschichte gesteigert. Die Leser sollen mitfiebern, was nun passieren wird. (▶ Wie ihr im Hauptteil spannend und anschaulich erzählen könnt, erfahrt ihr auf Seite 20.)
- **Schluss:** Der Schluss rundet die Geschichte ab. Man kann erzählen, wie die Handlung ausgeht, absichtlich den Ausgang offenlassen oder einen abschließenden Gedanken äußern.

Die **Überschrift** soll den Leser neugierig machen, aber noch nicht zu viel verraten.
Eine Geschichte wird in der Regel im **Präteritum** (1. Vergangenheit) erzählt, z. B.: *ich schlief, ich hörte.*
Die Ich-Form eignet sich besonders gut zum Erzählen von Erlebnissen.

Spannend und anschaulich erzählen

▶ S. 18–20

1 Versetzt euch in die Figuren hinein:
- Was hören, sehen, fühlen und riechen sie? Zum Beispiel: *Von Ferne hörte ich Hundebellen.*
- Was denken und sprechen sie? Zum Beispiel: *Was sollte ich tun?*

2 Beschreibt die Situation (Ort, Figuren, Handlung) genau und anschaulich und baut Spannungsmelder in eure Geschichte ein. Hierzu könnt ihr:
- **Gedanken und Gefühle** der Figuren mitteilen, z. B.: *Mir wurde auf einmal richtig schlecht.*
- **wörtliche Rede benutzen,** z. B.: *„Halt!“, schrie ich.*
- **treffende Verben** verwenden, z. B.: *flüstern, wimmern, stolpern, schleichen.*
- **anschauliche Adjektive** finden, z. B.: *panisch, heiß, düster, rasch, hastig, schmal, winzig.*
- **bildhafte Wendungen und Vergleiche** gebrauchen, z. B.: *mein Herz schlug bis zum Hals.*

Äußere und innere Handlung

▶ S. 21–22

In einer Geschichte wird nicht nur die äußere Handlung (das, was geschieht; das, was man von außen sehen kann) dargestellt, sondern es wird vor allem erzählt, **was die Figuren in einer Situation denken und fühlen (innere Handlung).** So können sich die Leser besser in die Figuren hineinversetzen und erhalten einen Einblick, was in einer Figur vorgeht, z. B. Angst, Wut, Freude, Verzweiflung.

- Beispiel für äußere Handlung: *Während die halbe Klasse auf dem Gang versammelt war, schrie Klaus aus dem Klassenraum um Hilfe.*
- Beispiel für innere Handlung: *Als ich Klaus' Hilfeschrei hörte, drehte sich mir der Magen um. Wie sollte ich Klaus bloß helfen?*

Nach Bildern erzählen (Bildergeschichte)

▶ S. 18–20

Auch Bilder können der Ausgangspunkt für eine Erzählung sein. Die vorgegebenen **Bilder** zeigen euch die **wichtigsten Momente der Geschichte.**

- Seht euch jedes Bild genau an und findet heraus, worum es in der Bildergeschichte geht. Achtet dabei auch auf Kleinigkeiten und schaut, welchen Gesichtsausdruck (Mimik) und welche Körpersprache (Gestik) die Figuren haben.
  TIPP: Stellt euch die Geschichte wie einen Film vor. In welchem Bild liegt der Höhepunkt?
- Sammelt Ideen für eine Geschichte. Notiert zu jedem Bild einige Stichworte.
- Plant den Aufbau eurer Geschichte, indem ihr die Erzählschritte in einem Schreibplan festlegt.
- Schreibt zu den Bildern eine spannende und anschauliche Erzählung mit Einleitung, Hauptteil und Schluss. Berücksichtigt dabei die Hinweise zur Erlebniserzählung (▶ S. 316).

Nach Reizwörtern erzählen (Reizwortgeschichte)

Ähnlich wie bei den einzelnen Bildern einer Bildergeschichte stellen die **Reizwörter** verschiedene **Schritte einer Erzählung** dar. Dabei könnt ihr die einzelnen Schritte nach eigenen Ideen verknüpfen. Beim Schreiben einer Reizwortgeschichte solltet ihr Folgendes beachten:

- Die Reizwörter sollen alle in der Geschichte vorkommen und eine besondere Rolle spielen. Die Reihenfolge der Reizwörter könnt ihr selbst festlegen.
- Sammelt Ideen für eine Geschichte. Plant dann den Aufbau eurer Geschichte, indem ihr die Erzählschritte in einem Schreibplan festlegt.
- Schreibt mit den Reizwörtern eine spannende und anschauliche Erzählung mit Einleitung, Hauptteil und Schluss. Berücksichtigt dabei die Hinweise zur Erlebniserzählung (▶ S. 316).

Eine Nacherzählung schreiben

▶ S. 127–130

1 **Die Textvorlage verstehen:** Wenn ihr eine Geschichte nacherzählt, ist es wichtig, dass ihr die ursprüngliche Geschichte genau verstanden habt. Geht so vor:
   - Lest die Geschichte mehrmals und notiert in Stichworten Antworten zu den folgenden Fragen:
     - Wer sind die Hauptfiguren der Geschichte?
     - Wo (Ort) und wann (Zeit) spielt das Geschehen?
     - Was geschieht nacheinander (Handlung) und wo liegt der Höhepunkt der Geschichte?

2 **Die Nacherzählung schreiben:** Versetzt euch beim Nacherzählen in die Ereignisse und die Figuren der Geschichte hinein. Geht beim Schreiben so vor:
   - Beachtet **die richtige Reihenfolge der Erzählschritte.** Haltet euch an den Handlungsverlauf der ursprünglichen Geschichte.
   - Lasst nichts Wichtiges weg und fügt nichts hinzu.
   - Erzählt **mit euren eigenen Worten.**
   - Schreibt **anschaulich und lebendig.** Gestaltet den Höhepunkt der Geschichte besonders aus.
   - Teilt die **Gedanken** und die **Gefühle der Hauptfiguren** mit und verwendet die **wörtliche Rede.**
   - Verwendet die **Zeitform der Textvorlage** (meist Vergangenheit).

Berichten

Einen Bericht verfassen

▶ S. 54–63; 69–72

Ein Bericht **informiert knapp und genau** über ein vergangenes Ereignis, z. B. eine Veranstaltung, einen Unfall. Er beschränkt sich auf die wesentlichen Informationen und **beantwortet die W-Fragen.**

Aufbau:
- In der **Einleitung** informiert ihr knapp, worum es geht.
  (Was ist geschehen? Wann geschah es? Wo geschah es? Wer war beteiligt?)
- Im **Hauptteil** stellt ihr den Ablauf des Ereignisses in der zeitlich richtigen Reihenfolge dar.
  (Wie lief das Ereignis ab? Warum?)
- Im **Schlussteil** nennt ihr die Folgen des Ereignisses oder gebt einen Ausblick.
  (Welche Folgen hatte das Ereignis?)
- Findet eine **treffende Überschrift,** die das Ereignis genau benennt.

Sprache:
- Schreibt **sachlich und nüchtern.** Vermeidet erzählende Ausschmückungen, Umgangssprache oder Vermutungen.
- Schreibt in der Zeitform **Präteritum** *(eröffnete, begrüßte)*. Verwendet das Plusquamperfekt, wenn etwas vorher passiert ist, z. B.: *Nachdem die Schulleiterin Frau Meidner die Gäste begrüßt hatte, eröffnete die Tanzgruppe den Abend.*
- Macht die **Reihenfolge der Ereignisse** durch passende Satzanfänge deutlich, z. B.: *Zuerst … Anschließend … Später … Zum Schluss …*
- Verdeutlicht die Zusammenhänge, indem ihr die Sätze durch **treffende Verknüpfungswörter** (Konjunktionen und Adverbien) verbindet, z. B.: *Weil die Show der Zirkus-AG ein großer Erfolg war, soll vor den Weihnachtsferien eine weitere Aufführung stattfinden.*

TIPP: Überlegt, zu welchem Zweck ihr den Bericht schreibt. Wenn ihr einen Unfallbericht (▶ S. 62–63) für die Polizei schreibt, beschränkt ihr euch auf die nötigsten Informationen. Schreibt ihr einen Bericht für die Schülerzeitung (▶ S. 56–58), könnt ihr auch eure persönliche Meinung wiedergeben. Das macht euren Bericht für die Leser interessanter.

Beschreiben

Personen beschreiben

▶ S. 85–90

- **Einleitung:** Beginnt mit dem Gesamteindruck der Person oder macht allgemeine Angaben zur Person (z. B. Name, Alter).
- **Hauptteil:** Beschreibt das Aussehen der Person in einer geordneten Reihenfolge, z. B. von oben (Kopf, Haare, Gesicht) nach unten (Kleidung, Schuhe).
- **Schluss:** Hier könnt ihr beschreiben, wie die Person auf euch wirkt oder wie sie sich selbst sieht oder verhält.
- Sucht aussagekräftige **Adjektive,** um die Person zu beschreiben, z. B. *schlank, oval.*
- Verwendet **treffende Verben,** z. B. *tragen, aussehen, besitzen, aufweisen.*
- Schreibt im **Präsens.**

Einen Gegenstand beschreiben (z. B. Suchmeldung)

► S. 75–79; 91–92

Bei einer Gegenstandsbeschreibung wird der Gegenstand (z. B. ein Fahrrad, eine Tasche, eine Jacke) so genau beschrieben, dass sich andere diesen genau vorstellen können.

Aufbau:

- **Einleitung:** In der Einleitung nennt ihr den Anlass der Beschreibung (z. B. Verlustanzeige, Verkaufsanzeige, Vorstellung eines neuen Gegenstandes, z. B. eines neuen Sportgeräts).
- **Hauptteil:** Hier beschreibt ihr den Gegenstand genau. Achtet dabei auf eine Ordnung:
  - Benennt zuerst den Gegenstand (Name/Art des Gegenstandes) und beschreibt den Gesamteindruck, z. B.: *ein Paar dunkelblaue Sneakers.*
  - Beschreibt dann die einzelnen Merkmale des Gegenstandes (z. B. Material, Form, Farbe, besondere Kennzeichen) in einer sinnvollen Reihenfolge, z. B. von oben nach unten, von links nach rechts.
- **Schluss:** Je nach Anlass der Beschreibung formuliert ihr zum Schluss eine Bitte, sich zu melden, wenn der Gegenstand gefunden wird (z. B. bei einer Suchanzeige), oder ihr gebt weiterführende Informationen, z. B. zur Funktion des Gegenstandes.

Sprachliche Mittel:

- Verwendet **passende Adjektive,** mit denen ihr den Gegenstand anschaulich und genau beschreiben könnt, z. B.: *dünn, lang, schmal, schneeweiß, feuerrot.*
- Verwendet an Stelle der Wörter „ist", „sind", „hat" und „haben" **treffende Verben,** z. B.: *besitzen, sich befinden, aufweisen.*
- Formuliert eure Beschreibung im **Präsens** (Gegenwartsform).

Einen Vorgang beschreiben

► S. 80–84

In einer Vorgangsbeschreibung beschreibt ihr einen Vorgang (z. B. einen Handstand machen, ein Spiel oder einen Versuch durchführen) so genau, dass andere ihn leicht verstehen und selbst ausführen können.

Aufbau:

- Formuliert eine treffende **Überschrift,** die sagt, was beschrieben wird, z. B.: *Einen Salto vorwärts ausführen.*
- Nennt in der **Einleitung** die notwendigen **Materialien** und/oder **Vorbereitungen,** z. B.: *eine Turnmatte, ein Trampolin, eine Aufwärmphase für den Körper einplanen.*
- Beschreibt im **Hauptteil Schritt für Schritt den Ablauf des Vorgangs,** z. B.: *Beim Absprung springt man ... Im gleichen Moment ... Danach ...*
- Zum **Schluss** könnt ihr einen weiterführenden **Tipp** oder einen **Hinweis** geben.

Sprachliche Mittel:

- Beschreibt die einzelnen Arbeitsschritte **genau und verständlich.**
- Verwendet nur **eine Form der Ansprache:** *Man springt ...* oder *Du springst ...*
- Wählt passende Wörter, die die **Reihenfolge** der einzelnen Schritte **deutlich machen,** z. B.: *zuerst, dann, danach, zum Schluss ...*
- Schreibt im **Präsens** (Gegenwartsform).

Lesen – Umgang mit Texten und Medien

Erzählung

Eine Erzählung ist eine Geschichte, in der von Ereignissen erzählt wird, die tatsächlich passiert sind oder die erfunden sind.

Erzählschritte in einer Geschichte

▶ S. 15–17; 130

Jede Geschichte besteht in der Regel aus mehreren Erzählschritten, die man auch **Handlungsabschnitte** nennt. Ein neuer Erzählschritt beginnt häufig dann, wenn z. B.:

- der Ort der Handlung wechselt, z. B.: *Auf der Insel angekommen ...*
- ein Zeitsprung stattfindet, z. B.: *Am nächsten Morgen ...*
- eine neue Figur auftaucht, z. B.: *Bald tauchte Ben Rogers auf ...*
- die Handlung eine Wendung erfährt, z. B.: *Auf einmal ...*
- ein Wandel in den Gedanken und Gefühlen der Hauptfigur stattfindet, z. B.: *Ich fühlte mich plötzlich leicht und fröhlich ...*

Die Figuren einer Geschichte

▶ S. 30

Die **Personen,** die **in einer Geschichte** vorkommen bzw. handeln, **nennt man Figuren.** Sie haben ein bestimmtes Aussehen, bestimmte Eigenschaften, Gefühle, Gedanken und Absichten. In vielen Geschichten gibt es eine **Hauptfigur,** über die der Leser besonders viel erfährt. Um eine Geschichte zu verstehen, solltet ihr euch ein klares Bild von den einzelnen Figuren machen.
Auch Tiere können handelnde Figuren in Erzähltexten sein, z. B. in einem Märchen.

Ich-Erzähler oder Er-/Sie-Erzähler

▶ S. 95

- Der **Ich-Erzähler** (oder die Ich-Erzählerin) ist selbst als handelnde Figur in das Geschehen verwickelt. Er/Sie schildert die Ereignisse aus seiner/ihrer persönlichen Sicht, z. B.: *An diesem Tag geschah etwas, was ich nie für möglich gehalten hätte. Meine Schwester hatte ...*
- Der **Er-/Sie-Erzähler** ist nicht am Geschehen beteiligt und erzählt von allen Figuren in der Er-Form bzw. in der Sie-Form. *An diesem Tag geschah etwas, dass David nie für möglich gehalten hätte. Seine Schwester hatte ...*

Erzählweisen unterscheiden

Spannend wird erzählt, wenn z. B.:

- Zeit und/oder Ort unheimlich wirken.
- von einer gefährlichen Situation erzählt wird.
- Rätselhaftes geschieht oder der Ausgang eines Geschehens ungewiss bleibt.
- spannungssteigernde Wörter und Wendungen verwendet werden, z. B.: *schlagartig, auf unheimliche Weise.*

Lustig wird erzählt, wenn z. B.:

- eine Situation zum Lachen reizt.
- eine Figur auftaucht, die durch ihr Aussehen, ihre Redeweise oder ihr Verhalten komisch wirkt.
- lustige Namen verwendet werden.
- etwas stark übertrieben wird.
- eine Sprache verwendet wird (z. B. eine besonders vornehme), die nicht zur Situation passt.

Schelmengeschichte (Schwank)

Eine Schelmengeschichte (auch Schwank genannt) ist eine **kurze, lustige Erzählung.** Sie handelt von einem witzigen Ereignis oder von einem Streich, der jemandem gespielt wird.
Die **Helden sind Schelme und Narren,** die ihre Mitmenschen **mit einer List** hereinlegen und ihnen damit **eine Lehre erteilen.**
Wie ein Witz hat auch die Schelmengeschichte **einen lustigen Höhepunkt (Pointe),** der meist darin besteht, dass der Schwächere (z. B. der Schelm, der Knecht) den Stärkeren (z. B. den Gelehrten, den Reichen, den Herrn oder den König) an der Nase herumführt.

Besonders bekannt sind die Streiche von **Till Eulenspiegel,** der seine Aufträge (z. B. die Kerze löschen) oft wörtlich nimmt und damit nicht im gemeinten Sinne ausführt.
In der orientalischen Literatur sind die Schelmengeschichten von **Nasreddin Hoca** (sprich: Hodscha) besonders bekannt und beliebt. In den Geschichten wird er uns als ein gewitzter Mann vorgestellt, der zu jeder Situation eine treffende Antwort oder Lebensweisheit hat.

Märchen

Märchen haben immer wiederkehrende Merkmale, an denen man sie gut erkennen kann.
Dabei sind natürlich nicht in jedem Märchen alle diese Merkmale zu finden.

Ort und Zeit
- Ort und Zeitpunkt der Handlung sind nicht durch genaue Angaben festgelegt, z. B.: *hinter den sieben Bergen, vor langer Zeit.*

Figuren
- Es treten typische Figuren auf, z. B. *König und Königin, Prinz und Prinzessin, Handwerker und Bauern, die böse Stiefmutter,* aber auch fantastische Figuren, z. B. *sprechende Tiere, Feen, Hexen, Riesen, Zwerge, Zauberer, Drachen* usw.
- Die Figuren sind häufig auf wenige Eigenschaften festgelegt, z. B.: *die gute Fee, die böse Hexe, die schöne Königstochter.*

Handlung
- Meist siegt am Ende das Gute und das Böse wird bestraft.
- Der Held/die Heldin muss Prüfungen bestehen oder Aufgaben erfüllen (häufig drei).
- Im Märchen geschehen wunderbare Dinge: Tiere können sprechen, es gibt magische Gegenstände (z. B. *einen Wundertisch, ein Zauberkästchen*) und Zauberei.

Erzählweise
- Oft enthalten Märchen feste sprachliche Formeln, z. B.: *Es war einmal ..., Und wenn sie nicht gestorben sind ...*
- Die Zahlen Drei, Sieben, Zwölf spielen häufig eine besondere Rolle, z. B. *drei Wünsche, sieben Zwerge, zwölf Gesellen.*
- Oft gibt es Reime oder Zaubersprüche, z. B.: *Ach wie gut, dass niemand weiß, dass ich Rumpelstilzchen heiß!*

Lügengeschichten

▶ S. 93–112

Schon immer haben sich Menschen für unglaubliche und sensationelle Dinge interessiert. Deshalb sind seit vielen Jahrhunderten Lügengeschichten sehr beliebt. Berühmt sind die Abenteuer- und Reisegeschichten des Barons von Münchhausen.
Im Gegensatz zu den Lügen im Alltag will der Erzähler einer Lügengeschichte seine Zuhörer oder Leser nicht wirklich täuschen, sondern unterhalten. Die Zuhörenden dürfen also merken, dass ihnen nicht die Wahrheit erzählt wird.

- Lügengeschichten enthalten **Ereignisse, die wirklich stattfinden könnten,** und Ereignisse, **die eindeutig erfunden oder übertrieben** sind.
- Meist wird zu Beginn (in der Einleitung) von einer Situation erzählt, die wirklich so geschehen sein könnte. Im Hauptteil wird dann **eine Lüge an die andere gereiht (Lügenkette).** Einer kleinen Lüge folgt die nächstgrößere usw.
- Für die klassische Lügengeschichte ist ein **Ich-Erzähler** typisch, denn so hat das Publikum den Eindruck, dass der Erzähler die Geschichte wirklich selbst erlebt hat.
- Oft spricht der Erzähler sein Publikum direkt an und **betont, die Wahrheit zu sagen,** z. B.: *Das ist wirklich die lautere Wahrheit, so wahr ich Josh McBroom heiße.*
- Um seine Lügen anschaulich und glaubhaft zu machen, beschreibt der Erzähler häufig Einzelheiten (z. B. Ort, Zeit, genaue Umstände usw.) und verwendet **übertreibende Vergleiche,** z. B.: *Diese Präriestechmücken werden hier draußen so groß, dass jedermann Maschendraht als Fliegengitter verwendet.*

Fabeln

▶ S. 137–152

Die Fabel ist ein **kurzer, lehrhafter Text,** in dem meist zwei **Tiere handeln und sprechen.** Dabei haben die Tiere **typische, menschliche Eigenschaften.** Zum Beispiel gilt der Fuchs als schlau, der Esel als dumm, der Löwe als mächtig und der Wolf als gierig. Die **Tiere sind häufig Gegner** (z. B. Fuchs gegen Rabe, Wolf gegen Kranich) und führen ein Streitgespräch, an dessen Ende der Listigere oder der Stärkere siegt.
Aus einer Fabel soll man eine **Lehre für das eigene Verhalten** ziehen. Oft wird die Lehre (Moral) der Fabel am Schluss in einem Satz zusammengefasst (z. B.: *Hüte dich vor Schmeichlern!*). Fabeln können wie Gedichte in Versen oder in Form einer Erzählung geschrieben sein.
Meist haben Fabeln folgenden Aufbau:
1. Ausgangssituation: Die Tiere werden kurz vorgestellt und ein Ereignis oder ein Konflikt wird beschrieben.
2. Konfliktsituation: Die Tiere führen ein Streitgespräch oder das eine Tier fordert das andere heraus. Dieser Teil ist häufig als Dialog zwischen den Tieren gestaltet.
3. Lösung/überraschende Wende: Es kommt zu einer überraschenden Wende (Pointe), indem z. B. ein Tier hereingelegt wird oder das schwächere Tier gewinnt.

Sagen

▶ S. 113–136

Sagen sind Erzählungen, die vom Anfang der Welt, von Göttern und Göttinnen, Helden und ihren Taten handeln. Häufig geht es in ihnen um **Kämpfe und Prüfungen,** um Sieg und Niederlage und um abenteuerliche Reisen, die der Held erlebt. Ob das Abenteuer eines Helden ein gutes oder ein böses Ende nimmt, hängt oft von dem Willen der **Götter** ab, die in die Handlung eingreifen und aus den gleichen Beweggründen wie die Menschen handeln, z. B. aus Eifersucht, Liebe, Rache.
In Sagen steckt **meist ein wahrer Kern:** Sie spielen häufig an Orten, die es wirklich gibt, verweisen manchmal auf Ereignisse, die tatsächlich stattgefunden haben, und erzählen oft von Figuren, die an wirkliche Personen erinnern. **Vieles** an den Sagen **ist aber auch erfunden:** So verfügen Menschen über unermessliche Kräfte und es tauchen Ungeheuer, Zauberinnen, Riesen und andere Fantasiewesen auf.
Sagen wurden **zunächst mündlich weitererzählt,** bevor man sie schriftlich festhielt.
Je nach ihrem Inhalt kann man die Sagen in verschiedene Gruppen einteilen:

- Stehen im Mittelpunkt der Sage die Taten eines Helden, spricht man von **Heldensagen,** z. B.: *Die Abenteuer des Odysseus* (▶ S. 114–123), *Die Siegfried-Sage, Die Herakles-Sage.*
- Erzählen sie von Ereignissen, die an einen bestimmten Ort gebunden sind, spricht man von **Orts- oder Lokalsagen,** z. B.: *Der Rattenfänger von Hameln* (▶ S. 134).

Gedichte

▶ S. 153–170

In Gedichten könnt ihr einige sprachliche Besonderheiten entdecken.

Vers:
Die Zeilen eines Gedichts heißen Verse.

Strophe:
Eine Strophe ist ein Gedichtabschnitt, der aus mehreren Versen besteht. Die einzelnen Strophen eines Gedichts sind durch eine Leerzeile voneinander getrennt. Häufig bestehen Gedichte aus mehreren, gleich langen Strophen.

Reim:
Oft werden die einzelnen Verse (Gedichtzeilen) durch einen Reim miteinander verbunden.
Zwei Wörter reimen sich, wenn sie vom letzten betonten Vokal an gleich klingen, z. B.:
Haus – Maus, singen – entspringen.
Die regelmäßige Abfolge von Endreimen ergibt verschiedene Reimformen. Dabei werden Verse, die sich reimen, mit den gleichen Kleinbuchstaben gekennzeichnet, z. B.:

- **Paarreim:** Wenn sich zwei aufeinanderfolgende Verse reimen, sprechen wir von einem Paarreim (aa bb):

  ... Katertier a ⎤
  ... Kavalier a ⎦
  ... Garten b ⎤
  ... erwarten b ⎦

- **Kreuzreim:** Reimen sich – über Kreuz – der 1. und der 3. sowie der 2. und der 4. Vers, dann nennt man das Kreuzreim (a b a b).

  ... verschieden a
  ... Bauch b
  ... zufrieden a
  ... auch b

- **umarmender Reim:** Wird ein Paarreim von zwei Versen umschlossen (umarmt), die sich ebenfalls reimen, heißt dies umarmender Reim (a bb a).

  ... springen a
  ... Traum b
  ... Raum b
  ... singen a

Metrum (Versmaß):

In den Versen (Zeilen) eines Gedichts wechseln sich häufig betonte (X́) und unbetonte Silben (X) regelmäßig miteinander ab. Wenn die **Abfolge von betonten und unbetonten Silben** (Hebungen und Senkungen) einem bestimmten Muster folgt, nennt man dies **Metrum** (Versmaß). Die wichtigsten Versmaße sind:

Jambus (X X́): X X́ X X́ X X́ X X́ X
Es regnet Blümchen auf die Felder (Mascha Kaléko)

Trochäus (X́ X): X́ X X́ X X́ X X́ X
Feuerwoge jeder Hügel (Georg Britting)

Daktylus (X́ X X): X́ X X X́ X X X́ X X X́ X
Pfingsten, das liebliche Fest war gekommen (Johann Wolfgang Goethe)

Stilmittel von Gedichten:

In lyrischen Texten werden häufig Bilder durch Sprache entfaltet (z. B. durch Vergleiche, Metaphern oder Personifikationen) oder einzelne Wörter klanglich hervorgehoben (Lautmalerei). Solche sprachlichen Mittel sind besonders geeignet, um Gefühle und Stimmungen auszudrücken oder eine bestimmte Atmosphäre entstehen zu lassen. So werden zur Darstellung von Liebe, Freude, Angst oder Einsamkeit z. B. oft Bilder aus dem Bereich der Natur verwendet.

- **Vergleich:** Bei einem Vergleich werden zwei verschiedene Vorstellungen durch ein „wie" oder ein „als ob" miteinander verknüpft, z. B.: *Das Meer glänzte schwarz wie die Nacht. In meinem Zimmer sah es aus, als ob ein Orkan durchgezogen wäre.*
- **Metapher:** Bei einer Metapher wird ein **Wort** nicht wörtlich, sondern **in einer übertragenen (bildlichen) Bedeutung** gebraucht, z. B.: *Nussschale für ein kleines Boot, Suppe für Nebel.* Im Unterschied zum direkten Vergleich fehlt bei der Metapher das Vergleichswort „wie", z. B.: *Wolken sind (wie) flockige Länder.*
- **Personifikation:** Die Personifikation (Vermenschlichung) ist eine besondere Form der Metapher. Leblose Gegenstände, Begriffe oder die Natur werden vermenschlicht, d. h., ihnen werden menschliche Verhaltensweisen und Eigenschaften zugesprochen, z. B.: *die Natur schläft, das Glück lacht, der Tag verabschiedet sich, das Veilchen träumt.*
- **Lautmalerei:** Mit den Klängen von Wörtern werden Naturlaute oder Geräusche nachgeahmt, z. B.: *klirren, rascheln, zischen.*

Theater

▶ S. 171–186

In einem Theaterstück gibt es Rollen, die von Schauspielerinnen und Schauspielern gespielt werden. Die Handlung wird durch die Gespräche zwischen den Personen auf der Bühne (Dialoge) oder durch das Selbstgespräch (Monolog) einer Figur ausgedrückt. Im Theater sprechen die Schauspieler aber nicht nur ihren Text, sie gebrauchen auch ihre Stimme (Sprechweise und Betonung), ihre Körpersprache (Gestik) und ihren Gesichtsausdruck (Mimik), um Gefühle und Stimmungen auszudrücken.
Wichtige Theaterbegriffe:

- **Rolle:** Rolle nennt man die Figur, die eine Schauspielerin oder ein Schauspieler in einem Theaterstück verkörpert, z. B. die Rolle des Löwen, die Rolle des Ritters usw.
- **Szene:** Eine Szene ist ein kurzer, abgeschlossener Teil eines Theaterstücks. Eine Szene endet, wenn neue Figuren auftreten und/oder Figuren abtreten. Meistens erlischt am Ende einer Szene auch die Bühnenbeleuchtung.
- **Regieanweisungen:** Von der Autorin/vom Autor im Dramentext zusätzlich zu den Rollentexten bereits mitgelieferte Anregungen, wie sich die Figuren bewegen *(steht auf)*, wie sie schauen und sprechen sollten *(schaut Konrad an, seufzt)* und wie die Handlung auf der Bühne dargestellt werden sollte *(Frau Bartolotti entfernt die Kiste, die Riesenkonserve kommt zum Vorschein)*.
- **Dialog:** Gespräch von zwei oder mehreren Figuren. Sein Gegensatz ist der Monolog.
- **Monolog:** Selbstgespräch einer Figur (im Gegensatz zum Dialog).

Sachtexte

▶ S. 187–202

Sachtexte unterscheiden sich von literarischen Texten (z. B. einer Erzählung, einem Märchen oder einem Gedicht) dadurch, dass sie sich vorwiegend mit wirklichen (realen) Ereignissen und Vorgängen beschäftigen und **informieren wollen.**
Es gibt **verschiedene Formen von Sachtexten,** z. B.: Lexikonartikel, Sachbuchtexte, Zeitungs- oder Zeitschriftenartikel, Beschreibungen eines Vorgangs (Gebrauchsanleitungen, Kochrezepte usw.). Häufig findet man in Sachtexten Tabellen oder Grafiken (z. B. eine Landkarte, ein Balkendiagramm), Fotos oder andere Abbildungen.

Einen Sachtext lesen und verstehen (Fünf-Schritt-Lesemethode)

1 **Lest** zunächst nur die **Überschrift** (evtl. auch die Zwischenüberschriften) und die ersten drei bis fünf Zeilen des Textes. **Betrachtet** dann **die Abbildungen.** Überlegt, worum es in dem Text gehen könnte, und ruft euch ins Gedächtnis, was ihr vielleicht schon über das Thema wisst.
2 **Lest dann den gesamten Text zügig durch,** ohne euch an Einzelheiten aufzuhalten, die ihr nicht sofort versteht. Macht euch klar, was das Thema des Textes ist.
3 Lest den Text ein zweites Mal sorgfältig durch. **Klärt** anschließend **unbekannte oder schwierige Wörter** aus dem Textzusammenhang, durch Nachdenken (Kennt ihr ein ähnliches Wort?) oder durch das Nachschlagen in einem Wörterbuch.
4 **Markiert die wichtigsten Schlüsselwörter** (Wörter, die für die Aussage des Textes besonders wichtig sind) und **gliedert den Text in Sinnabschnitte.** Gebt jedem Abschnitt eine **treffende Überschrift.**
Ein neuer Sinnabschnitt beginnt dort, wo ein neues Unterthema angesprochen wird.
5 **Fasst** die wichtigsten **Informationen** des Textes in wenigen Sätzen **zusammen.** Beantwortet hierbei die W-Fragen (Was ...? Wo ...? Wie ...? usw.).

Tabellen lesen

Beim Lesen einer Tabelle könnt ihr so vorgehen:

1 Stellt fest, worüber die Tabelle informiert. Entweder gibt es für die gesamte Tabelle eine Überschrift oder die oberste Zeile der Tabelle bildet eine Art Überschrift.
2 Verschafft euch einen Überblick darüber, welche Informationen die Spalten (verlaufen von oben nach unten) und die Zeilen (verlaufen von links nach rechts) enthalten.
3 Lest die Angaben in den einzelnen Feldern der Tabelle. Wozu macht die Tabelle Angaben? Gibt es Maßeinheiten in der Tabelle, z. B. Meter, Kilogramm, Stunden usw.?
4 Notiert eure Beobachtungen: Welche Angaben werden in der Tabelle gemacht?

Grafiken entschlüsseln

▶ S. 190–191

Beim Entschlüsseln einer Grafik könnt ihr so vorgehen:

1 Stellt fest, worum es in der Grafik geht. Hierbei hilft euch die Überschrift, wenn es eine gibt.
2 Untersucht, was in der Grafik dargestellt wird: Erklärt sie einen Vorgang, den Aufbau oder die Funktion von etwas oder verdeutlicht sie eine Lage, wie z. B. eine Landkarte?
3 Prüft, ob die Grafik Farben, Beschriftungen oder Symbole enthält, die erklärt werden.
4 Schreibt auf, worüber die Grafik informiert.

Fernsehen

Bei Fernsehsendungen unterscheidet man Unterhaltungs- und Informationssendungen. Zu den **Unterhaltungssendungen** gehören z. B. Fernsehserien, die entweder täglich oder wöchentlich gesendet werden, Fernsehshows (z. B. *Wer wird Millionär?*) und Fernsehfilme. Zu den **Informationssendungen** zählen z. B. Nachrichtensendungen (wie die *Tagesschau*) und Dokumentationen (z. B. *Expeditionen ins Tierreich*).

Fernsehserien

Serien werden im Fernsehen **täglich oder wöchentlich gesendet.**

Die Figuren in einer Fernsehserie

- Oft gehören zwei Figuren zusammen. Solche Paare können sich nahestehen, z. B. weil sie befreundet sind. Sie können aber auch Gegenspieler sein, zwischen denen es Streitigkeiten gibt.
- Häufig haben die Figuren klare Eigenschaften. Sie sind z. B. sehr schlau, sehr mutig, sehr gut oder sehr böse.

Der Handlungsaufbau einer Serienfolge

- Die Handlung einer Serienfolge besteht meist aus mehreren Handlungssträngen, die im Wechsel gezeigt werden. In jedem Handlungsstrang wird eine kleine Geschichte erzählt.
- Einen neuen Handlungsstrang erkennt man z. B. daran, dass die Hauptfiguren wechseln oder andere Ereignisse im Vordergrund stehen.
- In einer Serienfolge werden nie alle Handlungsstränge beendet. Es bleiben immer Fragen offen oder Probleme ungelöst, damit man gespannt ist, wie es weitergeht.

Nachdenken über Sprache

Wortarten

Das Nomen (Plural: die Nomen)

▶ S. 222; 272

Die meisten Wörter in unserer Sprache sind Nomen (auch: Hauptwörter, Substantive).
Nomen bezeichnen:
- Lebewesen/Eigennamen, z. B.: *Frosch, Baum, Susanne,*
- Gegenstände, z. B.: *Haus, Schreibtisch, MP3-Player,*
- Begriffe (Gedanken, Gefühle, Zustände ...), z. B.: *Angst, Mut, Freude, Ferien, Freundschaft.*

Nomen werden immer **großgeschrieben.**
Sie werden häufig von **Wörtern begleitet,** an denen wir sie erkennen können, z. B. einem **Artikel** *(der Hase, eine Uhr)* oder einem **Adjektiv** *(blauer Himmel, fröhliche Menschen).*

Genus (grammatisches Geschlecht; Plural: die Genera)

Jedes Nomen hat ein Genus (ein grammatisches Geschlecht), das man **an** seinem **Artikel erkennen** kann. Ein Nomen ist entweder
- ein **Maskulinum** (männliches Nomen), z. B.: *der Stift, der Regen, der Hund,*
- ein **Femininum** (weibliches Nomen), z. B.: *die Uhr, die Sonne, die Katze,* oder
- ein **Neutrum** (sächliches Nomen), z. B.: *das Buch, das Eis, das Kind.*

Das **grammatische Geschlecht** eines Nomens stimmt **nicht immer** mit dem **natürlichen Geschlecht** überein, z. B.: *das Mädchen, das Kind.*

Numerus (Anzahl; Plural: die Numeri)

Nomen haben einen Numerus, d. h. eine Anzahl. Sie stehen entweder im
- **Singular** (Einzahl), z. B.: *der Wald, die Jacke, das Haus,* oder im
- **Plural** (Mehrzahl), z. B.: *die Wälder, die Jacken, die Häuser.*

Der Kasus (Fall; Plural: die Kasus, mit langem u gesprochen)

In Sätzen erscheinen Nomen immer in einem bestimmten Kasus, das heißt in einem grammatischen Fall. **Im Deutschen gibt es vier Kasus.** Nach dem Kasus richten sich die Form des Artikels und die Endung des Nomens. Man kann den **Kasus** eines Nomens **durch Fragen ermitteln:**

Kasus	**Kasusfrage**	**Beispiele**
1. Fall: **Nominativ**	*Wer oder was ...?*	*Der Junge liest ein Buch.*
2. Fall: **Genitiv**	*Wessen ...?*	*Das Buch des Jungen ist spannend.*
3. Fall: **Dativ**	*Wem ...?*	*Ein Mädchen schaut dem Jungen zu.*
4. Fall: **Akkusativ**	*Wen oder was ...?*	*Sie beobachtet den Jungen genau.*

Meist ist der Kasus am veränderten Artikel des Nomens erkennbar, manchmal auch an der Endung des Nomens, z. B.: *des Mannes, des Mädchens, den Kindern.*
Wenn man ein Nomen in einen Kasus setzt, nennt man das **deklinieren** (beugen).

Der Artikel (Plural: die Artikel)

Das Nomen wird häufig von einem Artikel begleitet. Man unterscheidet zwischen dem bestimmten Artikel *(der, die, das)* und dem unbestimmten Artikel *(ein, eine, ein)*, z. B.:

	bestimmter Artikel	unbestimmter Artikel
männlich	*der Stift*	*ein Stift*
weiblich	*die Uhr*	*eine Uhr*
sächlich	*das Buch*	*ein Buch*

Das Pronomen (Fürwort; Plural: die Pronomen)

▶ S. 227–229; 275

Das Pronomen ist ein **Stellvertreter oder Begleiter; es vertritt oder begleitet ein Nomen.**
Es gibt verschiedene Arten von Pronomen.

- **Das Personalpronomen** (persönliches Fürwort)
  Mit den **Personalpronomen** *(ich, du, er, sie, es, wir, ihr, sie)* kann man **Nomen und Namen ersetzen,** z. B.:
  Die Katze möchte ins Haus. Sie miaut. Schnell lassen wir sie herein.

  Paul rennt zum Bus. Er hat verschlafen und weiß, dass der Busfahrer nicht auf ihn wartet.

  Personalpronomen werden wie die Nomen dekliniert (gebeugt):

	Singular			Plural		
Kasus	**1. Pers.**	**2. Pers.**	**3. Pers.**	**1. Pers.**	**2. Pers.**	**3. Pers.**
1. Fall: **Nominativ**	*ich*	*du*	*er/sie/es*	*wir*	*ihr*	*sie*
2. Fall: **Genitiv**	*meiner*	*deiner*	*seiner/ihrer/seiner*	*unser*	*euer*	*ihrer*
3. Fall: **Dativ**	*mir*	*dir*	*ihm/ihr/ihm*	*uns*	*euch*	*ihnen*
4. Fall: **Akkusativ**	*mich*	*dich*	*ihn/sie/es*	*uns*	*euch*	*sie*

- **Das Possessivpronomen** (besitzanzeigendes Fürwort)
  Possessivpronomen *(mein/meine – dein/deine – sein/seine, ihr/ihre – unser/unsere – euer/eure – ihr/ihre)* **geben an, zu wem etwas gehört,** z. B.: *mein Buch, deine Tasche, unsere Lehrerin.*
  Possessivpronomen begleiten meist Nomen und stehen dann in dem gleichen Kasus (Fall) wie das dazugehörige Nomen, z. B.: *Ich gebe meinen Freunden eine Einladungskarte.* (Wem? → Dativ)
- **Das Demonstrativpronomen** (hinweisendes Fürwort)
  Demonstrativpronomen *(der, die, das/dieser, diese, dieses/jener, jene, jenes/solcher, solche, solches/derselbe, dieselbe, dasselbe)* **weisen besonders deutlich auf eine Person oder Sache hin,** z. B.: *Von allen Jacken gefällt mir diese am besten.* Demonstrativpronomen können als Begleiter oder als Stellvertreter eines Nomens verwendet werden.
- **Das Indefinitpronomen** (unbestimmtes Fürwort)
  Indefinitpronomen sind Wörter, mit denen man **eine ungefähre Menge oder Anzahl** angibt, z. B.: *etwas, manches, alles, nichts, einige, kein, viel, (ein) paar.* Indefinitpronomen **stehen häufig vor nominalisierten Adjektiven,** z. B.: *etwas Neues, viel Witziges, alles Gute, nichts Sinnvolles.*

Das Adjektiv (das Eigenschaftswort; Plural: die Adjektive)

▶ S. 222–223

Adjektive drücken aus, wie etwas ist. Mit Adjektiven können wir die **Eigenschaften** von Lebewesen, Dingen, Vorgängen, Gefühlen und Vorstellungen genauer beschreiben, z. B.: *der starke Wind, der schwache Wind, der eiskalte Wind.*
Adjektive werden **kleingeschrieben.** Adjektive, die vor einem Nomen stehen, haben den gleichen Kasus wie das Nomen: *der kalte See, die kalten Seen, des kalten Sees.*

- **Steigerung der Adjektive**
  Adjektive kann man steigern (z. B.: *schön – schöner – am schönsten*). So kann man z. B. Dinge und Lebewesen miteinander vergleichen. Es gibt eine Grundform und zwei Steigerungsstufen:

Positiv (Grundform)	**Komparativ (1. Steigerungsstufe)**	**Superlativ (2. Steigerungsstufe)**
Lars ist groß.	*Stefan ist größer.*	*Fabian ist am größten.*

- **Vergleiche mit *wie* und *als*:**
  Vergleiche mit dem Positiv werden mit *wie* gebildet, z. B.: *Tim ist genauso groß wie Yvonne.* Vergleiche mit dem Komparativ werden mit dem Vergleichswort *als* gebildet, z. B.: *Meine Schuhe sind kleiner als deine.*

Die Präposition (das Verhältniswort; Plural: die Präpositionen)

▶ S. 222–223

Präpositionen wie *in, auf, unter* drücken **Verhältnisse und Beziehungen** von Gegenständen, Personen oder anderem aus. Oft beschreiben sie ein **örtliches** Verhältnis *(auf dem Dach)* oder ein **zeitliches** Verhältnis *(bis Mitternacht)*. Sie können aber auch einen **Grund** *(wegen der Hitze)* angeben oder die **Art und Weise** *(mit viel Energie)* bezeichnen.
Beispiele:

■ örtliches Verhältnis	*auf, in, hinter, neben, unter, vor, über, zwischen*
■ zeitliches Verhältnis	*nach, vor, seit, um, während, bis, in*
■ Angabe des Grundes	*wegen, trotz, aufgrund/auf Grund*
■ Angabe der Art und Weise	*ohne, mit*

Präpositionen sind nicht flektierbar (nicht veränderbar). Die Präposition steht in der Regel vor einem Nomen (mit oder ohne Begleiter) oder Pronomen. Sie bestimmt den Kasus des nachfolgenden Wortes (oder der nachfolgenden Wortgruppe), z. B.: *mit dir, wegen des Regens, bei dem Schnee.*

Die Konjunktion (das Bindewort; Plural: die Konjunktionen)

▶ S. 258–260

Konjunktionen **verbinden Satzteile oder Teilsätze** miteinander, z. B.: *Es gab Donner und Blitz. Er konnte nicht an der Wanderung teilnehmen, weil er sich den Fuß verstaucht hatte.*
Die häufigsten Konjunktionen sind: *und, oder, weil, da, nachdem.*

Das Verb (das Tätigkeitswort; Plural: die Verben)

▶ S. 224–226

Mit Verben gibt man an, **was jemand tut** (z. B. *laufen, reden, lachen*), **was geschieht** (z. B. *regnen, brennen*) oder was ist (z. B. *haben, sein, bleiben*). Verben werden kleingeschrieben.

- Der Infinitiv (die Grundform) eines Verbs endet auf *-en* oder *-n*, z. B.: *rennen, sagen, antworten, rudern, lächeln*.
- Wenn man ein Verb in einem Satz verwendet, bildet man **die Personalform des Verbs.** Das nennt man **konjugieren (beugen),** z. B.: *such-en* (Infinitiv) → *Ich such-e den Schlüssel* (1. Person Singular). Die Personalform des Verbs wird aus dem Infinitiv des Verbs gebildet. An den Stamm des Verbs wird dabei die passende Personalendung gehängt, z. B.: *sprech-en* (Infinitiv) → *ich sprech-e* (1. Person Singular), *du sprich-st* (2. Person Singular) usw.

Der Imperativ (Befehlsform des Verbs; Plural: die Imperative)

Die Aufforderungsform oder **Befehlsform eines Verbs** nennt man Imperativ. Man kann eine Aufforderung oder einen Befehl an eine Person oder an mehrere Personen richten. Dementsprechend gibt es den Imperativ Singular *(„Bitte komm!", „Lauf weg!")* und den Imperativ Plural *(„Bitte kommt!", „Lauft weg!")*.

- Der **Imperativ Singular** besteht aus dem Stamm des Verbs *(schreiben → schreib!)*, manchmal wird die Endung *-e* angehängt *(reden → rede!)* oder es ändert sich der Stammvokal von *e* zu *i (geben → gib!)*.
- Der **Imperativ Plural** wird in der Regel durch den Stamm des Verbs mit der Endung *-t* oder *-et* gebildet *(schreiben → schreibt!, lesen → lest!, reden → redet!)*.

Die Tempora (Zeitformen) der Verben

▶ S. 224–226

Verben kann man in verschiedenen Zeitformen (Tempora; Sg.: das Tempus) verwenden, z. B. im Präsens, im Präteritum, im Futur. Die Zeitformen der Verben sagen uns, wann etwas passiert, z. B. in der Gegenwart, in der Vergangenheit oder in der Zukunft.

- **Das Präsens** (die Gegenwartsform)
  - Das Präsens wird verwendet, wenn etwas in der **Gegenwart** (in diesem Augenblick) geschieht, z. B.: *Er schreibt gerade einen Brief.* (Es geschieht in diesem Augenblick.)
  - Im Präsens stehen auch **Aussagen, die immer gelten,** z. B.: *Suppe isst man mit dem Löffel.* (Es ist immer gültig.)
  - Man kann das Präsens auch verwenden, **um etwas Zukünftiges auszudrücken.** Meist verwendet man dann eine Zeitangabe, die auf die Zukunft verweist, z. B.: *Morgen gehe ich ins Kino.*

Das Präsens wird gebildet durch den Stamm des Verbs und die entsprechenden Personalendungen, z. B.: *ich schreib-e, du schreib-st ...*

- **Das Futur** (die Zukunftsform)
  - Das Futur wird verwendet, um ein zukünftiges Geschehen auszudrücken, z. B.: *In den Sommerferien werde ich häufig ins Freibad gehen.*
  - Das Futur wird gebildet durch: Personalform von *werden* im Präsens + Infinitiv des Verbs, z. B.: *Ich werde anrufen, du wirst anrufen ...*

- **Das Perfekt**
  Wenn man mündlich von etwas Vergangenem erzählt oder berichtet, verwendet man häufig das Perfekt, z. B.: *Ich habe gerade etwas gegessen. Er ist nach Hause gekommen.*
  Das Perfekt ist eine **zusammengesetzte Vergangenheitsform,** weil es mit einer Form von **„haben"** oder **„sein"** im Präsens (z. B. *hast, sind*) und dem **Partizip II des Verbs** *(gesehen, aufgebrochen)* gebildet wird.
  - Das Partizip II beginnt meist mit *ge-*, z. B.: *lachen → gelacht; gehen → gegangen.*
  - Wenn das Verb schon eine Vorsilbe hat (*ge-*, *be-* oder *ver-*), bekommt das Partizip II keine mehr, z. B.: *gelingen → gelungen; beschweren → beschwert; verlieren → verloren.*
- **Das Präteritum**
  Das Präteritum ist eine **einfache Zeitform der Vergangenheit.** Diese Zeitform wird vor allem in schriftlichen Erzählungen (z. B. in Märchen, in Geschichten) und in Berichten verwendet, z. B.: *Sie lief schnell nach Hause, denn es regnete in Strömen.* Man unterscheidet:
  - **regelmäßige (schwache) Verben:** Bei den regelmäßigen Verben ändert sich der Vokal (*a, e, i, o, u*) im Verbstamm nicht, wenn das Verb ins Präteritum gesetzt wird, z. B.: *ich lache* (Präsens) → *ich lachte* (Präteritum),
  - **unregelmäßige (starke) Verben:** Bei den unregelmäßigen Verben ändert sich im Präteritum der Vokal *(a, e, i, o, u)* im Verbstamm, z. B.: *ich singe* (Präsens) → *ich sang* (Präteritum); *ich laufe* (Präsens) → *ich lief* (Präteritum).
- **Das Plusquamperfekt**
  Wenn etwas vor dem passiert, wovon im Präteritum oder im Perfekt erzählt wird, verwendet man das Plusquamperfekt. Das Plusquamperfekt wird deshalb auch **Vorvergangenheit** genannt, z. B.: *Nachdem sie mit dem Fallschirm sicher gelandet war, jubelten die Menschen.*
  Das Plusquamperfekt ist wie das Perfekt eine **zusammengesetzte Vergangenheitsform,** weil es mit einer Form von **„haben"** oder **„sein"** im Präteritum (z. B. *hatte, war*) und dem **Partizip II des Verbs** *(gelesen, aufgebrochen)* gebildet wird, z. B.: *Nachdem wir etwas gegessen hatten, gingen wir in den Zoo. Nachdem wir alle pünktlich angekommen waren, ging es los.*
  TIPP: Die Konjunktion *nachdem* leitet oft einen Satz im Plusquamperfekt ein.

Partizip I und II

Das **Partizip I** (Partizip Präsens) setzt sich aus **Verbstamm + (e)nd** zusammen, z. B.: *gehend, zitternd, singend.*

- Mit Hilfe des Partizips I können **gleichzeitig ablaufende Handlungen** beschrieben werden, z. B.: *Die Frau sitzt lesend im Sessel.*
- Das Partizip I kann vor einem Nomen wie ein Adjektiv verwendet werden. Es passt sich dann in Genus, Numerus und Kasus an das Nomen an, das es begleitet, z. B.: *Die lesende Frau sitzt im Sessel. Ein dampfender Tee steht neben ihr auf dem Tisch.*

Das **Partizip II** (Partizip Perfekt) setzt sich zusammen aus **ge + Verbstamm + (e)t oder en,** z. B.: *gezittert, gelaufen.*

- Das Partizip II wird für die **Bildung von zusammengesetzten Zeitformen (Perfekt und Plusquamperfekt)** verwendet, z. B.: *ich habe gelacht* (Perfekt), *ich bin angekommen* (Perfekt); *ich hatte gelacht* (Plusquamperfekt), *ich war angekommen* (Plusquamperfekt).
- Viele Perfektpartizipien können vor einem Nomen wie ein Adjektiv verwendet werden. Sie passen sich dann in Genus, Numerus und Kasus an das Nomen an, das sie begleiten, z. B.: *Die verblühten Rosen stehen auf dem Tisch.*

Aktiv und Passiv der Verben

▶ S. 82–83

Das Aktiv und das Passiv sind zwei Verbformen, die man bei der Darstellung von Handlungen und Vorgängen unterscheidet. Man kann aus zwei Perspektiven schauen:

Aktiv: Der Handelnde (Handlungsträger) wird betont, z. B.:
Die Mannschaft wählt den König.

Passiv: Die Handlung/Der Vorgang wird betont, z. B.:
Der König wird (von der Mannschaft) gewählt.

- Im **Aktiv** ist wichtig, **wer** handelt/etwas tut. Im **Passiv** wird betont, **was** geschieht.
- Im Passivsatz kann der Handelnde ergänzt werden (z. B. *von der Mannschaft*).
- Das Passiv wird meist mit einer Form von **werden** und dem **Partizip Perfekt des Verbs** gebildet, z. B.: *wird gewählt, werden aufgeteilt.*

Der Konjunktiv in der indirekten Rede

▶ S. 69–70

Wenn man wiedergeben möchte, was jemand gesagt hat, verwendet man die indirekte Rede. Das Verb steht im Konjunktiv I, z. B.:

- *Anja sagt: „Ich **muss** mit meinem Hund täglich trainieren.“ (wörtliche Rede im Indikativ)*
- *Anja sagte, sie **müsse** mit ihrem Hund täglich trainieren. (indirekte Rede im Konjunktiv I)*

Bildung des Konjunktivs

Der Konjunktiv wird durch den Stamm des Verbs (Infinitiv ohne -en) und die entsprechende Personalendung gebildet, z. B.:

Indikativ Präsens	**Konjunktiv I**
ich komm-e	ich komm-e
du komm-st	du komm-est
er/sie/es komm-t	er/sie/es komm-e
wir komm-en	wir komm-en
ihr komm-t	ihr komm-et
sie komm-en	sie komm-en

Das Adverb (Umstandswort; Plural: die Adverbien)

▶ S. 230–231

Adverbien *(dort, oben, hier, jetzt, kürzlich, heute, kaum, sehr, vergebens, gern, leider, deshalb, nämlich)* **machen nähere Angaben zu einem Geschehen.** Sie erklären genauer, **wo, wann, wie und warum** etwas geschieht, z. B.: *Hier sitze ich gern. Dieser Platz gefällt mir nämlich am besten.*

- Adverbien werden **kleingeschrieben.**
- Die Wortart des Adverbs kann man leicht mit dem Adjektiv verwechseln. Das **Adverb** ist aber im Gegensatz zum Adjektiv **nicht veränderbar** (nicht flektierbar).

Satzglieder

Satzglieder erkennen: Die Umstellprobe

► S. 248–249

Ein Satz besteht aus verschiedenen Satzgliedern. Diese Satzglieder können aus einem einzelnen Wort oder aus mehreren Wörtern (einer Wortgruppe) bestehen.
Mit der **Umstellprobe** könnt ihr feststellen, wie viele Satzglieder ein Satz hat. Wörter und Wortgruppen, die bei der Umstellprobe immer zusammenbleiben, bilden ein Satzglied, z. B.:

Seit 3000 Jahren überfallen Piraten fremde Schiffe.
Piraten überfallen fremde Schiffe seit 3000 Jahren.

Das Prädikat (Plural: die Prädikate)

► S. 249

Der **Kern des Satzes** ist das Prädikat (Satzaussage). Prädikate werden durch Verben gebildet. In einem Aussagesatz steht die Personalform des Verbs (der gebeugte Teil) **immer an zweiter Satzgliedstelle,** z. B.: *Oft zeichnen Piraten eine Schatzkarte. So finden sie später ihr Beute.*
Das Prädikat kann mehrteilig sein, z. B.: *Die Piraten kommen auf der Insel an. Die Piraten haben das Schiff überfallen.*

Das Subjekt (Plural: die Subjekte)

► S. 249

Das Satzglied, das in einem Satz angibt, wer oder was handelt, etwas tut, veranlasst ..., heißt Subjekt (Satzgegenstand), z. B.: *Der Pirat versteckt auf der Insel einen Schatz.*

- Ihr könnt das Subjekt mit der **Frage „Wer oder was ...?“** ermitteln.
  Der Pirat versteckt auf der Insel einen Schatz. → Wer oder was versteckt auf der Insel einen Schatz?
- Das Subjekt eines Satzes kann aus einem oder aus mehreren Wörtern bestehen, z. B.:
  Die alte, verwitterte Schatztruhe liegt unter der Erde. → Wer oder was liegt unter der Erde?
- Das Subjekt eines Satzes **steht immer im Nominativ** (**1. Fall,** ► S. 327).

Die Objekte

► S. 249–252

- **Akkusativobjekt:** Das Objekt, das im Akkusativ steht, heißt Akkusativobjekt. Ihr ermittelt es mit der Frage: **Wen oder was ...?,** z. B.: *Wen oder was suchen die Piraten? → Die Piraten suchen den Schatz.*
- **Dativobjekt:** Das Objekt, das im Dativ steht, heißt Dativobjekt. Ihr ermittelt es mit der Frage: **Wem ...?,** z. B.: *Wem stehlen die Piraten den Schatz? → Die Piraten stehlen ihren Opfern den Schatz.*
  Objekte können aus einem oder aus mehreren Wörtern bestehen.

- **Genitivobjekt:** Das Genitivobjekt ist ein Satzglied, das man mit der Frage **Wessen ...?** ermittelt, z. B.: *Er wird des Diebstahls angeklagt.* → *Wessen wird er angeklagt?*
  Das Genitivobjekt wird heute nur noch selten verwendet. Es gibt nur wenige Verben, die ein Genitivobjekt fordern, z. B.: *gedenken (der Toten gedenken), sich rühmen (sich des Sieges rühmen), sich bedienen (sich einer guten Ausdrucksweise bedienen).*
- **Präpositionalobjekt:** Das Präpositionalobjekt steht nach Verben, die fest mit einer Präposition verbunden sind, z. B.: *lachen über, achten auf, denken an, warten auf.*
  Diese Präposition ist auch im Fragewort enthalten, z. B.:
  *Die Einbrecher hoffen **auf** eine reiche Beute.* → *Wor**auf** hoffen die Einbrecher?*
  *Sie fürchten sich **vor** der Polizei.* → *Wo**vor** fürchten sie sich?*
  Nach den Präpositionalobjekten fragt man z. B. mit: Wofür ...? Wonach ...? Womit ...? Wovon ...? Worüber ...? Woran ...?

Das Prädikativ

Das Verb *sein* verlangt neben dem Subjekt ein weiteres Satzglied, das Prädikativ. Das Prädikativ kann ein **Nomen** oder ein **Adjektiv** sein, z. B.: *Er ist der Klassensprecher. Ich bin sportlich.*
Das Prädikativ ergänzt das Prädikat (Verb) und bezieht sich zugleich auf das Subjekt des Satzes. Weitere Verben, die häufig ein Prädikativ verlangen, sind: *bleiben, werden, heißen.*

Die adverbialen Bestimmungen (auch: Adverbialien)

► S. 253–255

- Adverbiale Bestimmungen (Umstandsbestimmungen) sind Satzglieder, die man z. B. mit den Fragen **Wann ...?, Wo ...?, Warum ...?, Wie ...?** ermittelt. Sie liefern zusätzliche **Informationen über den Ort** (adverbiale Bestimmung des Ortes), **über die Zeit** (adverbiale Bestimmung der Zeit), **über den Grund** (adverbiale Bestimmung des Grundes) und **über die Art und Weise** (adverbiale Bestimmung der Art und Weise) eines Geschehens oder einer Handlung.
- Adverbiale Bestimmungen können aus einem oder aus mehreren Wörtern bestehen.
- Durch die Frageprobe kann man ermitteln, welche adverbiale Bestimmung vorliegt.

Frageprobe	Satzglied	Beispiel
Wo? Wohin? Woher?	**adverbiale Bestimmung des Ortes**	*Wo liegt der Schatz?* *Der Schatz liegt hinter der Holzhütte.*
Wann? Wie lange? Seit wann?	**adverbiale Bestimmung der Zeit**	*Wann wurde der Schatz versteckt?* *Der Schatz wurde vor 200 Jahren versteckt.*
Warum? Weshalb?	**adverbiale Bestimmung des Grundes**	*Warum brachen sie die Schatzsuche ab?* *Wegen der Dunkelheit brachen sie die Schatzsuche ab.*
Wie? Auf welche Weise? Womit?	**adverbiale Bestimmung der Art und Weise**	*Wie werden sie die Schatztruhe öffnen?* *Sie werden die Schatztruhe gewaltsam öffnen.*

Die Attribute (Beifügungen)

► S. 263–265

Attribute **bestimmen ein Bezugswort** (meist ein Nomen) **näher.** Sie sind **immer Teil eines Satzglieds** und bleiben bei der Umstellprobe fest mit ihrem Bezugswort verbunden, z. B.:
Der große Mann / stiehlt / die Tasche.
Die Tasche / stiehlt / der große Mann.

Attribut Bezugswort

Attribute stehen **vor oder nach** ihrem **Bezugswort.**
Man kann sie mit **„Was für ...?"** erfragen.
Was für ein Mann? → ein großer Mann → *ein Mann mit schwarzen Haaren*

Attribut Bezugswort Bezugswort Attribut

Formen des Attributs
Es gibt verschiedene Formen des Attributs:
- **Adjektivattribut,** z. B.: *die große Tasche*
- **präpositionales Attribut,** z. B.: *das Versteck hinter dem Baum*
- **Genitivattribut,** z. B.: *der Komplize des Erpressers*
- **Apposition** (nachgestelltes Nomen im gleichen Kasus wie das Bezugswort), z. B.: *Herr Schummel, der Geldfälscher, tauchte unter.*

Proben

► S. 256–257

- **Umstellprobe: Satzanfänge abwechslungsreich gestalten**
  Durch die Umstellprobe könnt ihr eure Texte abwechslungsreicher gestalten. Ihr stellt z. B. die Satzglieder so um, dass die Satzanfänge nicht immer gleich sind, z. B.:
  Ich habe mir heute eine Überraschung ausgedacht. Ich will eine Schatzsuche veranstalten.
  → Heute habe ich mir eine Überraschung ausgedacht. Ich will eine Schatzsuche veranstalten.
- **Ersatzprobe: Wortwiederholungen vermeiden**
  Mit der Ersatzprobe könnt ihr Satzglieder, die sich in eurem Text häufig wiederholen, durch andere Wörter ersetzen, z. B.:
  Ich kenne ein Spiel. ~~Das Spiel~~ (→ Es) kommt aus Indien.
  Zuerst zeichnet man ein Spielbrett. Danach ~~zeichnet~~ (→ erstellt) man die Spielsteine.
- **Weglassprobe: Texte straffen, Wiederholungen vermeiden**
  Mit der Weglassprobe könnt ihr prüfen, welche Wörter in einem Text gestrichen werden sollten, weil sie überflüssig sind oder umständlich klingen, z. B.:
  Als wir den Schatz fanden, jubelten wir vor Freude ~~über den gefundenen Schatz~~.
- **Erweiterungsprobe: Genau und anschaulich schreiben**
  Mit der Erweiterungsprobe könnt ihr prüfen, ob eine Aussage genau genug oder anschaulich genug ist oder ob ihr noch etwas ergänzen solltet, z. B.:
  ✓ Ich wünsche mir ein Buch ✓. → Zum Geburtstag wünsche ich mir ein Buch über Piraten.
  Wann? Worüber?

Sätze

Satzarten

Je nachdem, ob wir etwas aussagen, fragen oder jemanden auffordern wollen, verwenden wir unterschiedliche Satzarten: Aussagesatz, Fragesatz und Aufforderungssatz.
In der gesprochenen Sprache erkennen wir die verschiedenen Satzarten oft an der Stimmführung, in der geschriebenen Sprache an den unterschiedlichen Satzschlusszeichen: Punkt, Fragezeichen und Ausrufezeichen.

- Nach einem **Aussagesatz** steht ein **Punkt,** z. B.: *Ich gehe jetzt ins Schwimmbad.*
- Nach einem **Fragesatz** steht ein **Fragezeichen,** z. B.: *Hast du heute Nachmittag Zeit?*
- Nach einem **Ausrufe- oder Aufforderungssatz** steht meist ein **Ausrufezeichen,** z. B.: *Vergiss die Sonnencreme nicht! Beeilt euch!*

Die Satzreihe: Hauptsatz + Hauptsatz

▶ S. 258; 290–291

- Ein **Hauptsatz** ist ein selbstständiger Satz. Er enthält mindestens zwei Satzglieder, nämlich Subjekt und Prädikat, z. B.: *Peter schwimmt.*
  Die Personalform des Verbs (das gebeugte Verb) steht im Hauptsatz an zweiter Satzgliedstelle, z. B.: *Peter schwimmt im See.*
- Ein **Satz,** der **aus zwei oder mehr Hauptsätzen** besteht, wird **Satzreihe** genannt. Die einzelnen Hauptsätze einer Satzreihe werden durch ein **Komma** voneinander getrennt, z. B.: *Peter schwimmt im See, Philipp kauft sich ein Eis.*
- Häufig werden die Hauptsätze durch die nebenordnenden **Konjunktionen** (Bindewörter) *und, oder, aber, sondern, denn, doch* verbunden, z. B.: *Peter schwimmt im See, denn es ist sehr heiß.*
  Nur vor den Konjunktionen *und* bzw. *oder* darf das Komma wegfallen, z. B.: *Peter schwimmt im See und Philipp kauft sich ein Eis.*

Satzgefüge: Hauptsatz + Nebensatz

▶ S. 259–261; 290–291

Einen **Satz,** der **aus** mindestens einem **Hauptsatz und** mindestens einem **Nebensatz** besteht, nennt man **Satzgefüge.** Zwischen Hauptsatz und Nebensatz muss **immer ein Komma** stehen, z. B.:

Weil die Sonne scheint, gehen wir heute ins Schwimmbad.
Nebensatz — Hauptsatz

Der Regen, der seit Stunden fällt, war nach der Hitze nötig.
Hauptsatz — Nebensatz — Hauptsatz (Fortsetzung)

Nebensätze haben folgende Kennzeichen:

- Ein Nebensatz kann **nicht ohne** einen **Hauptsatz** stehen.
- Der Nebensatz **ist dem Hauptsatz untergeordnet.**
- **Nebensätze** werden **durch** eine unterordnende **Konjunktion** (z. B. *weil, da, obwohl, damit, dass, sodass, nachdem, während*) oder ein **Relativpronomen** *(der, die das, welcher, welche, welches)* **eingeleitet.**
- Die **Personalform des Verbs** (das gebeugte Verb) steht im Nebensatz immer **an letzter Satzgliedstelle.**

Zeichensetzung

Satzschlusszeichen

- Nach einem **Aussagesatz** steht ein **Punkt,** z. B.: *Ich gehe jetzt ins Schwimmbad.*
- Nach einem **Fragesatz** steht ein **Fragezeichen,** z. B.: *Hast du heute Nachmittag Zeit?*
- Nach einem **Ausrufe- oder Aufforderungssatz** steht meist ein **Ausrufezeichen,** z. B.: *Vergiss die Sonnencreme nicht! Beeilt euch!*

Das Komma zwischen Sätzen

▶ S. 290–291; 302

Die einzelnen **Hauptsätze einer Satzreihe** werden durch ein **Komma** voneinander getrennt, z. B.: *Peter schwimmt im See, Philipp kauft sich ein Eis.*
Nur vor den Konjunktionen *und* bzw. *oder* darf das Komma wegfallen, z. B.: *Peter schwimmt im See und Philipp kauft sich ein Eis.*
Zwischen Hauptsatz und Nebensatz (Satzgefüge) muss **immer ein Komma** stehen, z. B.: *Wir gehen heute ins Schwimmbad, weil die Sonne scheint.*

In einem Satzgefüge kann der Nebensatz vor, zwischen oder nach dem Hauptsatz stehen, z. B.:
Tina und Florian möchten am Wochenende eine Kanutour machen, wenn die Sonne scheint.
Tina und Florian möchten am Wochenende, wenn die Sonne scheint, eine Kanutour machen.
Wenn die Sonne scheint, möchten Tina und Florian am Wochenende eine Kanutour machen.

Das Komma bei Aufzählungen

▶ S. 289; 301

Wörter und Wortgruppen in Aufzählungen werden **durch Kommas abgetrennt,** z. B.: *Mit Wolle, Garn, Stoffen, Perlen kann man immer etwas anfangen.*
Dies gilt auch, wenn das Wort oder die Wortgruppe durch eine einschränkende Konjunktion wie *aber, jedoch, sondern, doch, jedoch* eingeleitet wird, z. B.: *Dieses Spiel ist kurz, aber sehr lustig.*
Achtung: Kein Komma steht vor den nebenordnenden Konjunktionen *und, oder, sowie, entweder ... oder, sowohl ... als auch,* z. B.: *Hier gibt es sowohl Sportkleidung als auch Sportgeräte.*

Zeichensetzung bei der wörtlichen Rede

▶ S. 287–288; 300

Die wörtliche Rede steht in einem Text in Anführungszeichen. Die Satzzeichen ändern sich, je nachdem, ob der Redebegleitsatz vor, nach oder zwischen der wörtlichen Rede steht.

- Der **Redebegleitsatz vor der wörtlichen Rede** wird durch einen Doppelpunkt von der wörtlichen Rede abgetrennt, z. B.: *Tina rief: „Oh weh!“*
- Der **Redebegleitsatz nach der wörtlichen Rede** wird durch ein Komma von der wörtlichen Rede abgetrennt, z. B.: *„Oh weh!“, rief Tina.*
- Der **Redebegleitsatz zwischen der wörtlichen Rede** wird durch Kommas von der wörtlichen Rede abgetrennt, z. B.: *„Oh weh“, rief Tina, „der Papagei!“*

Tipps zum Rechtschreiben

Verwandte Wörter suchen (Ableitungsprobe)

- Wenn ihr unsicher seid, wie ein Wort geschrieben wird, hilft fast immer die Suche nach einem verwandten Wort. Der Wortstamm (= Grundbaustein) wird in allen verwandten Wörtern gleich oder ähnlich geschrieben, z. B.: *reisen: abgereist, verreisen, die Reise.*
- Ihr schreibt ein Wort mit **ä** oder **äu,** wenn es ein verwandtes Wort mit **a** oder **au** gibt, z. B.:
  - **e** oder **ä**? → *Gläser* → *Glas*
  - **eu** oder **äu**? → *Träume* → *Traum*

  Gibt es kein verwandtes Wort mit **a** oder **au,** schreibt man das Wort meist mit **e** oder **eu.**

Wörter verlängern (Verlängerungsprobe)

Am Wortende klingt **b** wie **p** *(das Lob),* **g** wie **k** *(der Tag)* und **d** wie **t** *(der Hund).* Wenn ihr die Wörter verlängert, hört ihr, welchen Buchstaben ihr schreiben müsst. So könnt ihr Wörter verlängern:

- Bildet bei Nomen den Plural, z. B.: *der Tag* → *die Tage,* oder ein Adjektiv, z. B. *der Sand* → *sandig.*
- Steigert die Adjektive oder ergänzt ein Nomen, z. B.: *wild* → *wilder; ein wildes Tier.*
- Bildet bei Verben den Infinitiv oder die Wir-Form, z. B.: *er lobt* → *loben; wir loben.*

Im Wörterbuch nachschlagen

- Die Wörter sind **nach dem Alphabet sortiert.** Wenn der erste, zweite ... Buchstabe gleich ist, wird die Reihenfolge nach dem zweiten, dritten ... Buchstaben entschieden, z. B.: *Flamme, Fleiß, Floß.*
- Die Wörter sind im Wörterbuch in ihrer **Grundform** verzeichnet.
  - **Verben** findet ihr **im Infinitiv** (Grundform), z. B.: *ich habe gewusst* → *wissen.*
  - **Nomen** findet ihr **im Nominativ Singular** (1. Fall, Einzahl), z. B.: *die Hände* → *Hand.*

Silbentrennung

Mehrsilbige Wörter trennt man nach Sprechsilben, die man beim deutlichen und langsamen Vorlesen hören kann, z. B.: *Spa-zier-gang.* Ein einzelner Vokalbuchstabe wird nicht abgetrennt, z. B. *Igel* (nicht ~~*I-gel*~~). Beachtet: Einsilbige Wörter kann man nicht trennen, z. B.: *Tisch, blau.*

Partnerdiktat

▶ S. 306

- Lest zuerst den gesamten Text durch und achtet auf schwierige Wörter.
- Diktiert euch abwechselnd den ganzen Text, am besten in Wortgruppen.
- Jeder überprüft am Ende seinen eigenen Text auf Rechtschreibfehler und verbessert sie.
- Tauscht dann eure Texte und korrigiert sie gegenseitig.
- Verbessert zum Schluss die Fehler in euren Texten.

Rechtschreibregeln

Kurze Vokale – doppelte Konsonanten

► S. 277

Nach einem **betonten, kurzen Vokal** (Selbstlaut) folgen fast immer **zwei** oder mehr Konsonanten. Beim deutlichen Sprechen könnt ihr sie meist gut unterscheiden, z. B.: *kalt, Pflanze, trinken.*
Wenn ihr bei einem Wort mit einem betonten, kurzen Vokal nur einen **Konsonanten** hört, dann wird er in der Regel **verdoppelt,** z. B.: *Tasse, Schiff, wissen, treffen, sonnig, satt.*
Beachte: Statt kk schreibt man **ck** und statt zz schreibt man **tz,** z. B.: *verstecken, Decke, Katze, verletzen.*

Lange Vokale (a, e, i, o, u)

► S. 278–280

- **Lange Vokale als einfache Vokale**
  In den meisten Wörtern ist der betonte lange Vokal ein einfacher Vokal. Danach folgt meist nur ein Konsonant, z. B.: *die Flöte, die Hose, der Besen, geben, tragen, er kam.*
  Das gilt besonders für einsilbige Wörter: *zu, los, so, wen.*

- **Lange Vokale mit h**
  Das **h** nach einem **langen Vokal** steht besonders häufig vor den Konsonanten **l, m, n, r.** Beispiele: *kahl, nehmen, wohnen, bohren.* Man hört dieses h nicht.

- **h am Silbenanfang**
  Bei manchen Wörtern steht am Anfang der zweiten Silbe ein **h,** z. B.: *ge-hen.* Dieses **h** könnt ihr hören. Das **h** bleibt in verwandten Wörtern erhalten. Verlängert einsilbige Wörter, dann hört ihr dieses **h,** z. B.: *er geht → gehen.*

- **Wörter mit Doppelvokal**
  Es gibt nur wenige Wörter, in denen der lang gesprochene Vokal durch die Verdopplung gekennzeichnet ist. Merkt sie euch gut.
  - **aa:** *der Aal, das Haar, paar, das Paar, der Saal, die Saat, der Staat, die Waage.*
  - **ee:** *die Beere, das Beet, die Fee, das Heer, der Klee, das Meer, der Schnee, der See.*
  - **oo:** *das Boot, doof, das Moor, das Moos, der Zoo.*

  Die Vokale **i** und **u** werden nie verdoppelt.

- **Wörter mit langem i**
  - **Wörter mit ie:** Mehr als drei Viertel aller Wörter mit lang gesprochenem **i** werden mit **ie** geschrieben. Das ist also die häufigste Schreibweise. Beispiele: *das Tier, lieb, siegen, viel, hier.*
  - **Wörter mit i:** Manchmal wird das lang gesprochene **i** durch den Einzelbuchstaben **i** wiedergegeben. Beispiele: *mir, dir, wir, der Igel, das Klima, das Kino, der Liter.*
  - **Wörter mit ih:** Nur in den folgenden Wörtern wird der lange **i**-Laut als **ih** geschrieben: *ihr, ihm, ihn, ihnen, ihre* usw.

Das stimmhafte s und das stimmlose s

▶ S. 282

- **Das stimmhafte s (= weicher, gesummter s-Laut):** Manchmal spricht man das **s** weich und summend wie in *Sonne, tausend* oder *seltsam*. Dann nennt man das **s** stimmhaft.
- **Das stimmlose s (= harter, gezischter s-Laut):** Manchmal spricht man das **s** hart und zischend wie in *Gras* oder *küssen* oder *schließen*. Dann nennt man das **s** stimmlos.

Die Schreibung des s-Lautes: s, ss oder ß?

▶ S. 281–282

- Das **stimmhafte s wird immer mit einfachem s** geschrieben, z. B. *eisig, Riese, Sonne.*
- Das **stimmlose s** wird **mit einfachem s** geschrieben, **wenn sich beim Verlängern** des Wortes (▶ S. 338) **ein stimmhaftes s ergibt,** z. B.: *das Gras → die Gräser; uns → unser.*
  Für einige Wörter mit einfachem **s** am Wortende gibt es keine Verlängerungsmöglichkeit. Es sind also Merkwörter: *als, aus, bis, es, was, etwas, niemals, alles, anders, morgens.*
- **Doppel-s nach kurzem Vokal**
  Der stimmlose s-Laut wird **nach einem kurzen, betonten Vokal** mit **ss** geschrieben, z. B.: *essen, die Klasse, wissen.*
- **ß nach langem Vokal oder Diphthong**
  Der stimmlose s-Laut wird **nach einem langen Vokal oder Diphthong** (ei, ai, au, äu, eu) mit **ß** geschrieben, wenn er bei der Verlängerungsprobe stimmlos bleibt, z. B.: *hei**ß** → hei**ß**er; der Klo**ß** → die Klö**ß**e.*

Großschreibung

▶ S. 272–276; 297–299

Großgeschrieben werden

- alle Satzanfänge, z. B.: ***E**r tanzt gern.*
- alle Nomen und nominalisierten Wörter, z. B.: *die **L**iebe, der **B**uchhändler, das **S**chwimmbad, etwas **N**eues, gutes **Z**uhören ...*
- die Höflichkeitsanrede (z. B. in einem Brief) ***S**ie, **I**hnen* usw.

Nomen und Nomenmerkmale

▶ S. 272; 297–298

- **Nomen** werden **großgeschrieben.** Wörter, die auf *-heit, -keit, -nis, -schaft, -tum, -in, -ung* enden, sind immer Nomen, z. B. *Gesundheit, Tapferkeit, Ereignis, Verwandtschaft, Irrtum, Sängerin, Handlung.*
- **Nomen kann man meist an ihren Begleitwörtern (Nomensignalen) erkennen,** die den Nomen vorausgehen. Begleitwörter sind:
  - **Artikel** (bestimmter/unbestimmter), z. B.: *der Hund, ein Hund.*
  - **Pronomen,** z. B.: *unser Hund, dieser Hund.*
  - **Präpositionen,** die mit einem Artikel verschmolzen sein können, z. B.: *bei Nacht, am (= an dem) Fluss.*
  - **Adjektive,** z. B.: *große Hunde.*
  - **Zahlwörter,** z. B.: *zwei Tage, drei Stunden.*

Nominalisierungen: Großschreibung von Verben und Adjektiven ▶ S. 273–276; 298–299

Verben und Adjektive schreibt man **groß,** wenn sie im Satz **als Nomen gebraucht** werden, z. B.: *das Spielen* (Verb), *das Neue* (Adjektiv). Diesen Vorgang nennt man **Nominalisierung.** Ihr könnt solche Nominalisierungen genau wie alle anderen Nomen meist an ihren **Begleitwörtern** erkennen, z. B.:

- ein **Artikel,** z. B.: *das Spielen, ein Gutes.*
- ein **Adjektiv,** z. B.: *fröhliches Lachen.*
- eine **Präposition,** die mit einem Artikel verschmolzen sein kann, z. B.: *vor Lachen, bei Rot, beim (bei dem) Spielen, im (in dem) Großen und Ganzen.*
- ein **Pronomen,** z. B.: *dieses Laufen* (Demonstrativpronomen), *unser Bestes* (Possessivpronomen), *etwas Neues, alles Gute* (Indefinitpronomen).

Weil Verbindungen von Indefinitpronomen und nominalisierten Adjektiven häufig vorkommen (z. B.: *etwas Neues, alles Gute*), lernt ihr diese Pronomen am besten als Nomensignale auswendig, z. B.: *etwas, manches, alles, nichts, einige, kein, viel, (ein) paar.*

TIPP: Nicht immer wird ein nominalisiertes Wort durch einen Nomenbegleiter angekündigt. Macht die Probe: Wenn ihr einen Nomenbegleiter (z. B. einen Artikel) ergänzen könnt, schreibt ihr groß, z. B.: *Nicht nur (das) Rätseln ist ein schöner Zeitvertreib.*

Kleinschreibung

Klein schreibt man

- alle **Verben,** z. B.: *malen, tanzen, gehen.*
- alle **Adjektive,** z. B.: *freundlich, sonderbar, rostig.*
  Viele Adjektive kann man an typischen Adjektivendungen erkennen: *-bar, -sam, -isch, -ig, -lich, -haft.*
- alle **Pronomen,** z. B.:
  - **Personalpronomen** (persönliche Fürwörter), z. B.: *ich, du, er/sie/es, wir, ihr, sie, mich, dich.*
  - **Possessivpronomen** (besitzanzeigende Fürwörter), z. B.: *mein, dein, sein, ihr, euer.*
  - **Demonstrativpronomen** (hinweisende Fürwörter), z. B.: *der, die, das/dieser, diese, dieses/jener, jene, jenes/solcher, solche, solches/derselbe, dieselbe, dasselbe.*
  - **Indefinitpronomen** (unbestimmte Fürwörter), z. B.: *etwas, manches, alles, nichts, einige, kein, viel, (ein) paar.*
- alle **Präpositionen,** z. B.: *in, auf, unter, ohne, zwischen, mit.*

TIPP: Eine Sonderregelung gibt es bei den **Anredepronomen in Briefen und Mails:**

- Wenn ihr jemanden siezt, schreibt ihr die Anredepronomen groß, z. B.: *Sie, Ihnen, Ihr.*
- Die vertraute Anrede „du" kann man kleinschreiben, z. B.: *dir, dein, euch, euer.*

Wortbildung

Umgang mit Begriffen

▶ S. 74

Ober- und Unterbegriffe

Ein **Oberbegriff** fasst mehrere Gegenstände oder Eigenschaften zusammen, die gemeinsame Merkmale haben, z. B.: **Oberbegriff:** *Stiefel*
Unterbegriffe: *Gummistiefel, Bikerstiefel, Reitstiefel ...*

Wortbildung: Zusammensetzung und Ableitung

▶ S. 232–237

Wortzusammensetzungen

▶ S. 232–235

Die **Wortzusammensetzung** ist in der deutschen Sprache eine wichtige **Methode, um neue Wörter zu bilden.** Mit Hilfe dieser neu gebildeten Wörter kann man Dinge und Sachverhalte genauer und oft auch unkompliziert beschreiben, z. B.:
Kupfer + Kessel = Kupferkessel (Nomen + Nomen),
bunt + Specht = Buntspecht (Adjektiv + Nomen),
Blitz + schnell = blitzschnell (Nomen + Adjektiv),
tief + rot = tiefrot (Adjektiv + Adjektiv),
schneiden + Brett = Schneidebrett (Verb + Nomen).
Die Teile einer **Zusammensetzung** heißen **Grundwort** und **Bestimmungswort.** Das Grundwort steht immer an letzter Stelle, z. B.: *Suppenlöffel, Teelöffel, Rührlöffel.* Das Grundwort wird durch das Bestimmungswort näher beschrieben. **Die Wortart** der Zusammensetzung wird durch das **Grundwort bestimmt.**

Ableitungen

▶ S. 236–237

Mit Präfixen (Vorsilben) und **Suffixen** (Nachsilben) kann man aus vorhandenen Wörtern **neue Wörter** ableiten. Diese neuen Wörter haben auch eine **neue Bedeutung** und helfen daher dabei, sich genau auszudrücken.

- **Neue Verben** bildet man z. B. mit den Präfixen *be-, ent-, er-, ge-, miss-, ver-, zer-.*
- **Neue Adjektive** bildet man z. B. mit den Suffixen *-ig, -bar, -lich, -sam, -isch.*
- **Neue Nomen** bildet man z. B. mit den Suffixen *-nis, -heit, -keit, -ung, -schaft, -tum.*

Achtung: Die Suffixe bestimmen die Wortart. Die Groß- und Kleinschreibung kann sich daher ändern.

Wortfamilie

▶ S. 238–239

Wörter, die den **gleichen Wortstamm** (Grundbaustein) haben, gehören zu einer **Wortfamilie,** z. B.: *fahren, Fahrbahn, befahren, verfahren.*
Wörter einer Wortfamilie werden durch Ableitungen *(befahren, fahrbar)* und Zusammensetzungen *(Fahrbahn)* gebildet.
Der Wortstamm wird in allen verwandten Wörtern gleich oder ähnlich geschrieben, z. B.: *reisen → abgereist, verreisen, die Reise.*

Wortbedeutung

Synonyme und Antonyme

▶ S. 243–244

Synonyme: Wörter mit **(fast) gleicher Bedeutung** bezeichnet man als Synonyme. Mit Hilfe von Synonymen können wir **Wiederholungen** (z. B. in einem Text) **vermeiden,** indem wir ein anderes, ähnliches Wort verwenden, z. B.: statt *sagen: reden, mitteilen, sprechen.*
Antonyme: Wörter, die in ihrer Bedeutung **gegensätzlich** sind, nennt man Antonyme, z. B.: *groß – klein, stark – schwach.*

Wortfeld

▶ S. 243–244

Wörter oder Wendungen, die eine **ähnliche Bedeutung** haben, bilden ein Wortfeld. Je mehr Wörter eines Wortfeldes man kennt, desto größer ist der eigene Sprachschatz.

Homonyme

▶ S. 241

Wörter, die **gleich lauten, aber unterschiedliche Bedeutungen** haben, nennt man **Homonyme.** Ihre Bedeutung kann nur im Sinnzusammenhang geklärt werden, z. B.:
Bank (Sitzgelegenheit, Geldinstitut): Ich sitze auf einer Bank. Ich gehe zur Bank.

Bildlicher Sprachgebrauch

Vergleiche

▶ S. 162–163

Bei einem Vergleich werden zwei verschiedene Vorstellungen durch ein „wie" oder ein „als ob" miteinander verknüpft, z. B.: *Das Meer glänzte schwarz wie die Nacht. In meinem Zimmer sah es aus, als ob ein Orkan durchgezogen wäre.*

Metaphern

▶ S. 164–165

Bei einer Metapher wird ein **Wort** nicht wörtlich, sondern **in einer übertragenen (bildlichen) Bedeutung** gebraucht, z. B.: *Nussschale für ein kleines Boot, Suppe für Nebel.* Im Unterschied zum direkten Vergleich fehlt bei der Metapher das Vergleichswort „wie", z. B.: *Wolken sind (wie) flockige Länder.*

Personifikation

▶ S. 166

Die Personifikation (Vermenschlichung) ist eine besondere Form der Metapher: Leblose Gegenstände, Begriffe oder die Natur werden vermenschlicht, d. h., ihnen werden menschliche Verhaltensweisen und Eigenschaften zugesprochen, z. B.: *die Natur schläft, das Glück lacht, der Tag verabschiedet sich, das Veilchen träumt.*

Arbeitstechniken und Methoden

Informationen beschaffen

► S. 308–310

Wenn ihr Informationen über ein bestimmtes Thema sucht oder etwas nachschlagen wollt, stehen euch verschiedene Informationsquellen zur Verfügung.
Die wichtigsten **Informationsquellen** sind **Bücher** (Lexika, Sach- oder Fachbücher), **Zeitschriften** und das **Internet.**

1 In Büchern und Zeitschriften recherchieren

Bücher und Zeitschriften findet ihr in der Bibliothek (Bücherei), z. B. in der Schul-, der Stadt- oder der Gemeindebibliothek.
So könnt ihr mit Hilfe des Computers in einer Bibliothek nach Büchern und anderen Medien suchen:

1. **Schritt:** Gebt in das entsprechende Feld der Suchmaske einen Suchbegriff ein, z. B. den Namen des Autors/der Autorin, den Titel des Buches, einen Sachbegriff/ein Schlagwort (z. B. Dinosaurier, Abenteuerbuch). Verfeinert, wenn möglich, die Suche, indem ihr eine bestimmte Medienart (z. B. Buch, CD, DVD) auswählt.
2. **Schritt:** Startet die Suche, indem ihr die Enter-Taste des Computers drückt oder mit einem Mausklick das Feld für die Suche anklickt.
3. **Schritt:** Ihr erhaltet nun Angaben zu dem gesuchten Titel oder eine Liste mit Suchergebnissen. Klickt den Titel an, zu dem ihr genauere Informationen haben wollt, z. B. eine Kurzbeschreibung des Inhalts, Angaben darüber, ob das Buch vorhanden oder ausgeliehen ist.
4. **Schritt:** Wenn ihr den gesuchten Titel gefunden habt, müsst ihr euch die Signatur aufschreiben, z. B.: *Ab 24 Tw.* Sie gibt euch den Standort des Buches, der CD etc. in der Bibliothek an.
5. **Schritt:** Orientiert euch in der Bibliothek, in welchem Regal ihr euer Buch, die CD etc. findet, z. B.: *Ab 24 Tw* (Ab = Abenteuer; 24 = Regalstellplatz; Tw = Autor, hier Mark Twain).

2 Im Internet recherchieren

Um im **Internet** gezielt nach Informationen zu suchen, verwendet man so genannte Suchmaschinen, z. B.: www.google.de; www.bing.de. Für Jugendliche gibt es spezielle Suchmaschinen, z. B.: www.blinde-kuh.de; www.fragfinn.de; www.helles-koepfchen.de.
Um gute Informationen zu finden, müsst ihr euch geeignete Suchbegriffe überlegen.
Es gibt verschiedene Möglichkeiten:

- Eingabe eines Suchbegriffs, z. B. *Biber:* Internetseiten, die dieses Wort enthalten, werden angezeigt.
- Eingabe mehrerer Suchbegriffe, z. B. *Biber + Lebensraum:* Die Suche beschränkt sich auf die Seiten, die beide Begriffe enthalten.
- Eingabe eines Themas oder eines Namens in Anführungszeichen, z. B. *„europäischer Biber“:* Der genaue Wortlaut oder der vollständige Name wird gesucht.

Informationen auswerten

- Lest die Texte und verschafft euch einen Überblick über ihre Inhalte.
- Sucht die Abschnitte heraus, die wichtige Informationen zu eurem Thema enthalten, und markiert sie.
- Schreibt die wichtigsten Informationen in Stichworten auf.
- Prüft, welche Fragen zu eurem Thema in diesen Texten nicht beantwortet werden, und sucht – wenn nötig – weitere Informationen.

Einen Kurzvortrag halten

► S. 199; 311–312

1 Den Kurzvortrag vorbereiten

Ein gelungener Vortrag muss gut vorbereitet werden:

- Ordnet die Informationen für euren Kurzvortrag, z. B. nach Unterthemen, und bringt sie in eine sinnvolle Reihenfolge.
- Notiert zu jedem Unterthema wichtige Stichwörter, z. B. auf Karteikarten.
- Nummeriert die Karteikarten in der entsprechenden Reihenfolge.
- Überlegt, zu welchen Informationen eures Vortrags ihr welches Anschauungsmaterial zeigen könnt, und sucht nach geeignetem Material, z. B.: Informationsplakat (► S. 346) Bilder, Fotos, Landkarten, Grafiken, Gegenstände, Anschauungsobjekte.

2 Den Kurzvortrag gliedern

1. Einleitung:

Die Einleitung eines Kurzvortrags soll das Interesse eurer Zuhörerinnen und Zuhörer wecken und in das Thema einführen. Es gibt verschiedene Einstiegsmöglichkeiten, z. B. ein Bild zum Thema, ein passendes Zitat, ein interessantes Ereignis.

2. Hauptteil:

Im Hauptteil werden die Informationen in einer sinnvollen Reihenfolge wiedergegeben. Beantwortet hierbei die W-Fragen (Was? Wo? Wie? Warum? ...).

3. Schluss:

Der Schluss rundet den Vortrag ab. Ihr könnt wichtige Informationen zusammenfassen oder eine persönliche Meinung zum Thema formulieren.

3 Tipps für den Vortrag

- Sprecht langsam und deutlich, sonst können euch eure Zuhörer/-innen nicht folgen.
- Versucht, möglichst frei vorzutragen. Lest wenig ab, schaut euer Publikum an und gebt ihm Gelegenheit, Fragen zu stellen.

Ein Informationsplakat gestalten

- Sucht zu eurem Thema Informationstexte, Bilder und evtl. Grafiken (▶ Informationen beschaffen, S. 344).
- Lest euer Informationsmaterial und wertet es aus (▶ S. 345).
- Ordnet die Informationen, die ihr den Texten entnommen habt, z. B. nach Unterthemen.
- Schreibt zu jedem Unterthema einen kleinen Informationstext. Schreibt die Texte auf einzelne Blätter, die ihr hinterher auf das Plakat aufkleben könnt. Achtet darauf, dass die Texte nicht zu lang sind, und verwendet eigene Formulierungen. Schreibt nicht zu klein.
- Überlegt, welche Abbildungen (Fotos, Bilder, Grafiken, Zeichnungen) ihr verwenden wollt.
- Schiebt die Texte und Abbildungen auf dem Plakat hin und her, bevor ihr sie aufklebt. Probiert aus, wie es am übersichtlichsten aussieht.
- Gebt eurem Plakat einen Titel und gestaltet ihn in einer gut lesbaren Schrift und in einer auffälligen Farbe.

Ideen sammeln: Der Cluster

▶ S. 14; 117; 311

Der Cluster (engl. = Traube, Schwarm) hilft euch, Ideen zu einem bestimmten Thema zu finden.

- Schreibt das Thema in die Mitte eines Blattes.
- Notiert dann Stichpunkte (Gedanken, Ideen, Angaben, Merkmale) zu dem Thema und verbindet sie mit Linien mit dem Thema (Ausgangskreis). Zu jedem Stichpunkt könnt ihr wiederum weitere Einfälle notieren.

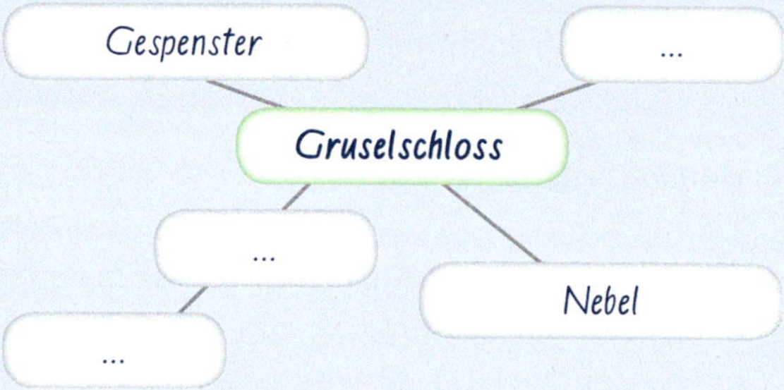

Ideen sammeln und ordnen: Die Mind-Map

▶ S. 193; 305

Die Mind-Map (engl. = Gedankenlandkarte) ist im Gegensatz zum Cluster (oben) dazu geeignet, die Ideen zu ordnen.

- Schreibt in die Mitte eines Blattes das Thema.
- Ergänzt dann um das Thema Oberpunkte (Hauptthemen).
- Erweitert diese Oberpunkte um Unterpunkte (Unterthemen).

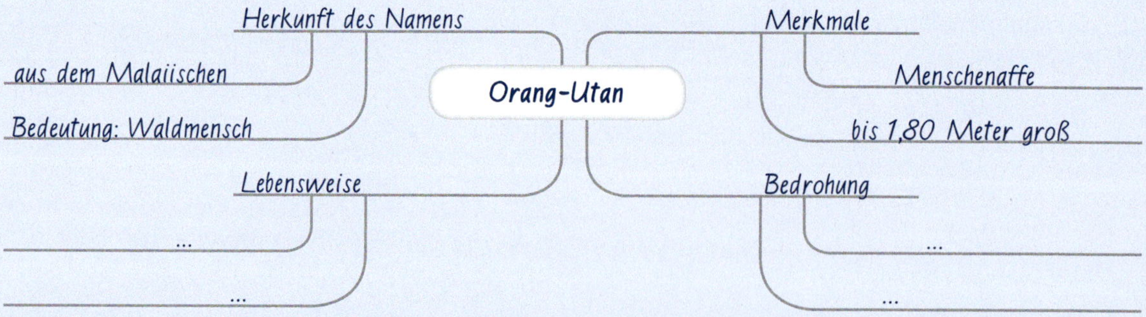

Eine Schreibkonferenz durchführen

► S. 61; 106

- Setzt euch in kleinen Gruppen (höchstens zu viert) zusammen.
- Einer liest seinen Text vor, die anderen hören gut zu.
- Anschließend geben die anderen eine Rückmeldung, was ihnen besonders gut gefallen hat.
- Nun wird der Text in der Gruppe Satz für Satz besprochen. Die Überarbeitungsvorschläge werden abgestimmt und schriftlich festgehalten.
- Korrigiert auch die Rechtschreibung und die Zeichensetzung.
- Zum Schluss überarbeitet die Verfasserin oder der Verfasser den eigenen Text.

Legt gemeinsam fest, wie ihr die Texte korrigieren wollt, z. B.:

- Anmerkungen nur mit Bleistift lesbar an den Rand schreiben.
- Folgende Korrekturzeichen verwenden:
  R = Rechtschreibfehler (Wort in der richtigen Schreibweise am Rand notieren)
  Z = Zeichenfehler (Satzzeichen einfügen bzw. streichen)
  T = Tempusfehler (richtiges Tempus notieren)
  ? = hier ist etwas unklar (= Bitte um Rücksprache)
  + = hier ist etwas besonders gut gelungen
  – = hier ist etwas nicht gut formuliert (Formulierungsvorschlag notieren)

Sinngestaltendes Vorlesen

► S. 96; 102; 158

Sinngestaltendes Vorlesen bedeutet, dass ihr einen Text ausdrucksvoll vortragt und eure Stimme dem erzählten Geschehen anpasst. Zum Beispiel könnt ihr lauter sprechen, wenn eine Figur mit ihren Taten angibt, oder leiser sprechen, wenn eine Figur Angst hat.

Betonungszeichen

Bereitet das Vorlesen vor, indem ihr den Text mit Betonungszeichen kennzeichnet:

- Betonungen bei Wörtern, die lauter gelesen werden sollen: ______
- Pausen: |
- Hebung der Stimme, z. B. bei einer Frage: ↗
- Senkung der Stimme, z. B. am Satzende: ↘

Eine Figurenskizze erstellen

► S. 30

Die Beziehung zwischen Figuren (z. B. Abneigung, Freundschaft, Abhängigkeiten usw.) könnt ihr in einer Figurenskizze darstellen:

- Zeichnet für jede Figur/Figurengruppe einen Kasten. Schreibt in jeden Figurenkasten den Namen und evtl. auch die Eigenschaften der jeweiligen Figur.
- Bestimmt die Beziehungen der Figuren, indem ihr die Kästen durch Pfeile verbindet und diese mit einem aussagefähigen Wort beschriftet (z. B. *verliebt, fremd, gleichgültig, befreundet, verfeindet*).

Mit dem Schreibprogramm des Computers umgehen

Eine Datei anlegen

Wenn man einen Text am Computer schreiben möchte, muss man zunächst eine Datei anlegen, und das geht so:

- Computer starten, Textprogramm (z. B. Word) auswählen,
- in der Menüleiste auf **Datei** und **Neu** klicken,
- Text schreiben und die Datei unter einem Namen speichern (in der Menüleiste **Datei** anklicken und **Speichern unter** auswählen).

Einen Text am Computer gestalten

In der Menüleiste eures Computers findet ihr die folgenden Befehle, mit denen ihr einen Text gestalten könnt:

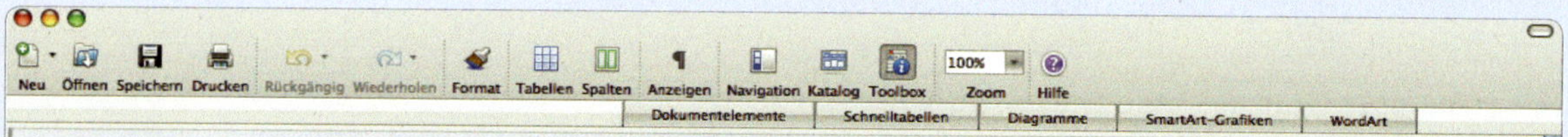

Ausschneiden und einfügen: Text mit der Maus markieren, auf die Schaltfläche Ausschneiden klicken und an anderer Stelle wieder einfügen (Symbol „Einfügen“).

Kopieren: Text markieren, auf die Schaltfläche Kopieren klicken und an anderer Stelle wieder einfügen (Symbol „Einfügen“).

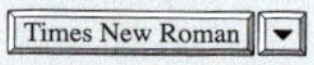

Schriftart verändern: Text/Textstelle markieren, auf den Pfeil neben dem Auswahlfeld für Schriftarten klicken und Schriftart durch Anklicken auswählen.

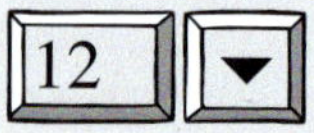

Schriftgröße verändern: Text/Textstelle markieren, auf den Pfeil neben dem Auswahlfeld für Schriftgröße klicken und Schriftgröße durch Anklicken auswählen.

Fett, *kursiv* schreiben und <u>unterstreichen</u>: Text/Textstelle markieren, dann auf die Schaltfläche für fette, kursive oder unterstrichene Schrift klicken.

Textausrichtung festlegen: Text markieren, dann auf die Schaltfläche für linksbündige, zentrierte oder rechtsbündige Textausrichtung klicken oder Blocksatz auswählen.

Schriftfarbe festlegen: Text markieren, dann auf die Schaltfläche für die Schriftfarbe klicken und die Farbe durch Anklicken auswählen.

Die Rechtschreibprüfung am Computer nutzen

▶ S. 284

Das Textverarbeitungsprogramm „Word“ hilft euch auch, bei einem Text falsch geschriebene Wörter zu finden und zu korrigieren:

- Aktiviert das Rechtschreib- und Grammatikprogramm des Computers. Wählt hierzu im Menü Extras das Werkzeug Rechtschreibung und Grammatik aus. Das Programm markiert nun mögliche Rechtschreibfehler rot und mögliche Grammatikfehler grün.
- Überprüft bei den rot und grün markierten Wörtern, ob diese tatsächlich falsch geschrieben wurden. Wählt dann aus dem Fenster Vorschläge das richtige Wort aus und klickt auf Ändern. Das Wort wird korrigiert und „Word“ springt dann automatisch zum nächsten falsch geschriebenen Wort.

BEACHTET: Das Programm kann nicht alle Fehler finden und ist nicht immer zuverlässig. Zeichensetzungsfehler sind z. B. mit dem Programm nicht aufzuspüren und auch „das/dass-Fehler“ werden nicht gefunden.
Umgekehrt kann es vorkommen, dass korrekt geschriebene Wörter (z. B. Eigennamen) als Fehler markiert werden. Schlagt in Zweifelsfällen in einem Wörterbuch nach.

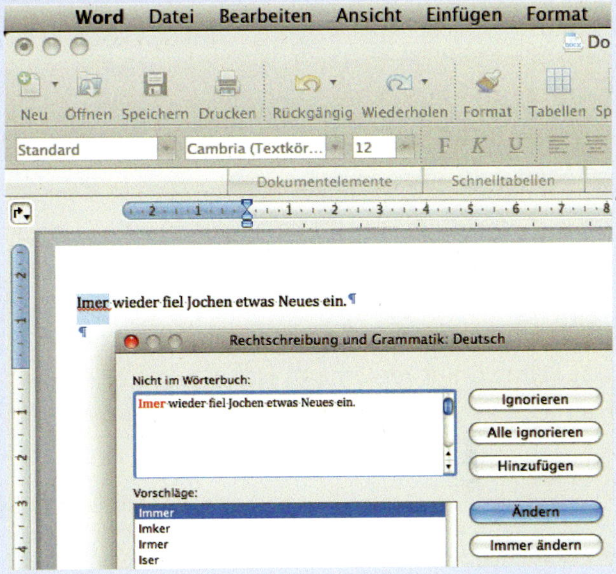

Den Thesaurus am Computer nutzen

▶ S. 243

Der „Thesaurus“ (griech. = Wortschatz) ist eine Art Wörterbuch sinnverwandter Wörter, mit dessen Hilfe man häufig benutzte Wörter wie „sagen“ durch sinnverwandte Wörter ersetzen kann:

- Markiert das Wort, zu dem ihr bedeutungsähnliche Wörter ermitteln wollt. Aktiviert dann den Thesaurus, ihr findet ihn im Menü Extras → Sprache → Thesaurus.
- Um das markierte Wort zu ersetzen, klickt ihr mit der rechten Maustaste auf ein Wort, das das Programm vorschlägt.

BEACHTET: Nur manche Wörter, die das Programm vorschlägt, entsprechen dem Wort, das ihr ersetzen wollt. Überprüft genau, ob das Wort wirklich passt.

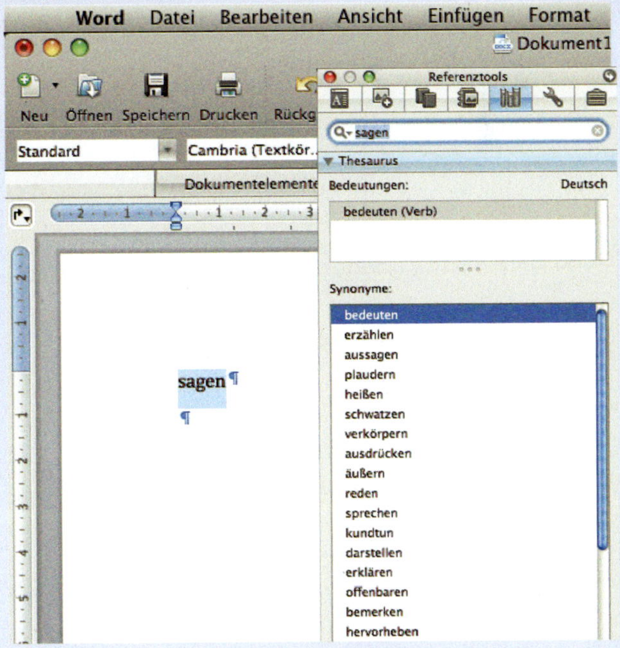

Lösungen zu einzelnen Aufgaben

Seite 42

1 c A + F
B + D
C + E

Seite 111

3 b Das Lösungswort heißt: VOGEL

Seite 145

2 b Die Eigenschaften „neidisch und dumm“ passen am besten zum Verhalten des Frosches.

Seite 161

1 Das Reimwort in Vers 3 heißt „kann“.
Das Reimwort in Vers 5 heißt „Macht“.

2 Richtig ist die folgende Aussage:
Das Gedicht beschreibt einen Sturm, der ein Segelschiff in Seenot bringt.

3 zum Beispiel: peitscht (Vers 3), heulen (Vers 4), brausen (Vers 4)

4 Kreuzreim

5 Jambus

Seite 268

1 c der bekannteste Detektiv der Welt (Adjektivattribut, Genitivattribut)

einem britischen Schriftsteller, Sir Arthur Conan Doyle (Adjektivattribut, Apposition)

der Detektiv aus London (präpositionales Attribut)

Dr. Watson, seinem besten Freund (Apposition)

die kompliziertesten Kriminalfälle (Adjektivattribut)

der clevere Ermittler (Adjektivattribut)

ratlosen Kunden (Adjektivattribut)

der Polizei, die ihn manchmal um Unterstützung bittet. (Relativsatz)

Themen der Kriminalgeschichten (Genitivattribut)

schwere Diebstähle (Adjektivattribut)

das Verschwinden von Personen (präpositionales Attribut)

Todesfälle, die rätselhaft sind (Relativsatz)

die Arbeitsmethode des Privatdetektivs (Genitivattribut)

genaue Beobachtungen (Adjektivattribut)

logische Schlussfolgerungen (Adjektivattribut)

Seite 285–286

Rosa Felder: Groß- und Kleinschreibung

B1: Der Neue lädt alle Neugierigen zum Spielen ein.
B2: Das Fangen des Balls hat etwas Beglückendes.
G1: richtig
G2: richtig
L1: falsch; nicht immer wird ein nominalisiertes Wort durch einen Nomenbegleiter angekündigt (▶ mehr hierzu auf Seite 273).
L2: richtig
Q1: Das Hüpfen auf einem Bein ist etwas ziemlich Schwieriges.
Q2: Am besten rechnet man beim Zählen der Punkte noch einmal nach.

Blaue Felder: Kurze Vokale

D1: zum Beispiel: verstecken, wecken, erblicken, die Decke, die Jacke, der Bäcker, lecker
D2: zum Beispiel: setzen, putzen, verletzen, die Hitze, der Witz, schmutzig, spitz
I1: zum Beispiel: matt, glatt, das Blatt
I2: zum Beispiel: spinnen, beginnen, gewinnen
N1: Himmel und Hölle ist ein spannendes Wettrennspiel.
N2: Bestimmte Brettspiele sind in aller Welt bekannt und beliebt.
S1: richtig, z. B.: die Pizza, die Skizze, die Razzia
S2: falsch, z. B.: der Mokka, der Akku, der Akkord, das Sakko

Gelbe Felder: Lange Vokale

F1: richtig
F2: falsch
K1: zum Beispiel: das Spiel; das Sieb, lieb, er rieb
K2: zum Beispiel: lahm, die Zahl, die Wahl, das Mehl
P1: Der lehmige Boden klebte an der Schuhsohle.
P2: Die kühne Dame wurde für ihren Mut gerühmt.
U1: zum Beispiel: der Samen, sie kamen
U2: zum Beispiel: die Sohlen, die Kohlen

Grüne Felder: s-Laut

C1: zum Beispiel: messen, vergessen
C2: zum Beispiel: heiß, ich weiß
M1: Apfelmus muss man heiß essen.
M2: Aus der Gießkanne floss Wasser.
T1: falsch (► mehr hierzu auf Seite 282)
T2: richtig (► mehr hierzu auf Seite 282)
X1: zum Beispiel: heiß, der Fleiß, der Gruß
X2: zum Beispiel: fassen, lassen, die Kasse

Seite 295

3 Hier findet ihr die Texte „Langeweile 1" und „Langeweile 2" in der richtigen Schreibweise.

Langeweile (1)

1 Manche Tage sind einfach zum Langweilen gemacht.
2 Zum Beispiel Regentage verbringt man am besten im Warmen und wartet, bis es etwas Gutes zu essen gibt.
3 An Sonntagen ohne Ausflug ins Grüne hilft nur konsequentes Liegenbleiben im Bett.
4 Ferientage, an denen alle Freunde im Urlaub sind, bieten sich bei gutem Wetter zum Dösen in der Sonne an.
5 Gerade an solchen Tagen kommt meistens auch nichts Sehenswertes im Fernsehen.
6 Es besteht dann noch die Hoffnung, dass sich etwas Lesenswertes im Regal findet.
7 Am glücklichsten ist man aber, wenn doch noch jemand zum Quatschen oder Spielen auftaucht.

Langeweile (2)

1 „Mir ist so langweilig", jammert Clara.
2 „Was soll ich machen?", fragt sie.
3 „Ich hab gar keine Lust zu spielen", seufzt Clara.
4 Papa antwortet: „Schau mal in dein Zimmer, da gibt es Bücher, Puzzles, Malsachen, CDs und tausend andere Sachen."
5 „Aber auf die Sachen, die es da gibt, habe ich keine Lust."
6 „Dann triff dich mit deinen Freundinnen, wenn sie Zeit haben."
7 „Ich weiß genau, dass sie heute alle etwas anderes vorhaben."
8 „Du kannst mir beim Aufräumen, Putzen und Kochen helfen."
9 „Gerade fällt mir ein, dass ich doch total viel Lust zum Puzzeln habe."

Textartenverzeichnis

Berichte/Reportagen
Hund rettet Familie vor möglicher Rauchvergiftung 68
Halbmarathon durchgehalten 54
Mutprobe endet im Krankenhaus 33
Richtiges Schnüffeln will gelernt sein 66
Schülerstaffel belegt ersten Platz 55
Sport schweißt Jugendliche zusammen 59
Spürnase im Schnee 69
Ziegenbock aus Brunnen gerettet 147

Beschreibungen/Anleitungen
Das A-bis-Z-Spiel 285
Salto vorwärts 80
Völkerball (Kurzanleitung) 83
Wassergraben – Ein Hüpfspiel 277

Bildergeschichten/Comics
Bildergeschichte: Bissiger Hund 18
Bildergeschichte: Ein Sonntagsspaziergang mit Hindernissen 244
Busch, Wilhelm:
Fink und Frosch 146
Comic: Odysseus und die Zauberin Kirke 120

Diagramme/Grafiken/Tabellen
Grafiken: Die Hängenden Gärten der Semiramis in Babylon 190
Lesefieberkurve 15
Neue und vergessene Weltwunder 195
Odysseus' zehnjährige Irrfahrt 124
Verbreitung Biber 312

Erzählungen/Jugendbuch- und Romanauszüge
Arntzen, Helmut:
Zwei junge Gänse 144
Äsop:
Der Frosch und der Ochse 145
Der Löwe und die Maus 139
Der Wolf und der Kranich 140
Der Rabe und der Fuchs 138
Bauer, Michael Gerard:
Nennt mich nicht Ismael! 46
Brezina, Thomas C.:
Der rasende Roboter 266
Lösegeld löst sich in Luft auf 265
Brooks, Kevin:
Lucas 88
Carpenter, Richard:
Catweazle 243
Fessel, Karen-Susan:
Und wenn schon! 85
Fleischmann, Sid:
Ein Wirbelsturm und seine Folgen 109
McBroom und die Stechmücken 97
Goscinny, René; Sempé, Jean-Jacques
Der kleine Nick 287
Hohler, Franz:
Die runde Insel 104
Kästner, Erich:
Das Pferd auf dem Kirchturm 94
Münchhausens Ritt auf der Kanonenkugel 103
Emil und die Detektive (1) 204
Emil und die Detektive (2) 206
Emil und die Detektive (3) 208
Emil und die Detektive (4) 210
Emil und die Detektive (5) 211
Lessing, Gotthold Ephraim:
Der Rabe und der Fuchs 142
Lindgren, Astrid:
Pippi Langstrumpf 291
Pippi soll ins Kinderheim 300
Maar, Paul:
Eine gemütliche Wohnung 98
Nöstlinger, Christine:
Das Austauschkind 43
Parvela, Timo:
Das Krippenspiel 293
Ella – Unser Lehrer als Bestimmer 302
Im Bus auf Klassenfahrt 292
Reider, Katja:
Ferienfreunde 27
Richter, Jutta:
Der Tag, als ich lernte die Spinnen zu zähmen 24
Scheffler, Ursel:
Einer zu viel beim Kurkonzert 253
Thurber, James:
Der Fuchs und der Rabe 143

Fabeln
Arntzen, Helmut:
Zwei junge Gänse 144
Äsop:
Der Frosch und der Ochse 145
Der Löwe und die Maus 139
Der Wolf und der Kranich 140
Der Rabe und der Fuchs 138
Lessing, Gotthold Ephraim:
Der Rabe und der Fuchs 142
Thurber, James:
Der Fuchs und der Rabe 143

Filmbilder
Emil und die Detektive 215
Im Zug mit Max Grundeis 217
Pony Hütchen taucht auf 218

Gedichte
Ak'abal, Humberto:
Zeichen 163
Bashō, Matsuo:
So rot 160
Chora, Miura:
Ein starker Sturm 160
Dehmel, Paula:
Ich bin der Juli 169
Eichendorff, Joseph von:
Meeresstille 162
Winternacht 166
Goethe, Johann Wolfgang:
Frühling übers Jahr 168
Hacks, Peter:
Der Winter 168
Hebbel, Friedrich:
Herbstbild 169
Heine, Heinrich:
Der Wind zieht seine Hosen an 161
Issa, Kobayashi:
Sogar mein Schatten 160
Kaléko, Mascha:
Es regnet 154
Kirsch, Sarah:
Ausschnitt 155
Krüss, James:
Das Feuer 157
Maar, Paul:
Regen 156
Manz, Hans:
In die Wolken gucken 164
Mörike, Eduard:
Septembermorgen 169
Nöstlinger, Christine:
Abendgebet zum Nikolaus 169
Schottelius, Justus Georg:
Donnerlied 159

Interview
Das Projekt „Aktive Pause" 40

Jugendtheater/szenische Texte
Nöstlinger, Christine:
Konrad oder Das Kind aus der Konservenbüchse – 1. Szene 172
Konrad oder Das Kind aus der Konservenbüchse – 2. Szene 175
Konrad oder Das Kind aus der Konservenbüchse – 5. Szene 180
Konrad oder Das Kind aus der Konservenbüchse – 12. Szene 182

Lexikonartikel
Lexikonartikel 308

Lügengeschichten
Fleischmann, Sid:
Ein Wirbelsturm und seine Folgen 109
McBroom und die Stechmücken 97
Hohler, Franz:
Die runde Insel 104
Kästner, Erich:
Das Pferd auf dem Kirchturm 94
Münchhausens Ritt auf der Kanonenkugel 103
Maar, Paul:
Eine gemütliche Wohnung 98

Plakate
Plakate Fahrradhelm 64

Sachtexte
Äsop, der Fabeldichter 141
Babylon 194
Beck, Rufus:
Gutes Vorlesen ist eben, wenn sich keiner langweilt 101
Blesel, Dagmar:
Richtiges Schnüffeln will gelernt sein 66
Das Projekt „Aktive Pause" 40
Das Taj Mahal im Überblick 197
Das Taj Mahal wird gelb 197
Der CN Tower in Toronto 200
Der Film „Emil und die Detektive" 216
Die Pyramiden von Gizeh 192
Hirschmann, Kai:
Das Taj Mahal 196
Die Hängenden Gärten der Semiramis in Babylon 190
Jacoby, Mascha:
Intelligente Kleidung 77
Lexikonartikel 308
Neue und vergessene Weltwunder 195
Reichardt, Hans:
Der Koloss von Rhodos 188
Spürnase im Schnee 69

Sagen
Beowulf und der Drache 131
Beowulf und Grendel 127
Der Rattenfänger von Hameln 134
Homer:
Odysseus in der Höhle des Kyklopen Polyphem 114
Odysseus und der Bogenwettkampf 122
Odysseus und die Zauberin Kirke 118

Bildquellenverzeichnis

S. 13: Getty Images/Adrian Green
S. 14 rechts: Getty Images/Zigy Kaluzny
S. 14 links: Getty Images/Photodisc
S. 35: Thomas Schulz, Teupitz
S. 40: Getty Images/Marcus Lyon
S. 53: Getty Images/Martial Colomb
S. 54: Getty Images/DAJ
S. 56: Getty Images/WIN-Inititative
S. 59: Getty Images/Lori Adamski Peek
S. 64 rechts: Deutsche Verkehrswacht e. V., Berlin
S. 64 links: „Helle Köpfe tragen Helm!" Eine Aktion der Kreispolizeibehörde Paderborn
S. 66: © Mirjam Reither – Fotolia.com
S. 69: © Nikolai Tsvetkov – Fotolia.com
S. 73: plainpicture/Etsa
S. 75: © senicphoto – Fotolia.com
S. 77: © Reusch GmbH, In Laisen 31–35, 72666 Reutlingen
S. 80: picture-alliance/ASA
S. 84: © www.roggenthin.de
S. 91: © Gravicapa – Fotolia.com
S. 101: picture-alliance/dpa
S. 124, 190, 195: Volkhard Binder, Berlin
S. 141: picture-alliance/Mary Evans Picture Library
S. 146: Wilhelm Busch, aus: Gesammelte Werke in sechs Bänden. Fackel Verlag, Herrsching o. J.
S. 153: © Christie's Images Ltd – ARTOTHEK
S. 154, 160, 163, 271: akg-images
S. 155, 161: akg-images/Erich Lessing
S. 157: © Free released by the curator of the paintings of Anchise Picchi, Lido Pacciardi, Italy; Wikimedia Commons
S. 159, 162: akg-images/VG Bild-Kunst, Bonn 2011
S. 164: akg-images/Gabriele Münter/VG Bild-Kunst, Bonn 2011
S. 166: © M. u. D. Thalmann, Ch-3360 Herzogenbuchsee
S. 170 links Bild: Emily Ulmen, Köln/Text: Michele John, Wildau; **Mitte** Bild: Alsu Yilmaz, Köln; Text Leander Michael, Berlin; **rechts** Bild: Georg Stocker, Köln; Text: Baldur Michael
S. 171, 172, 173, 175, 176, 177, 180, 183: Niederrhein-Theater, Brüggen/Hermann Jürgen Schmitz
S. 192: picture-alliance/Bildagentur-online/TIPS-Images
S. 196: picture-alliance/Bildagentur Huber
S. 197, 306, 308, 310 rechts: picture-alliance/WILDLIFE
S. 200: rrruss – fotolia.com
S. 203 links, 219 links, Mitte, rechts: © Atrium Verlag, Zürich und Thomas Kästner
S. 203 rechts: © Constantin Filmverleih GmbH, 80802 München
S. 215, 217, 218: © Bavaria-Filmverleih- und Produktions GmbH
S. 219 links unten, Mitte unten, rechts unten: © 2008 Package Design Euro Video. Im Vertrieb der Euro Video Bildprogramm GmbH. Das fliegende Klassenzimmer © 2002 bavaria filmverleih und produktions gmbh/lunarisfilm. Charlie & Louise © 1993 Lunaris Film/Bavaria Film/Perathon Film. Pünktchen und Anton © Touchstone Pictures. All rights reserved.
S. 227: © Cecilie Dressler Verlag GmbH, Verlag Friedrich Oetinger GmbH, Hamburg 2003
S. 264: Ralf Scholz, Wildau
S. 273: Picture-alliance/Zoonar
S. 309: www.blinde-kuh.de/Blinde Kuh e. V., Hamburg
S. 310 links: www.fragfinn.de/Recherche vom Sept. 2011/Recherchewort: Biber
S. 312 links oben: © lantapix – Fotolia.com
S. 312 rechts oben: picture-alliance/© Delpho/Okapia KG, Deutschland
S. 312 unten: David Ausserhofer, Wandlitz

Nicht in allen Fällen war es möglich, die Rechteinhaber der Abbildungen ausfindig zu machen. Berechtigte Ansprüche werden im Rahmen der üblichen Vereinbarungen abgegolten.

Autoren- und Quellenverzeichnis

AK'ABAL, HUMBERTO (*1952)
163 Zeichen
aus: Trommeln aus Stein. Hrsg. und aus dem Spanischen übersetzt von Erich Hackl. Unionsverlag Zürich, 1998

ARNTZEN, HELMUT (*1931)
144 Zwei junge Gänse
aus: Streit der Fakultäten. Neue Aphorismen und Fabeln, Münster 2000, S. 8

ÄSOP (600 v. Chr.)
145 Der Frosch und der Ochse (1)
139 Der Löwe und die Maus (2)
138 Der Rabe und der Fuchs (3)
140 Der Wolf und der Kranich (4)
aus: Schulaufgabentrainer 6. Cornelsen Verlag, Berlin 2007 (2)
aus: Rund um Fabeln. Cornelsen Verlag, Berlin 2006 (3)
aus: Harrer, I. (Hrsg.): Das Fabelbuch von Aesop bis heute. Betz Verlag, Wien/München 2003 (4)

BASHŌ, MATSUO (1644–1694)
160 So rot
aus: Doppel-klick 9. Cornelsen Verlag, Berlin 2003

BAUER, MICHAEL GERARD (*1955)
46 Nennt mich nicht Ismael!
aus: Nennt mich nicht Ismael! Aus dem Englischen von Ute Mihr. Hanser Verlag, München 2008

BECK, RUFUS (*1957)
101 Gutes Vorlesen ist eben, wenn sich keiner langweilt
nach: URL: http://www.vorlese-wettbewerb.de/resources/lehrer/pdf/2007/vwb_tipps.pdf

BLESEL, DAGMAR
66 Richtiges Schnüffeln will gelernt sein.
aus: Bonner Generalanzeiger, 31.7.2010

BREZINA, THOMAS C. (*1963)
266 Der rasende Roboter (1)
265 Lösegeld löst sich in Luft auf (2)
aus: Die Knickerbockerbande – Auf frischer Tat ertappt. 66 spannende Ratekrimis. Ravensburger Buchverlag, Ravensburg 2009 (1) und (2)

BROOKS, KEVIN (*1959)
88 Lucas
aus: Lucas. dtv, München 2005, S. 16–18

BUSCH, WILHELM (1832–1908)
146 Fink und Frosch
aus: Werner, H. (Hrsg.): Gesammelte Werke in sechs Bänden. Fackelverlag, Herrsching o. J., Bd. 2, S. 77–80

CARPENTER, RICHARD (*1933)
243 Catweazle
aus: Catweazle. Ravensburger Buchverlag, Ravensburg 2008

CHORA, MIURA (1729–1780)
160 Ein starker Sturm
aus: Doppel-klick 9. Cornelsen Verlag, Berlin 2003

DEHMEL, PAULA (1862–1918)
169 Ich bin der Juli
aus: Frühling, Sommer, Herbst und Winter. Sauerländer Verlag, Mannheim 2010

EICHENDORFF, JOSEPH VON (1788–1857)
162 Meeresstille (1)
166 Winternacht (2)
aus: Baumann, G. (Hrsg.): Werke und Schriften, Bd. 1: Gedichte. Epen. Dramen. Klett-Cotta Verlag, Stuttgart 1953 (1)
aus: Werke in einem Band. Carl Hanser Verlag, München 1951, S. 176 (2)

ERHARDT, HEINZ (1909–1979)
245 Das Leben kommt ...
aus: Detering, H. (Hrsg.): Von der Pampelmuse geküßt. Gedichte, Prosa, Szenen. Reclam Verlag, Stuttgart 2005. © Lappan Verlag

FESSEL, KAREN-SUSAN (*1964)
85 Und wenn schon!
aus: Und wenn schon! Friedrich Oetinger Verlag, Hamburg 2002, S. 56–60

FLEISCHMAN, SID (1920–2010)
109 Ein Wirbelsturm und seine Folgen (1)
97 McBroom und die Stechmücken (2)
aus: Hier kommt McBroom. Aus dem Amerikanischen übertragen von Sybil Gräfin Schönfeldt. Georg Bitter Verlag KG, Recklinghausen 1981 (1) und (2)

GOETHE, JOHANN WOLFGANG (1749–1832)
168 Frühling übers Jahr
aus: Trunz, E. (Hrsg.): Johann Wolfgang Goethe: Hamburger Ausgabe in 14 Bänden. Erster Band: Gedichte und Epen 1. C. H. Beck Verlag, München 1978, S. 32

GOSCINNY, RENÉ (1926–1977); SEMPÉ, JEAN-JACQUES (*1932)
287 Der kleine Nick
aus: Der kleine Nick erlebt eine Überraschung. Diogenes Verlag, Zürich 2008, S. 7–9, S. 10–15

HACKS, PETER (1928–2003)
168 Der Winter
aus: Der Flohmarkt. © Eulenspiegel Verlag, Berlin 1964

HEBBEL, FRIEDRICH (1813–1863)
169 Herbstbild
aus: Fricke, G.; Keller, W.; Pörnbacher, K. (Hrsg.): Friedrich Hebbel. Werke in drei Bänden. Carl Hanser Verlag, München 1965, 3. Bd., S. 51

HEINE, HEINRICH (1797–1856)
161 Der Wind zieht seine Hosen an
aus: Kortländer, B. (Hrsg.): Buch der Lieder. Reclam Verlag, Stuttgart 1990

HIRSCHMANN, KAI
196 Das Taj Mahal (1)
190 Die Hängenden Gärten der Semiramis in Babylon (2)
nach: URL: http://www.helles-koepfchen.de/die_vergessenen_weltwunder/der_taj_mahal.html (1)
nach: URL: http://www.helles-koepfchen.de/die_sieben_weltwunder/die_haengenden_gaerten_der_semiramis_in_babylon.html (2)

HOHLER, FRANZ (*1943)
104 Die runde Insel
aus: Geschichten 5/6. Für die Schule zusammengestellt von Kaspar H. Spinner. Diesterweg Verlag, Frankfurt/Main 1990, S. 86

ISSA, KOBAYASHI (1763–1828)
160 Sogar mein Schatten
aus: Doppel-klick 9. Cornelsen Verlag, Berlin 2003

JACOBY, MASCHA
77 Intelligente Kleidung
aus: Stern, Ausgabe 14/2006 (gekürzt)

KALÉKO, MASCHA (1907–1975)
154 Es regnet
aus: Die paar leuchtenden Jahre. © dtv, München 2003, S. 164 f.

KÄSTNER, ERICH (1899–1974)
94 Das Pferd auf dem Kirchturm (1)
204 Emil und die Detektive (2)
206 Emil und die Detektive (3)
208 Emil und die Detektive (4)
210 Emil und die Detektive (5)
211 Emil und die Detektive (6)
103 Münchhausens Ritt auf der Kanonenkugel (7)
aus: Erich Kästner erzählt. Cecilie Dressler Verlag, Hamburg 1982 © Atrium Verlag, Zürich 1935, S. 79–81 (1), S. 103–106 (7)
aus: Emil und die Detektive. Cecilie Dressler Verlag, Hamburg 1982 © Atrium Verlag, Zürich 1935 (2) bis (6)

KESSEL, CAROLA VON
277 Wassergraben – ein Hüpfspiel (1)
298 Spielfelder selbst entwerfen (2)
aus: Die schönsten Hüpfspiele. Moses-Verlag, Kempen 2006, S. 22 f. (1), S. 5 (2)

KIRSCH, SARAH (*1935)
155 Ausschnitt
aus: Gelberg, H.-J. (Hrsg.): Großer Ozean. Gedichte für alle. Beltz & Gelberg Verlag, Weinheim 2006, S. 44

KRÜSS, JAMES (1926–1997)
157 Das Feuer
aus: Der wohltemperierte Leierkasten. S. Mohn Verlag, Gütersloh 1961

LESSING, GOTTHOLD EPHRAIM (1729–1781)
142 Der Rabe und der Fuchs
aus: Göpfert, H. G. (Hrsg.): Werke, Band I. Carl Hanser Verlag, München 1970, S. 251

LINDGREN, ASTRID (1907–2002)
291 Pippi Langstrumpf (1)
300 Pippi soll ins Kinderheim (2)
aus: Pippi Langstrumpf. Friedrich Oetinger Verlag, Hamburg 1986, S. 50 f. (1), S. 47 f. (2)

MAAR, PAUL (*1937)
98 Eine gemütliche Wohnung (1)
156 Regen (2)
aus: Gelberg, H.-J. (Hrsg.): Wie man Berge versetzt, Beltz & Gelberg Verlag, Weinheim, Basel 1981 (1)
aus: Onkel Florians fliegender Flohmarkt. Friedrich Oetinger Verlag, Hamburg 1977 (2)

MANZ, HANS (*1931)
164 In die Wolken gucken
aus: Die Welt der Wörter. Beltz & Gelberg Verlag, Weinheim 1991

MÖRIKE, EDUARD (1804–1875)
169 Septembermorgen
aus: Perfahl, J. (Hrsg.): Sämtliche Werke. Winkler Verlag, München 1967, Bd. 1

NÖSTLINGER, CHRISTINE (*1936)
169 Abendgebet zum Nikolaus (1)
43 Das Austauschkind (2)
172 Konrad oder Das Kind aus der Konservenbüchse (3)
175 Konrad oder Das Kind aus der Konservenbüchse (4)
176 Konrad oder Das Kind aus der Konservenbüchse (5)
179 Konrad oder Das Kind aus der Konservenbüchse (6)
180 Konrad oder Das Kind aus der Konservenbüchse (7)
182 Konrad oder Das Kind aus der Konservenbüchse (8)
aus: Nöstlinger, Christine; Bauer, Jutta: Ein und Alles. Beltz & Gelberg Verlag, Weinheim 1993, S. 343 (1)
aus: Das Austauschkind. Beltz & Gelberg Verlag, Weinheim, Basel 2006, S. 38–40 (2)
Aus: Christine Nöstlinger: Konrad oder Das Kind aus der Konservenbüchse. Verlag für Kindertheater, Hamburg 1975 (3)–(8)

PARVELA, TIMO (1964)
293 Das Krippenspiel (1)
302 Ella – Unser Lehrer als Bestimmer (2)
292 Im Bus auf Klassenfahrt (3)
aus: Ella in der Schule. Übersetzt aus dem Finnischen von Anu und Nina Stohner. Hanser Verlag, München 2007 (1) und (3)
aus: Ella in der zweiten Klasse. Übersetzt aus dem Finnischen von Anu und Nina Stohner. Hanser Verlag, München 2008, S. 30 f. (2)

RICHTER, JUTTA (*1955)
24 Der Tag, als ich lernte die Spinnen zu zähmen
aus: Der Tag, als ich lernte die Spinnen zu zähmen. Carl Hanser Verlag, Hamburg 2000

REICHARDT, HANS (1908–1991)
188 Der Koloss von Rhodos
aus: Die sieben Weltwunder. WAS IST WAS. Tessloff Verlag, Nürnberg 2008, Bd. 81, S. 42 f.

REIDER, KATJA (1960)
27 Ferienfreunde
aus: Ich schenk dir eine Geschichte. cbj Verlag, München 2010 www.katja.reider.de

SCHEFFLER, URSEL (1938)
253 Einer zu viel beim Kurkonzert
Aus: Kommissar Kugelblitz 2, Band 1: Die rote Socke (gekürzt) Egmont, Köln 2011

SCHOTTELIUS, JUSTUS GEORG (1612–1676)
159 Donnerlied
aus: Maché, U.; Meid, V. (Hrsg.): Gedichte des Barock. Reclam Verlag, Stuttgart 1980, S. 163 f.

THURBER, JAMES (1894–1961)
143 Der Fuchs und der Rabe
aus: 75 Fabeln für Zeitgenossen. Rowohlt Verlag, Reinbek bei Hamburg o. J.

Unbekannte/ungenannte Autorinnen und Autoren
131 Beowulf und der Drache (1)
127 Beowulf und Grendel (2)
aus: Hüttner, Hannes: Beowulf. Der Kinderbuchverlag Berlin, Berlin 1975, S. 9–10, 22–26 (2); S. 66–70, 74 (1)
200 Der CN Tower in Toronto
aus: Pöppelmann, Christa; Schubert, Mark: Weltwunder von der Antike bis heute. Compact Verlag, München 2005, S. 222 f. (gekürzt)
134 Der Rattenfänger von Hameln
aus: Götter und Helden. Edition Lempertz, Königswinter 2003, S. 201–202
192 Die Pyramiden von Gizeh
nach: Spiegel Online URL: http://www.spiegel.de/reise/fernweh/0,1518,199459,00.html
289 Erste Hilfe bei Langeweile
aus: Wißkirchen, Christa; Pricken, Stephan: Mein lustiges Spielebuch. Coppenrath Verlag, Münster 2007, S. 118 f.
283 Diktattexte
aus: Buri, Peter; Uebel, Katharina: Römische Spiele. So spielten die alten Römer. Regionalia Verlag, Euskirchen 2010, S. 72, S. 69
301 Gruselzimmer
aus: Christa Wißkirchen, Stephan Pricken: Mein lustiges Spielebuch. Coppenrath Verlag KG, Münster 2007. S. 32
114 Odysseus in der Höhle des Kyklopen Polyphem (gekürzt) (1)
122 Odysseus und der Bogenwettkampf (2)
118 Odysseus und die Zauberin Kirke (3)
aus: Lechner, Auguste: Die Abenteuer des Odysseus. Arena Verlag, Würzburg 1998 (1) bis (3)
197 Taj Mahal wird gelb
nach: Spiegel Online URL: http://www.spiegel.de/reise/aktuell/0,1518,483199,00.html
272 Yutnori – Ein Spiel aus Korea.
nach: URL: http://www.lilipuz.de/freizeit-tipps/brettspiele/details-brettspiele/artikel/yutnori/

Sachregister

A

Ableitung **236 f.**, 239 f., 342
Ableitungsprobe 338
Adjektiv **222 f.**, 329
Adverb **230 f.**, 332
Adverbiale Bestimmung **253–255**, 334
Adverbialien ▶ Adverbiale Bestimmung
Akkusativ 327 f.
Akkusativobjekt **248 f.**, 262, 333
Aktiv **82 f.**, 332
Anführungszeichen ▶ Wörtliche Rede
Anredepronomen 315, 341
Antonyme **244**, 343
Appellieren 64 f.
Apposition 265
Arbeitstechniken
– Cluster 311, 346
– Diktate 283, **306 f.**, 338
– Einladung gestalten 186
– Fehleranalyse 295 f.
– Figurenskizze **27–30**, 347
– Fishbowl-Diskussion 38 f.
– Grafiken entschlüsseln **190 f.**, 326
– Hördiktat 307
– Informationen recherchieren und auswerten 187–202, **308–310**, 325 f., 344–346
– Internetrecherche **309 f.**, 344
– Klassenarbeiten vorbereiten 304–307
– Kurzvortrag halten 195–199, **311 f.**, 345
– Laufdiktat 306
– Lesemethode **186–187**, 327
– Leserlich (ab)schreiben 276
– Lesetagebuch 212 f.
– Mind-Map 193, 305, 346
– Nachschlagen im Lexikon 189, **308**
– Partnerdiktat 278, 283, **306 f.**, 338
– Plakat gestalten 64, **346**
– Rechtschreibkartei 306 f.
– Rechtschreibprüfung am Computer **284**, 348
– Rollenkarten 178
– Schreibkonferenz **61**, 347
– Spickzettel 305
– Texte überarbeiten 61, 106 f., 246, 269, 347
– Textlupe 106 f.
– Thesaurus nutzen 243
– Umgang mit dem Computer **284**, 348
– Vortragen 345
Argument **35–52**, 313
Artikel 272, 297, **328**
Attribut **263–265**, 335
Attributsatz ▶ Relativsatz
Aufforderungssatz ▶ Ausrufesatz
Aufzählung 289, 301, 337
Auslautverhärtung ▶ Verlängerungsprobe
Ausrufesatz 336
Ausrufezeichen 336 f.
Aussagesatz 336
Äußere Handlung **21 f.**, 316

B

Befehlsform ▶ Imperativ
Begleitsatz ▶ Wörtliche Rede
Begleitwörter **272–275**, 297–299, 327–329, 340 f.
Begründung ▶ Argument
Beispiel **36–52**, 313
Berichten **53–72**, 318
Beschreiben **73–92**, 318 f.
– Gegenstände beschreiben 75–79, 91 f., 319
– Personen beschreiben 85–90, 318
– Vorgänge beschreiben 80–84, 319
Besitzanzeigendes Fürwort ▶ Possessivpronomen
Betonungszeichen **96**, 158, 347
Beugen ▶ Konjugieren
Bibliothek 344
Bildergeschichte 18–20, 146–152, 229, 244, 317
Bindewort ▶ Konjunktion
Brief 51 f., 181
– E-Mail **49 f.**, 314
– Meinung in einem Brief/einer E-Mail begründen **49 f.**, 314
– Persönlicher Brief 315
Bücherei ▶ Bibliothek
Bücher finden (OPAC) 344
Buchvorstellung 226 f.

C

Cluster **311**, 346
Comic 18, 120, 150, 213
Computereinsatz 150, 344, 348
– Datei anlegen 348
– E-Mail **49 f.**, 314
– Internetrecherche **309 f.**, 344
– Online-Katalog (OPAC) 344
– Rechtschreibprüfung 284, 348
– Texte gestalten 348
– Thesaurus nutzen 243

D

Daktylus 158, 324
Dativ 327 f.
Dativobjekt 248 f., 262
Dehnung 278–280, 339
Deklinieren 327 f.
Demonstrativpronomen 228 f., 328, 341
Diagramm ▶ Grafik
Dialog 172–174, 325
Diktat 283, 306 f., 338
Direkte Rede ▶ Wörtliche Rede
Diskutieren 38 f., 313
– Argument 35–52, 313 f.
– Beispiel 36–52, 313
– Gesprächsregeln 39, 44, 313
– Meinung **49–52**, 314
Doppelkonsonant **277**, 339
Doppelpunkt 277, 288, 337
Doppelvokal 339

E

Einladung 186
Einstellungsgrößen 217
Einzahl ▶ Singular
E-Mail **49 f.**, 314
Englisch/Deutsch im Vergleich 231
Erlebniserzählung 16–23, 33 f., 316
Ersatzprobe **256 f.**, 335
Er-/Sie-Erzähler **94 f.**, 320
Erweiterungsprobe **257**, 335
Erzählen **13–34**, 316
– Aufbau 16 f., 34, 316
– Äußere Handlung **21 f.**, 316
– Einleitung 15–17, 316
– Erlebniserzählung 16–23, 33 f., 316
– Erzähler **95**, 320
– Erzählkern ausgestalten **21 f.**, 33 f.
– Erzählschritte **15–17**, 130, 320
– Figuren 30, 320
– Hauptteil 15–17
– Höhepunkt 15
– Innere Handlung 21 f., 316

- Lesefieber-Kurve 15
- Nach Bildern erzählen 18–20, 317
- Nacherzählen **127–130**, 317
- Nach Reizwörtern erzählen 317
- Schluss 15–17, 316
- Spannend und anschaulich erzählen **18–20**, 316
- Überschrift 16 f., 34, 54 f., 58, 318
- Wörtliche Rede **287 f.**, 300, 337
- Zeitlupe 20

Erzählschritte **15–17**, 130, 320

F

Fabel **137–152**, 322
Fall ▶ Kasus
Fehleranalyse 295 f.
Femininum ▶ Genus
Fernsehen 325
Fernsehserie 325
Figur **30**, 320
Figurenskizze 30
Film 215–220
Flyer ▶ Einladung
Frageprobe **248 f.**, 253 f., 334
Fragesatz 336
Fragezeichen 336 f.
Fünf-Schritt-Lesemethode 188 f., 325
Fürwort ▶ Pronomen
Futur **225**, 330

G

Gedicht **153–170**, 323
- Bildgedicht 156
- Daktylus **158**, 324
- Haiku 160
- Jambus **158**, 324
- Metapher **164 f.**, 324
- Metrum **158**, 324
- Personifikation **166**, 324
- Reim **156**, 323 f.
- Strophe 323
- Trochäus **158**, 324
- Vergleich **162**, 324
- Vers 323
- Vortrag 157–170

Gegenstand beschreiben **74–79**, 91 f., 319
Gegenwartsform ▶ Präsens
Genitiv 327 f.
Genitivobjekt **252**, 334
Genus 327
- Femininum 327
- Maskulinum 327
- Neutrum 327

Gesprächsregeln 313
- Streitgespräch 43–48

Gestik 174, 325
Grafiken entschlüsseln **190 f.**, 325
Großschreibung **272–276**, 297 f., 340
Grundform des Adjektivs ▶ Positiv
Grundform des Verbs ▶ Infinitiv

H

Haiku 160
Handlungsschritte ▶ Erzählschritte
Hauptsatz **258**, 290 f., 336
Hauptwort ▶ Nomen
Homonyme **241**, 343
Hördiktat 307
Hörspiel 134–136

I

Ich-Erzähler **94 f.**, 320
Imperativ 330
Indefinitpronomen **275**, 328, 341
Indirekte Rede **69 f.**, 332
Infinitiv 225, 330
Informationen sammeln und auswerten 187–202, **308–310**, 325 f., 344–346
Informationsmaterial auswerten 195–199, 345
Informationsmaterial beschaffen 308–310, 344
Informationsplakat 64, 186, **346**
Innere Handlung **21 f.**, 316
Internetrecherche **309 f.**, 344

J

Jambus **158**, 324
Jugendbuch, Jugendroman 24–30, 43 f., 46–48, 85–89, 204–213

K

Kamera 217 f.
- Einstellungsgrößen 217
- Perspektiven 218

Kasus 327 f.
- Akkusativ 327 f.
- Dativ 327 f.
- Genitiv 327 f.
- Nominativ 327 f.

Kasusfrage 327 f.
Kleinschreibung 341
Komma **287–293**, 336 f.
Komparativ **223**, 329
Konjugieren 330
Konjunktion **258–261**, 270, 329, 336
- Nebenordnende Konjunktion 301
- Unterordnende Konjunktion 301

Konjunktiv 69 f., 332
Konsonant 184, 277, 339
Kreuzreim ▶ Reim
Kurzer Vokal **277**, 339
Kurzvortrag **195–199**, 311 f., 345

L

Langer Vokal **278–280**, 339
- Wörter mit Doppelvokal 339
- Wörter mit einfachem Vokal 339
- Wörter mit h **278 f.**, 339
- Wörter mit langem i **279 f.**, 339

Laufdiktat 306
Lautmalerei **157 f.**, 324
Lesefieber-Kurve 15
Lesemethode **188 f.**, 325
Leserlich (ab)schreiben 276, 309
Lesetagebuch 212 f.
Lexika 189, **308**
Lügengeschichte **93–112**, 322
Lügenkette 100, 112, 322

M

Märchen 321
Maskulinum ▶ Genus
Medien
- Computer 150, 248, 344, 348
- Fernsehen 325
- Fernsehserien 325
- Film 215–220

Mehrteilige Prädikate **248 f.**, 333
Mehrzahl ▶ Plural
Meinung **36–42**, 49 f., 313 f.
Metapher **164 f.**, 324
Methoden ▶ Arbeitstechniken
Metrum 158, 324
Mimik **174**, 325
Mind-Map 193, **305**, 346
Mitlaut ▶ Konsonant
Monolog **172–174**, 325

N

Nacherzählen **127–130**, 317
Nachschlagen ▶ Wörterbuch
Nachsilbe ▶ Suffix
Namenwort ▶ Nomen
Nebensatz **259–262**, 336 f.
Neutrum ▶ Genus
Nomen (Substantiv) **222**, 272, 297 f., 327, 340
- Begleitwörter **272–275**, 297–299, 327–329, 340 f.
- Genus 327

– Kasus 327
– Numerus 327
Nomenbegleiter **272–275**, 297–299, 327–329, 340 f.
Nominalisierung **273–276**, 298 f., 341
Nominativ 327 f.
Numerus 327
– Plural 327
– Singular 327

O

Oberbegriff **74**, 342
Objekt **249–252**, 333
– Akkusativobjekt **248 f.**, 262, 333
– Dativobjekt **248 f.**, 262
– Genitivobjekt **252**, 334
– Präpositionalobjekt **250 f.**, 334
OPAC 344

P

Paarreim ▶ Reim
Partizip 331
Partnerdiktat 278, 283, **306 f.**, 338
Passiv **82 f.**, 332
Perfekt **226**, 331
Personalendung ▶ Konjugieren
Personalform ▶ Konjugieren
Personalpronomen **277**, 328, 341
Personen beschreiben **85–90**, 318
Personifikation **166**, 324
Plakat gestalten ▶ Informationsplakat
Plural 327
Plusquamperfekt **224**, 331
Positiv **223**, 329
Possessivpronomen **227**, 328, 341
Prädikat **249**, 333
– Mehrteilige Prädikate 248 f.
– Prädikatsklammer 248 f.
Prädikativ 334
Präfix **236 f.**, 342
Präposition **222 f.**, 329
Präpositionalobjekt **250 f.**, 334
Präsens **225**, 330
Präteritum **224**, 331
Proben **256 f.**, 335
– Ableitungsprobe 338
– Ersatzprobe 106, **256 f.**, 335
– Erweiterungsprobe **257**, 335
– Umstellprobe **248 f.**, 333, 335
– Verlängerungsprobe 338
– Weglassprobe **257**, 335
Projekte
– Fabelbuch gestalten 150
– Hörspiel gestalten 134–136
– Jugendbücher und Verfilmungen vorstellen 219 f.
– Klassenbücherei einrichten 220
– Lesetagebuch 212 f.
– Lyrischer Kalender 168–170
– Theaterstück aufführen 184–186
– Vorlesewettbewerb 101 f.
Pronomen **328**, 341
– Demonstrativpronomen **228 f.**, 328, 341
– Indefinitpronomen **275**, 328, 341
– Personalpronomen **277**, 328, 341
– Possessivpronomen **227**, 328, 341
Punkt 287–293, 336 f.

R

Recherchieren ▶ Informationen beschaffen
Rechtschreibkartei 306 f.
Rechtschreibproben 338
– Ableitungsprobe 338
– Verlängerungsprobe 338
Rechtschreibprüfung (am Computer) **284**, 348
Rechtschreibung
– Groß-/Kleinschreibung **272–276**, 297 f., 340 f.
– Kommasetzung **287–293**, 336 f.
– Kurze und lange Vokale **277–280**, 339
– Kurze Vokale (Schärfung) **277**, 339
– Lange Vokale (Dehnung) **278–280**, 339
– Nominalisierung **273–276**, 298 f., 341
– Rechtschreibtipps **306**, 338
– Silbentrennung 338
– s-Laute (s, ss oder ß) **281 f.**, 340
Redewendung 242
Regelmäßige (schwache) Verben 330
Regieanweisung **172–174**, 325
Regieplan 136
Reim **156**, 323 f.
– Kreuzreim 324
– Paarreim 323
– Umarmender Reim 324
Reizwortgeschichten 317
Relativsatz 266 f.
Reportage 66–68
Requisiten 185
Richtig (ab)schreiben 294–302
Rolle 325
Rollenspiel 45, 138

S

Sachtexte erschließen **187–202**, 325
– Grafiken entschlüsseln **190 f.**, 325
– Lesemethode **188 f.**, 325
– Schlüsselwörter **188 f.**, 325
– Sinnabschnitte **188 f.**, 325
– Unbekannte Wörter klären **188 f.**, 325
Sage **113–136**, 323
Satz 247–270
Satzarten 336
– Ausrufesatz/Aufforderungssatz 336
– Aussagesatz 336
– Fragesatz 336
Satzbauplan 260–262
Satzbaustein ▶ Satzglied
Satzergänzung ▶ Objekt
Satzgefüge **259–261**, 290 f., 336
Satzglied 247–270
– Adverbiale Bestimmung **253–255**, 334
– Attribut (Satzgliedteil) **263–265**, 335
– Genitivobjekt 334
– Objekt **249–252**, 333
– Prädikat **249**, 333
– Prädikativ 334
– Präpositionalobjekt 334
– Subjekt **249**, 333
Satzreihe 258, **290 f.**, 336
Satzschlusszeichen 337
Schärfung **277**, 339
Schelmengeschichte 321
Schreibkonferenz **61**, 347
Schreibplan 72
Schwache Verben ▶ Regelmäßige Verben
Schwank ▶ Schelmengeschichte
Selbstlaut ▶ Vokal
Signalwörter ▶ Begleitwörter
Silbentrennung 338
Singular 327 f.
Sinngestaltendes Vorlesen **94–102**, 347
s-Laut **281 f.**, 340
Sprachen (Gemeinsamkeiten/ Unterschiede) 231
Sprechsilbe 338
Starke Verben ▶ Unregelmäßige Verben
Steigerung ▶ Adjektiv
Steigerungsstufe 1 ▶ Komparativ
Steigerungsstufe 2 ▶ Superlativ
Stellung nehmen 40 f., **49–52**, 314
Stellvertreter ▶ Pronomen

Stimmhaftes s 340
Stimmloses s 340
Subjekt **249**, 333
Substantiv ▶ Nomen
Suffix **236 f.**, 342
Superlativ **223**, 329
Synonyme **243–245**, 343
Szene 325

T

Tätigkeitswort ▶ Verben
Tempus/Tempora **224–227**, 330
– Futur **225**, 330
– Perfekt **226**, 331
– Plusquamperfekt **224**, 331
– Präsens **224**, 330
– Präteritum **225**, 331
Texte überarbeiten 61, 106 f., 246, 269, 347
Textlupe 106 f.
Theater **171–186**, 325
– Dialog **172–174**, 325
– Monolog **172–174**, 325
– Regieanweisung **172–174**, 325
– Rolle 325
– Rollenkarten 178
– Szene 325
– Theateraufführung **180–186**, 325
Thesaurus 243
Trochäus **158**, 324
Tuwort ▶ Verb

U

Überarbeiten ▶ Texte überarbeiten
Umarmender Reim ▶ Reim
Umlaut 279
Umstellprobe **248 f.**, 333
Unregelmäßige Verben 224, 331
Unterbegriff **74**, 342

V

Verb **224–227**, 330
– Imperativ 330
– Konjunktiv **69 f.**, 332
– Personalform 330
– Regelmäßige (schwache) Verben 330
– Tempus/Tempora (Zeitformen) **224–227**, 330
– Unregelmäßige (starke) Verben 330
Vergangenheitsform ▶ Perfekt, Plusquamperfekt, Präteritum
Vergleich **162**, 324
Verhältniswort ▶ Präposition
Verlängerungsprobe 338
Vermenschlichung ▶ Personifikation
Versmaß ▶ Metrum
Verwandte Wörter 338
Vokal **277–280**, 339
– Kurzer Vokal **277**, 339
– Langer Vokal **278–280**, 339
Vorgangsbeschreibung **80–84**, 319
Vorlesen **94–102**, 347
Vorschlag begründen 40 f., **49–52**, 314
Vorsilbe ▶ Präfix
Vortragen 157–160

W

Weglassprobe **257**, 335
Wem-Fall ▶ Dativ
Wen-Fall ▶ Akkusativ
Wessen-Fall ▶ Genitiv
W-Fragen 192 f., 325, 345
Wortbildung **232–237**, 342
– Ableitung **236 f.**, 342
– Zusammensetzung **232–235**, 342
Wortarten
– Adjektiv **222 f.**, 329
– Adverb **230 f.**, 332
– Artikel 272, 297, 328
– Konjunktion **258–260**, 329
– Nomen 222, 272, 297 f., 327, 340
– Präposition **222 f.**, 329
– Pronomen **227–229**, 275, 328
– Verb **224–227**, 330
Wortbedeutung **241–245**, 342 f.
Wörterbuch 338
Wörter verlängern ▶ Verlängerungsprobe
Wortfamilie **238 f.**, 342
Wortfeld **243–245**, 343
Wörtliche Rede **287 f.**, 300, 337
Wortstamm **238 f.**, 342
Worttrennung am Zeilenende ▶ Silbentrennung

Z

Zeichensetzung **287–294**, 337
– Anführungszeichen **287 f.**, 300, 337
– Ausrufezeichen 336
– Doppelpunkt **277**, 288, 337
– Fragezeichen 336
– Komma **287–293**, 336 f.
– Punkt 336
Zeitform ▶ Tempus
Zeitwort ▶ Verb
Zuhören 43–45
Zukunftsform ▶ Futur
Zusammensetzung **232–235**, 342
Zweiteilige Prädikate **249**, 333

Knifflige Verben im Überblick

Infinitiv	Präsens	Präteritum	Perfekt
befehlen	du befiehlst	er befahl	er hat befohlen
beginnen	du beginnst	sie begann	sie hat begonnen
beißen	du beißt	er biss	er hat gebissen
bieten	du bietest	er bot	er hat geboten
bitten	du bittest	sie bat	sie hat gebeten
blasen	du bläst	er blies	er hat geblasen
bleiben	du bleibst	sie blieb	sie ist geblieben
brechen	du brichst	sie brach	sie hat gebrochen
brennen	du brennst	es brannte	es hat gebrannt
bringen	du bringst	sie brachte	sie hat gebracht
dürfen	du darfst	er durfte	er hat gedurft
einladen	du lädst ein	sie lud ein	sie hat eingeladen
erschrecken	du erschrickst	er erschrak	er ist erschrocken
essen	du isst	er aß	er hat gegessen
fahren	du fährst	sie fuhr	sie ist gefahren
fallen	du fällst	er fiel	er ist gefallen
fangen	du fängst	sie fing	sie hat gefangen
fliehen	du fliehst	er floh	er ist geflohen
fließen	du fließt	es floss	es ist geflossen
frieren	du frierst	er fror	er hat gefroren
gelingen	es gelingt	es gelang	es ist gelungen
genießen	du genießt	sie genoss	sie hat genossen
geschehen	es geschieht	es geschah	es ist geschehen
greifen	du greifst	sie griff	sie hat gegriffen
halten	du hältst	sie hielt	sie hat gehalten
heben	du hebst	er hob	er hat gehoben
heißen	du heißt	sie hieß	sie hat geheißen
helfen	du hilfst	er half	er hat geholfen
kennen	du kennst	sie kannte	sie hat gekannt
lassen	du lässt	sie ließ	sie hat gelassen
laufen	du läufst	er lief	er ist gelaufen
leiden	du leidest	sie litt	sie hat gelitten
lesen	du liest	er las	er hat gelesen
liegen	du liegst	er lag	er hat gelegen